Sommaire

*La Carte Michelin CORSE n° 90
est actualisée en permanence.*

Utilisez donc l'édition la plus récente.

*C'est naturellement à elle
que renvoient les références de ce guide.*

3

Principales curiosités

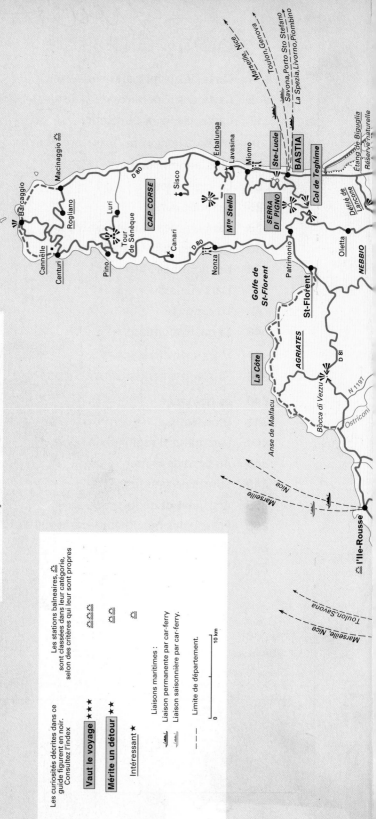

Les curiosités décrites dans ce guide figurent en noir.
Consultez l'index

Vaut le voyage ★★★

Mérite un détour ★★

Intéressant ★

Les stations balnéaires, ⚓
sont classées dans leur catégorie,
selon des critères qui leur sont propres

⚓⚓⚓

⚓⚓

⚓

Liaisons maritimes :

⛴ Liaison permanente par car-ferry

⛴ Liaison saisonnière par car-ferry.

– – – Limite de département.

0   10 km

Macinaggio ⚓

Barcaggio

Rogliano

Cannelle

Centuri

Pino

Luri

Tour de Sénèque

CAP CORSE

✝ Sisco

Canari

D 80

D 80

Nonza

Mte Stello ✹

Erbalunga

Lavasina

Miomo

Ste-Lucie

BASTIA

SERRA DI PIGNO

Col de Teghime

Étang de Biguglia
Réserve naturelle

Défilé de Lancone

Oletta

NEBBIO

Patrimonio

St-Florent

Golfe de St-Florent

La Côte

AGRIATES

Anse de Malfacu

Bocca di Vezzu

N 197

Ostriconi

D 81

⚓ l'Île-Rousse

Marseille, Nice

Toulon, Savona

Marseille, Nice
Toulon, Genova
Savona, Porto Sto Stefano
La Spezia, Livorno, Piombino

4

Étape conseillée durant le circuit

Titre sous lequel un parcours est décrit :
consultez l'index

★★★ = 🏛🏛🏛
★★ = 🏛🏛
★ = 🏛

0   10 km

★★★ GOLFE DE PORTO

Lieux de séjour

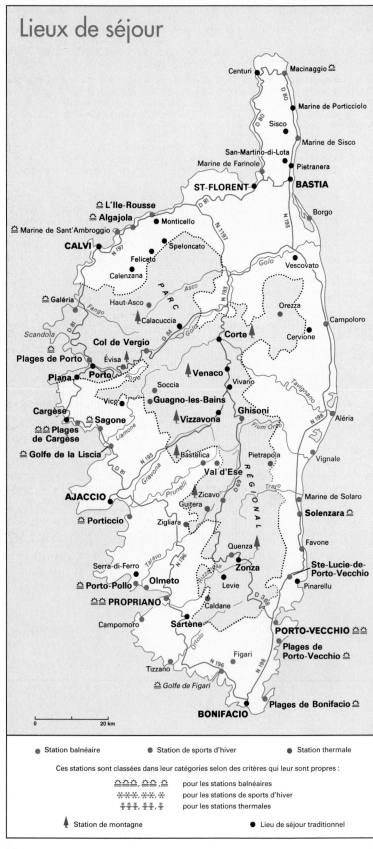

Centuri · Macinaggio ⌂
Marine de Porticciolo
Sisco
Marine de Sisco
San-Martino-di-Lota
Marine de Farinole · Pietranera
ST-FLORENT · **BASTIA**
Borgo
⌂ **L'Ile-Rousse**
⌂ **Algajola** · Monticello
⌂ Marine de Sant'Ambroggio
CALVI · Speloncato
Felicetto · Vescovato
Calenzana
PARC
⌂ Galéria · Asco · Orezza
Haut-Asco · Campoloro
Scandola · Calacuccia · Cervione
Col de Vergio · **Corte**
⌂ **Plages de Porto** · Évisa
Piana · **Porto** · **Venaco**
Soccia · Vivario
Cargèse · Vico
⌂ **Sagone** · **Guagno-les-Bains** · **Ghisoni** · Aléria
⌂⌂ **Plages de Cargèse** · **Vizzavona**
⌂ **Golfe de la Liscia** · Bastelica
Val d'Ese · Pietrapola
RÉGIONAL
AJACCIO · Zicavo · Marine de Solaro
Guitera · **Solenzara** ⌂
⌂ **Porticcio** · Zigliara
Favone
Quenza · **Ste-Lucie-de-**
Serra-di-Ferro · **Zonza** · **Porto-Vecchio**
⌂ **Porto-Pollo** · **Olmeto** · Levie · Pinarellu
⌂⌂ **PROPRIANO**
Campomoro · Caldane
Sártène · **PORTO-VECCHIO** ⌂⌂
Figari · **Plages de Porto-Vecchio** ⌂
Tizzano
⌂ Golfe de Figari
Plages de Bonifacio ⌂
BONIFACIO

0 20 km

● Station balnéaire   ● Station de sports d'hiver   ● Station thermale

Ces stations sont classées dans leur catégories selon des critères qui leur sont propres :

⌂⌂⌂, ⌂⌂, ⌂   pour les stations balnéaires
✳✳✳, ✳✳, ✳   pour les stations de sports d'hiver
♨♨♨, ♨♨, ♨   pour les stations thermales

🌲 Station de montagne   ● Lieu de séjour traditionnel

12

VOTRE SÉJOUR

La carte ci-contre propose une sélection de localités particulièrement adaptées à la villégiature en raison de leurs possibilités d'hébergement, des loisirs qu'elles offrent et de l'agrément de leur site. Les lieux de séjour et de mouillage propres à la **navigation de plaisance** sont développés dans la partie Renseignements Pratiques en fin de volume.

Pour l'hébergement – Le **guide Rouge Michelin France** des hôtels et restaurants et le **guide Camping Caravaning France.** Chaque année, ils présentent un choix d'hôtels, de restaurants, de terrains, établis après visites et enquêtes sur place. Hôtels et terrains de camping sont classés suivant la nature et le confort de leurs aménagements. Ceux d'entre eux qui sortent de l'ordinaire par l'agrément de leur situation et de leur cadre, par leur tranquillité, leur accueil, sont mis en évidence.

Les syndicats d'initiative et les offices de tourisme proposent d'autres types d'hébergement. L'adresse et le numéro de téléphone d'un certain nombre de ces organismes figurent dans le **guide Rouge Michelin France** ainsi qu'au chapitre des conditions de visite à la fin de ce volume.

Pour le site, les sports et les distractions – Un simple coup d'œil sur la **carte Michelin n° 90 au 1/200 000** permet d'apprécier le site de la localité. Elle donne, outre les caractéristiques des routes, les emplacements des curiosités isolées, des plages, des baignades en rivière, des piscines, des golfs, des hippodromes, des terrains de vol à voile, des aérodromes...

Choisir son lieu de séjour – Cette carte fait apparaître des **villes-étapes**, localités de quelque importance possédant de bonnes capacités d'hébergement, et qu'il faut visiter. En plus des **stations de sports d'hiver** et des **stations thermales** sont signalés des **lieux de séjour traditionnel** sélectionnés pour leurs possibilités d'accueil et l'agrément de leur site.

Les bases de départ de promenades et randonnées en montagne confèrent à certaines stations la qualification complémentaire de **station de montagne.**

Les offices de tourisme et syndicats d'initiative renseignent sur les possibilités d'hébergement (meublés, gîtes ruraux, chambres d'hôtes...) autres que les hôtels et terrains de camping, décrits dans les publications Michelin, et sur les activités locales de plein air, les manifestations culturelles, traditionnelles ou sportives de la région.

QUAND PARTIR ?

La Corse jouit d'un climat méditerranéen nuancé par l'altitude, la latitude, l'environnement maritime et les vents. Toutefois, contrairement à ce qui est ailleurs de règle en Europe, sa température moyenne (plus de 12°) s'accroît du Sud vers le Nord – celle des côtes variant de 14°7 à 16°6 –, Bastia et le Cap Corse étant plus chauds qu'Ajaccio ou Bonifacio.

Les saisons – Les étés éclatants de soleil et de luminosité sont brûlants (maxima : 36° sur les côtes, 26° à 1 000 m) et secs, les hivers particulièrement doux sur les rivages (18°). Le printemps, déjà chaud, connaît une floraison odorante, l'automne reste agréable jusqu'à 600 m.

L'ensoleillement est important en toutes saisons. Ajaccio par exemple détient le record de France avec près de 2 900 heures d'ensoleillement par an. L'influence modératrice de la mer sur les températures, surtout en automne et en hiver, est prépondérante jusqu'à une altitude de 200 m, plus faible vers 400 m pour s'estomper à 600 m. Au-dessus de 1 200 m, le climat accuse un caractère nettement alpin : froid et neige abondante en hiver.

Bonifacio

Introduction
au voyage

Desjobert

Physionomie du pays

Le Corse, malgré sa modeste superficie (8 720 km²), est la troisième grande île de la Méditerranée occidentale, après la Sicile et la proche Sardaigne (respectivement 25 000 km² et 24 000 km²). Longue de 183 km et large de 83 km, elle déploie ses 1 047 km de côtes en une succession de caps, de golfes et de plages de sable doré. La proximité des côtes d'Italie (83 km), de France (170 km), d'Espagne (450 km) explique son importance commerciale et stratégique au cours des siècles.

Véritable «montagne dans la mer» selon l'expression de Guy de Maupassant, c'est la plus élevée des îles de Méditerranée. Son altitude moyenne atteint 586 m (contre 441 en Sicile, et 344 en Sardaigne). Le Monte Cinto, son point culminant éternellement enneigé, dresse ses 2 706 m à 25 km seulement de la mer.

UN PEU DE GÉOLOGIE

C'est en 1976 seulement, à l'occasion de la session organisée en Corse par la Société géologique de France, que se dégagea un consensus pour admettre l'existence d'un microcontinent corso-sarde, primitivement soudé à la Provence.

A l'ère secondaire serait intervenue une cassure, suivie d'une lente dérive par rotation autour d'un axe fictif situé en Ligurie. Les deux îles auraient atteint leur position actuelle au milieu de l'ère tertiaire, il y a environ trente millions d'années.

La mise en place du relief

Dans ses grandes lignes, le relief actuel de la Corse s'est mis en place à la fin de l'ère tertiaire, lors des grands bouleversements qui donnèrent naissance au plissement alpin.

La structure en est simple : à l'Ouest et au Sud, le socle ancien (Corse cristalline) essentiellement granitique, soulevé à l'ère primaire et «rajeuni» au tertiaire, couvre près des 2/3 de l'île. Au Nord-Est, la Corse alpine, terrain d'origine sédimentaire plissé à l'ère tertiaire, est constituée de trois unités : un secteur de montagne schisteuse (Cap Corse, Castagniccia), bordé à l'Est par une plaine alluviale plus récente (la plaine orientale), et à l'Ouest par une région de fracture (sillon central : Cortenais, Haute Balagne, Fiumorbo).

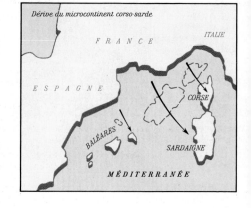

Dérive du microcontinent corso-sarde

Dans la Corse ancienne, à l'extrême Sud de l'île, le bassin de Bonifacio forme une enclave calcaire de 60 km², constituant un véritable causse. Ses strates reposant sur le granit sont datées du tertiaire.

De même, le désert des Agriates, à l'Est du sillon central, constitue une enclave du socle ancien dans la Corse alpine.

Au quaternaire, la Corse a connu plusieurs périodes glaciaires qui, sculptant et striant les roches, ont renforcé le caractère alpin inattendu de la chaîne centrale. De nombreux lacs de montagne marquent l'emplacement des glaciers de cirque formés lors de la dernière glaciation (de 25 000 à 14 000 avant J.-C.).

Cette apparente simplicité de structure cache une histoire géologique complexe dont témoigne la diversité des paysages de l'île, reflet de la complexité des associations de roches dans le sol.

Des roches très variées

La Corse porte des gisements d'une grande variété, de roches parfois très rares, voire uniques au monde. Gueymard, géologue du 19e s., l'a baptisée pompeusement «l'Élysée de la géologie».

Les roches magmatiques – Elles sont essentiellement représentées en Corse occidentale dont elles constituent le socle cristallin. Elles proviennent de la montée de matériaux en fusion situés sous l'écorce terrestre (magma). On les classe en deux familles suivant qu'elles ont émergé à la surface de la terre par suite d'une lente poussée (roches plutoniques, progressivement solidifiées) ou qu'elles ont fait irruption par une fissure de l'écorce terrestre, arrivant à la surface à l'état liquide et figées rapidement (roches volcaniques).

Principal représentant des roches plutoniques, le **granite** granito : grenu, en italien) constitue l'armature de la Corse cristalline. Il présente d'infinies variétés dues aux combinaisons différentes de ses constituants (quartz, feldspath, mica...).

Aussi les paysages granitiques n'ont rien d'uniforme dans leurs coloris, ni dans leur relief. Selon sa composition, le granite a offert diverses résistances à l'érosion qui y a sculpté le relief vigoureux des aiguilles de Bavella, poli les boules dont d'imposants chaos caractérisent maints paysages du Sud de l'île, dessiné le rivage découpé de la Côte Ouest : les calanche de Piana en sont le fleuron. Dans ces aiguilles de granite rouge, l'eau et le vent ont creusé d'étonnantes cavités appelées localement des « **taffoni** » (trou, en corse). L'érosion y a sculpté de surprenantes silhouettes que l'imaginaire humain a identifié à des personnages ou à des animaux *(voir à les Calanche)*.

La plus célèbre des nombreuses autres roches plutoniques représentées en Corse est sans

Orgues rhyolitiques à Scandola

A. Le Toquin/EXPLORER

doute la **diorite orbiculaire,** exploitée à des fins ornementales, dont on ne connaît d'autre gisement qu'en Finlande.

Les **rhyolites** et les **ignimbrites** (ignis : feu - imber : pluie) constituent l'essentiel des roches volcaniques en Corse. On les rencontre en abondance dans le Nord-Ouest où elles forment des paysages spectaculaires, caractérisés par la variété de leurs teintes du vert au rouge et leur relief élevé.

De Spasimata à Bocca Minuta, le sentier de Grande Randonnée GR 20 traverse une de ces formations qui a fait la réputation de saisissante beauté de son parcours. En bord de mer, les falaises et les orgues en rhyolite de la presqu'île de la Scandola provoquent un des émerveillements du tour de Corse à la voile.

Les roches sédimentaires – Formées de dépôts de minéraux érodés et de débris d'organismes vivants, elles forment de nombreuses enclaves dans l'ensemble de la Corse. Elles sont d'âge, d'origine et de nature les plus variés.

Le **calcaire** présente de nombreux gisements en Corse. Les schistes de la Corse alpine comportent des inclusions de calcaires où l'on dégage parfois de véritables bancs.

On trouve au centre de la Corse, dans la région de Corte, des affleurements de calcaire jurassique (ère secondaire) : la carrière de Caporalino, près d'Omessa, est l'une des principales de l'île.

Au Sud de Corte, on remarquera l'existence de gisements de marbre (roche issue de la transformation du calcaire), exploités notamment dans la vallée de la Restonica et au Sud de Venaco. En ce dernier lieu, l'affleurement calcaire est marqué dans le paysage par la masse de l'immense rocher du Razzo Bianco.

Bonifacio offre, avec ses falaises, le bassin calcaire le plus spectaculaire de l'île : ses strates sont composées de sédiments marins accumulés par la mer sur le socle de granite, à la fin de l'ère tertiaire (Miocène).

Le bassin calcaire de St-Florent, formé aussi de sédiments marins à la même époque, a fourni le matériau de construction, blanc à grains fins, de l'ancienne cathédrale du Nebbio. Débité en plaquettes, ce calcaire a servi à l'édification de petites cabanes en pierres sèches comparables aux bories du Sud-Est de la France.

Autre formation sédimentaire, le charbon présent à Osani provient de la transformation de débris végétaux accumulés sous l'eau dans des zones marécageuses (ère primaire).

Dans la montagne, on remarque fréquemment des accumulations de graviers et de sédiments loin des parois rocheuses, traces de l'action d'anciens glaciers. Ces **moraines** se rencontrent dès 1 000 m d'altitude.

Dans le golfe d'Ajaccio on rencontre des gisements d'**argile** stratifiés. Les fossiles qu'ils contiennent attestent qu'il s'agit de dépôts marins.

Les roches métamorphiques – Comme leur nom l'indique, ce sont des roches qui ont été soumises, lors de mouvements tectoniques, à des conditions de pression et de température modifiant leur structure et leur composition minérale (métamorphose). Elles se caractérisent par leur aspect feuilleté (schistosité) qui les prédispose à être débitées en

Falaises de Bonifacio

plaques. En Corse ancienne, quelques affleurements sont disséminés dans les granites. C'est en Corse alpine, dont elles constituent presque l'intégralité du territoire, qu'on en observe la grande variété. On y distingue les roches sédimentaires métamorphisées (schistes principalement) et les ophiolites métamorphisées (roches vertes).

Les **schistes** de Corse proviennent d'anciens sédiments déposés en milieu marin. Ils offrent un éventail varié de roches que l'on débite notamment en lauzes ou **« teghie »** pour assurer la couverture des maisons, et parmi lesquelles on remarque : le **schiste lustré**, à l'aspect soyeux, souvent utilisé pour l'édification d'églises pisanes (Santa Maria Assunta de Corsoli, à San Quilico de Cambia, par exemple) ; le **calschiste**, riche en calcaire jusqu'à comporter des inclusions de véritables bancs. Les constructeurs de la Canonica ont savamment joué avec la polychromie de ce matériau doré qui offre des teintes pâles orange, vertes, bleues...

Les schistes ont déterminé un paysage massif, aux monts moins élancés, aux versants plus larges qu'en Corse cristalline, culminant au San Petrone à 1 767 m. Les croupes de la Castagniccia et du Bozio, noyées sous la châtaigneraie, en constituent l'un des visages. Les monts du Cap Corse, aujourd'hui dénudés, sont plus aplanis et plus vulnérables à l'érosion éolienne et torrentielle.

Les célèbres **« roches vertes »** de la Corse alpine proviennent du métamorphisme d'ophiolites. Les ophiolites, roches d'origine magmatique formées dans les fonds océaniques, ont échoué sur la marge orientale du socle ancien de la Corse lors de mouvements tectoniques à l'ère secondaire. Ce sont des associations très complexes de roches qui émergent au milieu des schistes et présentent plus de résistance que ces derniers.

Elles forment des paysages aux reliefs abrupts et découpés, caractérisés par leur couleur verte. Les rivières les traversent en gorges étroites et profondes, creusant par exemple les défilés au décor minéral de Lancone, de l'Inzecca. Les roches vertes qui apparaissent dans la Corse schisteuse réservent au touriste la surprise de saisissants contrastes dans le paysage. En Castagniccia, de Ponte-Leccia à Barchetta, la route suit le Golo qui traverse une succession d'ophiolites et de schistes. Dans les premières, il se fraye un paysage en défilé, tandis qu'il parcourt les seconds dans un paysage plus ample de plaine (Barchetta, Ponte Nuovo). Le tour du Cap Corse est aussi un parcours hautement contrasté : après avoir suivi presque à fleur d'eau la côte Est, schisteuse, dans un paysage parfois riant, la route s'élève à l'Ouest pour courir en corniche parfois vertigineuse sur les falaises abruptes taillées dans l'ophiolite.

Certaines variétés de roches vertes sont des roches ornementales prisées : le gabbro à smaragdite (smaragdite = émeraude) présentant de splendides cristaux vert jade est devenu célèbre sous le nom de **« Vert de Corse »**. On le trouve principalement en Castagniccia, sur la commune de Pie-d'Orezza, dans les galets du Fiume d'Alesani et près de Carcheto ; le Cap Corse en abrite aussi un gisement près de Canari.

Utilisées en architecture, les roches vertes ont permis l'édification d'édifices polychromes dont San Michele de Murato est le chef-d'œuvre.

Les ressources minières

Les ressources minières de la Corse ont été connues et exploitées très tôt. On a retrouvé à Aléria des traces de fonderie du cuivre datant de 2600 avant J.-C. Dans l'Antiquité, les romains exploitaient les minerais du Venacais.

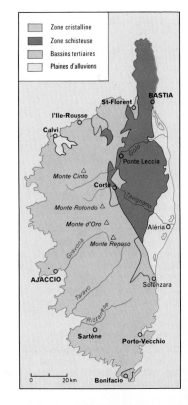

Légende :
- Zone cristalline
- Zone schisteuse
- Bassins tertiaires
- Plaines d'alluvions

BASTIA · St-Florent · l'Ile-Rousse · Calvi · Ponte Leccia · Monte Cinto · Corte · Monte Rotondo · Monte d'Oro · Aléria · Monte Renoso · AJACCIO · Solenzara · Sartène · Porto-Vecchio · Bonifacio · Golo · Tavignano · Gravona · Taravo · Rizzanese

0   20 km

Les tentatives récentes de mise en valeur ont révélé que les nombreux gisements de Corse présentent plus d'intérêt pour le minéralogiste que pour les entreprises minières. La Corse ancienne abrite quelques minerais difficilement exploitables : antimoine à Vico, plomb argentifère en Balagne, fer à Calvi et dans le golfe de Sagone, cuivre...

La Corse alpine, du fait de la richesse en minerai des blocs d'ophiolite, a fait l'objet, au 19e s. notamment, d'exploitation de nombreux gisements : fer à Farinole, dans le Cap Corse, manganèse à Morosaglia, cuivre à Ponte-Leccia, près du défilé de Lancone, aux abords de Vezzani, plomb argentifère près de Ghisoni (gisement de la Finosa), antimoine dans le Nord du Cap, très exploité au 19e s., amiante, qui fut exploité notamment à Canari dans le Cap de 1932 à 1965. Ce gisement fut considéré comme le plus important d'Europe. Les Corses ont une tradition de poterie amiantée, caractérisée par sa résistance au feu, pratiquée dès l'Antiquité.

UN PEU DE GÉOGRAPHIE

Les géographes distinguent trois grandes régions géographiques : la Corse occidentale, la Corse orientale, et, séparant ces deux unités, le sillon central.

La Corse occidentale

Elle correspond au territoire du socle cristallin primaire. C'est l'unité géographique la plus importante de Corse, par son étendue comme par son altitude moyenne de près de 700 m.

Relevée lors des plissements alpins, elle présente un relief aux arêtes vives et porte les plus hauts sommets de l'île : Monte Padro (2 393 m), Monte Cinto, le point culminant (2 706 m), Monte Rotondo (2 622 m), Monte d'Oro (2 389 m), Monte Renoso (2 352 m), Monte Incudine (2 136 m). Ceux-ci sont portés par des massifs isolés et dessinent au centre de l'île une épine dorsale discontinue qui marque la frontière des deux régions historiques de la Corse : l'Au-Delà-des-Monts (« Pumonti », en Corse) et l'En-Deçà-des-Monts (« Cismonte », en Corse) par rapport à l'Italie.

De part et d'autre de cette ligne faîtière, des chaînons transversaux délimitent des bassins drainés par tout un réseau de fleuves côtiers, de rivières et de torrents ; ils s'abaissent graduellement vers la mer où ils se terminent en caps et en promontoires : les plaines y sont étroites et petites, situées à l'embouchure des fleuves. Ce cloisonnement de la Corse contrariant les échanges entre des vallées même contiguës engendra la formation de cellules administratives tirant parti de l'étagement des sols et des climats au sein de chaque vallée, appelées « **pièves** » et ancêtres des actuels cantons. Cette organisation s'étendait à la Corse orientale. Sous l'administration génoise, les pièves étaient au nombre de 66 et formaient presque autant de petites unités géographiques. Elles furent durant des siècles le cadre communautaire où s'élaborait le destin de la population.

Les massifs du centre – C'est le centre de l'île qui a été le plus affecté par les soulèvements de l'ère tertiaire. Tout en pics, en aiguilles, en gorges encaissées, il présente un visage de haute montagne alpine, encore accusé par l'érosion glaciaire au quaternaire. Les crêtes demeurent enneigées tard dans le printemps.

Le climat de type alpin, avec ses fortes précipitations et ses basses températures, en fait une région rude et pauvre. Peu propice à la culture, elle se prête à l'élevage extensif du mouton en été. Les cultures et l'habitat se réfugient en contrebas, dans les vallées.

Aujourd'hui, les bourgs de montagne sont désertés, à l'exception de ceux qui ont orienté leur activité vers le développement du ski (Soccia, Évisa, Zivaco, Quenza, Bastelica...) ou de la randonnée. L'activité se replie sur la côte débarrassée de la malaria.

Les extrémités Nord et Sud de l'île – Plus éloignées du centre des soulèvements de l'ère tertiaire, elles ont conservé leur relief moins tourmenté de montagnes anciennes.

La Balagne cristalline – Présentant un relief simple de collines dominées par des monts adossés au Cinto, elle est ouverte sur la mer par une série de petites plaines côtières. Elle constitue la partie occidentale de la Balagne, de la vallée du Fango à l'Est de Calvi. Son climat méditerranéen attire de nombreux touristes sur la côte, véritable « Riviera » de la Corse. Il permet la culture de la vigne et de l'olivier sur les coteaux.

Historiquement et économiquement, son destin se rattache à celui de la Balagne de l'Est, tournée vers Bastia.

Le Sud de la Corse – Appuyé au Nord-Est sur le Monte Incudine, il s'ouvre en éventail, du golfe de Valinco à Porto-Vecchio. Son paysage montagneux, moins escarpé qu'au centre de l'île, rend les communications plus faciles ; la présence de vastes plateaux est un atout pour l'élevage.

Le climat sec et chaud venu du Sud y pénètre sans obstacle. Il détermine dans les vallées du Taravo, du Rizzanèse et aux environs de Porto-Vecchio, une zone méditerranéenne favorable à la culture de la vigne (Ste-Lucie-de-Tallano, Figari, Porto-Vecchio) où le chêne vert et le chêne-liège prennent le pas sur les conifères. Aux alentours de Bonifacio prédomine le causse.

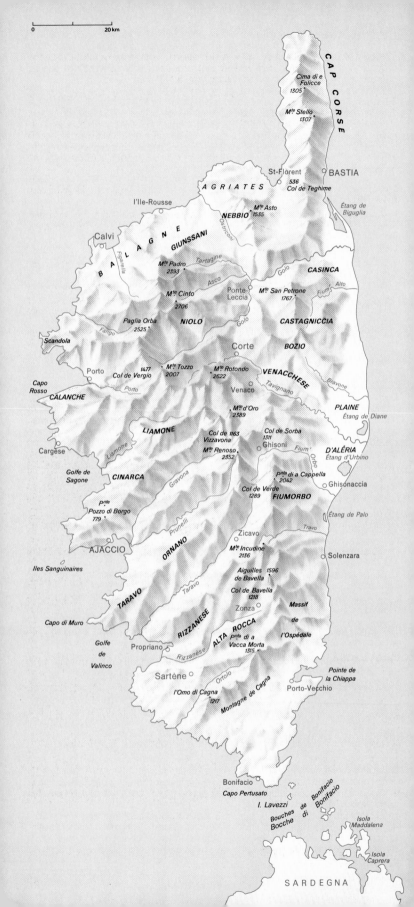

La Corse orientale

Elle constitue le tiers Nord-Est de l'île, formée d'un ensemble de monts schisteux orientés Nord-Sud, bordés d'une plaine côtière. Moins accidentée que la Corse occidentale, elle culmine au San Petrone en Castagniccia, à 1 767 m.

Les secteurs montagnards – Marqués de façon différente par l'activité humaine, ils offrent deux visages bien distincts.

Le Cap Corse – Il présente un squelette montagneux en arêtes de poisson, aux crêtes émoussées par l'érosion *(détails à Cap Corse)*. Les communications y sont aisées : outre la route du littoral, plusieurs sentiers et deux routes relient la côte Est à la côte Ouest. La mer demeure la principale ressource de cette région. Les pentes du Cap, façonnées en terrasses par l'homme et aujourd'hui abandonnées à la végétation naturelle, gardent le souvenir d'une activité agricole méditerranéenne qui fut prodigue. Autour des villages subsistent quelques vergers et l'on continue l'activité viticole qui fit, dès le Moyen Âge, la renommée de la péninsule.

La Castagniccia – Grossièrement délimitée au Nord par le Golo, au Sud par le Tavignano, elle étale un moutonnement de monts aux versants larges, entaillés par les torrents en innombrables vallées, et demeurés longtemps difficiles à pénétrer.
C'est le pays du châtaignier qui la couvre d'un épais manteau, sombre et uniforme, et fit sa richesse depuis le 16e s. Autrefois surpeuplée, elle est aujourd'hui désertée, son économie orientée sur l'exploitation du châtaignier étant ruinée.

La plaine orientale – Terrain sédimentaire enrichi par les alluvions des torrents et fleuves côtiers descendus des hauteurs de la Castagniccia, elle offre un paysage morne de collines, plateaux et plaines littorales. On distingue au Nord la plaine de Bastia, dominée par la Casinca, et au Sud, la plaine d'Aléria.
Très favorable à la culture depuis son assainissement en 1945 (éradication de la malaria), elle accueille aujourd'hui des exploitations agricoles intensives où prévalent les agrumes et la vigne.

Le sillon central

Cette zone de fracture, long couloir fragmenté élargi par les cours d'eau, est la partie la plus ancienne de la Corse alpine mise en place au tertiaire. Elle marque la zone de contact entre la Corse granitique et la Corse schisteuse et se caractérise plus par cette fonction que par une unité des paysages ou de la géologie.

D'une altitude moyenne inférieure à 600 m, elle joint l'Est du désert des Agriates à Solenzara par Corte.
Le sillon central débute au Nord dans les collines et plateaux de la Balagne sédimentaire, entre l'Ile-Rousse et l'embouchure de l'Ostriconi (quelques kilomètres au Nord-Est). C'est au centre de l'île que son caractère de dépression est le plus affirmé : le **«sillon de Corte»**, drainé par le Golo puis le Tavignano, offre un paysage attachant par l'extrême diversité de ses sites. Dans un cadre montagneux, cristallin à l'Ouest, schisteux à l'Est, coteaux et plateaux s'enchevêtrent.
Au Sud, la zone de contact, moins affectée par les bouleversements tectoniques, est moins déprimée et traverse une région montagneuse. Sur le parcours du Fium'Orbo par exemple, le contact entre la Corse granitique et la Corse schisteuse se fait au niveau de Sampolo, à la limite des défilés de Strette et de l'Inzecca.

Cascade près de San-Nicolao

M. Guillard/SCOPE

Le nouveau **guide Vert Michelin Europe**, *premier guide Europe en langue française, est un ouvrage de synthèse couvrant 37 pays du Vieux Continent.*

Les ressources en eau de la Corse sont très importantes et sans commune mesure avec celle des autres îles de la Méditerranée, notamment la proche Sardaigne.

Les précipitations – Le nombre de jours de pluie dans l'année est faible (95 jours à Ajaccio). Mais l'île reçoit environ 900 mm d'eau, moyenne annuelle supérieure à celle du midi de la France. Il pleut plus à l'Est qu'à l'Ouest, à l'intérieur que sur les côtes, au Nord qu'au Sud. Certains cols (Vizzavona, Vergio) sont régulièrement enneigés en hiver et il arrive que d'autres soient bloqués. Ce niveau abondant des précipitations est assez mal réparti sur l'année. Le régime méditerranéen qui prévaut presque partout impose sa longue saison sèche d'été, hypothéquant d'autant l'agriculture insulaire. Divers aménagements tentent de pallier cet inconvénient. Le principal consiste en la création de lacs de barrage : Tolla sur le Prunelli, l'Ospédale, Calacuccia ou Codole en Balagne, par exemple.

Les cours d'eau – Tous les fleuves et rivières d'Ouest et d'Est sont irréguliers, maigres de juin à octobre, volumineux d'octobre à avril et, alors, très actifs et impétueux – justifiant par leur régime le développement et la hauteur de certains ponts –, limpides à l'Ouest, boueux à l'Est. Parvenant difficilement à la mer, ils charrient des masses importantes d'alluvions. C'est pourquoi l'ensablement des embouchures sur la côte orientale surtout mais aussi dans les fonds des golfes de la côte occidentale a favorisé jadis le développement de la malaria.

En dehors des fleuves, le réseau hydrographique est constitué de nombreux cours d'eau alimentés par les pluies, qui, à la saison sèche, ne présentent que des lits caillouteux mais qui, lors d'orages, peuvent devenir abondants et dangereux.

La végétation

La végétation de l'île compte près de 2 000 espèces dont 78 sont propres à la Corse. Une centaine d'autres, étrangères à la flore de la France continentale, relèvent des flores du bassin méditerranéen.

De la mer aux cimes dénudées de la haute montagne, s'accrochent un peu partout, dans un sol souvent ingrat, des végétaux capables de résister à de fortes chaleurs, à une sécheresse prolongée, à des vents violents ou à des froids rigoureux. Les plantes, adaptées à ce milieu biologique difficile, présentent des racines profondes ou étalées et ramifiées, des troncs ligneux, de robustes épines, des petites feuilles coriaces, vernissées ou couvertes de poils propres à retenir l'humidité.

La végétation étage ses espèces suivant l'altitude. Mais la nature des sols, la proximité de la mer, l'exposition des versants, l'orientation des vallées apportent leurs correctifs à cette règle générale. En outre chaque essence se présente dans une zone d'altitude qui lui est propre, mais avec une large faculté d'adaptation.

On peut toutefois distinguer, dans l'ensemble, trois étages caractéristiques.

LES RÉGIONS BASSES *(jusqu'à 500 m)*

« Étage méditerranéen inférieur »

Une flore exotique – Sur les pentes les plus chaudes, en bordure du littoral s'étend une zone où le maquis et la garrigue s'interpénètrent.

Le **figuier de barbarie**, plante de forme étrange, originaire d'Amérique centrale, aime les terrains arides et les climats chauds ; ce cactus-raquette aux feuilles larges, épaisses, hérissées de piquants, donne un fruit comestible.

L'**agave d'Amérique**, plante grasse aux longues feuilles épaisses et piquantes, d'un vert glauque, bordées d'épines brunes et disposées en rosettes, porte une hampe florale aux fleurs jaunes qui fait figure de candélabre.

L'**aloès** aux feuilles épaisses et charnues offre de janvier à avril un panache de fleurs rouges ou jaunes. Au bord des routes, et surtout dans des zones marécageuses mal drainées croissent des **eucalyptus** plantés pour leurs vertus médicinales. On en rencontre dans plusieurs régions de Corse ; certains troncs atteignent ou dépassent 2 m de diamètre (région de Porto par exemple).

Les **cédratiers** sont une des ressources de cette région. Leur fruit, le cédrat, sorte de gros citron à la surface mamelonnée, est utilisé en pâtisserie et en confiserie. Il était jadis exporté en Europe, conservé dans des tonneaux emplis d'eau de mer. Aujourd'hui, bien que moins demandé, il est toujours apprécié, confit dans les pains d'épice et dans les beignets, ou en confiture. L'écorce du cédrat sert aussi à faire une liqueur renommée.

Le maquis – Le maquis s'étend en dehors des zones de cultures sur d'immenses surfaces de la côte et de l'intérieur. Il est constitué par un tapis végétal, continu, extrêmement dense et pouvant atteindre 6 m de hauteur. Il s'étend même sous la futaie des pins maritimes, des chênes et dans les châtaigneraies abandonnées. Souvent des bouquets de chênes verts ou de chênes-lièges ou d'énormes rochers surgissent de cette épaisse verdure qui tend, partout, à prendre la place des forêts incendiées et des champs abandonnés. Cette couverture végétale éminemment combustible favorise la propagation des incendies de forêt. Mais elle a le mérite de retenir la couche d'humus et de fournir du bois de chauffage. Au printemps, le maquis en pleine floraison exhale des parfums puissants.

Les **cistes** occupent les basses pentes du maquis. Le ciste de Montpellier, arbrisseau touffu à feuilles vert sombre couvre de grandes surfaces sur les terrains siliceux et les pentes ensoleillées ; en avril et mai, ses fleurs blanches constellent le maquis. Le ciste corse ne dépasse pas l'altitude de 300 m ; en revanche le ciste à feuilles de sauge se rencontre

en altitude au-dessus de 1 200 m. Le **ciste de Crète** ①, quant à lui, se reconnaît à ses fleurs mauve-rose.

Les **calycotomes**, sorte de genêts, forment de magnifiques buissons fleuris en jaune et parfumés d'une suave odeur de miel. La densité de ces buissons et leurs fortes épines contribuent à rendre le maquis impénétrable, tout comme le genêt corse.

L'**arbousier** ② dont les feuilles vertes et luisantes rappellent celles du laurier se plaît sur les terrains siliceux. Il porte, d'octobre à janvier, des fleurs blanches et des fruits rouge vif de la taille d'une grosse fraise (d'où son nom d'arbre aux fraises), consommés localement sous forme de gelée ou d'eau-de-vie.

Le **genévrier**, arbuste à feuilles en écailles, produit des baies d'un brun rouge dont les merles font leur nourriture de choix.

Le **myrte** ③, aux feuilles persistantes et coriaces, jouit d'une grande longévité ; son tronc chez les sujets les plus âgés peut atteindre 30 cm de diamètre. Ses baies d'un noir bleuâtre servent à la fabrication d'une liqueur réputée.

Le **lentisque** ④ à l'odeur résineuse, appartient à la famille des pistachiers. Il est très répandu en particulier dans les lieux arides ; on le reconnaît à ses folioles en nombre pair et à ses petites baies globulaires virant au noir à maturité.

L'**asphodèle** ⑤ dispose ses fleurs blanchâtres en grappes en haut de sa tige.

La **salsepareille** est une liane à baies rouge vif dotées de propriétés médicamenteuses.

Le **chardon** se rencontre en abondance au mois de mai dans la vallée du Taravo.

Le **cyclamen** se répand au printemps par myriades, égayant de ses petites fleurs violettes le littoral et les sous-bois. On le trouve sur tout le littoral.

Les arbres – Omniprésent, le **chêne vert** se mêle au maquis jusqu'à 500 m, puis constitue des forêts claires. C'était jadis l'arbre le plus précieux de l'île : ses glands nourrissaient les porcs à demi sauvages ; il fournissait du bois de chauffage et le charbon de bois.

Le **chêne-liège**, souvent perdu par bouquets au milieu d'un maquis impénétrable, ne forme de peuplements étendus que dans la partie Sud-Est où il est encore exploité surtout dans la région de Porto-Vecchio.

LES HAUTES VALLÉES *(de 500 à 1 500 m)*

« Étage méditerranéen supérieur »

Le **châtaignier** *(voir à Castagniccia)* est encore très répandu entre 500 et 800 m d'altitude ; il couvre quelque 15 000 ha dans la Castagniccia et environ 31 000 ha pour

Chêne-liège

toute l'île. Il se plaît surtout dans les fonds de vallon et les zones humides de cet étage déjà montagnard. Jadis planté par l'homme, il est devenu aujourd'hui spontané. Mais les châtaignes ne sont plus guère récoltées que comme aliment d'appoint. De plus, la châtaigneraie corse souffre, comme dans tous les pays d'Europe, de maladies qui sont apparues à la fin du 19e s. un peu partout, plus tard en Corse.

L'**encre**, d'abord, due à un champignon microscopique de la famille du mildiou.

Les symptômes les plus visibles en sont le jaunissement des feuilles et le dessèchement des branches de cime, s'accompagnant d'une disparition progressive de la fructification.

Le **chancre** est dû également à un champignon microscopique. Il commence par une boursouflure au niveau d'une ramification. L'écorce se craquelle, puis la partie située au-dessus se dessèche et meurt.

Châtaignier

Pin laricio

Le **pin maritime** de Corse constitue jusqu'à 1 000 m d'altitude de vastes massifs comme celui de l'Ospédale. Il abrite souvent un sous-étage dense de maquis (cistes) et représente un milieu particulièrement combustible.

Le **pin laricio** croît entre 700 m d'altitude sur les versants exposés au midi et 1 500 m ou même 1 800 m sur certaines faces Nord. Il compose l'essentiel du peuplement des forêts de Valdo-Niello, Aitone et Vizzavona ; parfois en association avec le pin de Corte, le pin maritime, le sapin pectiné, voire le cèdre en forêt de Bavella.

Le **hêtre**, sur les terrains schisteux du Nord-Est (massif de San Petrone, plateau de Coscione), présent à partir de 1 000 m d'altitude, se rencontre jusqu'à 1 500 m.

Le **bouleau** apparaît surtout à la limite supérieure de la forêt ; il compose des peuplements légers au col de Vergio et sur la face Nord du Monte Cinto.

Le sous-bois – L'**hellébore corse** ⑥, renonculacée à fleurs vertes de grande taille et à feuilles luisantes et coriaces, croît dans la chênaie verte d'altitude, dans la châtaigneraie, les forêts de pins et la hêtraie, de même que l'**aspérule odorante** appelée aussi « petit muguet » ou « reine des bois ». Les pelouses se couvrent parfois de thym herbe-à-barons à fleurs mauves très odorantes et de thym aux chats.

Vous aimez la nature.

Respectez la pureté des sources,
la propreté des rivières, des forêts, des montagnes...

LA MONTAGNE *(de 1 500 à 1 900 m)*

« Étage alpin »

De 1 500 à 1 900 m croît à profusion l'**aulne odorant** (bassu), constituant des fourrés très denses. Ses feuilles poisseuses et odorantes le distinguent de son proche parent alpin. Fréquentes sur les versants Nord, les aulnaies se rencontrent aussi sur les versants exposés au Sud, mais se limitent alors aux zones les plus humides, le long des torrents.

Les **pozzines** (de pozzi : puits) sont des pelouses tourbeuses à gazon ras constituées de carex et de joncs et installées sur l'emplacement des anciens lacs glaciaires.

Avec les aulnes, elles font la grande originalité du paysage corse de haute montagne.

Au-dessus de 1 600 m apparaissent d'autres plantes typiquement corses : le **genévrier nain**, arbrisseau couché sur le sol et l'**épine-vinette de l'Etna**, à fleurs jaunes et aux rameaux garnis de fortes épines.

Sur les hauteurs peu accessibles quelques fleurs s'épanouissent : l'ancolie de Bernard, la violette corse et la marguerite cotonneuse, sorte de chrysanthème à fleurs blanches. Ces fleurs, trop cueillies, tendent à se raréfier sur certains itinéraires très fréquentés comme le Monte d'Oro.

Dans son ensemble, la surface forestière ne diminue pas, malgré les incendies qui détruisent surtout le maquis. La régénération spontanée, les reboisements, les repousses sur les terrains pastoraux délaissés assurent en quelque sorte sa continuité.

Selon la réglementation établie en 1986 pour la Corse, les espèces botaniques protégées suivantes sont interdites de cueillette, destruction, transport et mise en vente :

l'aconit de Corse
la colchique de Naples
la drosera (ou rossolis)
l'érigeron de Paoli

le chrysanthème alpin
la marguerite de Corse
le rosier de Serafini
le thym de chat (ou herbe aux chats)

Le col de Bavella

La faune corse

La diversité de la faune corse est doublée d'un intérêt particulier lié à l'insularité. L'isolement de la Corse a favorisé l'évolution autonome d'espèces tant de la flore que de la faune (avec, toutefois, une diversité originale plus importante de la flore). Les nécessités d'adaptation de la faune endémique se caractérisent par une diminution de la taille, la modification de certains aspects physiques et l'élargissement du biotope.

Cette présentation sommaire permet de prendre connaissance des principales espèces, endémiques et remarquables, dont certaines que le randonneur peut découvrir au cours de rencontres fortuites ou lors de pauses patientes, respectueuses du milieu traversé.

Le goéland d'Audouin ① (50 cm de long) – Reconnaissable à l'anneau bec rouge. La Corse est le seul endroit de France où il se reproduit, notamment dans la réserve de Finocchiarola. Cherche refuge dans les zones rocheuses et escarpées.

Le gypaète barbu ② (longueur 1 m et envergure 2,80 m) – L'altore en corse, vit dans les régions rocheuses caractérisées par de grandes falaises. Ce rapace charognard est tributaire de la présence de troupeaux d'ovins en transhumance dont la raréfaction oblige à l'alimentation de charniers par le Parc régional.

Le cormoran huppé ⑤ (longueur de 80 cm et envergure 1 m) – La colonie corse demeure l'une des plus importantes de la Méditerranée. Il se reproduit sur tous les îlots de Corse classés «réserve naturelle» (Finocchiarola, Cerbicale, Bruzzi...) et se nourrit uniquement de poissons en plongeant depuis la surface de la mer.

La sittelle corse ④ (12 cm) (Pichjarina sorda, en corse) – Espèce emblématique de la faune endémique corse, découvert seulement en 1883, cet oiseau sédentaire occupe les forêts centrales de pins laricio jusqu'à 1 800 m. Il niche dans le tronc d'arbres morts à une dizaine de mètres du sol et se déplace souvent à la verticale la tête en bas.

L'aphanius de Corse (6 cm) ⑦ – Ce petit poisson endémique fréquente les eaux douces et saumâtres des estuaires et les lagunes de Biguglia, les étangs de Diana et les marais salés de Porto-Vecchio.

Le lézard de Bédriaga (25 cm) ⑥ – Ce lézard endémique à la Corse et à la Sardaigne, au museau pointu, se nourrit de sauterelles, araignées et grillons. Il établit son habitat en milieu rocheux, accidenté avec peu de végétation. Le massif du Monte Cinto accueille la plupart de ses représentants. Il est absent de la partie Nord de l'île.
Un autre reptile endémique cyrno-sarde, le **lézard Tiliguerta**, occupe la quasi-totalité de l'île depuis le bord de la mer jusqu'à 1 800 m d'altitude.

La tortue d'Hermann (jusqu'à 25 cm) ③ – Cette espèce, quasiment en voie de disparition en France, a été victime de l'urbanisation du littoral méditerranéen et surtout des incendies de forêts. Elle n'est plus représentée que dans le massif des Maures et en Corse, où elle demeure encore abondante sur la plaine côtière orientale et dans les maquis du Sud. En période estivale, elle peut s'enterrer jusqu'aux premières fraîcheurs de l'automne. Un village de tortues est en cours d'aménagement en Haute-Corse à Moltifao (*voir la description à Vallée d'Asco*).

Le cerf Élaphe corse (U Cervu, en corse) – Disparu depuis 1968 (après avoir occupé au 18e s. toute l'île), le cerf corse fait l'objet de soins attentifs de réintroduction à partir d'individus identiques prélevés en Sardaigne. De taille plus petite que son congénère du continent, il est aussi de couleur plus sombre. Actuellement, 3 enclos de reproduction en Corse abritent plus de 70 têtes.

La protection du littoral et le Conservatoire du Littoral

La tradition d'insécurité des côtes corses jusqu'au 19e s. et le peu d'intérêt économique porté par les habitants ont préservé une partie du littoral corse d'une urbanisation anarchique. Afin de conserver l'aspect naturel de sites remarquables et d'étendre cette protection à d'autres sites non préservés, le Conservatoire du Littoral a entamé une politique de valorisation de l'environnement côtier par l'acquisition de vastes surfaces non bâties qu'il aménage (sentiers du littoral, restauration de tours génoises, reconstitution de dunes...). Parmi les sites naturels préservés les plus intéressants de Corse (*voir à leur nom dans la partie Villes et Curiosités*), on remarque :
Sur le littoral Ouest : Les Agriates (le site préservé le plus vaste, plus de 5 000 ha), la vallée du Fango, Campomoro-Senetosa, et Roccapina.
Sur le littoral oriental : le golfe de Santa Giulia, l'île de Pinarellu, Fautea, la pinède de Pinia et le secteur de Capandula dans le Cap Corse (*décrit à Macinaggio*).

Les réserves naturelles sont des espaces où des écosystèmes particulièrement fragiles sont préservés. La plupart d'entre elles ont été créées pour protéger une espèce animale ou végétale de sa disparition. En Corse, outre Scandola, sont classées réserves naturelles les îles Bruzzi et des Moines, Cerbicale, Finocchiaroli et l'étang de Biguglia.

① Goéland d'Audouin

② Gypaète barbu

③ Tortue d'Hermann

④ Sittelle corse

⑤ Cormoran huppé

⑥ Lézard de Bédriaga

⑦ Aphanius de Corse

Les hommes et leurs activités

La population totale de la Corse atteignait 251 000 habitants en 1991. Ajaccio et Bastia représentant, à elles deux réunies, plus de 42 % de cet effectif ; soit une moyenne de 27,67 habitants par km².

POPULATION

L'historien grec Diodore (1er s. av. J.-C.) estime la population corse à « 30 000 indigènes et plus » au 4e s. av. J.-C., ce qui correspond à 120 000 habitants, compte tenu du mode de dénombrement antique. La population de l'île a été estimée à 122 000 habitants en 1768, 150 000 en 1796, 280 000 en 1891, 165 000 en 1951, pour atteindre 250 000 en 1990.

La Corse contemporaine est la moins peuplée des grandes îles de la Méditerranée occidentale : Sicile, Sardaigne et même Majorque, moins étendue pourtant. Mais la physionomie générale de sa population et ses activités l'apparentent plus – abstraction faite de son caractère insulaire – aux départements des Alpes du Sud et des Cévennes qu'aux autres régions du pourtour méditerranéen.

L'émigration – L'émigration, active dès la période génoise, s'est accrue après 1850 avec la disparition des modes de vie traditionnels, les calamités agricoles comme le phylloxéra et surtout à la suite des pertes de la guerre 1914-1918 (14 000 morts) dont la gravité compromettait de façon inéluctable l'avenir de nombreuses fermes familiales. L'émigration corse avait connu une époque de pionniers avec la fondation d'établissements dans le Nouveau Monde, en particulier au Venezuela et à Porto-Rico dont 4 % de la population est d'origine corse, et en Algérie sous le Second Empire. Au 20e s. ce mouvement prend un caractère plus routinier et régulier mais moins définitif avec la perspective, cette fois, d'un retour au pays.

Le Midi méditerranéen, la région parisienne, la région Rhône-Alpes comptent les plus fortes colonies corses du « continent » ; Marseille, Toulon et Nice deviennent numériquement des villes aussi corses que Bastia et Ajaccio.

L'immigration – Dès le 19e s., un flux régulier de travailleurs italiens avait fourni à l'agriculture corse une main-d'œuvre rapidement assimilée dans les métiers du petit commerce, de l'artisanat, du bâtiment et des travaux publics.

De 1958 à 1964 viennent s'établir en Corse 17 000 Français repliés d'Algérie. Ils s'installent à Ajaccio, à Bastia, et, pour une fraction importante, dans la plaine orientale dont le nouvel essor est facilité par leur connaissance de l'agriculture méditerranéenne.

Les retraités – Ils constituent un stimulant de la vie locale. L'Armée et, dans le Cap Corse, l'Inscription Maritime fournissaient naguère les plus forts contingents de ces retraités souvent précoces et devenus des notables et des animateurs dans leur village. Une part importante du revenu annuel corse est encore assurée par les traitements, pensions et prestations, de loin supérieure à celle qu'engendre l'expansion de l'économie, comme l'agriculture, le tourisme et l'industrie (bâtiment et travaux publics exclus).

AGRICULTURE

Diodore rapporte en des termes imagés l'économie agricole des montagnards corses au 4e s. av. J.-C. : « Les habitants se nourrissent de lait, de miel et de viande, que le pays procure en abondance ; dans tous les rapports sociaux, ils se comportent selon la raison et la justice, contrairement à presque tous les autres barbares. Les rayons de miel qu'ils découvrent au creux des arbres appartiennent aux premiers qui les trouvent sans contestation aucune ; les troupeaux sont distingués par des marques ; même sans les faire garder, les propriétaires les conservent sans dommage ». Il est intéressant de noter que certains de ces caractères n'ont pas disparu dans la Corse moderne.

Vie agricole – L'agriculture tient un rôle important dans l'économie de l'île. Les petites exploitations tendent à disparaître surtout dans les régions centrales qui connaissent à la fois l'exode rural et une faible densité de population. En revanche, les régions côtières voient naître de vastes entreprises très mécanisées et efficacement irriguées.

La **plaine d'Aléria**, débarrassée du moustique anophèle, agent de transmission de la malaria ou paludisme, en 1944 par les troupes américaines, a connu à partir de 1957 un début de rénovation conditionnée par la SOMIVAC. Cette société d'économie mixte a contribué, jusqu'à sa dissolution, au défrichement de terres envahies par le maquis, à des opérations de lotissement, a distribué des lots aux cultivateurs. Elle créa, en 1960, une station de recherche agronomique qui permit la naissance de la clémentine corse. Dans le même temps un projet d'équipement hydraulique était mis en œuvre qui comprenait des réservoirs, des barrages, des stations de pompage et des canalisations permettant d'arroser en été la plaine littorale.

A l'heure actuelle, la plaine orientale fournit la plus grosse part de la production viticole de l'île, de sa production fruitière (pêches, abricots, poires, cerises) et de ses agrumes. La station expérimentale d'agrumiculture de San Giuliano étudie la sélection des plants et les méthodes de culture ; le verger de la station expérimentale de Migliacciaro étudie les pêchers, les oliviers, les agrumes et les techniques d'irrigation. Un travail identique s'accomplit qui porte sur les cultures maraîchères, les prairies naturelles et artificielles.

La vigne – C'est la première production agricole ; elle couvre encore près de 8 500 ha : la plus grande partie en Haute-Corse, surtout en plaine orientale, entre Borgo et Porto-Vecchio, et aux environs de Calvi et de Calenzana en Balagne. Dans le Sud, les cantons de Sartène et Figari font valoir de grandes exploitations viticoles.

Mais la vigne qui représente environ 50 % de la production agricole de l'île est affectée par la crise plus générale qui touche cette culture dans tout le monde méditerranéen.

Les vergers – Les vergers traditionnels sont en régression, mais le verger d'agrumes s'étend sur 2 300 ha, constitué en majorité de clémentiniers. Le fruit, joliment présenté avec ses feuilles, a reçu un accueil très favorable sur les marchés des grandes villes « du continent », sur les marchés parisiens en particulier.

Les cultures fourragères – En nette extension, ces cultures occupent plus de 5 700 ha, celle des céréales, ayant également progressé, couvre 2 000 ha.

Élevage – Dans l'île, le nombre des éleveurs de bétail a sensiblement diminué depuis un demi-siècle ; en revanche, l'importance des troupeaux a pratiquement doublé. Si bien que dans ce domaine une lente reprise se dessine, soutenue par des progrès accomplis dans la qualité du cheptel par les croisements et les nourritures d'appoint. L'élevage, production de qualité, est sans doute un des atouts de l'île ; en outre, cette activité s'inscrit dans une tradition historique extrêmement ancienne.

De nos jours l'élevage des moules et des huîtres se développe dans les étangs de Diane et d'Urbino. La Corse est devenue la première région pour l'aquaculture avec 900 tonnes en 1993.

Bovins – Leur élevage est le plus fréquent. Le nombre de vaches a augmenté d'environ 65 % entre 1970 et 1980 et se trouve uniformément réparti dans toute l'île. On assiste à l'heure actuelle à un arrêt de la progression.

Ovins – Les brebis et les chèvres sont localisées en Haute-Corse. Une station d'élevage ovin, à Altiani, près de Corte exerce son activité en vue de l'amélioration de la race. Sur 92 000 ovins on compte plus de 20 000 brebis laitières. Leur lait sert presque exclusivement à la fabrication de pâte de fromage à peu près également répartie entre la pâte qui sera affinée à Roquefort dans les Causses et celle qui, dans l'île, sert à la production de brocciu, tome corse et fetta.

Les chèvres forment d'immenses troupeaux en Balagne et dans la Castagniccia.

Porcins – Les porcs élevés en libre pâture se nourrissent de châtaignes, de glands et de racines qui leur assurent une chair excellente. Élevés dans le quart des exploitations, ils sont au nombre de 35 000.

TRANSPORTS

Transports maritimes – Plusieurs car-ferries et plusieurs cargos sont en ligne toute l'année pour le transport des passagers avec ou sans voiture, des camions, remorques et marchandises diverses.

Bastia, au débouché de la région la plus développée, assure plus de la moitié du trafic total de marchandises. C'est le port de commerce type de l'île et le plus important en trafic passagers.

Ajaccio a surtout le caractère d'un port de passagers (40 % du trafic total des ports corses) et d'un port d'importation dont l'essentiel de l'activité porte sur les hydrocarbures, les produits alimentaires et les matériaux de construction. Avec le renouveau de la plaine orientale, Porto-Vecchio est devenu le 3e port de commerce de l'île (le 2e pour les vins). Hydrocarbures non compris, sur 100 tonnes échangées dans les ports de Corse, on pouvait décompter 60 tonnes importées du continent, 6 tonnes importées de l'étranger, 29 tonnes exportées vers le continent, 5 tonnes exportées vers l'étranger.

Transports aériens – Le trafic total a dépassé le million et demi de voyageurs, les « charters » intervenant pour 15 % environ dans ce chiffre. Le recensement des passagers ayant utilisé des vols « charters » étrangers permet d'évaluer l'attraction exercée par la Corse hors des frontières nationales surtout en Allemagne, en Belgique et en Grande-Bretagne.

Les trois grands aéroports de Corse, ceux d'Ajaccio, de Bastia et de Calvi, sont en relations régulières avec Paris, Lyon, Marseille et Nice pour la France continentale. Celui de Figari avec Marseille. L'aéroport de Bastia a des relations régulières avec l'étranger, Oujda (Maroc), Pise (Italie), Munich (Allemagne).

Les guides Verts Michelin

Paysages
Monuments
Routes touristiques, Itinéraires de visite
Géographie
Histoire, Art
Plans de villes et de monuments
Renseignements pratiques
Un choix de guides pour vos vacances en France et à l'étranger.

Quelques faits historiques

Du pré-néolithique à l'Antiquité romaine

AVANT J.-C.

6570 | Squelette de « la Dame de Bonifacio », la plus ancienne trace humaine en Corse *(voir p. 31)*.

Entre 3500 et 2500 | Développement du mégalithisme *(p. 36)*.

Vers 2600 | Métallurgie du cuivre à Aléria.

Entre 2000 et 1200 | Construction des « Castelli » et des « Torre » sur toute la Corse et particulièrement dans le Sud *(p. 36)*.

Vers 565 | Les Phocéens (Grecs) s'installent à Alalia (future Aléria - *voir à ce nom*).

540 | Bataille navale d'Alalia : les carthaginois défont les colons grecs.

259 | Les Romains conquièrent Aléria : la Corse est lentement romanisée.

100 | Marius fonde la colonie romaine de Mariana.

APRÈS J.-C.

41-49 | Exil de Sénèque en Corse.

3ᵉ s. | Christianisation de la Corse. Martyres de sainte Restitude, sainte Julie et sainte Dévote (de « Dei Vota », consacrée à Dieu).

Les invasions, le Haut Moyen Âge

5ᵉ s. | La Corse est ravagée par les Vandales, puis par les Ostrogoths. La population est estimée à 120 000 habitants.

Vers 420 | Ruine d'Aléria.

590-604 | Pontificat de Grégoire le Grand qui réorganise les diocèses de Corse.

774 | Le Saint-Siège affirme ses droits d'administration temporelle et de possession de l'île.

8ᵉ-9ᵉ-10ᵉ s. | Les raids sarrasins harcèlent la Corse, menaçant l'intérieur des terres.

Vers 1020 | Pise et Gênes s'entendent pour combattre les bases sarrasines en Corse, menaces permanentes pour leur puissance maritime.

11ᵉ s. | Les premiers féodaux de l'île s'entre-déchirent. Pauvreté et misère dans l'île.

La Corse pisane (1077-1284) – 2 siècles

1077 | Le pape Grégoire VII tente de rétablir la paix en Corse, en en confiant l'administration à Landolphe, évêque de Pise.

1092 | Pise, république maritime alors au faîte de sa puissance en Méditerranée, est archevêché et reçoit le privilège de nommer les évêques corses. Gênes, république commerçante rivale, revendique des droits sur l'île.

1133 | Le pape Innocent II confirme à Pise l'autorité sur les évêchés d'Aléria, Ajaccio et Sagone et accorde à Gênes ceux d'Accia, Mariana et St-Florent (Nebbio).

12ᵉ s. | Paix relative due à l'administration pisane. Prospérité économique. Renouveau architectural : l'île se couvre d'édifices romans remarquables.

1195 | Les Génois s'installent à Bonifacio et colonisent la cité.

1268 | Les Génois fondent Calvi.

1284 | Bataille navale de la Meloria entre Pise et Gênes. C'est l'effondrement de Pise qui perd 52 navires et 16 000 hommes, et doit céder la Corse à Gênes.

La Corse génoise (1284-1768) – 5 siècles

du 13ᵉ au 16ᵉ s. | Les seigneurs de la Cinarca *(voir à ce nom)*, fidèles à Pise, luttent contre l'implantation génoise dans tout le Sud de l'île.

1297 | Le pape Boniface VIII donne l'investiture de la Corse et de la Sardaigne au roi d'Aragon. Gênes, aux prises avec Venise, délaisse momentanément la Corse.

1347 | Les Génois investissent toute l'île.

1348 | Grande peste : la Corse perd le tiers de sa population.

1376-1434 | L'Aragon, implanté en Sardaigne, se souvient de son « investiture » et convoite la Corse. Rivalités entre clans, retournements de situation entre Gênes et le parti aragonais se succèdent.

1420	Vincentello d'Istria, « lieutenant du roi d'Aragon en Corse », construit la citadelle de Corte.
1453	Gênes confie la gestion de la Corse à l'Office (banque) de St-Georges, sorte d'établissement financier paraétatique, alors tout-puissant dans la République.
1553	Les troupes du roi de France Henri II débarquent en Corse, appuyées par Sampiero Corso *(voir à Bastelica)*.
1559	La traité de Cateau-Cambrésis restitue l'île aux Génois *(voir à Bastelica)*.
1559-1569	Sampiero Corso entretient des soulèvements dans l'île jusqu'à son assassinat (1567).
	19 tours de guet sont construites sur le littoral pour lutter contre les raids barbaresques *(voir à la rubrique : Architecture militaire)*.
Fin du 16e s.	La Corse va connaître 160 ans de paix relative. Saint Alexandre Sauli *(voir à Cervione)* est nommé évêque d'Aléria : début de la Contre-Réforme en Corse.
1584	Une ordonnance génoise oblige tous les propriétaires à planter chaque année 4 arbres fruitiers. Développement considérable des châtaigneraies *(voir à Castagniccia)*.
17e s.	Renouveau religieux : la Corse se couvre d'églises baroques.
1652	Des missionnaires envoyés par saint Vincent de Paul arrivent à Aléria, à Corte et dans le Niolo.
1676	600 Grecs venus du Péloponnèse s'installent à Paomia, près de Sagone, puis un siècle plus tard à Cargèse *(voir à Cargèse)*.
18e s.	Décadence de Gênes, ruinée et divisée.
1729-1769	Succession de soulèvements populaires appelés guerre d'Indépendance.
	Des notables mettent en place d'éphémères gouvernements d'un « royaume corse ».
1738 et 1748	Interventions militaires françaises en Corse.
1755-1769	Pascal Paoli *(voir à Morosaglia)* se fait élire « général de la Nation corse ». Il proclame un « gouvernement de la Nation corse » à Corte *(voir à Corte)*.
1768	Par le traité de Versailles, Gênes cède la Corse à la France.
1769	Défaite de Pascal Paoli devant les troupes françaises à Ponte Nuovo, le 8 mai. Il part en exil en Angleterre.
	Le 15 août, naissance de Napoléon Bonaparte *(voir à Ajaccio)*.

La Corse française

1770	Marbeuf, nommé gouverneur de la Corse, fait respecter son autorité. Croissance démographique (+ 20 % en 20 ans). Réorganisation de l'économie. Répression sévère du banditisme.
1789	La Corse, département français, compte 160 000 habitants.
1794-1796	Constitution du royaume anglo-corse. Sir Gilbert Elliot, vice-roi de l'île.
1796	Réoccupation française. L'île est divisée en deux départements, correspondant à la division géographique : le Golo et le Liamone.
1811	Réunification administrative. Préfecture à Ajaccio.
1830	Apaisement des divisions locales, de la vendetta et du banditisme.
1840	Prosper Mérimée, inspecteur des Monuments historiques, rentrant d'un séjour en Corse, publie son roman *Colomba (voir à Fozzano)*.
1891	280 000 habitants.
1894	Inauguration de la voie ferrée Ajaccio-Bastia.
1914-1918	La guerre accentue l'hémorragie démographique amorcée à la fin du 19e s. : 14 000 morts.
1942-1943	Occupation de la Corse par les troupes allemandes et italiennes.
1944	Éradication de la malaria dans la plaine orientale par les troupes américaines qui l'inondent de D.D.T.
1957	Plan d'action régionale : création de la SOMIVAC (« Société pour la mise en valeur agricole de la Corse »).
1970	Création de la « Région Corse ».
1971	Création du parc naturel régional de Corse.
1975	La Corse est divisée, à nouveau, en 2 départements : Haute-Corse et Corse-du-Sud.
1981	Création à Corte de l'Université de Corse.
1982	Élection de la première Assemblée de Corse au suffrage universel.
1986	Dissolution de la SOMIVAC.
1991	La Collectivité territoriale de Corse devient l'organisme régional exécutif doté de pouvoirs plus étendus.
1995	Création de l'IMEDOC : regroupement d'intérêt économique des trois grandes îles de la Méditerranée occidentale (la Sardaigne, la Corse et les Baléares).
1996	Mise en service des navires à grande vitesse (NGV) entre Nice, Livorno et la Corse (vitesse 37 nœuds).

LA PRÉHISTOIRE

Il est vraisemblable que les fonds marins entre la Corse et l'Italie ont dû varier plusieurs fois et rendre possible, à certaines périodes, la communication à pied sec. L'île se peuple de grands mammifères vers 800 000 avant J.-C. L'isolement insulaire produit son effet d'appauvrissement : disparition de certaines espèces qui ne sont pas régénérées par des apports extérieurs. Les fouilles pratiquées dans la grotte de Macinaggio (Cap Corse) montrent que la faune, vers 60 000 avant J.-C., n'est ni très dense, ni très variée. Des apports nouveaux semblent se produire entre 50 000 et 10 000 avant J.-C., peut-être par une communication directe avec les côtes de l'Italie, lors d'un relèvement temporaire des fonds marins. Sans doute l'homme a-t-il habité à cette époque l'ensemble corso-sarde par intermittence. Il n'y a pas actuellement de preuve formelle de cette présence.

Le pré-néolithique – Le squelette du site de l'Araguina-Sennola, près de Bonifacio, est, à ce jour, le plus ancien reste humain attesté en Corse. On l'appelle plaisamment **« La Dame de Bonifacio »**, et on l'a daté avec certitude de 6570 avant J. -C. Cette « dame » appartient à une civilisation de chasseurs pratiquant la cueillette et ignorant l'agriculture, l'élevage et la poterie *(voir à Bonifacio)*.

Le néolithique ancien ou « cardial » – Cette nouvelle civilisation apparaît au début du 6e millénaire avant J.-C. Elle ne paraît pas avoir succédé aux pré-néolithiques, peut-être déjà éteints depuis plusieurs siècles. Les hommes du néolithique ancien fabriquent de la poterie qu'ils décorent avant cuisson par impression d'un bord de coquille de cardium (coquillage local), d'où le nom de « néolithique cardial » donné à cette civilisation. Ces peuplades tendent à devenir de plus en plus agro-pastorales. Depuis les régions côtières, elles peuplent progressivement l'intérieur de l'île. Des traces en ont été découvertes près de St-Florent, Aléria, Bonifacio, Filitosa, Vizzavona et Levie.

Le néolithique moyen et récent – Au 4e et jusqu'au milieu du 3e millénaire avant notre ère, le décor au cardium disparaît des poteries, au profit d'un décor au poinçon et à incisions. Sur la côte, on vit principalement de la pêche et de l'élevage. Plus à l'intérieur, on commence à entourer les habitats de murs de pierres sèches. L'agriculture est connue, mais reste une activité marginale. L'outillage et certaines poteries s'enrichissent d'apports techniques venant du continent, ce qui indique que l'on commence à naviguer.

Le néolithique final et le chalcolithique (de khalkos : cuivre) – De 2800 à 1800 ans avant J.-C., la culture des céréales connaît un développement majeur. Les sépultures se font dans des coffres (chambres funéraires enterrées), puis dans des dolmens. Les **mégalithes** se multiplient. On a retrouvé près d'Aléria des traces d'une métallurgie du cuivre, datée de 2600 avant J.-C., l'une des plus anciennes du bassin méditerranéen.

L'âge du bronze – Il s'étend en Corse de 1800 à 800 avant J.-C. Il témoigne de la capacité de parcourir de longues distances pour se procurer le cuivre et l'étain, constituants du bronze. On constate alors une forte croissance démographique et la création de villages assez importants. Le phénomène le plus spectaculaire est sans doute la densité des menhirs et la multiplication des « castelli » fortifiés et des célèbres « torre » *(voir p. 36, 136 et 195)*.

La préhistoire corse : une discipline récente – Lors de son séjour en Corse (octobre à décembre 1839), Prosper Mérimée, inspecteur des Monuments historiques, releva l'existence de plusieurs dolmens et menhirs. Il eut l'intuition qu'il ne s'agissait pas d'œuvres « celtiques », selon l'appellation alors en vogue. Au début du 20e siècle, différentes recherches et fouilles furent effectuées. Il s'agissait plus de chercher des objets de collection que de tirer des enseignements scientifiquement exploitables.

La préhistoire, en tant que discipline scientifique, ne commence vraiment en Corse qu'après 1950. En 1954, R. Grosjean, archéologue du C.N.R.S. en mission en Corse, mit en évidence l'importance du site de Filitosa pour comprendre les civilisations anciennes de la Corse. Depuis, plus d'une centaine de monuments (castelli, torre, coffres, alignements) ont été étudiés, permettant de prouver l'existence d'une très originale préhistoire corse.

L'HISTOIRE

Sur la Corse, de l'Antiquité au 16e s., on ne dispose que de textes fragmentaires, contradictoires, ou mêlés de légende.

Les auteurs grecs et romains ont laissé des témoignages nombreux mais dispersés sur la géographie de l'île, ses habitants et leurs mœurs, et sur les conquêtes phocéenne puis romaine. Le géographe Strabon, le philosophe Sénèque, l'avocat Cicéron, les historiens Hérodote et Tite-Live... donnent des relations descriptives et vivantes.

Avec **les chroniqueurs** apparaissent les premières sources d'origine insulaire et les premières relations historiques suivies. Au 15e s., le premier d'entre eux, Giovanni della Grossa, a fourni à ses successeurs la matière d'un travail qui relève souvent de la compilation. C'est ainsi que vers 1550 la chronique de Ceccaldi reprend celle de Giovanni della Grossa ; en 1594, est publiée l'« Historia di Corsica » de l'archidiacre Anton Pietro Filippini, « relecture » de la chronique de Ceccaldi. Connu sous le pseudonyme de Pietro Cirneo, Pierre Felce laissa au tout début du 16e s. son histoire de la Corse : « De rebus corsicis. »

La fiabilité historique de ces chroniques est douteuse, tant par l'esprit qui anime leurs auteurs, soucieux d'assurer le lustre de leur île, que par leur manque de rigueur.

L'historien dispose de nos jours des sources contemporaines mais dispersées des archives de Pise, de Gênes et du Vatican. On retiendra les « Annales de Gênes », premier essai écrit de l'histoire corse, publié à Gênes en 1537 par Agostino Giustinianni, évêque du Nebbio.

L'Antiquité – Le plus ancien récit parvenu jusqu'à nous est celui du grand historien grec du 5e s. av. J.-C., Hérodote. Celui-ci raconte comment vers 535 avant J.-C. des Phocéens qui avaient fondé une colonie à « Alaliê » (Aléria) suscitèrent contre eux, par leurs actes de piraterie, une coalition étrusco-punique de 120 vaisseaux. Il semble que les Phocéens d'Alaliê obtinrent la victoire.

La Corse aux 6e et 5e s. avant J.-C. s'inscrit sur les grands axes de communications antiques. C'est par Aléria que les apports techniques et religieux du monde méditerranéen, et sans doute l'écriture grecque, ont pénétré dans l'île.

La conquête romaine commence en 259 avant J.-C. avec la prise d'Aléria, et ne s'achèvera qu'en 111 avant J.-C. La Corse du 1er au 3e s. est une île prospère où, selon la carte dressée au 2e s. par le géographe grec Ptolémée, on compte 32 villes et 12 peuples. Le philosophe latin Sénèque envoyé en exil en Corse de 41 à 49 après J.-C. pour avoir séduit la nièce de l'empereur, indique qu'on parlait encore grec sur la côte orientale. Au 3e s., la Corse connaît un réel brassage entre Corses de souche, colons latins et étrangers de toute origine.

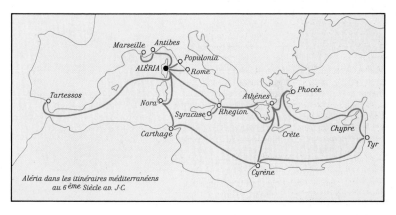

Aléria dans les itinéraires méditerranéens au 6 ^{ème} Siècle av. J-C.

La christianisation – A partir des colonies romaines d'Aléria et de Mariana, et malgré les persécutions de Dioclétien, la Corse est rapidement christianisée ; elle connaît quelques martyres comme sainte Restitude à Calvi, sainte Dévote ou sainte Julie. Au 5e s., les invasions des Vandales puis des Ostrogoths laissent désorganisés et moribonds les cinq évêchés corses, tous situés au bord de la mer (Mariana, Aléria, St-Florent, Sagone et Ajaccio). Grégoire le Grand (590-604) les relève et crée un nouvel évêché (Accia) à l'intérieur des terres.

Une période troublée – Du 7e s. au 11e s., la Méditerranée est écumée par les pirates barbaresques. Les Sarrasins (Maures) établissent en Corse des points d'appui dont témoignent encore quelques noms de lieux comme Campomoro, Morsiglia, Morosaglia. De facteur de richesse et de source de progrès, la mer est devenue hostile : de marins, les insulaires se font montagnards. Ils s'installent à l'intérieur des terres et tendent à vivre en autarcie : petite agriculture et élevage surtout.

La « paix pisane » – Aux 10e s. et 11e s., les seigneurs de l'île, violents et belliqueux, ne cessent de s'entre-déchirer, ajoutant encore à la misère engendrée par l'insécurité des côtes. Pour remédier à cette situation déplorable, et à la demande des fidèles, le pape Grégoire VII, en 1077, confie l'administration de la Corse à Landolphe, évêque de Pise. En fait, l'île passe sous l'autorité de la florissante république pisane. Les Pisans, organisateurs et constructeurs remarquables, vont apporter des années de paix relative et une certaine prospérité. En un peu plus d'un siècle, l'île se couvre d'un grand nombre d'églises romanes de style roman pisan.

Mais Pise, jalousée par la république de Gênes, doit laisser trois évêchés sur six à sa rivale dès 1133. Les Génois installent quelques colonies dans l'île. En 1284, l'effondrement de Pise, à la bataille navale de la Meloria, consacre la suprématie de Gênes « la Superbe ».

La domination génoise (1284-1729) – Gênes va devoir affronter et mater, pratiquement pendant trois siècles, des révoltes tantôt seigneuriales tantôt populaires, appuyées à l'occasion par des puissances étrangères : l'Aragon au début du 15e s., la France au milieu du 16e s. Aux 15e s. et 16e s., malgré les tours de guet que Gênes généralise tout autour de l'île, les razzias barbaresques se multiplient et sèment la désolation sur les régions côtières. La population se réfugie plus que jamais vers l'intérieur.

En 1571, Gênes dote la Corse de « Statuts civils et criminels » et d'institutions. Élu à Gênes, le gouverneur de l'île siège à Bastia, tandis qu'à Ajaccio, Calvi et Bonifacio résident des commissaires assistés de lieutenants pour les localités de l'intérieur et de gouverneurs pour les places fortes. Un conseil des douze, composé exclusivement de Corses, siège auprès du gouverneur et peut présenter des requêtes au Sénat de Gênes. Le pays, divisé en 10 provinces, compte 66 **pièves**. Les communes (de 1 à 50 par piève) sont administrées par un podestat assisté d'un juge de paix et de deux Pères du commun élus. Des **consultes** (assemblées des représentants des pièves) peuvent se réunir. La domination génoise semble bien établie.

Dès le milieu du 17e s., au moment où l'ascension de la France se manifeste à toute l'Europe, la Superbe est sur son déclin et ses finances publiques sont délabrées. Le poids de ses impôts paralyse l'activité économique de l'île ; la corruption de sa justice engendre le brigandage et la vendetta. Les exactions de ses fonctionnaires et la misère des populations font se multiplier les incidents.

La guerre d'Indépendance (1729-1769) – Cette appellation générale recouvre une réalité historique confuse. Il faudrait plutôt parler d'une succession de soulèvements populaires. A l'origine, en 1729, une jacquerie dirigée contre le paiement de l'impôt, éclate dans le Bozio. La Castagniccia s'enflamme à son tour deux mois plus tard, Bastia est mise à sac par une bande de paysans armés. Gênes, en pleine décadence politique, faible militairement (450 soldats génois pour toute la Corse) va multiplier les maladresses au lieu d'apaiser les mécontentements. La France, alors au faîte de sa puissance, intervient par deux fois pour rétablir l'ordre. Les chefs de l'expédition française, plus politiques que militaires, cherchent à apaiser les esprits et, ce faisant, gagnent à la France des partisans comme Gaffori. Les Français quittent la Corse en 1753 et le désordre reprend aussitôt dans l'île.

C'est dans ce contexte local confus que Pascal Paoli se fait élire en 1755 « Général de la Nation corse ». Il organise un « Gouvernement de la Nation corse » à Corte. Louis XV, à la demande de Gênes, envoie **Marbeuf** avec une mission de conciliation. Paoli se montre patriote, idéaliste, intransigeant mais inapte à jauger son potentiel et à évaluer les circonstances en homme d'État... les choses traînent. Il devient nécessaire de passer outre.

Le 15 mai 1768, par le **traité de Versailles**, Gênes cède provisoirement ses droits sur l'île à la France. Mais Paoli non consulté proclame une levée en masse qui ne réussit que bien partiellement en raison de l'importance acquise depuis 30 ans par le parti français. Le 7 octobre, devant Borgo, il parvient à faire reculer les Français de Ludre et Chauvelin, mais le 8 mai 1769 il connaît la défaite de

Sceau de la Corse (18e s.)

Ponte Nuovo. Un mois plus tard, Paoli doit s'exiler à Londres ; les ralliements à la France se multiplient, dont celui de Charles-Marie Bonaparte, le père de Napoléon.

La guerre d'Indépendance, ou « Révolution de Corse », s'achève ; elle a acheminé la Corse vers la réunion à la France.

La Corse française – Nommé gouverneur de la Corse, Marbeuf fait respecter son autorité. La monarchie s'emploie alors à pacifier les populations, à leur donner un état civil et à les faire participer à l'administraiton du pays. La population va progresser de 30 % en 20 ans (160 000 h. en 1789). Le développement de l'économie commence à se manifester. En 1790, la Corse est dotée d'une organisation administrative, judiciaire et religieuse sur le modèle des autres départements français. Vers 1830, on constate un certain apaisement des divisions locales, de la « vendetta » et du banditisme. En 1840, le roman de Prosper Mérimée, *Colomba,* fait connaître la Corse sous un jour romantique qui restera longtemps ancré dans les esprits. En 1860, Napoléon III, accueilli chaleureusement par la population, inaugure à Ajaccio la chapelle impériale. Le réseau routier, très en retard, commence à se moderniser (création d'une route autour du Cap Corse...). Un réseau de chemin de fer à voie métrique est construit : la ligne Bastia-Corte-Ajaccio est inaugurée en 1894.

Guerre de 39-45 : la Corse à l'avant-garde de la Libération – En 1942, la Corse est occupée par les troupes allemandes et italiennes. C'est pour préparer le soulèvement de l'île que le sous-marin *Casabianca*, réchappé du sabordage de Toulon, effectuera plusieurs missions secrètes fort périlleuses. Il déposera agents de renseignements et armes (jusqu'à 15 tonnes à la fois), allant presque, pour ce faire, jusqu'à s'échouer en pleine nuit dans des criques désertes. Le sous-marin réussira à entasser 109 hommes du 1er bataillon de parachutistes de choc dans ses flancs, et à les débarquer à Ajaccio le 13 septembre 1943. Le 4 octobre, la Corse est le premier département français libéré de l'occupant.

Une nouvelle organisation administrative – En 1957, un programme d'action régionale, à but économique et agricole, est lancé. En 1970, création de la Région Corse, suivie en 1971 de la création du parc naturel régional. En 1975, deux départements sont créés : la Haute-Corse avec Bastia pour préfecture, et la Corse-du-Sud, avec Ajaccio. En 1982, la première Assemblée de Corse est élue au suffrage universel. En 1991, un nouveau statut est promulgué, instituant la Corse « collectivité territoriale » aux pouvoirs plus étendus que les autres régions. L'Assemblée territoriale constitue le pouvoir exécutif ; pour sa première élection en 1992, les 2 départements corses ont été réunis en une seule circonscription électorale.

LES HOMMES ILLUSTRES

La Corse a donné naissance à des grands hommes dont la célébrité a passé la mer, qu'ils soient allés construire leur destin sur le continent ou qu'ils se soient illustrés dans leur île.

Sampiero Corso (1498-1567) – « Saint Pierre le Corse » s'engagea au service du roi de France et servit comme officier pendant près de 30 ans, sous François Ier, puis Henri II. La Corse le célèbre comme le héros national qui voulut l'affranchir de la tutelle génoise. Il porta en France le renom des qualités militaires des Corses, dont se firent l'écho les écrivains de l'époque comme d'Aubigné ou Brantôme. Par eux, les Français connurent longtemps la Corse à travers le seul Sampiero.

Blaise de Signori (1676-1740) – Plus connu sous son nom de religion, frère **Théophile de Corte** s'est consacré à restaurer en Corse la stricte observance franciscaine au sein de couvents dits de « ritiro ». La Corse a connu une riche histoire religieuse dès les premiers temps de la christianisation ; elle a vu passer sur son sol maints grands saints ; elle a donné le jour à de pieux personnages, mais Théophile de Corte est son unique saint canonisé.

Pascal Paoli (1725-1807) – Surnommé et honoré comme « Père de la Patrie », il prit la tête des insurrections corses du 18e s., dirigées contre l'autorité génoise et connues sous le nom de « guerre d'Indépendance ». Malgré une légende romantique tenace, Paoli fut loin de susciter l'adhésion unanime des Corses. Il eut d'ailleurs souvent beaucoup de mal à les mobiliser. Nourri de la philosophie des Lumières, Pascal Paoli fut admiré de Rousseau et des intellectuels du 18e s., et fonda à Corte la première université corse. Sa personnalité reste mal connue et son rôle controversé.

Le capitaine de vaisseau Casabianca (1762-1798) – Il fit carrière dans la Marine, jouant aussi un rôle actif à la Convention, puis sous le Directoire. A sa mort héroïque à la bataille d'Aboukir, lors de la campagne d'Égypte, est liée une émouvante anecdote : ayant enjoint à son fils présent à bord de l'Orient qu'il commandait, et âgé de 11 ans, de ne pas quitter son poste sans un ordre express de sa part, il fut bientôt tué. Rien ne put décider l'enfant, qui savait son père mort, à se dédire de sa parole : il sombra avec le vaisseau, coulé par Nelson. Un premier sous-marin portant son nom s'illustra pendant la 2e guerre mondiale ; actuellement un submersible nucléaire perpétue sa mémoire.

Le cardinal Fesch (1763-1839) – Oncle maternel de Napoléon et son aîné de 6 ans seulement, il est plus célèbre comme amateur d'art émérite que comme homme d'église. Un temps défroqué, il suivit la campagne d'Italie et découvre les richesses artistiques du pays. Archevêque de Lyon, puis nommé cardinal en 1803, il gagna Rome comme ambassadeur de France auprès du Saint-Siège. C'est là qu'il constitua sa célèbre collection de 16 000 tableaux dont le musée d'Ajaccio hérita en partie. De nombreuses églises corses abritent des œuvres dont il leur fit don. C'est lui qui obtint de Pie VII qu'il vînt à Paris sacrer l'Empereur. En 1811, lorsque s'aggrava le conflit entre le Pape et l'Empereur, il prit ouvertement fait et cause pour le Pape, encourant la semi-disgrâce de Napoléon. Il laissa l'image d'un bon prélat.

Charles-André Pozzo di Borgo (1764-1842) – Le comte Pozzo di Borgo, originaire d'Alata (au Nord d'Ajaccio), fut élu député de la Corse à la Législative (1791). Après l'échec de l'expédition de Sardaigne, il soutint Pascal Paoli avec qui il partageait la volonté d'indépendance ; aussi la Convention décréta-t-elle son arrestation, et il fut mis hors la loi. Pourchassé par Bonaparte, son cousin, pour avoir contribué à la création d'un éphémère royaume anglo-corse, il erra à travers l'Europe. En 1803, il devient le conseiller privé du tsar Alexandre Ier. Très écouté des Alliés, il joua un rôle déterminant dans la campagne de France et la prise de Paris en 1814. Après la chute de l'Empire, il fut ambassadeur de Russie à Paris jusqu'en 1834, puis à Londres jusqu'en 1839. Il mourut à Paris en 1842. Ses descendants firent élever en 1894, sur une terrasse qui domine de plus de 600 m le golfe d'Ajaccio, le château de la Punta, fidèle reproduction d'un pavillon du palais des Tuileries à Paris, et édifié avec les pierres mêmes de ce palais incendié par la Commune. Le château de la Punta fut à son tour la proie des flammes en 1978.

Napoléon Bonaparte (1769-1821) – Le destin qu'on lui connaît dépassa ses espérances d'adolescent lors de ses études à l'école militaire de Paris. Fervent admirateur de Paoli, le jeune Napoléon rêvait alors d'une carrière militaire et politique dans son île, ce qu'il tenta sans succès. Il vécut finalement peu de temps en Corse *(voir à Ajaccio)*.

Le comte d'Empire Horace Sebastiani (1775-1851) – Favorable à Bonaparte *(p. 166)*, il fut un de ses fidèles dès le coup d'État du 18 brumaire. Promu général en 1805, il participa activement aux campagnes de l'Empire. Les débuts de la Monarchie de juillet le virent un temps ministre de Louis-Philippe. Sous Napoléon comme sous Louis-Philippe, cet officier de cavalerie se vit confier des missions diplomatiques ; il fut notamment ambassadeur de France à Londres de 1835 à 1839, en même temps que son compatriote Pozzo di Borgo qui était, lui, ambassadeur du tsar !

Jean-Thomas Arrighi de Casanova (1778-1853) – Duc de Padoue et général d'Empire, il fut de toutes les grandes campagnes napoléoniennes et s'illustra sur le champ de bataille. Il traversa sans encombre les régimes successifs, siégea pour la Corse à l'Assemblée législative de 1845. Sénateur en 1852, il acheva sa carrière et sa vie comme gouverneur de l'Hôtel des Invalides à Paris en 1853.

L'art en Corse

Les plus anciens témoignages d'un souci artistique que l'on puisse observer en Corse remontent à la période néolithique (âge de la pierre polie) allant de 6000 à 2000 avant J.-C. Ce sont des haches, des couteaux, des bracelets, des pointes de flèches et des débris de céramique marqués par des empreintes de coquillages ou décorés de poinçons que conservent les musées de Bastia, de Sartène, de Levie et d'Albertacce.

LES VESTIGES MÉGALITHIQUES ET TORRÉENS

Au néolithique récent et à l'âge du bronze, la Corse a connu un ensemble de civilisations fécondes en monuments originaux. Ces derniers constituent un patrimoine archéologique remarquable.

L'art des Mégalithiques – La civilisation mégalithique, appelée ainsi par référence aux mégalithes, sa principale manifestation artistique parvenue jusqu'au 20e s., se développe dans l'île vers 3500 avant J.-C. et s'y maintient jusqu'aux environs de l'an 1000 avant J.-C. Prosper Mérimée a analysé et décrit plusieurs de ces monuments dans ses notes d'un voyage en Corse (1840). Deux grandes périodes s'y distinguent.

D'abord le mégalithisme semble avoir été une véritable civilisation matérielle, avec ses techniques et son mode de vie agro-pastoral original. Il faut noter la pratique des inhumations dans des **coffres,** puis dans des **dolmens.** Dans le même temps apparaissent des blocs monolithes dressés, hauts parfois de 4 m : les **menhirs.** Ces menhirs se présentent isolés, ou groupés en alignements ou en cercles. La richesse de la Corse est, à ce sujet, exceptionnelle dans le bassin de la Méditerranée. On a repéré plusieurs centaines de menhirs dans l'île et sans doute un certain nombre dorment-ils encore dans leurs couches archéologiques.

Puis, à l'âge du bronze (1800 à 800 avant J.-C.), apparaît un nouveau développement du phénomène mégalithique avec les **statues-menhirs,** contemporaines des « castelli » fortifiés et des « torre » *(voir ci-dessous).*

Statue-menhir à Filitosa – Filitosa V

J. Sierpinski/SCOPE

Ces statues-menhirs (environ 80 sont connues en Corse) sont des statues très primitives à forme humaine. Celles du Nord de la Corse présentent quelques détails anatomiques et des traces plus incertaines qui pourraient figurer des détails vestimentaires. Celles du Sud sont souvent armées (poignards, épées). Selon certains archéologues (R. Grosjean principalement), les Mégalithiques auraient représenté ainsi leurs ennemis tués au combat pour acquérir leur puissance. Cette thèse met en avant un texte d'Aristote qui écrit : « Les Ibères, peuple belliqueux, élevaient autour de leurs tombeaux autant d'obélisques que le défunt avait tué d'ennemis de son vivant. » La pertinence de cette explication reste très controversée pour la Corse. Il semble que cette ultime variante du menhir soit plus simplement la représentation d'un personnage défunt ou d'une divinité.

Aucun lien précis n'a pu, jusqu'à présent, être établi entre des statues-menhirs et des coffres d'inhumation ou des dolmens.

La région de Sartène et la basse vallée du Taravo conservent les monuments les plus caractéristiques des deux époques, tels le dolmen de Fontanaccia, les alignements de Cauria, de Palaggiu et de Stantari.

Des vestiges mégalithiques subsistent aussi dans le Niolo, le Nebbio et la Balagne. Des noms populaires, souvent témoins de légendes immémoriales s'y rattachent : stazzone (forges) pour les dolmens, stantare (pierres dressées) pour les menhirs sculptés.

Les monuments torréens – Vers 1600 avant J.-C. apparaît la civilisation torréenne. Elle doit son nom aux nombreux monuments en forme de « **torre** » (tour) qu'elle a édifiés. Ces monuments, parfois simples, ont une dizaine de mètres de diamètre, avec en leur centre une petite pièce de 2 m de diamètre. Ils ne sont pas fortifiés. D'autres, beaucoup plus vastes, comprennent, outre un monument central, une zone d'habitat allant de quelques cabanes au véritable village. Ils sont en général pourvus d'une enceinte fortifiée.

Lorsque ces vertiges torréens commencèrent à être sérieusement étudiés, vers 1954, on a cru qu'ils étaient l'œuvre d'un peuple d'envahisseurs (les Shardanes proche-orientaux ?). Ces derniers auraient débarqué aux environs de Porto-Vecchio et repoussé les insulaires de civilisation mégalithique vers le Nord de l'île. Les édifices construits par ce peuple offensif auraient assuré une fonction culturelle.

On tend aujourd'hui à privilégier l'hypothèse selon laquelle la civilisation torréenne serait une évolution du peuplement insulaire mégalithique. Des apports extérieurs ont dû avoir lieu dans le cadre de contacts commerciaux qui se faisaient au sein du monde méditerranéen.

Il semble que les monuments torréens aient été plutôt utilitaires, construits pour répondre aux nécessités d'une société rurale où l'artisanat était déjà présent. Certaines « habitations » (en fait des cabanes à murs de pierre) étaient occupées l'une par le potier, une autre par le fondeur de métaux, le céramiste, le vannier ou le tailleur de pierre, d'autres enfin pouvaient servir de grenier collectif (F. de Lanfranchi et M. C. Weiss). Parmi les monuments édifiés par cette civilisation torréenne, les mieux conservés se situent sur le plateau de Levie et dans la région de Porto-Vecchio : castello de Cucuruzzu, castellu de Araghju et monument de Torre. Le gisement de Filitosa, dans la basse vallée du Taravo, présente un intérêt exceptionnel *(voir à ce nom)*.

LES VESTIGES DE L'ANTIQUITÉ

Art et urbanisme grecs et romains – Des vestiges grecs et romains ne peuvent guère se rencontrer en Corse que dans les sites archéologiques d'Aléria et de Mariana. Aléria *(voir à ce nom)*, à l'embouchure du Tavignano, fut surtout un important relais commercial et une base navale. Ce fut une colonie grecque avant d'être romaine et de devenir, sous l'Empire, la capitale de la « province ». Son musée montre les liens commerciaux qui unirent Aléria à la Grèce et à l'Italie par sa collection de cratères et de pièces provenant de l'Attique, de bronzes découverts dans la nécropole, de mosaïques, de monnaies, de poteries. Il s'agit d'un art importé plus qu'autochtone, mais qui témoigne néanmoins de la perméabilité du milieu insulaire aux influences artistiques du monde méditerranéen. Son champ de fouilles illustre un urbanisme à dire vrai plus latin que Corse. On y voit les vestiges d'un temple, d'un forum, d'un prétoire, de thermes et d'un établissement industriel.

A l'embouchure du Golo, jouxtant l'église de la Canonica *(voir à ce nom)*, Mariana était une cité antique et un port où stationnait une partie de la flotte de Misène (Misène, à l'Ouest du golfe de Naples, était sous Auguste l'un des principaux ports de la flotte.

L'art paléochrétien – Le christianisme se répand en Corse sans doute au 3e s. La plus ancienne tradition qui soit établie avec quelque sérieux remonte au martyre de sainte Dévote en 202. Le sarcophage de sainte Restitude à Calenzana *(voir à ce nom)* est du début du 4e s. Des **basiliques paléochrétiennes** ont été localisées à Calvi, Ajaccio, St-Florent, Sagone, Mariana... Différents indices archéologiques permettent de penser qu'entre le 3e s. et le 5e s., tout un art a fleuri en Corse. L'âge d'or des premiers temps de la christianisation en Corse semble bien être la deuxième moitié du 4e s. Le plus beau vestige paléochrétien de Corse, le **baptistère de Mariana**, aux abords immédiats de la Canonica date de 380 environ. Les restes de mosaïques encore en place donnent une idée assez précise du milieu artistique évolué de la Corse à cette époque.

Jupiter-Ammon.
Musée Jérôme Carcopino, Aléria

Au 5e s., tous les bourgs situés le long des côtes sont pillés et saccagés par les hordes d'envahisseurs arrivés par mer. Les fouilles des vestiges de quelques sanctuaires paléochrétiens indiquent que les reconstructions et les réparations des ruines au 5e s. et au 6e s. se font avec des moyens d'une extrême pauvreté. Au 5e s. s'étaient effondrés à la fois les structures romaines et le bien-être qu'elles avaient permis.

L'ART ROMAN

L'art roman de Corse, sans doute un des trésors méconnus de l'île, peut être considéré comme l'un des plus beaux d'Europe. Il présente en outre l'intérêt de s'étendre sur une durée peu commune et d'offrir des témoins de chaque jalon de son évolution : préparé par une expérience pré-romane précoce, il atteint sa pleine maturité dès la deuxième moitié du 11e s. et se perpétue jusqu'à la fin du Moyen Âge avec la même qualité.

La période pré-romane

Dès le 9e s., sur les crêtes et les replats des éperons, furent édifiées des dizaines de chapelles qui desservaient autant de villages et hameaux. Durant le Haut Moyen Âge, la présence en Corse de bénédictins des îles toscanes (La Gorgone et Montecristo) a stimulé le développement d'une architecture romane primitive qui, par crainte des raids, s'implanta dans des lieux difficilement accessibles. Les édifices, élevés dans un appareil très simple de moellons à peine dégrossis, étaient de dimensions modestes. Une quinzaine seulement nous sont connus, la plupart très ruinés. Pour le 9e s., l'un des exemples les plus parlants de cet art pré-roman est sans doute St-Jean-Baptiste de Corte *(voir à ce nom)* avec son baptistère à peu près intact. Pour le 10e s., on peut citer Santa Maria de Valle-di-Rostino. Cette floraison pré-romane explique qu'en 1092, «lorsque la République de Pise reçut officiellement l'investiture pour les diocèses de Corse, l'art roman qui éclot en Corse atteint d'emblée une sorte de perfection» (G. Moracchini-Mazel).

L'art roman pisan

Dès la fin du 11e s., pour repeupler les plaines littorales abandonnées, la République de Pise entreprit de réédifier les cathédrales côtières pratiquement sur leur site d'origine; un peu plus tard les principales églises des vallées, les «piévannies» et des chapelles. Pour cela elle fit venir de Toscane des équipes d'architectes, de tailleurs de pierre, de maîtres maçons puis de sculpteurs, apportant leurs connaissances et leur expérience aux artisans de l'île. Ils élevèrent des églises surtout dans la Castagniccia, le Nebbio et la Balagne; elles servaient de lieux de prière, de maison du peuple et de tribunaux.
C'est la simplicité des lignes et la pureté des volumes qui confèrent à l'architecture corse son caractère si harmonieux.
On distingue deux périodes : au 11e s., et jusque vers 1125, les édifices sont le plus souvent construits en simples moellons comme St-Michel de Sisco *(voir à ce nom)*. L'église piévane de Carbini *(voir à ce nom)* ou l'abside de la cathédrale de Mariana *(voir à ce nom)* sont des chefs-d'œuvre qui marquent la fin de cette première période.
En 1125, Pise poursuit la construction de sa cathédrale. Succédant à Buscheto, le nouvel architecte Rainaldo est aussi un sculpteur; il apporte donc à son ouvrage une expression décorative renouvelée et dont l'influence se fait sentir dans l'île. La période de 1125 à 1160 environ constitue une époque de maturité à laquelle appartiennent la cathédrale du Nebbio à St-Florent *(voir à ce nom)* ou l'église St-Jean-Baptiste à Ste-Lucie-de-Tallano *(voir à ce nom)*. Les églises se parent alors de murs polychromes : la Trinité d'Aregno *(voir à ce nom)* ou San Michele de Murato *(voir à ce nom)*. Il faut noter un caractère commun à tous ces édifices : seule leur abside est voûtée (d'un cul-de-four), mais jamais la nef, toujours couverte d'une simple charpente.
La minuscule chapelle San Quilico, au hameau de Montilati, près de Figari *(voir à ce nom)* est une exception. On continuera longtemps en Corse à construire selon les canons de l'art roman : des survivances romanes, comme la chapelle Ste-Catherine de Sisco *(voir à ce nom)*, se trouvent jusqu'au 15e s.
On ne connaît guère que deux églises gothiques en Corse, St-François et St-Dominique à Bonifacio.

Plan et dimensions – La plupart des églises romanes et pré-romanes en Corse présentent une nef de plan rectangulaire et un chœur semi-circulaire. De rares églises reprennent le plan basilical inspiré des basiliques civiles romaines (divisé en nefs par des colonnes) : on peut citer l'église St-Jean de Corte *(voir à ce nom)* ou celles de St-Florent *(voir à ce nom)* et de la Canonica *(voir à ce nom)*. Les églises romanes

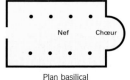

Plan basilical

corses sont de dimensions modestes : 33 m de long pour la plus grande, la Canonica; 27 m pour Santa Maria Assunta à St-Florent; 14 m pour San Michele de Murato.

Matériau et appareillage – A l'image de leur première cathédrale métropolitaine, les églises pisanes de Corse se distinguent tout d'abord par le choix d'une pierre d'excellente qualité : schistes de Sisco, calschistes de la Canonica, granits de Carbini... Ces pierres, équarries avec un art consommé de la taille, ont été appareillées de la façon la plus heureuse. L'architecte a souvent conservé, comme des éléments décoratifs à la surface des murs, les trous de boulin qui avaient servi à caler et à tenir les échafaudages, dans lesquels viennent jouer l'ombre et la lumière. Leurs chevets ornés de bandes lombardes et de colonnettes engagées, leurs fenêtres-meurtrières ouvertes dans les murs latéraux, leurs losanges, rosaces et marqueteries, leur toiture en pierres plates **(«teghie»)** souvent encore conservée constituent une architecture sobre et équilibrée.

Décoration – Des motifs sculptés apparaissent en façade, à la base des toits, aux encadrements des fenêtres. A partir de 1135, la polychromie naturelle de la pierre participe elle-même, souvent, à la décoration de l'église. St-Florent au beau calcaire clair est connu pour son décor sculpté extérieur et ses chapiteaux. Santa Maria Figaniella en granit doré a conservé un chevet couvert en «teghje», la Trinité d'Aregno vaut pour la polychromie de son appareil et les sculptures de sa façade, San Michele de Murato est aussi célèbre pour son parement en serpentine vert sombre et en calcaire blanchâtre que pour sa naïve décoration sculptée.
Les sculptures archaïques ornent alors les corniches, les arcatures, les tympans des portails. D'un dessin stylisé elles représentent des figures géométriques, des dents d'engrenage, des entrelacs, des animaux fabuleux, des scènes symboliques et des personnages énigmatiques exécutés en ronde bosse.

Aregno (12e s.) - Granite polychrome

Détails d'art roman

Aregno (12e s.) - Granite gris

San Michele di Murato
Fin du 13e s.
Serpentine vert sombre
et calcaire du Bevinco

San Michele di Murato
Fin du 13e s.
Serpentine vert sombre
et calcaire du Bevinco

Lumino - 11e s.
Granite gris et granite jaune

San Quilico de Cambia - Fin du 13e s.
Granite sur dalle de schiste ocré

Dans de modestes sanctuaires, des **fresques** ornent parfois le cul-de-four de l'abside et l'arc triomphal. D'inspiration byzantine, elles seraient des œuvres d'artistes locaux du 15ᵉ s. On admire les plus belles dans les chapelles de St-Michel de Castirla *(voir à ce nom)*, San Nicolao de Sermano *(voir à Bozio)*, et Ste-Christine, près de Cervione. Le haut de la voûte est toujours occupé par le Christ en Majesté entouré des symboles des évangélistes, tandis qu'en bas figurent les apôtres et des saints. Le style de ces fresques où dominent le vert clair, l'ocre et le rouge, rappelle l'art des peintres de Sienne au 13ᵉ s.

L'ART BAROQUE

C'est l'ancienne cathédrale de Cervione *(voir à ce nom)* qui marque sans doute le point de départ, en 1584, de ce qu'on appelle l'art baroque. Plus qu'un choix esthétique délibéré, le baroque corse apparaît comme une expression artistique du renouveau religieux lié à la Contre-Réforme, dans la pure tradition du concile de Trente (1545-1563).

En effet, l'évêque constructeur de la cathédrale de Cervione, saint Alexandre Sauli, était l'ami et le confesseur du cardinal-archevêque de Milan, saint Charles Borromée, l'un des principaux artisans de la Contre-Réforme.

La floraison de l'art baroque en Corse – Aux 17ᵉ et 18ᵉ s. s'est développé dans les « pays » alors les plus aisés de l'île, en Balagne, dans la région de Bastia et en Castagniccia surtout, ce style baroque dont les grands traits proviennent d'Italie du Nord. Dans les villes et les bourgs importants de vastes églises furent alors édifiées, ordinairement sans profusion monumentale extérieure, mais souvent embellies par un parement de belles pierres dorées. Ces églises offrent une façade ornée de corniches, pilastres, colonnes engagées supportant un décor de pinacles, volutes et coquilles, et un solide clocher carré, parfois hors œuvre, à plusieurs étages ajourés qui surprennent dans un paysage de maquis.

Dans les villes génoises, notamment à Bastia, les lignes sobres de certaines façades d'églises contrastent avec des intérieurs somptueusement décorés d'ors, de marbres, de peintures en trompe-l'œil, de meubles en bois sculpté, de stucs dorés dans le style baroque en honneur à Gênes au 17ᵉ s. (église Ste-Marie, chapelle Ste-Croix, chapelle de l'Immaculée Conception...).

Riches autels et balustrades de chœur en mosaïques de marbre polychrome, importés de Ligurie, ornent bon nombre d'églises baroques de villages. L'étonnant chœur de l'église de Corbara est typique du goût du 18ᵉ s. pour ses lourds décors.

Campanile de l'église St-Blaise à Calenzana

D'après phot. : Valarcher/PIX

Dans de nombreux édifices ruraux, des artistes locaux ont exprimé un art haut en couleur, plein de saveur et parfois facétieux. L'église de Carcheto *(voir à ce nom)* est un bon exemple de ce courant populaire.

Les chapelles de confréries – Elles fleurissent dans toute la Corse, empruntant leur décor intérieur au riche répertoire baroque et conservant un extérieur des plus simples. Les confréries, apparues en Corse au 14ᵉ s., avaient pour vocation l'entraide sociale et spirituelle entre confrères, en cas de maladie, décès, captivité ou disette. Cette œuvre d'assistance leur fit souvent jouer un rôle social important dans les paroisses.

L'ARCHITECTURE MILITAIRE

Les constructions sont relativement modestes, à l'échelle d'une île où les enjeux concernaient surtout la sécurité quotidienne des biens et des personnes.

Les citadelles – Gênes fonda Bonifacio, Calvi, Bastia, St-Florent, Ajaccio, Algajola, Porto-Vecchio, puis éleva sur des éperons des citadelles entourées de remparts défendus par des bastions comme celles de Bonifacio, de Porto-Vecchio ou de Calvi. Les hautes maisons se serraient à l'abri de leurs remparts. Ces villes, en relations commerciales avec les ports de la Méditerranée, acquièrent une certaine prospérité. Leurs seigneurs, leurs notables et leurs confréries dotèrent les sanctuaires qu'ils fréquentaient et les couvents de statues, de tableaux, de meubles sculptés, d'orfèvrerie religieuse et d'ornements liturgiques brochés d'or ou d'argent.

Les tours – Depuis les rivages d'Afrique du Nord, les pirates barbaresques, les « Turchi » abordaient les côtes de Corse, incendiant les récoltes, volant le bétail, détruisant les demeures, emmenant les villageois en esclavage (en 1560, il y eut 6 000 Corses captifs à Alger).

Pour lutter contre ce fléau, l'Office de Saint-Georges *(voir Quelques faits historiques)* organisa un système de surveillance et d'alerte sur 500 km de côtes en construisant des tours de vigie et de refuge. Dès que des voiles barbaresques pointaient à l'horizon, les guetteurs allumaient au sommet de l'édifice des feux qui alertaient les villages. En outre, les notables firent édifier des tours carrées qui servaient d'habitations et, en cas de péril, d'abri.

Tour génoise à Miomo

Aujourd'hui, sur les 85 tours dénombrées au début du 18e s., 67 demeurent encore debout, surtout dans le Cap Corse et sur la côte Ouest du reste de la Corse où elles occupent des promontoires avancés. D'une architecture rudimentaire, hautes de 12 à 17 m, souvent en ruine (mais certaines ont été restaurées), elles mettent une note romantique dans le paysage *(voir leur localisation p. 4 à 6 et les schémas dans la description)*.

Les forts – Des châteaux médiévaux des seigneurs de l'île ne restent que des ruines, principalement dans le Cap Corse (Rogliano) et dans l'Au-Delà-des-Monts (Tiuccia...). Quelques ouvrages militaires, conçus pour la défense d'un lieu stratégique, subsistent en partie. C'est le cas du fort défendant le goulet de Tizzano *(voir à Sartenais)*.

L'ARCHITECTURE TRADITIONNELLE

Les ponts génois – On désigne volontiers sous ce terme général tous les ponts tant soit peu anciens de l'île. En fait, un certain nombre d'entre eux datent de la période pisane. A partir du 16e s., Gênes va chercher à développer les échanges commerciaux et agricoles dans l'île. De nombreux ponts sont ainsi construits sur des itinéraires très fréquentés.

Les ponts génois sont caractérisés par une arche unique et une étroite chaussée empierrée, à la brisure accentuée. La hauteur de leur arche et leur situation à un endroit large du cours d'eau sont calculées en prévision des crues toujours subites et violentes sous ce climat méditerranéen.

Le village – Beaucoup de communes ont en Corse la taille de cantons du continent. Ce sont des unités administratives. La vie de tous les jours a lieu à l'échelle du village ou du hameau. Dans les vieux vil-

Le pont génois de Pianella

lages, les maisons sont groupées dans un apparent désordre qui cache de prime abord leur organisation en blocs familiaux.

Elles sont parfois réunies par des passages couverts et séparées par des ruelles empierrées en escaliers : par exemple à Sant'Antonino en Balagne *(voir à ce nom)* ou à Vescovato en Casinca *(voir à ce nom)*.

De rares villages de l'Au-Delà-des-Monts ont conservé une maison forte (« Casa torra »), ancien habitat noble qui pouvait avoir aussi une fonction défensive communautaire. On peut en observer à Ste-Lucie-de-Tallano *(voir à ce nom)*, à Bicchisano *(voir à ce nom)*, à Sainte-Marie-Sicché *(voir à ce nom)*.

La maison corse – La maison traditionnelle (« a casa ») abritait autrefois la famille au sens le plus large du terme. Elle présente dans l'ensemble de l'île un même parti de simplicité et de sobriété. C'est une « maison bloc » à quatre pans, construite en pierre avec les matériaux locaux : blocs de schiste dans le Nord de l'île, granit dans le centre et au sud, calcaire à Bonifacio et St-Florent. Elle est souvent crépie à la chaux. Les escaliers sont souvent relégués à l'extérieur ou réduits à de simples échelles, par souci d'économiser l'espace nécessaire aux familles parfois nombreuses.

41

Variations régionales – En montagne, les murs très épais sont bien appareillés autour des ouvertures. D'étroites fenêtres assurent l'aération tout en empêchant le soleil d'entrer en été et les vents de s'infiltrer en hiver. En Balagne, les loggias à arcades sont fréquentes, protégeant en été les fenêtres du soleil qu'elles laissent au contraire pénétrer en hiver quand sa course s'infléchit.

Les toits sont recouverts de tuiles canal en Corse cristalline et de dalles de schiste lustré appelées **teghje** en Corse schisteuse, ce qui donne cet effet de toits gris-bleu à Corte, verts à Bastia, gris-argent en Castagniccia. Dans certains secteurs montagneux de l'île subsistent des toitures de bardeau utilisant les tuiles de châtaignier (les **scandule**) maintenues par des moellons de granit.

En Balagne, les toits sont remplacés par des terrasses, primitivement en argile damée. Elles permettent le séchage au soleil des fruits que l'on veut conserver. L'eau de pluie est écartée de la façade par un rang de tuiles canal outrepassant l'aplomb du mur.

Intérieur – il se compose quelquefois d'une cave, le plus souvent d'un rez-de-chaussée pouvant abriter quelques bêtes et des instruments de travail, et d'un étage d'habitation, voire de deux. Il y régnait jadis une sobriété toute spartiate. Dans la vaste pièce centrale où trônait le «**fucone**», feu central ouvert autour duquel se rassemblait la famille, le plafond est constitué, en Castagniccia et dans le Niolo, par une claie sur laquelle sèchent les châtaignes. Jusqu'au 19e s., le mobilier était très réduit. On ne connaissait

Fucone

Musée ethnographique de Corse, Bastia/Ph. Lambert

pour tout meuble de rangement que le coffre en bois. La maison est ce à quoi le Corse tient le plus. Il répugne à la vendre et même à la louer.

Les bergeries – Disséminées dans les montagnes, elles sont plus ou moins abandonnées en raison de la décadence de la transhumance, mais abritent encore de mai à octobre les bergers et leurs bêtes. Ce sont de grossières constructions aux murs faits d'un assemblage de pierres sans mortier. Quelques troncs servant de poutres soutiennent un toit couvert de bardeaux lestés de pierres. L'installation du berger y est rudimentaire. Sa **cabane** («capanna») n'offre qu'une pièce sans fenêtre, pas de foyer central : un feu est allumé au pied du mur et la fumée s'échappe par la porte. Il dispose pour dormir d'un bat-flanc sur lequel est installé un matelas de fougères. Devant la cabane, s'étendent une courette – où le berger confectionne le fromage et le «brocciu» – bordée d'un mur d'enceinte peu élevé qu'on franchit au moyen de marches en saillie, des parcs pour la traite (circulaire pour les chèvres, rectangulaire pour les brebis) et des caves-saloirs (ou «**cagile**») très basses. Là, les fromages sont disposés sur des étagères pour l'égouttage et le salage. Dans les Agriates, subsistent quelques «paillers» *(voir à Agriates)*, humbles constructions quadrangulaires en pierres sèches autrefois couvertes de branchages et d'un épais revêtement de glaise.

Aujourd'hui, lorsque le toit subsiste, il est coiffé d'un tapis de graminées. En Castagniccia ou dans d'autres terres à châtaigniers, on rencontre parfois, sous l'apparence de «bergeries», des séchoirs à châtaignes. Certains ont gardé leur plafond à claire-voie par lequel montaient fumée et chaleur du feu allumé à même le sol.

Les fontaines – Au bord des chemins, à l'entrée des villages ou en forêt, de charmantes fontaines rustiques faites de galets apportent leur note pittoresque au paysage et témoignent de la richesse en eau de la Corse par rapport au reste des îles méditerranéennes.

L'ART POPULAIRE MONTAGNARD

Dans les montagnes, des artisans, qui ont ignoré les courants d'art nés dans les ateliers des villes côtières, ont sculpté le bois suivant leur inspiration, réalisant des œuvres étonnantes de verve et de fraîcheur, ou empreintes d'un réalisme bouleversant : saints naïfs, christs émouvants de Vico, de Bustanico, de Calacuccia, de Casamaccioli... Leurs œuvres s'échelonnent du Moyen Âge au 18e s.

En confectionnant les originales **chaires en bois** supportées par des dragons reposant sur une tête de Maure (églises d'Aullène et de Quenza), les artisans se sont sans doute rappelé les raids barbaresques. Ce sont aussi des artistes locaux qui ont réalisé les **chemins de croix** du 18e s., peintures naïves qui ornent maintes églises paroissiales.

TERMES D'ART EMPLOYÉS DANS CE GUIDE

Abside : Extrémité arrondie d'une église, derrière l'autel.

Absidiole : abside secondaire.

Ambon : petite chaire située à l'entrée du chœur et servant aux lectures liturgiques.

Antependium : devant d'autel.

Appareillage : taille et agencement des matériaux constituant une maçonnerie.

Arc triomphal : grande arcade à l'entrée du chœur d'une église.

Arcade : ensemble formé par un arc et ses piédroits.

Arcature : Suite de petits arcs accolés.

Arc-boutant : illustration.

Archivolte : ensemble de voussures couvrant l'embrasure d'une baie.

Aveugle : se dit d'arcades ou d'arcatures lorsque celles-ci sont adossées à un fond vertical.

Balustre : colonnette renflée supportant une tablette d'appui. Une rangée de balustres forme une balustrade.

Bandeau : moulure horizontale, marquant souvent la base d'une voûte en berceau.

Bas-côté : illustration.

Bas-relief : sculpture en faible saillie sur un fond.

Bastion : ouvrage polygonal de défense faisant saillie sur un mur d'enceinte.

Boulin (trou de) : trou pratiqué dans un mur, où vient se loger une poutre ou une pièce d'échafaudage.

Campanile : clocher-tour, le plus souvent détaché de l'église.

Cénotaphe : tombeau vide, de caractère commémoratif.

Chambranle : encadrement décoratif d'une fenêtre ou d'une porte.

Chancel : dans une église paléochrétienne, clôture basse séparant le chœur du reste de l'église.

Chapiteau : tête de colonne, de pilier ou de pilastre qui reçoit les arcs de voûte ou supporte l'entablement.

Chevet : côté extérieur d'une abside.

Chœur : partie de l'église réservée au clergé et aux chantres, où se trouve le maître-autel.

Chrisme : monogramme du Christ composé des lettres grecques X et P entrelacées.

Christ Pantocrator : Christ « maître du monde » représenté dans une église, le plus souvent au sommet intérieur d'une coupole ou dans le cul-de-four de l'abside.

Cintre (arc en plein) : arc décrivant un demi-cercle.

Claveau : pierre taillée formant l'un des éléments d'un arc ou d'une voûte.

Collatéraux : se dit des côtés de la nef lorsqu'ils sont de même hauteur que celle-ci.

Colonne engagée : colonne en partie intégrée dans un mur.

Colonne torse : colonne dont le fût est tourné en spirale.

Contrefort : illustration.

Corbeau : pierre ou pièce de bois partiellement engagée dans un mur et portant sur sa partie saillante une poutre, une corniche ou une arcature.

Corniche : élément saillant servant à couronner le sommet d'un mur.

Coupole : voûte de plan circulaire.

Créneau : partie creuse d'un parapet entre deux merlons.

Cul-de-four (voûte en) : voûte en quart de sphère.

Écoinçon : surface triangulaire située entre la courbe d'une arcade ou d'une rosace et son encadrement orthogonal.

Fresque : peinture murale appliquée sur l'enduit frais.

Géminé : groupé par deux (arcs géminés, baies, colonnes géminées).

Haut-relief : sculpture au relief très saillant, sans toutefois se détacher du fond (intermédiaire entre le bas-relief et la ronde-bosse). Illustration X.

Lambris : revêtement de murs (en bois, stuc, marbre...) servant à la fois de protection et de parure.

Lanternon : tourelle ajourée au-dessus d'un dôme.

Linteau : pièce monolithique sur la largeur d'une baie, destinée à recevoir la charge des parties supérieures.

Lombarde (arcature ou bande) : décoration en faible saillie, faite de petites arcades aveugles reliant des bandes verticales, caractéristiques de l'art roman en Lombardie.

Merlon : partie pleine d'un parapet entre deux créneaux.

Meurtrière : fente verticale pratiquée dans les murs d'une fortification pour lancer des projectiles sur les assaillants.

Modillon : petite console soutenant une corniche et représentant souvent des têtes grimaçantes.

Moellon : pierre de petite dimension, non taillée ou partiellement dégrossie, le plus souvent liée par un mortier.

Ogive (voûte d') : l'armature formée par deux arcs diagonaux qui se croisent se nomme croisée d'ogives.

Parement : en architecture, surface extérieure d'un mur revêtu de pierres de taille bien appareillées.

Piédroit : jambage de porte ou de fenêtre, ou partie verticale qui supporte la naissance d'une voûte.

Pilastre : pilier plat engagé dans un mur.

Pinacle : illustration.

Rampant : ce qui est incliné ; par exemple les deux côtés obliques d'un fronton.

Retable : partie verticale d'un autel surmontant la table ; le retable, peint ou sculpté, comprend souvent plusieurs panneaux ; voir : triptyque.

Rinceau : motif ornemental de sculpture ou de peinture emprunté au règne végétal, formant souvent une frise.

Ronde-bosse : élément sculpté entièrement détaché de tout fond (ex. : une statue).

Stalle : siège de bois à dossier élevé, garnissant les deux côtés d'un chœur.

Stuc : mélange de poussière de marbre et de plâtre, lié avec de la colle forte, utilisé en décoration.

Transept : nef transversale coupant la nef principale et donnant à l'église la forme d'une croix.

Travée : portion de voûte s'étendant entre deux points d'appui.

Triptyque : ouvrage de peinture ou de sculpture composé de trois panneaux articulés pouvant se replier. Certains retables sont en forme de triptyque mais ne se replient pas.

Trompe-l'œil : décor peint simulant relief et perspective.

Tympan : paroi pleine diminuant par le haut l'ouverture d'une baie.

Volute : ornement d'architecture enroulé en spirale.

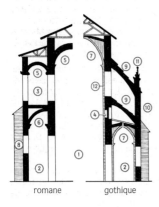

◄ Illustration

Coupe d'une église : ① Nef – ② Bas-côté – ③ Tribune – ④ Triforum – ⑤ Voûte en berceau – ⑥ Voûte en demi-berceau – ⑦ Voûte d'ogive – ⑧ Contrefort étayant la base du mur – ⑨ Arc-boutant – ⑩ Culée d'arc-boutant – ⑪ Pinacle équilibrant la culée – ⑫ Fenêtre haute

romane   gothique

VOCABULAIRE DE LA PRÉHISTOIRE

Alignement : rangée de menhirs sur une ligne droite ou sur plusieurs lignes parallèles.

Anthropomorphe : de forme, d'apparence humaine. Se dit d'un menhir lorsque sa partie supérieure représente une figure et un cou humain.

Cupule : petite cavité hémisphérique creusée dans une roche.

Cyclopéen (mur) : mur constitué de gros blocs de pierre irréguliers assemblés sans mortier.

Dolmen : monument mégalithique formé d'une grande pierre plate posée sur des pierres dressées verticalement. En Corse, deux autres mots désignent le dolmen (qui est un mot d'origine bretonne) : **stazzona** (forge) et **tola** (table).

Lithique (industrie) : industrie, travail de la pierre.

Mégalithe : monument formé d'un seul, ou de quelques très grands blocs de pierre, (dolmen, menhir...).

Menhir : très grand bloc de pierre dressé. En Corse on emploie les mots : stantare et paladin.

Mobilier : ce mot désigne les objets de fabrication humaine retrouvés dans des gisements archéologiques.

Traditions

Les Français « du continent » se font de la Corse une image où surgissent pêle-mêle un empereur, un chanteur de charme, des avocats, de brillants administrateurs, des artistes de cinéma, une longue liste de fonctionnaires, d'hommes politiques et de militaires et quelques bandits célèbres.

Ils admettent comme acquis que leurs compatriotes insulaires soient affligés de quelques travers comme la nonchalance, la susceptibilité, un esprit de clan, un chauvinisme de terroir, une certaine propension à la tricherie fiscale ou électorale.

Sur place la vision est tout autre. Sous le couvert d'une austérité volontiers grave, de quelque manifestation d'exubérance latine, du sens de l'humour et de la repartie, apparaissent alors de rares qualités : sobriété, bravoure, culte de la famille, sens intransigeant de l'honneur, fidélité à l'amitié et à la parole donnée.

Les Corses ont été façonnés par une histoire mouvementée et une vie difficile. Le Corse est toujours un peu sur ses gardes en face de l'Italien, « Luchesu » (Lucquois), du Français du continent « pinzuttu » ou du « pied-noir ». Le terme un peu ironique de « pinzuttu » (pointu) est peut-être une allusion aux chapeaux tricornes que portaient les soldats de Louis XV envoyés en Corse en 1764.

Foncièrement hospitalier, il a un rare sens de l'accueil et ignore les calculs. Fier de sa petite patrie, il apprécie qu'on vienne en goûter les attraits et contribuer à son mieux-être ; mais moins qu'on y réalise des profits dont il est exclu ou qu'on y introduise des modes ou des mœurs qu'il réprouve.

Les Corses peuvent être, chez eux, fatalistes et routiniers ; catholiques pratiquants et cependant enclins à la superstition. Ils chérissent leur île par-dessus tout mais, loin d'elle, de ses usages et conventions, ils font preuve d'une étonnante faculté d'adaptation et d'un remarquable esprit d'entreprise servi par une vive curiosité intellectuelle.

Nombreux sont les Corses qui ont joué un rôle éminent dans l'État ou incarné la présence française dans les terres lointaines. Mais chez eux ils cultivent leur particularisme. Ils manifestent leur **culte des morts** par de lointaines démarches pour accompagner un parent à sa dernière demeure et par l'édification d'imposantes chapelles dont l'entretien est bien souvent négligé.

Traditions religieuses – Les traditions religieuses sont encore très vivantes dans l'île. Les processions organisées en de nombreuses localités, les jeudi et vendredi saints, avec leurs cortèges de pénitents en cagoule, en sont les manifestations les plus spectaculaires.

Les villes et villages fêtent aussi en grande pompe leurs saints patrons, la Vierge Marie et quelques saints protecteurs de corporations comme saint Érasme, patron des marins. La tradition pascale, suivant laquelle le prêtre visite et bénit chaque logement, reste vivante.

La « vendetta » – L'éloignement de la justice génoise et les défaillances de son application ont longtemps poussé celui qui avait subi une offense grave à estimer de son devoir de faire justice lui-même : c'était la **« vendetta »**, la vengeance. Le code de l'honneur l'y obligeait ; au 18ᵉ s. déjà, la plupart des auteurs corses signalent un grand nombre de meurtres. Le fléau est tel que l'on voit un des grands prédicateurs populaires de l'époque, saint Léonard de Port-Maurice, prêcher en 1744 une mission restée célèbre contre la vendetta ; au 19ᵉ s. ce fut une véritable plaie sociale qui ira s'estompant après 1840. De là sont nés les « bandits d'honneur » car la règle voulait que le justicier « prît le maquis ». En fait les vrais bandits d'honneur furent peu nombreux.

Mais dans un pays occupé par une administration étrangère, le rebelle était une sorte de héros populaire. Les plus célèbres au cours de ces deux derniers siècles furent : les frères Bellacoscia de Bocognano, Nicolaï de Carbini, F.-M. Castelli de Carcheto, Romanetti de Calcatoggio, A. Spada de Lopigna et Micaelli d'Isolacciodi-Fiumorbo.

Vendetta

LA LANGUE CORSE

Le corse est une langue riche, concrète et savoureuse. Elle compte deux groupes qui reflètent la dualité physique et historique parfois différente de l'En-Deçà-des-Monts, au Sud (« Cismonte ») et de l'Au-Delà-des-Monts (« Pumonti ») au Nord. Proche du toscan, la langue du Nord-Est est plus musicale ; celle du Sud-Ouest reste plus originale dans son vocabulaire et dans sa prononciation qui actuellement est parfois transcrite dans une forme légèrement différente de celle du Nord et caractérisée par la forme -dd (ex. cheval = cavaddu pour cavallu).

Idiome aux racines celto-ligures, le corse s'est lentement latinisé, puis a subi à partir du 9e s. une forte influence toscane. Contrairement à une idée reçue, les Sarrasins n'ont laissé que peu de mots dans la langue parlée. Les Génois, malgré une présence de cinq siècles, ont surtout légué des mots techniques et notamment du vocabulaire maritime et administratif ; d'ailleurs, la république de Gênes utilisait le toscan comme langue écrite officielle. La syntaxe du corse, qui subit moins l'évolution que le vocabulaire, reste proche du toscan médiéval, ce qui permet de considérer cette langue comme le reflet de celle de l'époque de Dante.

La langue corse resta longtemps essentiellement orale. Jusqu'au milieu du 19e s. la communication écrite (littéraire et administrative) se fait en italien en suivant l'évolution métropolitaine du toscan vers l'italien moderne.

L'influence du français commence à se faire sentir vers 1840, un bilinguisme écrit continuant toutefois à être accepté, et devient prépondérante à la fin du siècle avec la scolarisation obligatoire et systématique des villages. Il faudra attendre le début du 20e s. pour voir la publication du premier journal en corse « A Tramuntana ». Longtemps refuge de l'expression écrite, la poésie compte parmi les plus notables poètes, Francescu Filippini. Quant au roman, des écrivains tel Rinatu Coti lui ont donné un renom.

La prose journalistique, en pleine expansion, déborde du domaine anecdotique et des événements folkloriques pour intégrer la relation de la vie quotidienne dans sa forme écrite et parlée.

Actuellement, la langue parlée « corsifie » peu à peu les mots français correspondant aux nouveautés du monde contemporain.

Termes de la toponymie locale

Les noms des lieux corses, quelle que soit leur origine, ont été pour la plupart, transcrits au 18e s. d'après la forme toscane qui avait été communiquée aux géomètres français chargés des premiers relevés dans l'île. Ce qui permet, sans une généralisation, d'établir une équivalence entre la terminaison -u et la transcription toscane en -o que l'on retrouve dans de nombreux noms de villes et villages correspondants à ce cas.

Bocca : col, passage montagneux
Chjosu : enclos
Ficaretu, ficaja : lieu planté de figuiers
Foce : col élevé, ou embouchure de rivière
Granaghju : terre à blé
Guadu : ruisseau
Lau, lavu : lac
Liccetu : lieu où poussent les chênes verts
Casatorra : maison fortifiée

Olmetu : lieu planté d'ormes
Padule : marais
Penta : gros rocher
Piscia, spiscia : cascade
Pullunetu : lieu planté de jeunes châtaigniers
Serra : sommet, crête, chaîne de montagne
Teppa : montée raide, tertre

U carrughju : la rue, mais à l'origine le quartier ou l'ensemble de maisons associées.

QUELQUES DICTONS CORSES

Per cunosce una persona, bisogna manghjà cun ella una somma di sale (Pour connaître une personne, il faut manger beaucoup de sel avec elle).

Chi duie case tene, in una ci piovè (Qui se sert de deux maisons, il pleut dans l'une d'elles). Il ne faut pas entreprendre plusieurs choses en même temps.

A lavà u capu a l'asinu, si perde fatiga e sapone (A vouloir laver la tête de l'âne, on perd fatigue et savon).

Ne per maghju, ne per maghjone un ti lascia u to'pelone (En mai doux ou frisquet, ne quitte pas ton pelone = manteau de berger, *voir p. 155*).

Buciardu cume a scopa (Menteur comme la bruyère)... qui fleurit mais ne donne pas de fruits.

Un'conosci più a filetta (Il ne connaît plus la fougère) – Se dit d'une personne de retour au pays qui semble de ne plus connaître les coutumes.

Baccalà per Corsica (De la morue bonne pour la Corse) – En souvenir de la morue de 2e qualité expédiée de Gênes, alors puissance tutélaire, dans le sens c'est assez bon pour la Corse. Encore très utilisé pour exprimer tout sentiment de discrimination.

L'ani stirpati com'è i Ghjuvannali (On les a exterminés comme les Giovannali) – Cette expression typiquement corse est directement liée à l'histoire moyenâgeuse de l'île et à la secte des Giovannali *(voir à Carbini)*. S'emploie parfois dans des compétitions sportives à la victoire écrasante.

LE CHANT ET L'EXPRESSION MUSICALE

Les chants traditionnels, proches des mélopées arabes et du chant grégorien, reflètent les luttes du passé et la rudesse des mœurs. Ils étaient autrefois souvent improvisés.

Chaque étape de la vie était marquée par des chants typiques, dès l'enfance les **nanne** (berceuses), les rondes, puis les sérénades (hommages aux jeunes filles), ainsi que les chants de travail et les chants satiriques *(« U trenu de Bastia »)*...

On distingue d'autres types d'expression orale traditionnelle, et certains ont disparu dans l'évolution du contexte social qui avait vu leur création et leur développement :
– les **lamenti** sont des complaintes composées à l'occasion d'une mort.
– les **voceri**, sauvages imprécations exécutées par les « vocératrices » drapées de noir qui s'arrachaient les cheveux après une mort violente qui appelait la « vendetta ».

La polyphonie corse privilégie souvent la **paghjella**, ce chant à trois voix a capella : la *siconda* qui porte le chant, la *bassu* grave qui soutient le chant de la première et la *terzu* aiguë, qui fait dans les enjolivures. C'est le chant le plus spontané. Autre poésie orale, le **chjama è rispondi** (l'appel et la réponse). A l'origine essentiellement masculin, ce chant ludique ou libérateur d'angoisse et de passions, s'improvise vite à l'issue d'un repas ou d'une réunion, à l'occasion de foires pour marquer la convivialité et le plaisir des retrouvailles.

Le renouveau de l'instrumentation traditionnelle, grâce à des chercheurs musiciens tels ceux de **« E voce di u cumune »**, a permis la redécouverte d'instruments tombés en oubli comme la **cetera**, instrument à treize cordes dont l'usage avait disparu depuis les années trente, et d'autres utilisés par les bergers comme la **pifane** en corne de chèvre, la pirule en roseau. Des manifestations, tel **Festivoce** à Pigna, contribuent à la mise en valeur de ces traditions musicales.

Les nouvelles expressions de la chanson comprennent des groupes comme *« A Fileta »* (la fougère), *« I Muvrini »* (les petits mouflons) et *« Canti Aghjalesi »* et certaines formes théâtrales comme *« Teatru Masconu »* et *« Teatru Testa Mora »*. *(Voir la discographie dans la partie Renseignements Pratiques, en fin de volume)*. Ainsi se transmet la langue corse à travers des modes d'expression qui puisent autant dans l'héritage que dans la créativité individuelle.

D'après « Histoire illustrée de la Corse » J.-A. Galetti/BN

Les voceri

Lamento della madre (région de Corte)

Via lasciatemi passa	Ah ! Laissez-moi donc passer
Vicinu alla mio figliola,	Pour aller près de ma fille,
Chi mi pare ch'ella sia	qui me semble être là,
Qui distesa su la tola	Étendue sur cette table,
E chi l'abbiano ligata	Avec un ruban qui lie
Di friscettu la so gola.	Et entoure sa mâchoire.
O Maria, cara di mamma !	O Marie ! Enfant chérie !
Eri tu la miò sustanza ;	Tu étais ma raison de vivre ;
Eri tu di lu to vabbu	Et tu étais, de ton père,
L'odorosa e la speranza ;	Le parfum et l'espérance ;
Questa mane si decisa	Ce matin, te voilà prête
Di fà l'ultima partanza !	Au dernier long voyage !
O Mort, cusi crudele !	O mort, que tu es cruelle !
Di speranza m'hai privatu !	De m'ôter mon espérance !
T'hai pugliatu lu miò fiore,	Et ma fleur tu m'as ravie ;
Lu miò pegnu tantu amatu,	Ma parure tant aimée ;
Questa mane lu miò core,	Et dans cette matinée
Mi l'hai cusi addisperatu...	Tu as rempli mon cœur d'angoisse !...

La gastronomie

LES METS

La cuisine « touristique » emprunte à la Provence, l'Italie, l'Espagne et... à la Corse. La cuisine traditionnelle est à base de produits locaux et plats préparés à l'huile d'olive que l'on savoure en famille.

Potages – En dehors des classiques concoctions de légumes (minestra) et de poissons en bouillabaisse, les Corses sont friands de soupes aux haricots rouges, aux petits oignons, aux pâtes avec addition de « brocciu » *(voir p. 256).*

Cochonnailles – Elles constituent le parangon de la gastronomie insulaire en raison de la saveur de la chair des porcs élevés en liberté et se nourrissant de châtaignes, de glands, de faînes et d'herbes odorantes ; cette saveur est encore relevée par un fumage au bois de châtaignier pratiqué sur le « fucone ».

Deux préparations fumées et entrelardées sont renommées : le **« lonzu »** fait de filet de porc et la **« coppa »** roulade dans laquelle entre de l'échine de porc. Leur font concurrence le **« prisuttu »**, jambon cru qu'on

Jambons corses

déguste avec des figues fraîches, et les sombres **« figatelli »**, saucisses fumées faites avec les abats de porc : rognons, cœur, foie.

Poissons et fruits de mer – Il faut citer les poissons de roche, utilisés dans la bouillabaisse corse (**« aziminu »**), les fritures, les rougets ou les loups braisés aux sarments, les sardines grillées. En montagne, les gourmets apprécient les truites de torrent. La langouste règne partout sur la côte.

Viandes et gibiers – Les Corses importent une partie de leur viande de boucherie du continent ; néanmoins, ils font honneur, au printemps, aux côtelettes d'agneau et au chevreau rôti aux herbes du maquis ; le ragoût de cabri aux poivrons (**« piverunata »**) restant une spécialité de Corse. La triperie est représentée par les tripes aux oignons à la mode de Bastia et par les andouillettes de Bonifacio, faites d'abats de chevreau ou d'agneau. La saison de la chasse ramène les rôts de sanglier ou de marcassin accompagnés d'une purée de châtaignes, cependant que, toute l'année, s'imposent les **pâtés de sansonnets** (étourneaux) à la chair parfumée.

Pâtes – L'influence italienne l'emporte dans la pâte sèche (« past'asciutta ») cuite à l'eau, tandis que la personnalité corse domine dans le **« stufatu »**, pâte cuite à l'étouffée avec une sauce à la viande, et dans les raviolis ou les lasagnes garnis de « brocciu » (spécialité bastiaise). La **« pulenta »** diffère de la polenta italienne en ce qu'elle a pour élément essentiel la farine de châtaigne : en bouillie épaisse ou en galette, elle accompagne bien les « figatelli » ; les « brilluli » en sont une variante.

Fromages – La vedette revient à ce **« brocciu »** *(voir p. 256)* dont Letizia Bonaparte (Mme Mère) raffolait : c'est un fromage frais de brebis ou de chèvre confectionné avec du petit-lait mêlé à du lait réchauffé et battu (« broussé »). Il entre dans la composition de maints plats locaux (omelettes, tartes, crêpes, beignets). D'octobre à juin, on le consomme nature ou sucré, arrosé d'eau-de-vie. Salé, il se conserve toute l'année.

On trouve aussi des fromages de chèvre ou de brebis secs et très forts dont le plus connu est le Niolo.

Pâtisseries et douceurs – Le « brocciu » intervient dans la confection des **« falculelle »**, brioches de Corte, et du **« fiadone »**, flan aromatisé à la fleur d'oranger alors que la farine de châtaigne constitue la matière première des beignets dits **« frittelle »** et de la **« torta castagnina »**, tourte piquée de noix, amandes, pignons, raisins secs et rhum. L'anis parfume les **« canistrelli »**, gâteaux mêlés d'amandes et de noisettes. Parmi les sucreries prennent place les compotes et gelées d'arbouses, les cédrats confits et un miel qui accompagne bien le « brocciu ».

Beignets de brocciu – On prépare une pâte assez épaisse à laquelle sont ajoutés un blanc d'œuf battu en neige, un zeste de citron, de la fleur d'oranger. Laissé reposer une demi-heure et enrober le brocciu frais avec cette pâte avant de le déposer dans la poêle.

QUELQUES RECETTES CORSES

Les châtaignes fraîches se dégustent rôties («castagne arrustite») ou bien cuites à gros bouillons dans de l'eau salée avec un bouquet de fenouil («ballotte»).
Parmi les préparations où entre la farine de châtaignes, la pulenta et les brilluli sont les plus appréciées.

La pulenta – On la prépare en versant la farine de châtaignes tamisée dans l'eau salée lorsque celle-ci commence à bouillir, puis en remuant constamment pour éviter les grumeaux jusqu'à la formation d'une pâte lisse. La pulenta est alors mise en boule, renversée sur un linge saupoudré de farine, découpée en tranches et servie chaude. Elle se mange comme du pain, généralement accompagnée, selon la saison, de brocciu frais, de figatelli ou d'agneau.

Les brilluli – On procède comme pour la pulenta jusqu'à formation d'une crème épaisse. On la sert dans des assiettes à soupe et on verse sur cette bouillie chaude du lait de chèvre froid.

Ghjalaticciu – Cette recette d'estomac de porc farci est destinée à une consommation rapide et fait partie des innombrables accommodations de toutes les parties du porc qui constituent une des caractéristiques de la gastronomie corse.
Les parties du porc qui entrent dans sa composition (la langue, le foie, le cœur et des morceaux de viande assez grasse) sont finement hachées et assaisonnées avec du piment et de l'ail. L'estomac est alors rempli avec cette farce, puis cousu et plongé jusqu'à ébullition dans de l'eau salée. Le plat se consomme froid, découpé en tranches.

L'aziminu – Cette préparation traditionnelle des bords de la Méditerranée est proche cousine de la bouillabaisse provençale. La réussite de l'aziminu réside dans le choix des poissons qui apporte leur originalité à ce plat coloré : dorade, merlan, mule, mustelle, ombre, rascasse, rouget, St-Pierre, turbot et langouste. On les verse dans un grand chaudron contenant les herbes et condiments que l'on arrose d'huile d'olive.
La qualité des poissons corses contribue essentiellement à l'appréciation de l'aziminu par les amateurs de bouillabaisse traditionnelle.

LES VINS

Les meilleurs crus, corsés et bouquetés, tirent leur mérite de cépages de qualité comme le nia̧lluccio (celui-ci constitue, sous le nom de San Giovese, le meilleur cépage du Chianti) et le sciacarello pour les vins rouges, le malvoisie (vermentino) et le muscat pour les vins blancs.
Actuellement, 8 appellations contrôlées couronnent les efforts de sélection des producteurs corses.
Le **patrimonio** comprend des vins rouges, rosés et blancs.
Les rouges comprenant au moins 60 % de nielluccio peuvent prétendre à l'appellation «patrimonio» consacrant un vin généreux qui accompagne bien charcuterie et gibier.
Le **Cap Corse** produit d'excellents vins blancs moelleux de muscat et de malvoisie dont l'appellation locale est «Coteaux du Cap Corse».
Sur les **coteaux d'Ajaccio**, les vins rouges comprenant au moins 40 % de sciacarello portent l'appellation «Ajaccio».
Le **Sartenais** produit des vins rouges d'appellation «Sartène».
Au **Sud de l'île**, sous l'appellation «Porto-Vecchio» et «Figari-Pianottoli», on trouve des vins rouges, rosés et blancs.
La **côte orientale** de Bastia à Solenzara, la **Balagne** (Calvi) et les environs de Ponte-Leccia (Golo) élaborent aussi des vins fruités de haute qualité.

Table corse

Le vieux port d'Ajaccio

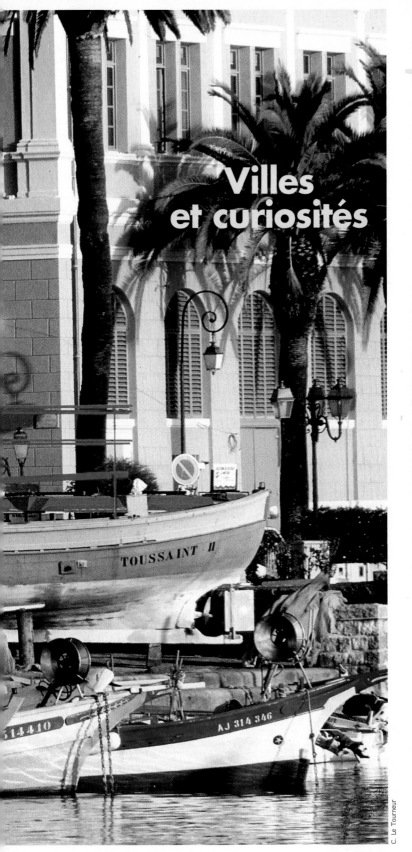

Villes
et curiosités

TOUSSAINT II

614 410

AJ 314 346

C. Le Tourneur

Les AGRIATES ★

Carte Michelin n° 90 plis 3, 13

La présentation réaliste par Pierre Benoît de la terre ingrate *(voir encadré)* valut à celle-ci une soudaine notoriété. L'aspect actuel de désert de collines pierreuses à la végétation rabrougrie et totalement dépourvue d'habitat (à l'exception du hameau de Casta) est le résultat de multiples incendies (les derniers à l'automne 1992), avivés par un vent omniprésent, et d'un abandon par les habitants à la suite de l'émigration et des veuvages occasionnés par les guerres du 20ᵉ s.

Le grenier à blé de Gênes – Telle était jadis la renommée de la région qui approvisionnait encore au 19ᵉ s. Bastia et les villages du Cap Corse. La pratique de l'écobuage associé au pastoralisme permettait une activité agricole diversifiée toute l'année. Les habitants du Cap Corse (Nonza, Canari) et de St-Florent venaient travailler la terre depuis les moissons de juin jusqu'aux labours et semailles d'automne. Les cultures principales étaient le blé, les oliviers, quelques vignes et de vastes vergers aux espèces diversifiées. Les cultivateurs des villages de l'intérieur entreprenaient parfois un voyage de plusieurs jours pour atteindre leurs champs, tandis que ceux du Cap Corse accostaient en barque à fond plat. Ils construisaient des **pagliaghj** (paillers) pour abriter les hommes et les récoltes. A l'approche de l'hiver, leurs activités étaient modifiées, remplacées par l'arrivée des troupeaux de brebis et chèvres qui descendaient avec leurs bergers des contreforts du Nebbio et de l'Asco. Un troc s'établissait entre la production fromagère des bergers et le blé et l'huile des cultivateurs.

Ainsi, du 16ᵉ s. jusqu'au milieu du siècle dernier, une civilisation agricole originale s'est développée dans les Agriates.

★LE SITE

Ouvert sur la mer par une côte dentelée de 36 km entre St-Florent et l'embouchure de l'Ostriconi, qui marque la limite de la Balagne, le désert des Agriates est dominé par des sommets d'altitudes modestes (la **Cima d'Ifana**, point culminant, atteint 478 m), bien que le Monte Genova (418 m) paraisse avec sa haute silhouette solitaire une montagne dominant le moutonnement du maquis *(l'ascension de ce dernier est réservée aux randonneurs bénéficiant d'une forme physique de haut niveau)*.

Depuis quelques années, le Conservatoire du Littoral Corse et le Syndicat mixte des Agriates ont entrepris une politique de préservation de ce site protégé et d'aménagements d'accès et d'hébergements appropriés. L'accès et la fréquentation du domaine sauvegardé (5 000 ha comprenant les 36 km de côtes) sont régis par une réglementation affichée sur place.

De Lozari à St-Florent *38 km par la D 81*

C'est l'unique route revêtue qui traverse d'Ouest en Est le massif. Accidentée et pittoresque, elle en révèle les paysages intérieurs. Après les falaises de la Punta d'Arco, elle offre une vue séduisante à l'embouchure de l'Ostriconi sur l'anse de Peraiola. Au Bocca di Vezzu, dominé par la Cima d'Ifana, la vue s'étend à l'Est sur le Nebbiu, au Nord-Ouest sur les Agriates et au Sud-Est sur la vallée de l'Ostriconi et la Balagne. Au cours de la descente vers St-Florent, **Casta** est le seul groupement d'habitations que l'automobiliste rencontre.

★★LA CÔTE

Les voies d'accès au littoral des Agriates sont deux pistes cahoteuses qui s'embranchent depuis la D 81 vers la mer et le sentier du littoral reliant St-Florent à l'embouchure de l'Ostriconi.

> « Les Agriates ! Une espèce de formidable chaos rocheux d'une quarantaine de kilomètres de long, large à peu près d'une trentaine, limité au sud par les ombrages et les vallées du Nebbio, au nord par la mer, de l'Ile Rousse à la base du Cap Corse. L'été, quand le soleil tape à fond là-dedans, la roche rougeoie, paraît sur le point d'éclater ; la chaleur est la même qu'à l'intérieur d'une cuve de cuivre. Pas un village, bien entendu. A part les paillers, misérables cubes de pierres empilées, trois maisons, en tout et pour tout : celle des douaniers de la marine de Malfaco, à peu près en ruine ; celle d'Ifana et celle-ci enfin. [...] La lune est en train de se lever au-dessus des Agriates. On dirait un immense champ d'ossements... » (Les Agriates, 1950 – Pierre Benoît.)

La piste menant à Saleccia (13 km) débute à droite de la D 81 à la sortie du hameau de Casta (en venant de St-Florent). Déconseillée aux véhicules n'ayant pas une hauteur de plancher suffisante, elle est à réserver aux 4 x 4 roulant à une allure réduite. A pied, environ 1 h 15.

L'accès à l'anse de Malfacu (11 km), depuis la route revêtue, s'effectue par la piste s'amorçant à droite du Bocca di Vezzu dans les mêmes conditions d'accessibilité que pour Saleccia. A pied, depuis le col, environ 2 h.

52

★Le sentier du littoral

De loin la formule la plus agréable pour découvrir d'une façon sûre cette région.

A la sortie Ouest de St-Florent, après avoir franchi le pont sur l'Aliso, poursuivre au-delà de la plage le sentier qui épouse les contours de la côte. L'itinéraire proposé par le Conservatoire du littoral doit se faire en 2 étapes au minimum, 3 si possible, pour apprécier pleinement l'originalité et la flore des Agriates.

Les deux lieux d'hébergement autorisé et possible sont Saleccia (camping) et Ghignu (gîtes d'étapes rustiques dans les pagliaghj aménagés). Réservation conseillée.

De St-Florent à Saleccia – *4 h 30 de marche environ.*

Ce sentier de douanier longe et parfois traverse un maquis odorant d'épineux denses d'où émergent des escarpements rocheux séparés par de petits torrents. Ces ravins deviennent en périodes de pluies les seules sources d'alimentation de petits étangs où se rassemble une faune originale. L'uniformité du maquis n'est qu'apparente. En bordure de la mer, mieux résistants aux embruns et aux rafales de vent, se rencontrent lentisques et myrtes. Les vallons plus abrités accueillent cistes, arbousiers, genêts et chênes verts. C'est le domaine d'un papillon emblématique des Agriates : le **Jason**, que l'on repère aisément sur les arbousiers, les anciens arbres fruitiers et les excréments des bovins. Une multitude d'espèces différentes de fauvettes, dont la plus répandue est la fauvette sarde, ont élu domicile dans ce maquis. L'**engoulevent** assure également par ses frôlements une présence discrète.

Le sentier aborde le site de la **tour de la Mortella** construite au 16ᵉ s. par les Génois *(illuminée la nuit)*. Lors de l'éphémère royaume anglo-corse en 1794, son architecture intéressa particulièrement la flotte anglaise de Nelson. Des plans furent relevés et un chapelet de 73 tours similaires (les Martello towers) furent construites sur la côte Sud de l'Angleterre pour déjouer les menaces d'invasion de Napoléon *(voir le guide Vert Michelin Grande-Bretagne à Dover)*.

On atteint ensuite la **plage du Loto** ⊙, qui déroule son sable fin, enchâssée entre deux promontoires rocheux.

La **plage de Saleccia** s'étend sur plus de 1 km le long d'une pinède de pins d'Alep plantés au 19ᵉ s. Ce cadre magnifique est rehaussé par la limpidité d'une mer prenant par beau temps de superbes teintes turquoises. Ce site enchanteur servit de décor pour le tournage des scènes de débarquement du film *Le Jour le plus long*. Ces lieux avaient auparavant connu une activité plus furtive mais réelle lorsque les 1ᵉʳ et 2 juillet 1943 le sous-marin *Casabianca* y débarqua, par un silencieux ballet de canots pneumatiques, 13 tonnes d'armes et de munitions destinées à la Résistance corse.

A l'entrée de la plage, un pagliaghj restauré abrite des expositions et fait fonction de poste de surveillance ⊙. Dans le cas d'une halte au camping, possibilité d'effectuer en 4 h environ une excursion dans l'intérieur jusqu'à l'ancienne bergerie de Chiosu qui permettra de se familiariser davantage avec un maquis plus sauvage.

De Saleccia à Malfalcu – *Environ 2 h 30 à pied.*

L'anse double de Malfalcu compose un paysage plaisant ombragé de pins et de cyprès ; vers l'Est, chemin bordé d'eucalyptus et de figuiers de Barbarie menant au promontoire de Ghignu où une dizaine de pagliaghj restaurés au milieu d'oliviers et de cistes servent de gîtes d'étape ⊙ ; vers l'Ouest, s'étire la grande plage de sable blanc de Malfalcu.

Pagliaghj dans l'anse de Malfalcu

Ch. Sarramon

De Malfalcu à la plage de l'Ostriconi – *Environ 7 h de marche.*
C'est la partie la plus sportive, car le sentier épouse les nombreuses anfractuosités de la côte, rallongeant d'autant le parcours. Il est fortement déconseillé d'essayer d'emprunter d'hypothétiques raccourcis. Après la punta d'Acciolu, le sentier dévie vers l'intérieur à la hauteur de l'anse Pinzuta. L'itinéraire ménage de belles vues sur les criques dont les rochers rouges tranchent avec la limpidité des fonds marins. Au débouché de la vallée de l'Ostriconi, l'anse de Peraiola, où déferlent sur toute leur largeur les vagues, forme un site particulièrement sauvage ceinturé de dunes plantées de genévriers et limité par une zone giboyeuse de marécages.

Forêt d'AITONE★★

Carte Michelin n° 90 pli 15

La forêt d'Aitone fut hautement prisée des Génois qui en exploitaient le bois pour leurs constructions navales. Elle est aujourd'hui considérée comme l'une des plus belles de Corse. Englobant celle de Lindinosa, elle représente un îlot de fraîcheur apprécié. Elle occupe le bassin supérieur de l'Aitone, affluent du Porto, sur le versant Ouest de la ligne de faîte des « 2 000 » qui s'abaisse à 1 477 m au col de Vergio.
La forêt s'étend sur 2 402 ha et s'étage de 800 à 2 057 m d'altitude. Le pin laricio compose 55 % de son peuplement et les plus beaux sujets se rencontrent autour de la maison forestière d'Aitone : les plus âgés ont quelque 200 ans et atteignent 52 m de hauteur et 95 cm de diamètre ; les futaies les plus anciennes occupent le haut des versants Sud.
Les autres essences sont le hêtre (10 %), le sapin pectiné (8 %), le pin maritime (2 %). Dans les sous-bois se cueillent des fraises des bois en juillet et août ; des cèpes, des morilles et des bolets en septembre et octobre. Quelques sangliers, mouflons, renards et loirs fréquentent la forêt.

Théodore, le « Roi de la Montagne » – Au siècle dernier la forêt abrita, pendant plusieurs années, le célèbre **Théodore Poli**, originaire de Guagno.
Il avait été désigné par le tirage au sort pour effectuer son service militaire. Mais le brigadier de Guagno, avec lequel il n'entretenait pas de bons rapports, omit de l'avertir de la date de son incorporation. Poli considéré comme déserteur se fit alors justice en fusillant le brigadier venu l'arrêter, avant de se cacher dans la forêt d'Aitone ; il s'y fit élire « Roi de la Montagne » et édicta une « charte d'Aitone » qui prévoyait des peines et fixait l'impôt dont étaient redevables ses sujets, les riches et le clergé en particulier. En se procurant des armes par des coups de main sur de modestes garnisons, Théodore et sa petite armée purent tenir plusieurs années... jusqu'à ce qu'une femme parvînt à attirer Poli dans un guet-apens où il trouva la mort en 1827.

SITES ET CURIOSITÉS

Du col de Vergio à Evisa, la route *(12 km)* descend de 647 m et constitue le grand itinéraire touristique de la forêt.
Tracée sur la face Nord du Capo di Melo et dominant la vallée d'Aitone, elle parcourt de remarquables peuplements. Elle dessert en outre les accès aux sites que nous décrivons.

★★**Cascades d'Aitone** – *1/2 h à pied AR par un chemin à 4 km au Nord-Est d'Evisa, sur la D 84.*
Parmi les pins, on descend jusqu'au torrent d'Aitone dont les eaux coulent en cascade successives par-dessus d'énormes blocs rocheux. Certains, creusés par la force des eaux, forment de véritables piscines aux eaux claires et fraîches.

Evisa – Lieu de séjour à l'entrée des gorges de la Spelunca et à la lisière de la forêt d'Aitone. Ses 830 m d'altitude en font une station climatique appréciée. Cerné de châtaigneraies, le village a pour décor les parois rocheuses qui dominent le golfe de Porto et se parent, au soleil couchant, d'une chaude couleur orangée.

E. Soder/JACANA

Guêpier

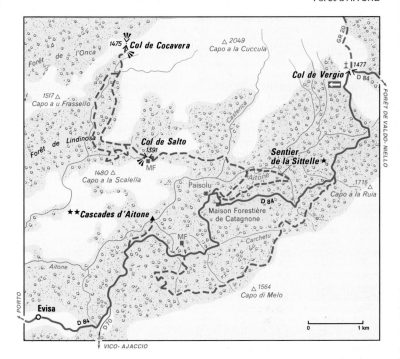

★★Excursion au col de Salto et au col de Cocavera – *Environ 4 h à pied AR.* *Laisser la voiture à hauteur de la maison forestière de Catagnone.* Prendre, dans le lacet de la route, en face de la maison forestière, le sentier de gauche qui s'élève vers le **col de Salto** (1 391 m) que l'on atteint en 1 h de marche. Sur le versant Ouest du col, dominé par le Capo a la Scalella (1 480 m), la **vue★★** se dégage sur le golfe de Porto.

Poursuivre à travers les pins laricio de la **forêt de Lindinosa** jusqu'au **col de Cocavera** (1 475 m) *(en 1 h 1/2)*, par le sentier qui s'embranche à droite dans le premier lacet après le col de Salto. Il offre un **panorama★★** sur la vallée et le golfe de Porto et la forêt d'Aitone.

Retour possible par le chemin d'exploitation reliant les deux cols.

★★Circuit en forêt – *Environ 3 h à pied par un chemin forestier prenant à 9 km au Nord-Est d'Evisa.*

Ce chemin d'exploitation décrit une grande boucle à travers la forêt. Suivi dans ce sens, il permet d'apercevoir, derrière le Capo di Melo et en arrière-plan de superbes pins laricio, le golfe de Porto.

★«Sentier de la Sitelle» – *3 h environ. Stationnement au village de vacances du Païsolu d'Aïtone. Des visites accompagnées ont lieu à certaines dates, se reporter aux Renseignements pratiques en fin de volume.* Aménagé par l'Office National des Forêts, ce parcours de découverte original, balisé de poteaux de bois, s'amorce par la piste forestière dite «des condamnés», située de l'autre côté de la route départementale.

Col de Vergio – *Voir à ce nom.*

Sept guides Verts Michelin sur l'Amérique du Nord :
Californie
Canada
Chicago (en anglais)
New York
Nouvelle-Angleterre
Le Québec
Washington (en anglais)

AJACCIO★★

Ajacciu – Agglomération 58 315 habitants
Carte Michelin n° 90 pli 17 – Schéma p. 66

Ajaccio se développe au fond d'un golfe admirable. Au petit matin comme au coucher du soleil on en a une jolie vue d'ensemble depuis la pointe d'Aspreto. Au-dessus des vieux quartiers paisiblement posés à fleur d'eau, la ville nouvelle grimpe à flanc de montagne dans une harmonie de tons pastel, ocre, rose, jaune, qui ne rompt en rien l'unité méditerranéenne de la vieille ville. « Cité impériale » qui vit naître Napoléon, elle conserve avec piété le souvenir de « l'enfant prodigue de la gloire » que célèbre l'hymne local, « l'Ajaccienne ». Ses rues, ses monuments, ses boutiques de souvenirs rappellent partout le grand homme.

Ajaccio mérite mieux qu'une brève halte sur le chemin des plages ou de la montagne : plusieurs heures ne sont pas perdues à s'imprégner de son charme.

Chaque matin, derrière l'hôtel de ville, le marché du square César-Campinchi (Z) anime la place et les rues adjacentes. Sur le port, les pêcheurs écoulent leurs poissons frais tandis que, sur les bancs, les retraités se réchauffent au soleil.

Le soir, poussez jusqu'au bout de la jetée de la Citadelle (Z). Le port, la ville basse et les collines environnantes commencent à scintiller dans la nuit.

Colonie génoise – Une cité romaine, prospère au Bas-Empire, a existé à l'emplacement du quartier St-Jean, au Nord de la citadelle. Mais la fondation d'Ajaccio sur son site actuel est l'œuvre accomplie en 1492 par l'Office de St-Georges qui, depuis 1453, administrait la Corse pour le compte de la République de Gênes.

Une centaine de familles ligures et quelques familles nobles génoises furent ainsi établies dans la nouvelle colonie dont le séjour fut dès lors interdit aux Corses : si bien qu'Ajaccio demeura purement génoise jusqu'à sa prise en 1553 par Sampierro Corso. Des familles corses s'y fixèrent alors et obtinrent, en 1592, le droit de cité.

L'essor de la ville – Le 17ᵉ s. marque le début de la croissance de la cité, dont la population passe de 1 200 h en 1584 à 5 000 en 1666. Mais on sait qu'en 1611, sur les 2 000 h que compte la ville, plus de la moitié vit misérablement.

La vieille ville et la citadelle se développèrent à l'abri des remparts (démolis en 1801) tandis que vers le Nord, un faubourg, le « Borgo », grandissait dans l'axe de l'actuelle rue Cardinal-Fesch. Les habitants vivaient surtout du commerce et de la pêche au corail.

Mais le véritable essor de la ville date du 18ᵉ s. Il est dû essentiellement à des facteurs politiques. Dès 1715, le commissaire des provinces de l'Au-Delà-des-Monts qui résidait à Ajaccio reçut les mêmes prérogatives que celui de Bastia. Plus tard, en 1793, la Convention divisa la Corse en deux départements : celui du Golo et celui du Liamone dont Ajaccio devint le chef-lieu. Puis un décret impérial de 1811 réunit les deux départements en un seul, sous l'administration d'Ajaccio. Dès lors, la cité ne cessa de grandir. Aujourd'hui chef-lieu du département de Corse-du-Sud, elle est le siège de l'Assemblée territoriale corse créée en 1991.

1ᵉʳ débarquement sur le sol français – Parti d'Alger, le sous-marin *Casabianca*, commandé par le capitaine de frégate L'Herminier, après avoir à plusieurs reprises ravitaillé en armes et en munitions les francs-tireurs et les partisans corses, débarqua à Ajaccio, le 13 septembre 1943, à 1 h du matin, 109 combattants du 1ᵉʳ bataillon de choc des Forces Françaises Libres venus aider les résistants locaux à libérer l'île *(plaque commémorative Quai l'Herminier (Z) près de la gare maritime)*.

Ce fut la première unité française à mettre pied sur le sol de France. *(Se reporter également à la description des Agriates et de la Côte de Nacres.)*

NAPOLÉON ET LES SIENS

Au 16ᵉ s., des Buonaparte auraient quitté Sarzana, en Italie dans les Alpes Apuanes, près de La Spezia, pour s'installer à Ajaccio qui relevait alors de la même souveraineté génoise. Charles-Marie, le père de Napoléon, avait épousé à 18 ans Letizia Ramolino âgée de 14 ans. La mère de Letizia, devenue veuve, se remaria avec un officier de la marine génoise, François Fesch, dont elle eut un fils, Joseph, le futur cardinal Fesch (1763-1839).

Petit, prodigue, beau parleur, Charles-Marie Bonaparte aime le faste tandis que Letizia, grande, belle, intelligente est économe et autoritaire. En 1768, Charles-Marie combat aux côtés de Pascal Paoli contre les Français pour l'indépendance de l'île ; sa femme le suit dans toutes ses expéditions. Quelques mois après la bataille de Ponte Nuovo *(voir à ce nom)* naît leur second fils, Napoléon.

Au contraire de Paoli, Charles-Marie se rallie très vite à la France, quémandant places et faveurs auprès du comte de Marbeuf tandis que grandit sa famille : 13 enfants dont 5 morts en bas âge.

Nabulio – Selon une tradition tenace mais invérifiable, le 15 août 1769, l'office solennel de l'Assomption est à peine commencé à la cathédrale d'Ajaccio que Letizia Bonaparte, aidée par sa belle-sœur, doit revenir en hâte. Le temps presse ; la jeune femme ne peut même pas gagner sa chambre. Celui qu'elle sentait s'agiter en elle, alors qu'elle fuyait les

Français sur les pentes du Monte Rotondo, vient au monde sur le canapé de l'antichambre au 1er étage. En mémoire d'un parent de Letizia mort quelques mois plus tôt, il est prénommé Napoleone. Ce nom peu commun est vite remplacé par le diminutif de Nabulio, « Touche à tout ».

La vie à la Casa Buonaparte – Les Bonaparte partagent avec leurs cousins Pozzo di Borgo une grande maison d'un extérieur très simple rue Malerba. Letizia veille avec rigueur à la bonne marche de la maison. S'occupant des enfants, hébergeant des parents de passage, cette « femme rare », constamment enceinte, « conduisait tout, administrait tout avec une sagesse, une sagacité qu'on n'attendait ni de son sexe ni de son âge ».

L'éducation des enfants n'était pas laissée au hasard. « La tendresse de la madre était sévère » et le jeune Nabulio dut souvent supporter ses réprimandes justifiées. L'empereur reconnut plus tard : « J'étais querelleur, lutin, rien ne m'imposait. Je ne craignais personne, je battais l'un, j'égratignais l'autre. Je me rendais redoutable à tous. » Joseph était le premier à recevoir ordres et bourrades de ce jeune frondeur qui déjà cherchait à « s'exercer à la carrière de soldat ».

Napoléon fut élève des Sœurs Béguines puis de l'abbé Recco. Il apprit le français et s'il présentait peu de dispositions pour l'instruction religieuse, en revanche, il étonnait par son aptitude à résoudre les problèmes de mathématiques. Le père, Charles-Marie, fut nommé en 1771 assesseur du Juge royal d'Ajaccio ; mais ni le maigre traitement attaché à

Letizia Ramolino Bonaparte, par Gérard
(Château de Versailles)

Château de Versailles/GIRAUDON/Paris

cette fonction, ni les quelques revenus des terres familiales ne permettaient à cet homme dépensier et à sa famille de vivre à l'aise. Il sollicita bientôt des bourses d'études pour ses deux aînés après avoir justifié de la noblesse et de l'indigence de sa famille. C'est ainsi qu'en 1779, Napoléon âgé de 9 ans fut admis à l'école militaire de Brienne dans l'Aube.

L'officier d'artillerie – A Brienne, Napoléon sent s'éveiller son patriotisme corse et se prend d'admiration pour le général Paoli. En 1784, il entre à l'école militaire de Paris dont il sort lieutenant d'artillerie à l'âge de 16 ans. Ses projets sont alors modestes : retourner en Corse pour y faire une carrière politique et militaire et écrire une histoire de son île. Dès 1789, âgé de 20 ans, il est acquis aux idées de la Révolution.

Huit jours de guerre civile – La loi du 3 février 1792 n'autorisait les officiers français à s'engager dans les régiments de Gardes nationaux corses que s'ils étaient élus lieutenants-colonels. Aussi Napoléon Bonaparte, alors en congé en Corse et désireux de suivre au plus près les événements qui s'y déroulaient, fut-il candidat au poste de lieutenant-colonel en second du 2e bataillon des Volontaires corses d'Ajacco-Tallano derrière Jean-Baptiste Quenza. Ils furent élus le 1er avril 1792, en dépit des intrigues de Paoli.

Huit jours plus tard eut lieu à Ajaccio, à propos d'une partie de quilles, une rixe qui dégénéra en émeute. Une fusillade éclata entre les Volontaires corses des Gardes nationaux et les citadins, au cours de laquelle un lieutenant du 2e bataillon fut tué. Le lendemain, le bataillon Quenza-Bonaparte ouvrit le feu sur les fidèles qui sortaient de la cathédrale, tuant plusieurs personnes. Cette violence engendra 8 jours de guerre civile dont la population garda longtemps rancune au futur empereur.

Par ailleurs, Bonaparte venait d'échouer dans son projet de s'emparer de la citadelle : le colonel Maillard qui y commandait le somma de se soumettre et il dut s'éloigner d'Ajaccio. L'année suivante, la ville alors acquise aux idées de Paoli supportait mal que Lucien, le frère de Napoléon, eût jeté la suspicion sur le comportement du « Père de la patrie » après l'échec de l'expédition de Sardaigne *(voir à Bonifacio)*. Elle se dressa donc contre les Bonaparte qui affichaient leur fidélité à la Convention et qui s'enfuirent abandonnant leur maison et leurs biens.

Letizia et ses filles purent atteindre les Milelli et Napoléon partit pour Bastia. L'insurrection gagna bientôt toute l'île ; la « Casa Buonaparte » d'Ajaccio fut pillée. Napoléon persuada les commissaires de la République de la nécessité de reprendre la ville : une flotte française mouilla dans la rade. Lui-même s'installa avec 50 hommes dans la tour de Capitello pour attaquer la ville par la terre alors que la flotte la bombarderait.

ARBRE GÉNÉALOGIQUE DE LA FAMILLE BONAPARTE

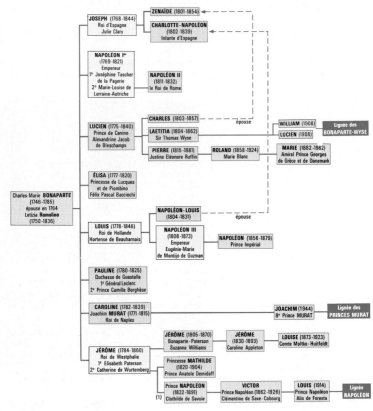

(1) Devenue la branche aînée de la Maison Impériale, la descendance du Roi Jérôme a abandonné le patronyme de BONAPARTE pour adopter celui de NAPOLÉON.

Mais la tour fut assiégée et l'opération échoua. Napoléon réussit cependant à rejoindre la flotte et deux mois plus tard, avec un navire, vint rechercher les siens qui, après avoir fui les Milelli et contourné Ajaccio de nuit, l'attendaient sur le rivage près de la tour du Capitello. De là, ils gagnèrent Calvi le 3 juin, puis Toulon.

Napoléon ne devait revoir la Corse qu'à son retour d'Égypte, en 1799, où il ne séjourna que 8 jours en compagnie de Murat et de Lannes.

L'ascension vers l'Empire – C'est seulement en France que commence la fulgurante carrière de Napoléon. Capitaine d'artillerie, il se distingue à Toulon en 1793 puis, comme général de brigade, dans la campagne d'Italie en 1796, dans l'expédition d'Égypte (1798-1799) ; après le coup d'État du 18 brumaire an VIII (1799), il devient Premier Consul, puis Consul à vie. En moins de 5 ans le Consulat lui permet de centraliser les pouvoirs au profit de son ambition.

Proclamé empereur des Français le 18 mai 1804, il est sacré à Notre-Dame le 2 décembre : il a alors 35 ans. En 1807, il domine l'Europe.

CURIOSITÉS

Jetée de la Citadelle (Z) – Cette jetée longue de 200 m offre de son extrémité une excellente **vue★** sur le front de mer et une partie du golfe d'Ajaccio. Elle abrite le port de pêche et de plaisance, séparé du port de commerce par la jetée des Capucins.

Suivre le boulevard Danielle-Casanova qui longe la forteresse.

Au n° 18, maison natale de Danielle Casanova, résistante morte à Auschwitz, en 1943.

Citadelle (Z) *(on ne visite pas)* – Bâtie au milieu du 16ᵉ s., elle est aujourd'hui domaine militaire.

Musée du Capitellu (Z M²) ⊙ – Il présente dans une suite de trois salles un ensemble d'objets de piété, de vaisselle et de tableaux ayant appartenu à une vieille famille de la ville depuis le 18ᵉ s. On remarque particulièrement un service de vaisselle de campagne en vermeil appartenant à Napoléon et deux peintures copies d'élèves de Raphaël ; une vitrine expose une belle collection de décorations étrangères.

AJACCIO PRATIQUE

La cité « impériale », principale porte d'accès à l'île de Beauté, affiche un caractère marqué de station balnéaire à la vie nocturne animée.

Où prendre un verre en soirée dans une ambiance musicale ?

– « L'Impérial », piano-bar
– Le Casino municipal (discothèque et machines à sous)
– Le « 70's » (à côté du précédent) pour les soirées à thèmes très prisées de son cabaret
– Près des quais, le « Tampico » organise des soirées sud-américaines très animées.

Pour s'imprégner de l'ambiance ajaccienne, il suffira de s'attabler à l'heure de l'apéritif à la « Brasserie du Port » (boulevard du Roi-Jérôme) ou sur le cours Napoléon au « Rétro » et au « Grand Café Napoléon ».

Les amateurs de Tino Rossi – En saison, ils n'auront que l'embarras du choix entre « Au son des guitares » (rue du Roi-Jérôme) qui propose le répertoire exhaustif du chanteur ajaccien, le « Pavillon bleu » (cours du Général-Leclerc) qui rassemble aussi ses inconditionnels et d'autres établissements animant des soirées sur ce thème en été, notamment sur la route des Sanguinaires : « Marinella », « Calypso »...

Quelques spécialités ; où les déguster ? – Des douceurs typiquement ajacciennes : falculelli, ambrucciati, beignet au brocciu.
Tous les matins, un marché, où se retrouvent de nombreux vendeurs de spécialités, se tient sur la place Campinchi (derrière la mairie).
Pour déguster les soupe de poissons, calamars, pâté de figatellu et cabri rôti, la plupart des restaurants indiqués se regroupent dans la vieille ville, quartier du Cardo : boulevard du Roi-Jérôme (la partie près du square Campinchi) et rue du Cardinal-Fesch.

Que rapporter ? – Ajaccio est, avec Bonifacio, un des sites corses de pêche au corail. Parmi les nombreuses boutiques proposant des articles en corail, dans la rue Fesch se signale la « Boutique du corail ».

Livres et musique – Pour se documenter sur les ouvrages traitant de la Corse ou se procurer des manuels d'initiation au corse, deux librairies disposent d'un fond de qualité :

– Librairie La Marge, 4, rue Emmanuel-Arène (perpendiculaire à l'avenue du 1er Consul)
– Librairie Hachette, à l'angle de la place du Maréchal-Foch et de la rue du Cardinal-Fesh.

Pour s'assurer d'un large choix dans les enregistrements polyphoniques, on peut s'adresser à la boutique de musique Minighetti, 26, cours Napoléon.

Les activités sportives ; où les pratiquer ? – Le golfe d'Ajaccio largement ouvert sur le large dispose de spots très fréquentés par les amateurs de pêche sous-marine ou simplement des curieux désirant voir évoluer les superbes dentis qui fréquentent les fonds à l'Ouest du golfe. Pour s'initier les clubs suivants proposent des forfaits à la journée et à la semaine.

– Club de plongée de l'Amirauté (C.P.A.), ☎ 04 95 20 26 79
– Club de plongée Calanques Grand Bleu, ☎ 04 95 52 09 37
– Corse plongée à Porticcio, ☎ 04 95 25 46 30

L'Office de tourisme dispose d'une liste complète des organismes proposant ces activités.
Les meilleures plages se situent vers les Sanguinaires ; plus proches mais à l'environnement moins agréable, la plage du Ricanto près de Porticcio, au Sud. Des bateaux-navettes assurent en saison l'après-midi la liaison entre le port d'Ajaccio et la plage de Porticcio dégageant le touriste des préoccupations du stationnement. Par temps moins favorable, le parc aquatique Aqua CyrneGliss à Porticcio, ☎ 04 95 25 07 97, propose des forfaits à la journée.

L'empereur Tino – La fabuleuse carrière artistique de Tino Rossi (1907-1983) débuta à 20 ans à l'Alcazar de Marseille, puis reçut la consécration à Paris dans les revues de Vincent Scotto et le film Marinella (1936). Après avoir enregistré plus de mille chansons, participé à 24 films et animé quatre opérettes, le chanteur ajaccien à la voix veloutée demeure une référence dans la chanson de charme.
Les inconditionnels de l'auteur de « Petit Papa Noël » iront voir sa maison natale (n° 47 de la rue Fesch) et se recueillir sur son tombeau en granit noir (situé à gauche de la 1re entrée du cimetière d'Ajaccio).

Église St-Érasme (Z) ⊙ – C'est l'ancienne chapelle du collège des Jésuites, bâti en 1617. En 1656, les Anciens, réunis dans ce sanctuaire, consacrèrent Ajaccio à N.-D. de la Miséricorde, désirant ainsi préserver la cité d'une épidémie de peste. Devenue chapelle du collège royal après l'expulsion des Jésuites, l'église fut fermée sous la Révolution. Le Directoire du district y installa les bureaux de la municipalité. En 1815, le sanctuaire dédié à saint Érasme, patron des marins, fut rendu au culte. C'est de là que part chaque année le 2 juin une procession haute en couleur qui promène la statue du saint jusqu'en mer : elle rassemble les autorités civiles et militaires, le clergé et une foule mi-recueillie mi-joyeuse. L'intérieur présente des maquettes de navires, trois beaux christs sur croix processionnelles, une statue de saint Érasme entouré d'angelots et un ensemble de chapes et dalmatiques du service pontifical.

Cathédrale (Z) ⊙ – Construite à partir de 1582 dans le style Renaissance, sur l'emplacement de l'ancienne église Ste-Croix, elle présente une façade très simple. Par crainte de voir les travaux traîner en longueur, l'évêque Joseph Moscardi fit réduire les dimensions de l'édifice conçu par l'architecte du pape Grégoire XIII, Giacomo della Porta. C'est l'évêque Jules Giustiniani qui en fit achever la construction en 1593. Une plaque sur le portail d'entrée fait part de ses regrets de n'avoir pu exécuter le plan primitif de cette église qu'il aurait aimée plus vaste. Napoléon, âgé de deux ans, reçut le baptême en juillet 1771 sur les fonts baptismaux, à droite de l'entrée. Le couronnement de bronze qui surmonte la cuve de marbre date de 1900. Le 1er pilastre à gauche de l'entrée porte une plaque où sont gravées les dernières paroles de l'empereur prononcées à Ste-Hélène, le 29 avril 1821 : « Si on proscrit de Paris mon cadavre comme on a proscrit ma personne, je souhaite qu'on m'inhume auprès de mes ancêtres dans la cathédrale d'Ajaccio, en Corse. » Le caveau de la famille Bonaparte se trouvait en effet dans la cathédrale avant la construction de la chapelle impériale en 1855. En longeant la nef sur la gauche on trouve d'abord une chapelle élevée au 16e s. par Pierre-Paul d'Ornano, ornée d'une peinture de Delacroix : Vierge au Sacré-Cœur. La deuxième chapelle, consacrée à N.-D. de la Miséricorde, patronne d'Ajaccio, est ornée d'une imposante Vierge en marbre du 18e s. La dernière chapelle honore la Vierge du Rosaire dont quinze tableautins du 17e s. illustrent les mystères ; les trois statues en bois polychromes sont saint Dominique, la Vierge et l'Enfant, sainte Rose de Lima. Le maître-autel monumental en marbre blanc, surmonté de quatre colonnes torses de marbre noir, fut offert à l'église en 1811 par Elisa Bacciocchi, sœur de Napoléon et princesse de Lucques et de Piombino. La chapelle à droite du chœur abrite un crucifix articulé. Au-dessus du faux transept : coupole peinte en trompe-l'œil. Noter sur la droite une belle **Vierge** en marbre blanc, du 18e s., sous un dais aux draperies élégantes et, accolée à un pilier carré de la nef, la chaire en forme de calice.

Prendre la rue Notre-Dame qui longe le flanc droit de la cathédrale.

Au n° 3 s'élève la longue façade très sobre de l'hôtel Cuneo d'Ornano (Z S). Remarquer la porte aux piédroits et au linteau de marbre surmontée d'un cartouche couronné, aux armes de la famille d'Ornano.

Prendre à gauche la rue du Roi-de-Rome, puis à droite la rue St-Charles.

★**Maison Bonaparte** (Z) ⊙ – Devant la petite **place Letizia** ornée du buste du roi de Rome enfant, sculpté par E.-J. Vezien, en 1936, s'élève la maison natale de l'empereur. Remontant au 17e s., elle présente une façade très sobre et sans décoration ni signe distinctif, hormis les armes de la famille.

Historique – Elle entra dans le patrimoine familial en 1682. Charles Bonaparte s'y installa en 1743, occupant le rez-de-chaussée et le premier étage, tandis que ses cousins Pozzo di Borgo logeaient au second. Elle ne ressemble plus guère, intérieurement, à la Casa Buonaparte que connut le jeune Nabulio. En mai 1793, menacés par les partisans de Paoli, les Bonaparte durent s'enfuir d'Ajaccio ardemment paoliste. Leur maison fut alors saccagée. Pendant l'occupation anglaise (1794-1796), elle fut réquisitionnée

Le général Bonaparte, par David

comme bien d'émigrés et, ironie du sort, Hudson Lowe, le futur geôlier de l'empereur à Ste-Hélène, y aurait logé. Le rez-de-chaussée avait été transformé en dépôt de munitions.

De retour à Ajaccio, en 1797, Letizia put remettre la maison en état grâce à une indemnité que lui versa le Directoire. Elle fit alors construire la grande galerie du 1er étage et remeubla la demeure. Le mobilier actuel date de cette époque.

A son retour d'Égypte, le 29 septembre 1799, le général Bonaparte fit escale à Ajaccio et put ainsi admirer la demeure familiale transformée qu'il ne devait plus jamais revoir. En 1805 l'empereur fit don de cette maison au cousin de sa mère, André Ramolino. En 1923, le prince Victor-Napoléon, descendant du roi Jérôme, la donna à l'État.

Visite – *Elle commence au 2e étage.*

Quatre salles très claires aux plafonds peints à l'italienne sont dallées de tommettes rouges. La première rappelle les **origines de la famille** : grand tableau généalogique de la famille Bonaparte jusqu'en 1959. A noter un arbre généalogique en cheveux, imaginé par une jeune fille de Corte sous le Second Empire. Portraits des parents de Napoléon.

Dans les vitrines sont exposés des objets personnels ayant appartenu à Napoléon et à ses parents, des écrits, photographies de pièces d'archives et miniatures, le fac-similé de l'acte de reconnaissance de noblesse de la famille Bonaparte établi par le Conseil supérieur de la Corse le 13 septembre 1771.

La deuxième salle évoque le **Premier Empire** : elle abrite des portraits des frères et sœurs de Napoléon. Remarquer dans une vitrine douze camées représentant des membres de la famille impériale et huit médaillons en émail entourant Napoléon. Ce dernier apparaît aussi tel que Girodet l'a peint en costume du sacre avec sa couronne de lauriers. Cette salle expose également les deux plus anciens masques mortuaires de l'Empereur, réalisés à Ste-Hélène juste après sa mort par Antommarchi, son médecin.

La troisième salle s'ouvre sur l'alcôve où Bonaparte aurait peut-être dormi lors de son **retour d'Égypte**. Au-dessus de la cheminée, portrait de son frère aîné, le roi Louis et, en face, celui des enfants de ce dernier, Zénaïde et Charlotte, en 1805. Remarquer une commode florentine du 18e s. en bois de rose.

La dernière salle de l'étage est consacrée à **Napoléon III**, à l'impératrice Eugénie et au prince impérial. Les deux séjours en Corse (1860 et 1869) de Napoléon III et de l'impératrice y sont évoqués.

1er étage : **le salon de jeu** au mobilier Louis XVI et, contiguë, la chambre à coucher de Madame Letizia au beau mobilier Louis XV, sont richement tendus de rouge et ornés d'un lustre en verre de Venise. Dans la **« chambre natale »** de Napoléon, petite pièce aux harmonies de jaune, on admire un secrétaire italien du 18e s. incrusté de pierres dures (lapis-lazuli, nacre...), et une crèche en ivoire rapportée d'Orient par Bonaparte à sa mère. La **grande galerie**, longue de 12 m, présente un beau parquet de noyer en point de Hongrie et un intéressant plafond à l'italienne. Tapissée de vert pâle et meublée en style Directoire très sobre, elle compose un harmonieux salon. Elle forme un trait d'union entre la maison principale et les pièces de la **petite maison** achetée en 1797 pour agrandir la demeure : un salon de musique, orné d'une épinette du Consulat ; deux petites chambres aux murs blanchis à la chaux. Dans l'une d'elles, une trappe communiquant avec le rez-de-chaussée permit, dit-on, en 1799, au général Bonaparte de s'échapper avec Berthier et Murat pour éviter que « son cœur ne faiblisse devant le bon cœur de ses amis » qu'il devait quitter.

Le retour dans le corps principal de la maison mène à la salle à manger, peinte en faux marbre, dont les fenêtres donnent sur la place Letizia.

Au rez-de-chaussée : l'entrée conserve une chaise à porteur : elle aurait servi à ramener en hâte de l'église Letizia sur le point de mettre au monde Napoléon.

En sortant, prendre la première rue à gauche, strada di U Peveru. On aperçoit par les ouvertures les caves voûtées du sous-sol.

Revenir à la rue St-Charles.

Elle débouche dans la rue Bonaparte, l'ancien « carrughju drittu » de la cité génoise où résidaient les marchands et qui divisait la vieille ville en deux quartiers distincts : au Nord s'étendait le quartier pauvre du Macello (de la boucherie), tandis qu'au Sud se groupait la bourgeoisie. On peut jeter un coup d'œil, au n° 15, sur l'hôtel Pozzo di Borgo (Z **Q**), habillé en palais italien par les trompe-l'œil en camaïeu d'ocre qui décorent ses fenêtres. Au rez-de-chaussée, une porte monumentale de marbre blanc, avec un fronton armorié reposant sur deux colonnes, donne un air de solennité à l'édifice.

Place Maréchal-Foch (Z) – Cette belle place rectangulaire ombragée de palmiers et bordée de petits restaurants sur le côté Sud s'ouvre face au port.

En haut de la place aux nos 7-10, avenue Sérafini, la petite **statue de la Madonuccia** (**R**) ou N.-D. de la Miséricorde est exposée dans la niche d'une maison illuminée le soir. Elle protège la ville depuis 1656 *(voir église St-Érasme)*. Elle est fêtée en grande pompe le 18 mars : ville illuminée, messe solennelle à la cathédrale, procession dans les rues.

AJACCIO

La statue en marbre blanc de **Bonaparte Premier Consul** (**F**) par Laboureur surmonte la fontaine des Quatre Lions aux eaux jaillissantes, œuvre de Maglioli, peintre et sculpteur ajaccien.

Sur la gauche en bas de la place, s'élève l'hôtel de ville qui abrite l'Office de Tourisme et le musée Napoléonien.

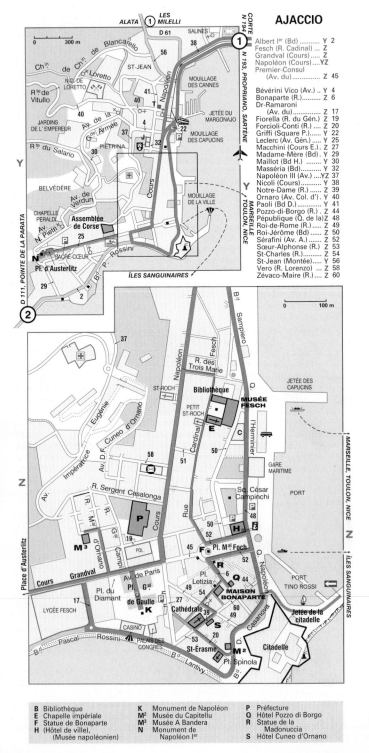

B	Bibliothèque	K	Monument de Napoléon	P	Préfecture
E	Chapelle impériale	M²	Musée du Capitellu	Q	Hôtel Pozzo di Borgo
F	Statue de Bonaparte	M³	Musée A Bandera	R	Statue de la
H	(Hôtel de ville),	N	Monument de		Madonuccia
	(Musée napoléonien)		Napoléon Ier	S	Hôtel Cuneo d'Ornano

Musée Napoléonien (Z H) ☉ – Aménagé au 1er étage de l'hôtel de ville, il détient des souvenirs, documents et tableaux se rapportant à l'empereur et à sa famille. Dans le hall, statue de marbre de Jérôme Bonaparte par Bosio (1812).

Monter à l'étage.

Grand Salon – Deux souvenirs évoquent l'un des premiers moments et le dernier de la vie de l'empereur : la photocopie de son acte de baptême du 21 juillet 1771, rédigé en génois, et un moulage en bronze de son masque mortuaire réalisé à Ste-Hélène.

Sur les murs de ce salon de style Empire, sont accrochés de grands portraits de la famille Bonaparte : Napoléon dans son costume du sacre par Gérard, son père par Girodet, son oncle maternel, le cardinal Fesch, par Maglioli, et ses frères : Joseph, roi de Naples puis d'Espagne, par Gérard, Louis, roi de Hollande, par Hodges, Jérôme, roi de Westphalie, par Bezzoli. Les portraits de Napoléon III et de l'impératrice Eugénie par Winterhalter complètent cette « galerie des tableaux ».

Parmi les bustes, remarquer celui de Letizia qui, au faîte des honneurs, ne cessait de répéter : « J'ai sept ou huit souverains qui me retomberont un jour sur les bras. » Le buste du roi de Rome enfant, par Bartolini, ornait la chambre de l'empereur en exil. La peinture sur toile marouflée du plafond (1840), inachevée, due à Dominique Frassati, montre l'Apothéose de l'empereur. Le magnifique lustre de cristal, qui pèse une tonne, fut offert par l'ex-Tchécoslovaquie, en 1969, pour fêter le bicentenaire de la naissance de Napoléon.

Salle des médailles – Ce petit cabinet renferme une belle collection de monnaies et de médailles (218 pièces) d'or, d'argent et de bronze de 1797 à 1876 léguées à la ville par le prince Napoléon, fils du roi Jérôme, et une deuxième collection (Vognsgaard) reçue en 1974. Noter à gauche en entrant une bonbonnière sertie de diamants à l'effigie du prince Jérôme. Évocation de la vie à l'époque napoléonienne dans la vitrine centrale. Au fond de la salle, copie (1899) de la couronne de lauriers en or, célébrant le centenaire du Consulat ; de grande dimension, elle était destinée à être portée à l'antique, en arrière.

Remonter la place Foch ; pour prendre à droite la rue Cardinal-Fesch.

Longue et commerçante, cette rue traverse l'ancien « Borgo ». Remarquer au n° 27 une curieuse façade présentant **deux étages de galerie à arcades**.

Chapelle impériale (Z E) ☉ – Napoléon III fit édifier, en 1857, cette chapelle pour servir de sépulture à la famille impériale.

De style Renaissance, elle est construite en pierre de St-Florent. La grande coupole en trompe l'œil peinte par l'architecte de la ville Jérôme Maglioli et les vitraux sont décorés aux armes du cardinal Fesch. Un beau Christ copte, cadeau du général Bonaparte à sa mère lors de son retour d'Égypte, orne le maître-autel.

Dans la crypte circulaire située sous la coupole reposent plusieurs membres de la famille Bonaparte : Letizia Ramolino née à Ajaccio en 1750, morte à Rome âgée de 86 ans, Charles-Marie Bonaparte (1746-1785), le cardinal Fesch (1763-1839), Charles-Lucien, fils aîné de Lucien Bonaparte, Napoléon-Charles, 3e fils de Charles-Lucien et ses deux filles : Zénaïde et Eugénie. De part et d'autre de la crypte, dans l'escalier d'accès, sont inhumés la princesse Clémentine de Belgique et le prince Victor, mort à Bruxelles en 1926.

★★**Musée Fesch** (Z) ☉ – Installé dans le Palais Fesch, construit à partir de 1827, ce musée abrite la plus importante collection de **peintures italiennes★★** conservée en France, après celle du Louvre, ainsi que des œuvres des écoles française, espagnole, flamande et hollandaise. Achetées pour la plupart en Italie, ces toiles furent léguées à la ville par le Cardinal Fesch, archevêque de Lyon.

On accède au musée par la cour d'honneur qui correspond au 2e niveau (expositions temporaires).

– Au 1er étage, réservé aux primitifs italiens du 14e au 16e s., on peut admirer l'illustre **triptyque de Rimini** (14e s.), des œuvres de Jacopo Sellajo, et le Mariage mystique de Ste Catherine, St Jean-Baptiste et St Dominique, par Nicoló de Tommaso.

Le thème de la Vierge à l'Enfant, traité en particulier par deux grands maîtres : Giovanni Bellini (1430-1516), de l'école vénitienne et Sandro Botticelli (1440-1510), de l'école de Florence, illustre les courants divers qui ont marqué l'art du Quattrocento (15e s.). Tendresse, charme et sensibilité se dégagent de la madone de Bellini, tandis que la **Vierge à la guirlande** de Botticelli, peinte en 1470, enchante par sa grâce et son naturel. La très belle Vierge à l'Enfant de **Giovanni Boccati** chef de file de l'École des Marches, influencé par Fra Angelico, illustre par ailleurs la haute époque florentine. La persistance du gothique et le goût des ruines antiques se retrouvent dans la madone de Cosimo Rosselli. **La Madone entre les deux Saints**, de Cosimo Tura, au réalisme accentué, appartient à l'école de Ferrare.

Du 16e siècle, on retient en particulier, deux œuvres de l'école de Venise : **Léda et le cygne** de l'atelier de Véronèse et l'**Homme au gant** de Titien ainsi qu'une belle **Adoration aux Mages**, œuvre anonyme flamande.

Le 17e s. est représenté par les œuvres d'écoles régionales ; on retient en particulier le chef-d'œuvre de Pier Francesco Cittadini, **Nature morte au tapis turc**, et le **Double portrait de femme et enfant** de P. Paolini. A admirer également : Les lumineux Anonymes de Florence (l'Enfance, la Jeunesse, l'Age adulte...).

– Au 2e étage sont exposées les œuvres du 17e et 18e siècle, dont on retiendra la très riche collection de natures mortes (Cittadini, Boselli, G. Recco, Ruoppolo, Castelli dit Spadino : **Nature morte de fruits dans un jardin avec perroquet**). Remarquer aussi les paysages de **Gaspard Dughet** (1613-1675), peintre français né à Rome, qui a passé la plupart de sa vie en Italie, et a subi fortement l'influence de son beau-frère Nicolas Poussin. Les œuvres d'Amorosi, notamment le **Portrait d'un jeune sculpteur**, témoignent de l'influence qu'exerça Le Caravage sur la peinture de l'époque. Les écoles flamandes du 17e siècle sont représentées par une série de paysages telle celle de Nicolaes Berchem. Dans les salles napolitaines on remarque particulièrement **le Départ de Rebecca** par Solimène. La visite se poursuit par les œuvres du 18e s., notamment celles de Pierre Subleyras : **L'homme au turban**, et Louis-Gabriel Blanchet : sémillantes et mutines **Amours, Job sur le fumier**. Le 19e s. est repré-

Musée Fesch/Ajaccio

La Vierge à la guirlande par Botticelli

senté essentiellement par des paysages. L'exposition à ce niveau s'achève par **la grande galerie** qui abrite les tableaux italiens de grandes dimensions classés par écoles d'origine. Le rez-de-marine est consacré aux souvenirs des Premier et Second Empires.

Bibliothèque (Z B) ⊙ – Elle occupe le rez-de-chaussée du palais Fesch. Fondée en 1801 par Lucien Bonaparte alors ministre de l'Intérieur, cette bibliothèque est riche d'environ 50 000 volumes.

Poursuivre la rue Cardinal-Fesch. Tourner à gauche dans la rue des Trois-Marie et descendre le cours Napoléon, principale artère commerçante.

Passer devant la **Préfecture (Z P)**, dont le hall abrite un sarcophage romain du 3e s. après J.-C.

Place Général-de-Gaulle (Z) – Cette vaste place fait le lien entre les quartiers anciens de la ville et ceux qui se développent en bordure de la route des Sanguinaires. C'est l'ancienne place du Diamant, cœur de l'animation ajaccienne.
En son centre se dresse le solennel monument en bronze de **Napoléon en empereur romain (K)** et de ses quatre frères, dessiné par Viollet-le-Duc.
La place, formant terrasse, offre une **vue★** sur le golfe d'Ajaccio.

Emprunter le cours Grandval, puis à droite la rue Maréchal-d'Ornano.

Musée A Bandera (Z M³) ⊙ – 1, rue Général-Levie.
Cet intéressant musée d'histoire s'abrite derrière une façade décorée par le peintre Campana d'une fresque en trompe l'œil figurant les principaux personnages de l'histoire de la Corse. Il constitue une bonne initiation avant d'aborder une visite de l'île. Il présente dans cinq salles les étapes de l'installation humaine et les événements historiques et militaires qui en découlent. La première salle est consacrée à la Préhistoire et l'Antiquité avec l'exposition d'objets et une carte indiquant l'implantation des mégalithes dans l'île. Une reconstitution à partir de maquettes illustre la bataille navale d'Alalia en 540 av. J.-C. Une représentation de Sampiero Corso habillé d'une armure du 15e s. assure la transition avec les salles consacrées à l'histoire moderne.
Dans la 2e salle, des maquettes de navires, des cartes, des gravures, des armes et un diorama illustrent les invasions barbaresques. La troisième salle est dédiée aux guerres d'indépendance (1729-1769). Tout particulièrement un diorama reconsti-

tuant la bataille décisive de Ponte-Nuovo (1769) permet de comprendre l'emplacement des belligérants. L'État Corse de Pascal Paoli est évoqué au travers de documents, cartes et tableaux. Il en est de même pour l'éphémène royaume anglo-corse. Dans les salles suivantes, de nombreux costumes, des pièces originales comme l'épée d'apparat du Prince impérial (1850), des uniformes et des armes des deux guerres mondiales permettent d'illustrer la place occupée par la Corse dans les grands conflits des deux derniers siècles. La visite se termine par la présentation de l'action de la Résistance corse et de la libération de l'île en septembre 1943.

Cours Grandval (Z) – Aéré, agréablement bordé de palmiers et de platanes, le cours monte en pente douce vers la place d'Austerlitz qui clôt son élégante perspective. Remarquer sur la gauche la massive façade du lycée Fesch, très typique du début du siècle avec sa frise de céramique.

A droite, dominant un jardin très fleuri et planté de palmiers élancés, l'**Assemblée Territoriale de Corse** (Y) tourne sa haute façade vers la mer. Elle occupe les bâtiments de l'ancien Hôtel Continental. Son architecture composite, crépie en ocre, est d'un style indéfinissable, mais plein d'un charme désuet.

Place d'Austerlitz (U Casone) (Y 3) – Elle est dominée par l'imposant **monument de Napoléon Ier** (N) dont la statue en empereur ferme l'axe ouvert 1 500 m plus bas, place Foch, par la statue de Napoléon, 1er Consul. Précédé de deux aigles et d'une immense stèle inclinée, rappelant ses victoires et ses grandes réalisations, l'empereur en redingote, coiffé du célèbre bicorne, regarde la ville dans une attitude familière. C'est la réplique de la statue du Petit Caporal qui orne la galerie du Midi dans la cour d'honneur des Invalides.

La tradition veut qu'avant d'être envoyé à l'école de Brienne, Napoléon, enfant, ait joué parmi les rochers et dans la grotte (à gauche) qui porte aujourd'hui son nom.

★ PROMENADES EN MER ⊙

★ L'ARRIÈRE-PAYS *schéma p. 66*

Les Milelli ⊙ – *5 km au Nord-Ouest. Quitter Ajaccio par le cours Napoléon et, un peu après la gare, prendre à gauche la route d'Alata (D 61); puis encore à gauche après un rond-point, une route en montée (plaque indicatrice).*

Entourée d'une olivaie séculaire, l'ancienne maison de campagne de la famille Bonaparte appartient à la ville d'Ajaccio. Les deux étages ouverts aux visites sont aménagés de meubles de facture corse du 19e siècle.

Lorsque les Bonaparte durent quitter leur maison d'Ajaccio, en mai 1793, Letizia, accompagnée de ses filles Elisa et Pauline et de l'abbé Fesch, vint se réfugier aux Milelli le 25 mai 1793. Dans la nuit du 1er juin, en contournant Ajaccio par le monte St-Angelo, elle parvint avec les siens à gagner la tour de Capitello. A son retour d'Égypte, Bonaparte séjourna aux Milelli en compagnie de Murat et de Lannes.

Sarrola-Carcopino – *20 km au Nord-Est. Quitter Ajaccio par ① du plan et suivre la route de Corte (N 194) sur 11 km, puis prendre à gauche la D 1.* La route s'élève dans les chênes-lièges et les oliviers (vue, en face, sur le Monte Sant'Eliseo).

Le village se compose de trois hameaux : en bas **Carcopino**, au centre **Trinité** et, tout en haut, **Sarrola**, qui dominent un affluent de la Granova. A la sortie de Carcopino, **vue★** sur le golfe d'Ajaccio et la vallée de la Granova.

Du village, partie de la famille Carcopino-Tusoli dont un enfant, né à Nouméa en Nouvelle-Calédonie en 1886, s'est fait un nom dans le monde littéraire sous la signature de Francis Carco ; il est l'auteur de poèmes, de romans réalistes et psychologiques *(Jésus la Caille, L'Homme traqué)*, de livres de souvenirs et de biographies d'écrivains et de peintres.

Né à Verneuil-sur-Avre dans l'Eure, **Jérôme Carcopino** (1881-1970), lui aussi issu d'une famille de ce village, est un historien dont les ouvrages sur l'archéologie et l'histoire de la Rome antique, en particulier sur Jules César et la correspondance de Cicéron, font autorité. Son action en faveur de l'archéologie insulaire, notamment sur Aléria *(voir à ce nom)*, fut particulièrement fructueuse. Il fut élu à l'Académie française en 1955.

Golfe d'AJACCIO ★★

Carte Michelin n° 90 pli 17

Le golfe d'Ajaccio amplement ouvert sur le large – 17 km séparent la pointe de la Parata au Nord du Capo di Muro au Sud – s'enfonce assez profondément dans la basse plaine alluviale de la Gravona.

Sa rive Nord est presque rectiligne entre la pointe de la Parata et Ajaccio : sa rive Sud en revanche se découpe d'anses et de baies isolées par des presqu'îles rocheuses telles la pointe de Porticcio, la pointe de Sette Nave ou celle de la Castagna. La douceur de ses rivages, son calme et l'harmonie de ses couleurs sont à l'origine de sa célébrité.

★★ ① LES ÎLES SANGUINAIRES *description à ce nom – Schéma ci-après*

★ 2 ROUTE DES SANGUINAIRES

12 km – Environ 1 h – Schéma ci-dessous

Cette route permet de découvrir la « corniche ajaccienne » qui borde la côte Nord du golfe où s'étendent les quartiers résidentiels d'Ajaccio au pied de la ligne de crête qui va du Monte Solario à la Punta Alta.

★★Ajaccio – *Voir à ce nom.*
Quitter Ajaccio par ② du plan et suivre la D 111.

Chapelle des Grecs – Ce modeste édifice de style baroque très sobre, au petit fronton surmonté d'une jolie croix de fer forgé, s'élève sur la gauche peu après la place Emmanuel-Arène. Son crépi ocre se détache avec bonheur sur les bleus intenses du ciel et de la mer. La chapelle évoque le souvenir de la communauté hellène qui, chassée de Paomia en 1731, s'installa à Ajaccio avant de s'établir à Cargèse.

A droite de la place ombragée de micocouliers qui borde l'édifice, un sentier descend vers la mer. De hauts roseaux bordent les rochers de granite du rivage.

Le long de la mer, les imposantes chapelles funéraires des familles ajacciennes contrastent curieusement avec les villas, immeubles modernes, hôtels et restaurants qui s'élèvent sur les premières hauteurs et en bordure de la route jusqu'à la pointe de la Parata. Cette côte offre de nombreuses plages.

Pointe de la Parata – Ce promontoire de granite noir est surmonté de la **tour de la Parata**, édifiée par les Génois pour protéger l'île des incursions barbaresques. La route s'arrête au pied du promontoire. Le chemin qui la prolonge permet de gagner l'extrémité de la pointe *(1/2 h à pied AR)* qui offre une **vue★★** rapprochée sur les îles Sanguinaires. Au soleil couchant, ces îlots rocheux se parent d'une chaude couleur ocre rouge.

★ 3 RANDONNÉES PÉDESTRES

Le sentier des crêtes

Environ 5 h aller ; sentier balisé en bleu au départ de la place du Casone ; arrivée à la plage de Vignola (sur la route des Sanguinaires) ; retour par le bus n° 1 reliant la Parata au centre-ville depuis l'arrêt de Vignola (fréquence estivale : toutes les

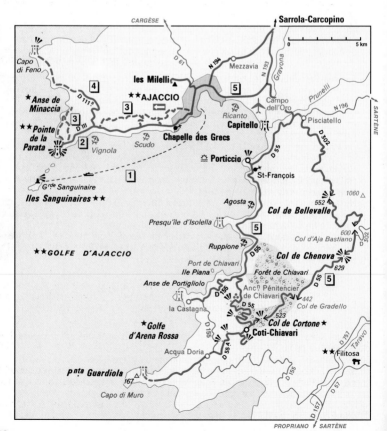

1/2 heures). La promenade est déconseillée les jours de grand vent susceptibles d'attiser les départs d'incendie ; prévoir 2 l d'eau par personne, les points de ravitaillement étant rares. Altitude maximum du tracé : 360 m. Prendre à droite du monument du Casone, en direction de l'avenue Nicolas-Pietri, puis s'engager à gauche dans le sentier balisé en bleu vers le bois des Anglais.

L'intérêt de cette promenade, longue mais sans grande difficulté, est la succession de superbes points de vue sur le golfe d'Ajaccio.

A l'arrivée à Vignola, contourner l'enceinte de la centrale solaire par la gauche avant d'atteindre l'agréable plage où l'on pourra profiter des plaisirs de la baignade avant de reprendre le chemin du retour par le bus des Sanguinaires.

Circuit pédestre des Sanguinaires

Durée 2 h jusqu'à l'anse de St-Antoine, ou 4 h jusqu'au parking de la pointe de la Parata. Promenade sans difficulté, nécessitant cependant de bonnes chaussures de marche pour effectuer le périple complet de St-Antoine à la Parata. Départ du chemin situé à droite après la chapelle précédée d'un obélisque, à environ 1 km avant le parking terminus de la Parata.

Le chemin, bien tracé, franchit une crête qui procure de superbes vues sur les îles et la côte sur ses deux versants avant d'atteindre la plage de St-Antoine. Ensuite le parcours suit le tracé du sentier sinuant à flanc de falaise pour rejoindre au Sud le parking de la Parata.

Cet itinéraire peut être fusionné avec celui décrit à l'anse de Minaccia. Compter la journée (avec les haltes) de Capo di Feno à la pointe de la Parata. Approvisionnement et boisson disponibles en saison à la plage de Minaccia.

★ 4 ANSE DE MINACCIA *– 11 km d'Ajaccio*

Prendre la route des Sanguinaires pendant 8 km, puis emprunter à droite la D 111B en montée, signalée « Minaccia ». Poursuivre l'itinéraire pendant 3 km environ jusqu'à un grand terre-plein servant de parking où la route revêtue se termine.

Cette vaste étendue de sable fin est entourée de collines à la végétation rabougrie. Une guinguette propose une ombre réparatrice en saison. L'ouverture vers le large et l'orientation des vents ont fait de ce site un lieu de prédilection des adeptes du surf. Des compétitions s'y déroulent.

Les amateurs de marche en terrain mal balisé peuvent poursuivre le sentier qui prolonge la route d'accès à Minaccia.

Le chemin longe au début la côte nord de l'anse avant d'obliquer vers l'intérieur. Possibilité d'accéder en 45 mn au pied de la tour génoise qui couronne **le Capo di Feno.** Belle vue sur le golfe de Sagone.

★★ 5 CÔTE SUD DU GOLFE

Circuit au départ d'Ajaccio

104 km – Environ 4 h – Schéma ci-contre

★★**Ajaccio** *– Voir à ce nom.*

Quitter Ajaccio par ① du plan et suivre la route de Sartène (N 193 et N 196).

Peu après la pointe d'Aspreto, on laisse, à droite, la jolie route bordée de pins qui mène à l'aéroport d'Ajaccio Campo dell'Oro et dessert une grande plage très fréquentée par les Ajacciens.

Franchir la Gravona puis le Prunelli, et prendre à droite la D 55 vers Porticcio.

Tour de Capitello – On aperçoit de la route cette tour génoise qui se dresse à l'embouchure de la Gravona, au Sud de l'aéroport. Elle rappelle la fuite d'Ajaccio par les Bonaparte sous la pression de la population appuyant la résistance de Paoli à la Convention.

⌂**Porticcio** – Ce hameau, admirablement situé face à Ajaccio, connaît un grand essor touristique. Ses plages de sable, ses hôtels, son institut de thalassothérapie et ses ensembles résidentiels attirent de nombreux estivants. De l'extrémité de la pointe, vue sur la rade d'Ajaccio et les îles Sanguinaires.

En quittant Porticcio, on trouve sur la gauche, perchée sur un monticule, l'**église St-François** (1972), composée de quatre cylindres que les toitures de tuiles roses sectionnent de biais.

La route longe la grande **plage de sable d'Agosta** et laisse sur la droite la **presqu'île d'Isolella** bordée de deux plages et dont la pointe porte une ancienne tour génoise *(propriété privée).*

Elle contourne ensuite la belle **plage de Ruppione** dans une anse profonde et passe au bas de la forêt de Chiavari.

Au Port de Chiavari, prendre à droite la route de la pointe de la Castagne (D 155) qui suit la côte et procure sur tout son parcours de beaux coups d'œil sur le golfe. Sur la droite apparaît l'île Piana couverte d'une végétation dense.

La route suit la petite **anse de Portigliolo** bordée d'une plage avant de monter au hameau de la Castagna, bâti sur une hauteur que domine une ancienne tour génoise *(terrain militaire)*.

Revenir sur ses pas jusqu'à l'embranchement où l'on prend à droite la route de Coti-Chiavari (D 55).

Le golfe d'Ajaccio

C. Le Tourneur

Bordée d'eucalyptus, la route longe des bâtiments délabrés de l'ancien pénitencier de Chiavari, puis s'élève à travers un épais maquis, offrant des **vues**★★ étendues, en arrière, sur le golfe d'Ajaccio.

Coti-Chiavari – Ce village, bâti en terrasse, est connu pour son esplanade ombragée orientée vers la pointe de la Castagna et les îles Sanguinaires.

Il est dominé par une hauteur portant un relais de télévision et occupée par un camp militaire. L'entrée de ces deux installations est interdite, mais on peut emprunter la route d'accès *(demi-tour possible)* qui offre de très belles **vues**★★ à la fois sur les golfes d'Ajaccio et de Valinco.

Poursuivre vers Acqua Doria et la presqu'île du Capo di Muro :

Beaux coups d'œil sur le golfe d'Ajaccio.

Punta Guardiola – *1/2 h à pied AR.* Le promontoire, dominé par une tour génoise, ferme, au Sud, le golfe d'Ajaccio. A ses pieds s'ouvre le beau golfe d'**Arena Rossa**★, aux contours sauvages et boisés.

Revenir à Coti-Chiavari.

De là, le retour à Ajaccio s'effectue par la **route des cols**★ (D 55) qui offre sur tout son parcours de nombreuses vues sur le golfe d'Ajaccio.

Col de Cortone – Par-delà la **forêt de Chiavari, vue**★ sur le golfe d'Ajaccio de la pointe de la Castagna à celle de la Parata ; au Sud sur le golfe de Valinco.

Col de Chenova – Vue sur la pointe de Sette Nave avec la tour de l'Isollela, sur les îles Sanguinaires et sur la vallée du Taravo.

La route serpente alors dans un maquis très dense.

Au col d'Aja Bastiano, prendre à gauche la D 302.

Col de Bellevalle – Vue sur le golfe et Ajaccio et la plaine alluviale de la Gravona.

★★**Ajaccio** – *Voir à ce nom.*

Créez vos propres itinéraires
à l'aide de la carte des principales curiosités et régions touristiques.

ALÉRIA ★

2 022 habitants
Carte Michelin n° 90 pli 6

Vieille de plus de 25 siècles, la cité d'Aléria connut des fortunes diverses après avoir été la capitale antique de la Corse.

Le site – Un plateau de 40 à 60 m d'altitude et de plus de 2 km de long s'élève à 4 km de la mer, dominant le cours inférieur du Tavignano. Au Nord-Est s'étend l'étang de Diane, le meilleur abri naturel de la côte pour les vaisseaux de l'Antiquité.

Facile à défendre et à fortifier, commandant la vallée du Tavignano, l'un des meilleurs accès vers l'intérieur de l'île, à proximité d'un abri portuaire, cet emplacement offrait toutes les conditions pour abriter la première métropole historique de la Corse : **Alalia.**

UN PEU D'HISTOIRE

Les fouilles récentes (1971) ont donné la certitude d'une occupation à l'époque néolithique. Au 6e s. avant J.-C., la région attira des Grecs de Phocée (ville d'Asie Mineure).

Un relais du commerce attique – Après avoir fondé Marseille en 600 av. J.-C., les Phocéens créèrent en Corse, vers 565, un comptoir à Alalia. Vingt ans plus tard, chassés de leur cité de Phocée par la conquête perse, ils s'y installèrent et en firent leur métropole (de 540 à 535 av. J.-C.).

Commerçants mais aussi pirates, les Grecs suscitèrent bientôt une coalition d'Étrusques et de Carthaginois sur laquelle, malgré leur infériorité numérique, ils remportèrent une difficile victoire à la bataille navale d'Alalia (vers 538 av. J.-C.) ; mais trop amoindris ils durent transférer leur métropole à Marseille et faire d'Alalia un simple relais entre cette cité et leur nouvelle colonie de Velia en Italie du Sud. Ce relais servit d'escale sur les voies maritimes de la mer Tyrrhénienne entre la Provence, l'Italie, la Sicile, l'Espagne et l'Afrique du Nord et devint un port d'importation pour la Corse elle-même.

Les Phocéens exploitaient les mines de cuivre et de fer de la région de Venaco et de Corte, le plomb argentifère de Ghisoni et les forêts. Ils utilisaient l'argile corse pour leurs céramiques. Ils tiraient parti des étangs voisins riches en huîtres et en anguilles et développèrent les pêcheries et les salaisons. Les salines et le murex, coquillage dont les Anciens tiraient la pourpre, alimentaient une grande part de leur commerce. Ils introduisirent dans la plaine orientale la vigne, l'olivier et le blé.

La cité et l'intérieur de l'île connurent donc les influences hellénistiques avant de s'ouvrir aux autres civilisations méditerranéennes. C'est ainsi que la céramique attique, avant celle de Campanie, influença la production locale. Les casques, boucliers de bronze et armes en fer venaient d'Étrurie et d'Espagne tandis que les Carthaginois importaient l'albâtre et la fine verrerie orientale.

Une cité romaine *(1)* – En 259 av. J.-C., Rome parvint à enlever Aléria aux Carthaginois qui la contrôlaient depuis 21 ans, et à partir de cette tête de pont, organisa la conquête de l'île. Engagée dans les guerres puniques, la République dut réprimer de nombreuses révoltes des peuplades de l'intérieur. Les opérations ne s'achevèrent qu'en 163. La Corse avait perdu plus de la moitié de sa population.

L'île qui formait avec la Sardaigne une province romaine fut soumise aux aléas de la politique intérieure de la République. En 81 avant J.-C., Sylla, par mesure punitive, transforma en colonie militaire Aléria qui avait soutenu ses adversaires Marius et Cinna. Tour à tour, Pompée, César puis Octave s'emparèrent de la cité à leur profit.

Sous l'Empire, Aléria devint la capitale de la province Corse séparée de la Sardaigne et administrée pour le compte de l'Empereur. Auguste (empereur de 27 av. J.-C. à 14 apr. J.-C.) créa un port de guerre dans l'étang de Diane, tandis que le port de commerce était établi au pied du plateau dans un coude du Tavignano (où ont été trouvées les ruines des thermes de Santa Laurina des 2e et 3e s.). Tandis que le développement de Rome, d'Ostie et de Pouzzoles amenuisait le rôle économique d'Aléria, sa valeur stratégique croissant avec l'expansion du monde romain.

Pendant toute cette période, la cité fut prospère. Auguste la dota de remparts, d'un amphithéâtre et d'un aqueduc ; il fit restaurer le capitole et le forum. Après lui, les empereurs Hadrien, Caracalla et Dioclétien continuèrent à agrandir et à embellir la cité. Celle-ci connaissait alors un grand rayonnement et, par son intermédiaire, la civilisation romaine se répandait dans l'île. Pourtant Aléria ne résista pas à la lente décadence de l'Empire romain. Resserrée sur son plateau, décimée par la malaria, elle fut incendiée par les Vandales et finalement abandonnée au début du 5e s. après J.-C.

Une terre longtemps déshéritée – Après le départ des Romains, la population fuyant les incursions barbaresques, abandonna la plaine d'Aléria. Les eaux descendues des montagnes se perdirent alors dans les terres, formant des marécages malsains. A la médiocrité des sols et à la sécheresse des étés s'ajoutaient les ravages du paludisme ; les anophèles, moustiques qui transmettent la maladie, trouvaient en effet dans cette zone d'étangs et de marais un terrain de prédilection. La plaine était un immense terrain de parcours pour les ovins et les bovins qui y séjournaient en hiver et au printemps et

---

(1) Pour plus de détails, lire : « Aléria antique » par Jean et Laurence Jehasse, en vente au musée.

regagnaient la montagne en été. Cernés par un haut maquis de cistes et d'arbousiers, les villages de Ghisonaccia, Aghione et Aléria tiraient leurs maigres ressources de l'élevage et d'une agriculture aux techniques archaïques.

Les troupes américaines basées en 1944 dans la plaine orientale, inondèrent cette dernière en D.D.T., éradiquant définitivement la malaria. A l'heure actuelle l'irrigation et la modernisation des méthodes agricoles ont transformé en un vaste verger cette région qui fut longtemps la plus déshéritée de la Corse.

CURIOSITÉS

★Fort de Matra – A l'extrémité du village situé sur la colline s'élève le fort de Matra. Construit par les Génois à la fin du 16ᵉ s. sur un emplacement déjà fortifié, il a subi de nombreux remaniements et a été récemment restauré. C'est ici que Théodore de Neuhoff débarquant en Corse le 12 mars 1736 fut accueilli solennellement. Le rez-de-chaussée du fort abrite aujourd'hui le musée Jérôme Carcopino.

★★Musée Jérôme Carcopino ⊙ – Ce musée porte le nom de l'historien corse. Il abrite une collection d'objets provenant de la nécropole préromaine et du site de la colonie d'Aléria fouillés et mis en valeur depuis 1955 par J. et L. Jehasse.

Le musée est en cours de réaménagement et seul l'étage est ouvert aux visites.

Divers objets de bronze, de fer, de verre et une précieuse collection de céramiques attestent la continuité des relations commerciales entre Aléria, la Grèce et l'Italie. Parmi les céramiques étrusques, remarquer un **groupe d'œnochoes** (vases à verser le vin) provenant de Faléries, des vases et plats de Caere et un **cratère de Vulci** (vase à large ouverture servant aux mélanges d'eau et de vin) représentant Pirithoos aux enfers. Deux fins cratères godronnées du style de Gnathia (4ᵉ s. av. J.-C.) illustrent l'art de l'Apulie.

Les plus belles pièces viennent de l'Attique : coupe attribuée à Panaitios (vers 480 av. J.-C.) ; **cratère du Peintre du Dinos** (vers 425 av. J.-C.) où l'on voit Dionysos assis, entouré de deux satyres et d'une nymphe.

La dernière salle *(nᵒ 7)* présente le contenu de la plus ancienne tombe découverte à Aléria (début du 5ᵉ s. av. J.-C.), en particulier deux remarquables **rhytons attiques** (vases à boire) en forme de tête de chien et de mulet.

Revenir sur ses pas.

Le hall d'entrée et la salle qui lui fait suite situent Aléria dans l'Empire romain (plans, inscriptions, monnaies, amphores, lampes à huile...).

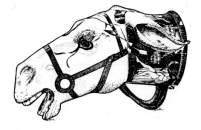

Musée Jérôme Carcopino – Rhyton attique

Dans la salle 2, superbe tête de marbre : **Jupiter Hammon**, le front ceint de cornes de bélier, datant de l'époque de Trajan et découverte au Sud-Ouest du forum.

Dans les salles suivantes *(nᵒˢ 8-9-10-11)* sont exposés les objets découverts dans la nécropole, en particulier, salle nᵒ 11, des **bronzes étrusques** et une collection de **céramiques attiques** (coupes et cratères) des 5ᵉ et 4ᵉ s. av. J.-C. à figures rouges et à figures noires. Parmi les pièces principales, signalons une coupe illustrant le thème d'Héraklès terrassant le lion de Némée (470 av. J.-C.) et un cratère du « peintre de Pan » (460 av. J.-C.) représentant Dionysos et Silène président à la vendange.

La ville antique ⊙

En sortant du fort, prendre à droite un chemin qui conduit à la cité antique.

Les fouilles ont permis de dégager le forum et le soubassement des principaux monuments de la ville romaine. Les emplacements dégagés ont été replantés d'espèces méditerranéennes (pins, cyprès).

Forum – *On y pénètre par l'axe Nord ou « cardo ».* Cette place de forme trapézoïdale, cœur de la vie publique de la cité, était bordée au Nord et au Sud de portiques dont on a dégagé l'emplacement des colonnes. A ses extrémités se faisaient face un petit temple et le capitole (édifice servant de centre à la vie municipale).

Temple – Il date vraisemblablement de l'époque d'Auguste et offre un soubassement de galets taillés provenant du Tavignano. Sur son flanc Nord, l'abside d'un édifice chrétien montre la continuité de l'occupation du site à travers les siècles. Plus au Nord ont été dégagés les vestiges d'une vaste demeure dite **Domus « au dolium »** car elle possède en son milieu une grande jarre en terre cuite appelée « dolium ».

Capitole – *Accès par le portique Nord.* Consacré, comme à Rome, à Jupiter, Junon et Minerve, le capitole est le monument religieux et politique le plus important de la colonie d'Aléria. Il a été rasé à l'époque génoise. On y accédait par un escalier monumental. Un triple portique le fermait vers l'Ouest et l'esplanade ainsi délimitée a été occupée au Bas-Empire par un petit ensemble thermal dont il reste les bassins.

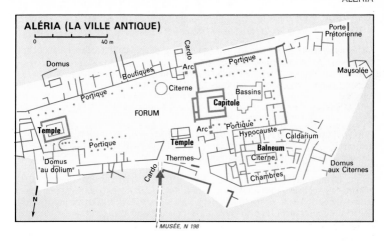

ALÉRIA (LA VILLE ANTIQUE)

Balneum – Restauration et aménagement en cours. Cet ensemble de plan trapézoïdal est séparé du capitole par le portique Nord. On y reconnaît les citernes, bassins, et probablement des chambres, vestiaires et salles chauffées (caldarium) par un système de canalisations souterraines (hypocauste). A l'Ouest du balneum, en bordure du plateau, était située une vaste « domus » où l'on reconnaît un hypocauste et de nombreuses citernes destinées à des thermes privés.

Église St-Marcel ⊘ – Bâtie face au fort, à l'emplacement d'une ancienne cathédrale romaine, elle conserve dans ses murs des pierres provenant de la ville romaine.

ENVIRONS

Étang de Diane – *3 km au Nord-Est d'Aléria*. Cet étang de 600 ha est un centre d'élevage de moules, de clovisses (ou palourdes) et d'huîtres. Les huîtres sont importées de Bretagne à 18 mois ou 2 ans, puis commercialisées après huit mois d'affinage. L'élevage est surtout axé sur l'huître plate.
L'étang de Diane, importante base de la flotte romaine dans l'Antiquité, était déjà réputé pour ses huîtres. L'îlot des Pêcheurs, au Nord-Est, a été formé par les valves plates de ces mollusques que l'on envoyait mariner à Rome.
Durant son exil à l'île d'Elbe, Napoléon faisait faire la traversée au capitaine Pontier deux fois par semaine pour qu'il lui rapporte des huîtres. Ces voyages répétés permettaient en outre à l'empereur de se tenir informé de la situation en France.

Réserve de faune de Casabianda – *5 km au Sud d'Aléria. La pénétration dans la réserve est réglementée*. Elle s'étend sur 1 748 ha entre l'embouchure du Tavignano au Nord et l'étang d'Urbino au Sud. Cette zone composée d'étangs, de marais et de pâturages est bordée le long du littoral par une véritable brousse de genévriers. Cette réserve a pour but de préserver certaines espèces animales en voie de disparition dans l'île. La tourterelle turque, le guêpier d'Europe, le héron cendré, le busard des roseaux, la perdrix rouge trouvent ici le milieu nécessaire à leur survie. En outre, le cerf de Corse y est élevé en vue de sa réintroduction dans d'autres sites de Corse.
Un centre pénitencier en « milieu ouvert », favorisant la rééducation par les travaux agricoles, y est également implanté.

Étang d'Urbino – *9 km au Nord de Ghisonaccia*. Ce vaste étang est, comme celui de Diane, spécialisé dans l'élevage des moules et des huîtres.

Site préservé de Pinia – Au Sud de l'étang, s'étend sur 400 ha le domaine de Pinia, bénéficiant de 4 km de plage de sable fin. La belle pinède de Pinia, qui faisait la renommée du domaine, a disparu dans les incendies de 1993. Elle fut le dernier refuge naturel du cerf de Corse avant sa disparition au début des années soixante.

Ghisonaccia – *Voir à Fiumorbo*.

Vous aimez la nature.
Respectez la pureté des sources,
la propreté des rivières, des forêts, des montagnes...
Laissez les emplacements nets de toute trace de passage.

ALGAJOLA ⌁

211 habitants
Carte Michelin n° 90 pli 13 – Schéma p. 81

Cette station balnéaire, entre les marines de **Davia** et de **Sant'Ambroggio,** possède au fond de sa baie une grande plage de sable fin.

Aux environs s'ouvrent des carrières de très beau granit porphyrique.

La fondation d'Algajola remonte vraisemblablement aux Phéniciens. Selon la tradition, saint Paul, revenant d'Espagne, y aurait accosté. De la cité romaine de cette époque ont été découvertes deux plaques de bronze qui composent le diplôme militaire d'un vétéran de la flotte de Misène, retiré là.

Une vocation de place forte – Algajola ne conserve de son aspect militaire que des maisons blotties à l'intérieur de remparts en ruine, quelques ruelles et passages voûtés et une partie de sa citadelle au bout du promontoire. Jusqu'au 18ᵉ s. elle fut une défense génoise avancée de Calvi.

La cité connut son apogée au 17ᵉ s. et vivait surtout du commerce des olives et des huîtres. Ses remparts furent édifiés en 1664, pour la protéger d'un éventuel retour des Sarrasins qui l'avaient saccagée le 26 juin 1643. En 1729, les Corses insurgés contre Gênes s'en emparèrent. Par la suite, le marquis de Maillebois commandant les troupes françaises en Corse reconnut son importance de place forte lorsqu'en 1739, il dut réprimer un soulèvement dans l'île. En 1767, elle fut pour Pascal Paoli une position de premier plan avant qu'il n'abandonne la lutte, en 1769.

L'essor de l'Ile-Rousse provoqua, à la fin du 18ᵉ s., l'abandon presque total de la cité.

★**Citadelle** *(Propriété privée. On ne visite pas)* – La citadelle, construite au 17ᵉ s. autour d'un château (tour fortifiée), conserve son bastion triangulaire et ses échauguettes.

Le « château » servit de résidence au lieutenant-gouverneur de Balagne. En 1643, lors de la destruction d'Algajola par les Sarrasins, la garnison génoise s'y retrancha tandis que l'église St-Georges servait de refuge aux habitants.

Église St-Georges ⊘ – Cette église semi-fortifiée, placée sous le vocable du saint patron de la ville de Gênes, a été remaniée au 17ᵉ s. après avoir été incendiée par les Sarrasins. L'intérieur est éclairé par de petites fenêtres hautes et présente une abside à voûte génoise. Elle abrite une chaire en bois sculpté soutenue par une pomme de pin, une belle toile du 17ᵉ s. figurant une **descente de Croix**★, attribuée au peintre italien le Guerchin (1591-1666) de l'école bolonaise ; au fond du chœur, un tableau représente saint Alexandre Sauli *(voir à Cervione),* qui vécut à Algajola de 1572 à 1575.

L'ALTA ROCCA ★

Carte Michelin n° 90 plis 8, 18 – Schéma page ci-contre

L'Alta Rocca est la partie orientale et montagneuse de l'ancienne seigneurie de la Rocca. Elle abrite de précieux témoins d'un habitat préhistorique.

Fermée au Nord par les massifs de l'Incudine et de Bavella, elle s'ordonne autour de la vallée du Rizzanèse, du plateau de Coscione jusqu'au-delà de Ste-Lucie-de-Tallano. Son paysage de versants boisés (chênes verts, pins maritimes et laricio, châtaigniers) et de plateaux abandonnés à la lande, est semé de villages aux massives maisons de granit. C'est principalement une région d'élevage extensif.

DE PROPRIANO A ZONZA *39 km – 1/2 journée*

⌁**Propriano** – *Voir à ce nom.*

Quitter Propriano par la route de Sartène (N 196) ; après le pont sur le Rizzanèse, prendre à gauche la D 268 vers Aullène.

A 4 km sur la gauche, un peu en contrebas de la route, se cache dans la verdure un pont génois.

Spin'a Cavallu – *Voir à Golfe de Valinco.*

Continuer sur la droite la D 268 en direction de Ste-Lucie-de-Tallano.

Source thermale de Caldane – *Voir à Ste-Lucie-de-Tallano.*

Le parcours se déroule dans un paysage de montagne et de maquis qui exhale de forts parfums, suaves et poivrés, caractéristiques du ciste. Ste-Lucie-de-Tallano apparaît bientôt sur la hauteur, accrochée au flanc de la montagne. C'est la première localité d'importance de l'Alta Rocca.

★**Ste-Lucie-de-Tallano et excursions** – *Voir à ce nom.*

Continuer la D 268 vers Levie. A 5 km tourner à gauche en direction des sites archéologiques du Pianu de Levie.

Pianu de Levie – *Voir à ce nom.*

Reprendre la D 268 jusqu'à Levie.

La route, bien tracée, suit un parcours en corniche.

Levie – *Voir à ce nom.*

Dans Levie, prendre la D 59 en direction de Carbini.

La route, en quittant le bourg, passe devant l'église à la jolie silhouette baroque. Elle s'élève ensuite et serpente à flanc de montagne, traversant une région boisée à perte de vue. Seuls, les villages de Carbini et d'Orone ponctuent cet océan boisé.

La forêt tapisse croupes, thalwegs, crêtes, mamelons, depuis les rives encaissées du Fiumicole et presque jusqu'aux sommets des monts. Quelques crêtes rocheuses comme la Punta di u Diamante ou la Punta di a Vacca Morta, émergent de l'ensemble.

Carbini – *Voir à ce nom.*

Revenir à Levie. Prendre la D 268 en direction de Zonza.

A la sortie de Levie, on traverse d'abord une forêt de pins, puis une rouvraie magnifique.

Chaos de Paccionitoli – *Dans San-Gavino-di-Carbini, prendre à droite la D 67 vers Paccionitoli.*

Cette route facile relie en 7 km San-Gavino-di-Carbini et Paccionitoli au col de Pelza, en forêt de Zonza. Le plus souvent enserrée dans des murs de pierres sèches, elle traverse une zone de chaos granitiques aux formes étranges, à moitié enfouis dans une végétation dense de fougères et de maquis. Certains rochers évoquent des silhouettes d'hommes ou d'animaux. Toute la région de Paccionitoli est riche en vestiges préhistoriques.

On remarque, à hauteur d'une petite bergerie, 1,8 km après San-Gavino, un dolmen à 30 m sur la gauche, demeuré intact au milieu de traces d'aménagements plus complexes *(propriété privée)*; 300 m plus loin, toujours à gauche, une pierre levée dans un champ.

Au col (bocca) de Pelza, on rejoint la D 368 qui traverse la **forêt de Zonza**, offrant de beaux coups d'œil sur les aiguilles de Bavella et le massif de l'Incudine.

Zonza – *Voir à ce nom.*

ANTISANTI

500 habitants
Carte Michelin n° 90 pli 5

Un dicton corse affirme que ce village est, avec Borgo et Prunelli-di-Fiumorbo, un des «joyaux de la Corse» par son site dominant la plaine orientale. Bâti à 700 m d'altitude sur un éperon, Antisanti offre en effet un **panorama★** admirable. Vers l'intérieur, la vue embrasse les principaux sommets de la Corse, des aiguilles de Bavella jusqu'au San Petrone, en passant par l'Incudine, le Renoso, le Monte d'Oro, le Cinto. Vers la mer, la vue s'étend sur la plaine orientale, jusqu'aux environs de Porto-Vecchio; on aperçoit au large, vers le Nord, les îles d'Elbe, Monte-Cristo et Pianosa. Un relais de télévision est établi au-dessus du village.

Comme la plupart des localités montagnardes proches de la plaine orientale, Antisanti se développa à la suite des incursions sarrasines qui refoulèrent les populations côtières vers les hauteurs.

Au 12ᵉ s., à l'époque pisane, ce village était la principale agglomération de la région. Au 14ᵉ s., il faisait partie de la pève de Rogna qui comprenait également Vivario, Muracciole, Piedicorte-di-Gaggio, Pancheraccia et Altiani. Au 16ᵉ s., il soutint Sampiero Corso contre Gênes. Mais au 18ᵉ s., il fut incendié par les troupes de Pascal Paoli auquel il refusait de se soumettre.

Une économie tournée vers la plaine orientale – La plaine d'Aléria étant infestée de moustiques jusqu'à la dernière guerre *(voir à Aléria)*, les antisantais s'en détournèrent et se contentèrent de cultiver leur territoire, qui suffisait d'ailleurs à nourrir une population laborieuse. Le village se consacrait presque exclusivement à la culture du blé. En échange d'autres denrées, les marchands des régions voisines, notamment de la Castagniccia, venaient s'y approvisionner.

Jusqu'au 20ᵉ s. la population était assez importante (1 000 habitants en 1860). Mais elle décrut régulièrement par suite de l'exode qui s'amorça avant la Première Guerre mondiale et s'accentua après la Seconde.

Son territoire communal, qui s'étage du niveau de la mer jusqu'à 800 m d'altitude, se partage en une zone de plaine participant à une activité agricole moderne et une zone intérieure où les terres, faute de bras, sont abandonnées au maquis.

Castellu d'ARAGHJU ★
Carte Michelin n° 90 pli 8 – Schéma p. 198

Bâti sur un éperon rocheux, véritable vigie au-dessus du golfe de Porto-Vecchio, distant de 5 km, le castellu d'Araghju (Araggio) *(1)* est l'un des plus représentatifs parmi les grands édifices torréens.

Accès – *Laisser la voiture en bas du hameau Nord d'Araggio, le long de la D 559 et s'équiper de chaussures de marche.* Le sentier *(1 h à pied AR)* franchit un ruisselet et devient un raidillon bordé de murets tracé dans le maquis et coupé de racines d'arbres parmi les rocailles. Après un palier, la montée reprend sous les ombrages parmi les buissons épineux.

Visite – De la forteresse (castellu) qui, à 245 m d'altitude, dominait il y a trois millénaires le village torréen, subsiste une enceinte circulaire barrant l'éperon rocheux, en appareil cyclopéen, d'une hauteur moyenne de 4 m et d'une épaisseur de plus de 2 m.

Une porte monumentale dont l'entablement subsiste s'ouvrant sur un couloir donne accès à l'intérieur des vestiges

Araghju – Entrée du monument torréen

de l'édifice où se reconnaissent encore les ruines d'un monument peut-être à destination cultuelle. Dans l'épaisseur des murs de l'enceinte sont aménagés des chambres et un escalier qui conduit à un chemin de ronde offrant une **vue**★★ étendue sur la plaine littorale et le golfe de Porto-Vecchio.

AREGNO
544 habitants
Carte Michelin n° 90 pli 13 (9 km au Sud-Ouest de l'Ile-Rousse) – Schéma p. 81

En plein cœur de la Balagne, Aregno abrite dans son petit cimetière, situé à 1 km au Sud du village en bordure de la D 151, une chapelle datée de 1177 et relevant de la seconde période du roman pisan en Corse *(voir p. 38)* caractérisée par un certain développement de l'œuvre sculptée et bien souvent par la polychromie de son appareil.

★**Église de la Trinité** – *Visite : 1/4 h.* Cette petite église étonne par l'appareillage polychrome de ses murs de granit. Sa façade s'ordonne en trois registres. La porte s'ouvre sous un large linteau pentagonal protégé par un arc en plein cintre aux claveaux de couleur soigneusement alternée ; de chaque côté, deux statuettes représentent à gauche une femme en longue robe et à droite un homme tenant sur les genoux peut-être les textes de la loi. Au-dessus quatre arcatures aux motifs décoratifs variés prennent appui sur cinq chapiteaux ornés de figures animales

---

(1) Pour plus de détails, lire «Araghju, complexe monumental fortifié de la Corse préhistorique», par R. Grosjean (collection : Promenades archéologiques).

Aregno – Détail de la façade de l'église

naïves. Sous le fronton, huit arcs sur modillons encadrent une fenêtre formée de deux baies géminées, dont le tympan porte un motif de serpents. Au sommet du fronton, un troisième personnage semble s'extraire nonchalamment une épine du pied tout en jetant un regard malicieux sur les passants. Les murs latéraux rythmés par d'étroits pilastres et le chevet semi-circulaire recouvert de pierres plates sont parcourus par une corniche à arcature sur modillons sculptés. Les fenêtres latérales en meurtrières sont surmontées d'archivoltes décorées de motifs symboliques : deux paons affrontés, la Croix et l'Arbre, une main ouverte et une crosse.

L'intérieur abrite deux intéressantes fresques du 15ᵉ s. : les quatre docteurs de l'Église latine (Augustin, Grégoire, Jérôme et Ambroise) ; saint Michel pesant les âmes et terrassant le Dragon.

Vallée d'ASCO ★★

Carte Michelin n° 90 plis 4, 14

Cette vallée s'ouvre largement à l'Est sur la dépression drainée par le Golo. Mais elle est fermée à l'Ouest par un cirque de montagnes formé par le Monte Cinto (alt. 2 710 m), point culminant de l'île, la Punta Minuta (alt. 2 556 m), le Capo-Stranciacone (alt. 2 151 m), la Mufrella (alt. 2 148 m) et la Punta Gialba (alt. 2 101 m). Seuls quelques cols d'accès difficile permettent aux montagnards de franchir cette barrière : le col de Stranciacone mène dans le Filosorma, celui d'Avartoli dans le cirque de Bonifato, celui de Pampanosa dans le Niolo et celui de l'Ondella dans la vallée de Tartagine. Constituées de rhyolite et de porphyre rouge violine, ces montagnes s'empourprent sous le soleil.

UNE VALLÉE A TROIS VISAGES

L'Asco prend naissance au pied de la Punta Minuta près du col de Stranciacone dont il porte le nom jusqu'à son confluent avec le ruisseau de Pinara en amont du village d'Asco. Son cours présente trois parties géologiquement et climatiquement distinctes : la haute vallée, les gorges et la basse vallée.

La **haute vallée** a été creusée dans une gigantesque masse de roches cristallines s'étendant du golfe de Girolata au village d'Asco. Le cours du Stranciacone est impétueux car les neiges du Cinto et de la Punta Minuta alimentent de nombreux torrents qui lui assurent un important débit. Le climat est ici alpin : la neige se maintient jusqu'en mai-juin et subsiste en été sur les versants Nord, dans les anfractuosités des rochers du cirque de Trimbolacciu. Les massifs élevés reçoivent près de 2 000 mm d'eau par an (la moyenne annuelle de l'île est de 900 mm).

La haute vallée est le domaine des pins : pin maritime appelé « pin de Corte » et pin laricio, formant des peuplements importants sur les pentes exposées au Nord. Entre 1 700 et 2 000 m d'altitude, croît l'aulne odorant formant un enchevêtrement de branches au ras du sol. Constituant le dernier étage de végétation, il joue un rôle important dans le maintien du sol, de la neige et de l'humidité.

En aval, les **gorges de l'Asco**, arides et profondes, sont taillées dans les granits et reçoivent de 750 à 1 000 mm d'eau par an.

Le genévrier oxycèdre s'accroche aux roches nues et croît sur les pentes dénudées autour d'Asco, en un massif de plus de 200 ha d'un seul tenant. Cet arbrisseau, qui présente des feuilles très piquantes et des fruits brun-rouge, fournit un bois fibreux servant à la confection d'ustensiles. Le genévrier thurifère lui est parfois associé. Reconnaissable à ses feuilles en écailles imbriquées le long des rameaux, il vit uniquement dans la vallée d'Asco, indiquant que le climat est sec, froid l'hiver et très ensoleillé.

La **basse vallée** est une plaine alluviale de cailloutis ; chaude, couverte de maquis, de chênes verts et d'aulnes, elle reçoit moins de 500 mm de précipitations et débouche dans la vallée du Golo au Nord de Ponte Leccia. Son maquis dégradé se compose de lavande et de cistes de Montpellier, très odorants, aux fleurs blanches, formant de vastes fourrés.

UN REFUGE POUR LA FAUNE A PRÉSERVER

La vallée d'Asco a conservé une faune aujourd'hui protégée.

Le **gypaète barbu,** vautour qui mesure plus de 1 m et dont l'envergure dépasse 2,50 m. Il est reconnaissable au bandeau noir qui lui cerne l'œil et à une touffe de barbe à la base du bec. Cette espèce, décimée par la chasse, peuplait avec **l'aigle royal** les massifs montagneux peu fréquentés. Il ne reste plus aujourd'hui que huit couples de gypaètes en Corse, ce qui fait une vingtaine d'individus.

UNE ÉCONOMIE TRADITIONNELLE

L'économie de la vallée d'Asco est une économie de haute montagne, pastorale et forestière.

La transhumance, une tradition en déclin – Il y a peu encore, les bergers ascolais pratiquaient en hiver la transhumance vers les pâturages de Balagne (aujourd'hui dégradés par les incendies) pour les moutons, ou vers ceux des Agriates plus ingrats, pour les chèvres. La voie de transhumance ovine vers la Balagne joignait Asco à Speloncato par le col de l'Ondella, Mausoléo et Olmi-Cappella dans la vallée de la Tartagine. Quant aux bergers de caprins, ils descendaient les gorges de l'Asco puis remontaient au Nord par Moltifao et le col de San Colombano.

A la fin du mois d'octobre, bergers et troupeaux accompagnés de chiens et de bêtes de somme partaient donc vers les zones littorales basses (« piagghja ») où les pâturages avaient été loués pour l'hiver. Là, les bergers habitaient dans des maisons basses aux murs de pierres sèches, aux toits de schiste et au sol en terre battue. A la fin mai, ils reprenaient le chemin d'Asco et, pendant quelques jours, la famille était réunie dans la maison ancestrale.

On tondait alors les moutons et les chèvres. Puis les hommes gagnaient les alpages et passaient l'été dans les bergeries de montagne où leurs journées étaient occupées par la traite des brebis et la fabrication du fromage, ils redescendaient à Asco à la mi-octobre. Rares sont ceux qui perpétuent aujourd'hui ces traditions.

Activités artisanales – Les femmes, restées au village, cultivaient les jardins potagers, filaient et tissaient la laine de brebis et le poil de chèvre pour confectionner les « panni », sorte de manteaux, et les « pelone » *(p. 179)*. Avec le poil de chèvre, elles fabriquaient aussi des cordes brunes appelées « fune ».

Pendant les longues heures de surveillance du troupeau, les bergers fabriquaient, avec le genévrier oxycèdre, les ustensiles nécessaires à la confection du fromage : cuillères plates pour remuer le brocciu, cuillères ventrues, seilles à une seule poignée, seilles à deux poignées…

Ces activités ne sont plus pratiquées aujourd'hui que par quelques artisans, à des fins touristiques.

De nouvelles ressources – Le fromage demeure la principale production de cette région. Jadis, au début et à la fin de l'été, des caravanes de mulets quittaient Asco pour sillonner la Corse. Le fromage était alors vendu ou échangé dans les régions voisines contre d'autres denrées : l'huile d'olive de Balagne et les porcs de Castagniccia en particulier. Aujourd'hui, tout le lait de brebis de la vallée, dont la production annuelle atteint 10 000 litres, est transformé en fromage de Roquefort.

A ces ressources s'ajoutent l'exploitation du bois et de la résine des pins, l'élevage des vers à soie et l'apiculture. Le miel d'Asco, très blanc, doit sa réputation à la manne, exsudation sucrée végétale. Trois micro-centrales électriques ont été construites dans la haute vallée en vue de subvenir aux besoins locaux.

L'altore ou gypaète barbu

Ce grand vautour (altore signifie celui qui habite les hauteurs, en corse) est représentatif des espèces menacées d'Europe. En Corse, il a retrouvé un milieu favorable bien préservé. Ce rapace est un planeur reconnaissable à sa tête blanche, ses ailes pointues et surtout à sa queue en losange. Il se nourrit principalement d'os de charognes dont il brise les gros morceaux en les lâchant en vol sur des pierriers. Il niche dans des failles de rochers verticaux.

Dans le parc régional, des charniers sont alimentés en hiver pour pallier la raréfaction des troupeaux en transhumance.

★ RÉSERVE DE FAUNE D'ASCO ⊙

La réserve d'Asco, créée en 1953, s'étend au cœur du massif du Cinto sur 3 510 ha et s'étage entre 800 m et 2 200 m, le long de vertigineuses parois rocheuses recouvertes de landes colorées de bosquets de genêts épineux. Elle occupe tout le versant Sud de la haute vallée. L'intérêt particulier de cette réserve est de permettre d'observer facilement dans son milieu naturel le mouflon de Corse dont on dénombre ici plus de 300 individus ; il demeure ainsi protégé des dérangements occasionnés par les battues aux sangliers qui abondent dans ce secteur.

Certaines espèces d'oiseaux sont également typiques de la réserve : la **sittelle corse**, espèce endémique, reconnaissable à son chant particulier, niche dans les arbres morts. Au-dessus de 1 000 m, les vols de bandes de chocards à bec jaune sont fréquents et animent de leur cri strident les vallées encaissées.

Quelques conseils pour bien observer les mouflons

Des sentiers pénètrent l'intérieur du massif depuis la D 147 (vallons de Tassinetta et de Manica). Se munir d'une bonne paire de jumelles ;

En juillet et août, on peut apercevoir, sur les replats des hauts vallons, les nouveau-nés accompagnés de leur mère ;

De janvier à avril, les animaux descendent sur les bas versants et peuvent être aisément distingués depuis la D 147 ;

De mai à fin juin, période de mise à bas, il est déconseillé d'observer les animaux de près et de les déranger ;

De mi-novembre à mi-décembre, période du rut, de spectaculaires combats de mâles sont observables.

Mouflon

Comment déterminer l'âge d'un mouflon mâle ?

Lorsqu'on dispose d'un sujet en observation suffisamment fixe, il importe d'examiner ses cornes. La croissance de la corne marque un arrêt chaque hiver et se matérialise par un anneau de croissance ; au printemps la reprise du développement repousse les anciens anneaux. On compte ainsi, depuis l'extrémité vers la base, le nombre de sections délimitées par les anneaux. Chez les vieux individus, l'usure peut effacer les anneaux de la pointe. La détermination de l'âge de la femelle est plus complexe : l'âge est proportionnel à l'étendue du masque facial blanc.

DE PONTE LECCIA A HAUT-ASCO *33 km – Environ 2 h*

Ponte Leccia – *Page 140.*
De Ponte Leccia suivre la route de Calvi (N 197), puis, à 2 km, la D 47 à gauche.
La route remonte le cours de l'Asco en empruntant le fond de la vallée.

Moltifao – *3 km de la route d'Asco par la D 47 qui s'embranche à droite.* Dominé par les aiguilles rouges de Popolasca, ce village s'étage sur le versant bien exposé de la ligne de hauteurs verdoyantes séparant la vallée d'Asco de celle de la Tartagine, au milieu de terrasses plantées de vergers et d'oliviers. L'église d'une jolie couleur pain d'épice s'élève au centre du village dans un site agréable.

Village des tortues ⊙ – *Au lieudit Tizzarella.* Sur un terrain d'une dizaine d'hectares, le Parc régional a aménagé un centre d'étude, d'accueil, de soins et de présentation pédagogique de la tortue d'Hermann *(voir la partie Introduction de ce guide)*. Le territoire de l'unique tortue terrestre de France est réduit à une infime partie des Maures et à l'essentiel de la Corse (notamment la côte orientale). La visite permet de suivre les différents stades de la vie de l'animal.

Castifao – *3 km de Moltifao en continuant la D 47.* Accroché au-dessus de la vallée de la Tartagine, il se groupe autour d'une charmante place, bordée par l'église et la poste, à laquelle on accède par un petit pont.

★★ **Gorges de l'Asco** – Creusées dans le granite, ces gorges arides rappellent celles de la Scala di Santa Regina *(voir à ce nom)*. Elles sont cependant plus courtes, plus larges, la végétation y est plus abondante, mais les crêtes rocheuses d'environ 1 000 m qui les surplombent leur confèrent un aspect plus sauvage. Elles sont dominées par des montagnes déchiquetées comme la Cima a i Mori (alt. 2 180 m) et le Monte Terello (alt. 1 310 m).

De nombreuses ruches s'alignent sur les pentes. Aux abords d'Asco, la rive droite devient très aride, tandis que la rive gauche est tachetée de genévriers oxycèdres.

Asco – C'est, au débouché des gorges, le seul village de la vallée, bien exposé au midi, mais aussi bien intégré – en dépit de quelques bâtiments récents – aux versants rocheux du Capo Selolla.

Asco est peut-être d'origine ligure ; mais ses annales ne remontent qu'au 16e s., à l'époque de la guerre contre Gênes menée par Sampiero Corso, au cours de laquelle le village servit de refuge. Au 18e s. y fut instituée une sorte de tribunal paternel : élus par la communauté, les « Paceri » ou « sages » étaient chargés de trancher à l'amiable les conflits entre familles. Ce mode de juridiction a profondément marqué les hommes de cette vallée qui, naguère encore, réglaient entre eux leurs différends.

Pont génois – *La route étroite descend dans les gorges à la sortie Ouest d'Asco.* Les eaux vertes et claires de l'Asco sont enjambées par ce vieux pont en dos d'âne bâti pour permettre l'accès à la bergerie de Pinnera.

A la sortie du village, la route remonte désormais le Stranciacone. Les pins laricio font bientôt leur apparition, escaladant les versants. On aperçoit encore des ruches. Après avoir franchi un pont, la route longe la rive droite du torrent.

Forêt de Carrozzica – Cette belle forêt de 3 220 ha s'étend sur toute la vallée supérieure d'Asco. D'abord clairsemée, elle devient plus dense et prend fin à 1 900 m d'altitude au pied de la grande barrière rocheuse. Elle se compose surtout de pins laricio qui croissent jusque dans le lit du torrent. Celui-ci coule au milieu de blocs de porphyre rose formant des vasques d'eau claire. Mais cette forêt, autrefois dévastée par les coupes d'arbres, puis par des incendies, a subi jusqu'à récemment les dommages des avalanches. Le sol n'étant plus maintenu, l'érosion accentuait le processus de dégradation. A 7 km d'Asco, au lieudit Giunte, la route laisse sur la droite le Stranciacone qui reçoit la Tassinetta. Après avoir franchi le ruisseau de Manica, elle atteint le lieudit Caldane (source minérale), puis s'élève jusqu'à Haut-Asco.

Haut-Asco – *Alt. 1 450 m.* Dans un beau **site**★ de montagne, au milieu des pâturages et de pins laricio centenaires, ce replat procure de belles vues : au Sud, le Monte Cinto et le cirque glaciaire de Pampanosa au pied du Capo Larghia et de la Punta Minuta et à l'Ouest, le col et le Capo Stranciacone. A proximité, subsistent les aménagements d'une station de ski actuellement fermée.

AULLÈNE

Auddè – 149 habitants
Carte Michelin n° 90 pli 7

Sur une haute croupe granitique du Sartenais, dans un paysage où prédomine le châtaignier, Aullène a longtemps vécu de l'élevage dans une tranquillité d'esprit que lui assurait l'éloignement de la mer.

Église paroissiale ⊙ – Elle renferme de belles boiseries rustiques dans le chœur et une **chaire** du 17e s. dont la console en bois clair sculpté est formée de monstres marins prenant appui sur une tête de maure, évocation probable des raids barbaresques qui ravagèrent les côtes de Corse jusqu'au 18e s.

Aullène – Détail du support de la chaire

EXCURSIONS

★ **Route du col de St-Eustache** – *20 km – Décrite en sens inverse à Petreto-Bicchisano.*

Vallée du Coscione – *24 km jusqu'au pont d'Acoravo par la D 69 vers Sartène.*
La route en corniche descend la vallée très encaissée, venteuse et peu peuplée du Coscione, affluent du Rizzanèse et traverse les villages de Cargiaca et de Loreto bâtis sur d'aimables collines. L'autre versant de la vallée, moins raide, au climat plus doux, porte un essaim de villages, groupés autour du gros bourg de Ste-Lucie-de-Tallano *(voir ce nom)* au milieu des vignes et des oliviers.

La BALAGNE★★★

La Balagne est une enclave de collines fertiles, au Nord-Ouest d'une île montagneuse et rude. Elle descend doucement vers la mer, depuis la ligne de crêtes qui surplombe les gorges de l'Asco au Sud-Est. Le désert des Agriates la délimite au Nord-Est, la vallée du Fango au Sud-Ouest.

L'arrière-pays présente deux visages : au Sud de Calenzana s'étend une Balagne déserte et au Nord une Balagne fertile qui a fait autrefois la réputation de cette région et lui maintient aujourd'hui son attrait touristique. Contrée la plus riante de l'île, elle offre sur 40 km de rivage d'agréables stations balnéaires et, sur les collines en arrière de la plaine côtière, d'aimables villages entourés de vergers et de vignes. Palmiers, agaves et figuiers de barbarie témoignent de la douceur de son climat.

Montemaggiore

Une occupation ancienne – Cette région fut habitée depuis les temps préhistoriques. A l'âge du fer, la Balagne vivait sans doute déjà de la pêche et du commerce maritime. Dans l'Antiquité, Phéniciens, Grecs et Étrusques abordèrent ses rivages. Puis les Romains s'y installèrent et la cultivèrent. Des témoignages de leur présence ou de leur activité ont été découverts à Calvi et à l'Ile-Rousse où ils avaient déjà établi des cités, à Algajola, à Speloncato et à Calenzana.

Les Sarrasins, attirés par les richesses de cette contrée, y multiplièrent de mémorables razzias dont la plus célèbre fut celle d'Algajola *(voir à ce nom)*.

Jardin et joyau de la Corse – La Balagne devint au 11ᵉ s. le fief des « Marquis de Massa et Corse », établis par les pisans pour défendre ce territoire contre les incursions sarrasines.

Pour surveiller le rivage, ils édifièrent des châteaux forts dont subsistent de nombreux vestiges comme ceux du château des Savelli à Corbara.

Ces seigneurs furent les bienfaiteurs des bénédictins qui s'implantèrent solidement au 12ᵉ s. en Balagne et contribuèrent au renouveau agricole de la contrée, ruinée par l'anarchie et les invasions. Corrélativement, le commerce avec la Toscane reçut une nouvelle impulsion. A la fin du 12ᵉ s., la Balagne était la première région viticole de l'île avec Bastia et le Cap Corse.

Une population aisée fit édifier, pendant la période pisane, un grand nombre d'églises, parfois sur d'anciens sites paléochrétiens : à Calenzana, Cassano, Montemaggiore, Lumio, Aregno... si bien que l'on put parler de la « sainte Balagne ».

Au 13ᵉ s. la République de Gênes s'implanta en Balagne où elle fonda les places fortes de Calvi et d'Algajola qui disposaient ainsi d'un territoire assez riche pour subvenir aux besoins de la garnison et de la population.

Au 17ᵉ s., la Balagne est une région de polyculture méditerranéenne, où domine l'olivier. Son huile est très prisée.

Au 18ᵉ s., Pascal Paoli y bâtit l'Ile-Rousse, principal débouché de la Balagne fertile.

A la fin du 19ᵉ s., Ardouin-Dumazet décrivait ainsi ce « jardin de la Corse » : « Aucune région du monde ne donne une plus puissante impression de richesse... La vallée est un verger d'oliviers, de figuiers, d'oranges... Sur les sommets et les pentes des collines aux formes nobles et hardies, les villages semblent comme les grains d'un collier capricieusement disposé autour de la conque verdoyante. » Les fruits étaient alors embarqués dans les ports de l'Ile-Rousse et de Calvi.

Abandon et aménagement – Les cultures de ce pays qui fut l'un des plus riches territoires agricoles de l'île semblent abandonnées (cédratiers, figuiers, amandiers) ou négligées (oliviers).

L'huile d'olive, qui constituait une des principales exportations notamment vers Gênes et Marseille, est concurrencée par les huiles de graines obtenues par des méthodes industrielles.

Un vaste schéma d'aménagement hydraulique dont relève le barrage de Codole, avec réseau de canalisations et stations de pompage établi pour l'ensemble de la Balagne, devrait contribuer au développement de l'agriculture dans les plaines de l'Ile-Rousse et d'Algajola.

Tourisme et artisanat – Si la Balagne se dépeuple, la côte connaît en revanche un vif développement touristique. Des ensembles résidentiels de vacances avec ports de plaisance privés s'y créent : marines de Davia et de Sant'Ambroggio.

A l'embouchure du Regino, en bordure d'une grande plage de sable, s'étend sur 20 ha le village de vacances de **Lozari**. Calvi est concurrencée par les stations balnéaires en pleine extension d'Algajola et de l'Ile-Rousse.

En outre des ateliers et maisons d'artisanat animés par des organismes ont permis de rendre vie à certains villages (Lumio, Pigna...).

★★ ① BASSIN DE LA FIGARELLA ET COLLINES DE MONTEGROSSO

Circuit de 48 km au départ de Calvi – Environ 1/2 journée – Schémas ci-dessous

★Calvi – *Voir à ce nom.*

Quitter Calvi par ① du plan, N 197.

La route contourne le golfe et franchit la Figarella ; aussitôt après le pont, prendre à droite la D 151 qui remonte la vallée de la Bartasca plantée de vignes.

Calenzana – *Voir à ce nom.*

★Église Ste-Restitude – *Voir à Calenzana.*

A travers les chênes verts, les oliviers et les amandiers, la route contourne alors le bassin du Fiume Secco.

Zilia – Ce village adossé au Monte Grosso est bâti dans un paysage d'oliviers et d'amandiers. Il conserve de vieilles maisons et offre de sa terrasse, face à l'église, une belle vue sur la vallée verdoyante du Fiume Secco.

Cassano – La chapelle St-Alban *(au Sud du village)* abritait, derrière l'autel, un intéressant **triptyque★** sur fond or représentant la Vierge à l'Enfant sous un dais entre des saints ; cette œuvre de 1505 et due à un artiste nommé Simonis de Calvi est conservée dans l'église paroissiale.

★Montemaggiore – Ce village est bâti sur un promontoire au-dessus du bassin du Fiume Secco et au pied de la chaîne du Monte Grosso.

De la terrasse de sa grande église baroque, un vaste **panorama★★** se développe sur le golfe de Calvi, la presqu'île de la Revellata, Calenzana et son cadre montagneux. Au Nord du village, près d'une fontaine, la vue se dégage sur la chaîne du Monte Grosso.

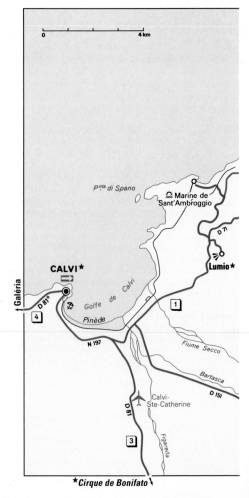

Chapelle St-Rainier ⊙ – *1 km après Montemaggiore, dans un lacet, prendre à droite un chemin raviné mais carrossable.* La chapelle s'élève à mi-pente dans le cimetière. De style roman pisan, elle présente une façade polychrome ; au fronton, une croix ajourée sépare deux figures humaines. Le chevet arrondi a conservé son toit en « teghie » *(p. 42).*

À l'intérieur, les archivoltes surmontant les deux premières fenêtres sont décorées de curieux masques grimaçants. Une pierre cylindrique sculptée de visages servait de bénitier.

En montant vers le col de Salvi, la route tracée en corniche offre de beaux **coups d'œil★** sur Calenzana, le bassin du Fiume Secco et la mer.

Col de Salvi – **Vue★★** splendide sur le golfe de Calvi que l'on domine de 500 m et sur la pointe de la Revellata.

2 km après le col, prendre à gauche la D 71.

Cateri – Niché dans les oliviers, Cateri s'étage au-dessus du bassin d'Algajola. Gagner l'extrémité du village par des ruelles étroites, pavées, reliées par des passages voûtés et bordées de hautes maisons de granit où travaillent plusieurs artisans (potiers, fromagers...) ; beau coup d'œil sur Aregno.

Dans le hameau de San Cesario, belle chapelle romane à la décoration polychrome.

Couvent de Marcasso – Les bâtiments conventuels édifiés en 1621 s'élèvent sur une terrasse entourée d'oliviaies et de vergers.

L'**église conventuelle** ⊙ abrite une toile restaurée du 18e s. représentant le Repas pascal, ainsi que des stalles, un beau meuble de sacristie et quatre statues de saints en bois du 17e s.

Lavatoggio – De la terrasse de l'église, la **vue★** s'étend sur la côte et les dernières pentes de la Balagne, à l'Ouest de la ligne de crêtes qui les sépare du bassin du Regino. Jadis, le village était renommé pour la qualité de ses sources.

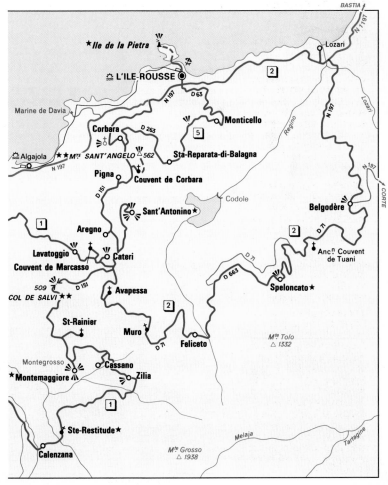

★**Lumio** – *Voir à ce nom.*

La N 197 ramène à Calvi.

★**Calvi** – *Voir à ce nom.*

★ ② BASSIN DU REGINO ET COLLINES DE CORBARA

Circuit de 57 km au départ de l'Ile-Rousse – Environ 1/2 journée – Schéma p. 81

⚓ **L'Ile-Rousse** – *Voir à ce nom.*

Quitter l'Ile-Rousse par la N 197 à l'Est.

La route longe la côte jusqu'à Lozari, puis, entre les vallées du Regino, à droite, et de Lozari, à gauche, elle s'élève vers Belgodère.

Belgodère – *Voir à ce nom.*

Prendre à droite la D 71.

Environ 5,5 km après Belgodère, on aperçoit sur la gauche la masse harmonieuse de l'ancien couvent du Tuani. Ce couvent franciscain fut repris un temps par les dominicains, puis devint propriété privée en 1964. L'église, construite en 1494, fut restaurée en 1898. A 100 m du couvent, émergeant de la végétation, ruines de la chapelle St-Jean, édifice pisan du 11ᵉ s.

★**Speloncato** – *Voir à ce nom.*

La route tracée à mi-pente contourne en corniche le bassin du Regino.

Felicito – Ce village entouré de vergers se dissémine au-dessus du bassin du Regino. En contrebas s'élève son église baroque au clocher étagé, coiffé d'une coupole.
A l'Ouest de Feliceto la route serpente à travers un maquis de bruyères et d'arbousiers.

Muro – La grande **église** qui surgit au bord de la route dresse sur la place du village son imposante façade blanche. L'intérieur offre un bel exemple de baroque tardif : maître-autel et clôture du chœur en marbre polychrome, beau buffet d'orgue, profusion de marbres, de colonnes torses, de dorures, statues peintes dans des niches... Le jour des Cendres 1778, en plein office, le chœur s'effondra sous le poids de la neige. Une panique s'ensuivit. On compta 59 morts. Dès 1784, l'église était réparée par la population. La voûte fut décorée en 1808 dans le goût du 17ᵉ s. par le peintre italien Polleri. Un pèlerinage réunit chaque année, le lendemain de la mi-carême, une foule venue de toute la région pour commémorer un miracle : en 1730, le visage d'un crucifix (conservé au fond de l'église) se mit à saigner et s'auréola d'une lumière éclatante.
C'est à Muro qu'est né **Pietro Morati** (1658-1715), célèbre juriste, auteur de la « Prattica Manuale », manuel de droit et de jurisprudence qui fit longtemps autorité en Corse. Muro a conservé ses maisons à arcades.

Avapessa – A mi-pente au-dessus de la vallée du Regino, dans un paysage d'oliviers, de figuiers de barbarie et de jardins en terrasses, ce hameau possède une petite église baroque (1618) dotée d'un joli clocher carré.
Au croisement, que domine à droite la chapelle San Cesareo, prendre à droite la D 151, puis, peu après, à droite encore la route de crête qui sépare les bassins de Regino et d'Algajola et donne accès au village perché de Sant'Antonino.

Pigna

★**Sant'Antonino** – *Voir à ce nom.*

Revenir à la D 151 qui domine le bassin d'Algajola et la marine de Sant'Ambroggio.

Aregno – *Voir à ce nom.*

Pigna – Installé sur une butte entourée d'olivaies, face à la baie d'Algajola, ce petit village aux ruelles tortueuses dallées ou en escaliers et à la place (piazza) joliment dallée, est dominé par une église à deux clochetons à coupoles. Son chevet arrondi et la découpe en accolade de son fronton sont charmants.

Pigna est aujourd'hui un des principaux centres de la renaissance de l'artisanat corse et plus particulièrement dans le domaine musical. Regroupés dans l'association «Arte di a musica», des facteurs d'instruments traditionnels *(voir p. 47)* ont remis à l'honneur une tradition que l'on croyait perdue et qui trouve son application jusque dans les représentations théâtrales en France métropolitaine et en Sardaigne.

La mise en valeur des activités artisanales s'expose dans la **Casa di l'artigiani** ⊙.

Chaque été, une manifestation «Festivoce» organisée par l'association musicale «E voce di u cumune» regroupe sur plusieurs villages autour de Pigna un ensemble vocal de qualité. *(Voir en fin de volume, le chapitre des Manifestations.)*

Couvent de Corbara – *Voir à ce nom.*

Monte Sant'Angelo – *Voir à Corbara.*

Corbara – *Voir à ce nom.*

Peu après Corbara, d'une chapelle, à gauche dans un lacet, la vue s'étend sur la basse Balagne, la marine de Davia, Algajola et sa citadelle. Puis la route tracée en corniche descend vers la plaine littorale couverte d'oliviers et regagne l'Ile-Rousse.

L'Ile-Rousse – *Voir à ce nom.*

★3 CIRQUE DE BONIFATO

schéma et description, voir à ce nom

★4 LA BALAGNE DÉSERTE

La côte : de Calvi à Galéria – *38 km – Environ 3/4 h*

★**Calvi** – *Voir à ce nom.*

Quitter Calvi par ② du plan, D 81.

La route domine la mer en suivant les contours de la côte déchiquetée où s'abritent de nombreuses criques d'un blanc éclatant mais d'accès difficile. Elle traverse ensuite une zone de vignobles et s'éloigne de la côte entre le cap Cavallo et Ferayola.

Bocca Bassa – Ce col offre une **vue**★ étendue sur la baie de Crovani, Galéria et son golfe.

Galéria – *Voir à ce nom.*

La vallée du Fango★ : de Galéria à Bardiana

description à Fango

★5 CORNICHE PAOLI

description à L'Ile-Rousse

Une forme originale de déplacement sur la côte de Balagne est proposée en saison par les Chemins de fer de la Corse. La ligne ferrée reliant Calvi à l'Ile-Rousse épouse au plus près la sinuosité du littoral et offre des vues surprenantes sur l'arrière-pays et les criques que ne permet pas la route. La fréquence de passages permet de quitter le train à une halte et le reprendre plus loin (se reporter au chapitre des Renseignements pratiques).

BASTELICA

436 habitants
Carte Michelin n° 90 pli 6 – Schéma ci-contre

Ce petit chef-lieu de canton montagnard groupe ses hameaux sur les pentes du Monte Renoso, dans un paysage d'alpages semés de châtaigniers. A 800 m d'altitude, Bastelica est le plus haut village de la vallée du Prunelli. Demeuré vivant et animé d'une vie locale authentique, il attire aujourd'hui les amoureux du ski. Foyer de ski de fond, Bastelica est aussi le point de départ d'une route aux panoramas splendides, montant vers les champs de neige réputés du plateau d'Ese.

Pour les Corses, c'est aussi la patrie de Sampiero Corso, né au hameau de Dominicacci.

SAMPIERO CORSO

Révélation d'un chef militaire – Sampiero Corso, figure la plus marquante du 16e s. en Corse, est né vers 1498 dans une famille d'origine modeste. Il quitte très jeune une Corse trop peuplée pour nourrir tous ses habitants et, comme beaucoup de ses contemporains, embrasse le métier des armes. Il s'engage au service des Médicis à Florence, puis du pape Clément VII. Le cardinal Jean du Bellay, ambassadeur de France à Rome, prend sous sa protection l'ardent capitaine, et le fait engager dans les armées de François Ier en 1536. Devenu officier français, il le restera pendant près de 30 ans.

Aux côtés de Bayard puis de La Châtaigne-raie, il s'illustre alors dans toutes les batailles menées contre Charles Quint. Toujours à la pointe du combat, il représente, à lui seul, « 10 000 soldats » au dire du duc de Bourbon. A Perpignan, par sa bravoure, il sauve la vie du dauphin Henri, ce qui lui vaut de porter sur ses armes « deux bandes d'azur à fleur de lys d'or ». Auréolé de prestige et fortuné, il peut épouser Vannina d'Ornano en 1545, dont la famille compte au rang des grands de l'île.

En 1547, il est promu colonel par Henri II et reçoit le commandement de l'ensemble des compagnies corses au service du roi.

Serviteur de la France en Corse – Peu après son mariage, Sampiero est incarcéré à Bastia par le gouverneur génois, dans des circonstances demeurées obscures. Il est rapidement libéré grâce à l'intervention de Henri II. En 1553, il s'illustre en Italie où la

Sampiero Corso

D'après « Histoire illustrée de la Corse » J.-A.Galetti

France mène campagne, jouant un rôle déterminant à la prise de Ceva, dans le Piémont. Mais c'est lors de la conquête de la Corse par les Français, dès la fin de la même année, que Sampiero devient une figure dans l'île. La légende le donne d'ailleurs pour l'initiateur de cette expédition et son promoteur auprès du roi. On sait aujourd'hui que Sampiero consulté, loin d'approuver le projet, avait tenté d'en détourner le Conseil de Guerre. Toujours est-il qu'il seconde avec bravoure les opérations menées par le maréchal de Thermes. A la tête de 500 mercenaires corses, Sampiero rallie sans peine à la cause française les chefs de l'île et une population hostile à la politique de Gênes. Bastia, Corte, Ajaccio tombent sans résistance. Bonifacio, attaquée par la flotte turque alliée aux Français, met un mois à capituler.

Farouche adversaire des Génois – En 1557, l'administrateur français, Giordano Orsini, successeur du maréchal de Thermes, peu estimé de Sampiero, déclare à Vescovato l'incorporation de la Corse à la Couronne de France. Cette déclaration qui trompa les Corses, puis les historiens, n'était que pure invention d'Orsini, sans doute soucieux de ranimer le zèle défaillant des tenants du parti français. C'était imprudemment anticiper la tournure que prirent les événements : le 3 août 1559, le traité de Cateau-Cambrésis rend la Corse aux Génois. Dans les mois qui suivent, Gênes se rend de nouveau impopulaire, notamment par de maladroites mesures fiscales.

En 1563, Sampiero, retiré en France pour préparer une nouvelle campagne contre Gênes, tue sa femme Vannina en fuite vers Gênes avec une partie de sa fortune. Le 14 juin 1564, discrètement appuyé par Catherine de Médicis, il débarque dans le golfe de Valinco : la révolte redémarre. Sampiero se rend vite maître de l'intérieur de l'île, mais Gênes conserve les places maritimes. Bientôt l'intensité des combats diminue, sans victoire décisive. Les défections se multiplient parmi les insurgés, lassés du pourrissement de la situation.

C'est dans ce contexte que, le 17 janvier 1567, Sampiero tombe dans une embuscade entre Cauro et Eccica-Suarella (*p. 85*), dirigée par les frères d'Ornano, cousins de sa femme ralliés aux Génois. Sampiero entra dans la légende, et son prestige porta en France le renom des qualités militaires des Corses.

CURIOSITÉS *visite : 1/4 h*

Statue de Sampiero – Cette statue monumentale en bronze s'élève sur un grand piédestal devant l'église de Santo, principal hameau de Bastelica. Brandissant son épée, Sampiero symbolise le courage et la force des insulaires. Trois faces du piédestal sont ornées d'un bas-relief en bronze évoquant le combat des Corses contre Gênes au 16ᵉ s.

Maison natale de Sampiero – *Au hameau de Dominicacci.* Incendiée par les Génois, cette modeste demeure fut reconstruite à l'identique au 18ᵉ s. Elle porte une inscription en langue corse rédigée en 1855 par William Wyse, petit-fils de Lucien Bonaparte, exaltant pompeusement la vaillance de l'enfant du pays : « ... héros fameux parmi les innombrables héros que l'amour de la patrie – mère superbe des mâles vertus – a nourris dans ces montagnes et dans ces torrents... ».

★★① ROUTE PANORAMIQUE DU PLATEAU D'ESE

16 km – Environ 1 h – Schéma ci-dessous

La route commence à l'entrée de Bastelica, face à la statue de Sampiero.

Cette route de crêtes a été réaménagée pour conduire à la petite station de ski du Val d'Ese. Au bout de 1 km, on remarquera sur le bord de la route deux châtaigniers d'une grosseur hors du commun. Rapidement, le parcours devient aérien et offre des vues exceptionnelles sur Bastelica et le massif montagneux qui sépare les vallées du Prunelli et du Taravo : à la lumière du soir, on peut compter jusqu'à dix plans successifs de lignes de crêtes. L'intérêt paysager s'amenuise ensuite lorsqu'on s'avance vers le plateau d'Ese (apparition des bouleaux).

★② GORGES DU PRUNELLI

Circuit au départ de Bastelica

50 km – Environ 3 h – Schéma ci-dessous

Bastelica – *Voir à ce nom.*

Quitter Bastelica par la D 27 ; à 4,5 km prendre à droite vers Tolla. La route est étroite et de revêtement médiocre.

La route descend dans la vallée du Prunelli. Elle pénètre bientôt dans les gorges et ménage de beaux **coups d'œil**★ à gauche sur la Punta di Forco d'Olmo (alt. 1 631 m), la crête dentelée de la Punta Arghiavana (alt. 1 346 m) et le lac de barrage de Tolla.

Tolla – Ce village, entouré de pommiers, de noyers et de châtaigniers, domine un lac de barrage construit par E.D.F. Haut de 88 m, le **barrage de Tolla** est un ouvrage du type voûte retenant 32 millions de m³ d'eau. Il alimente à son tour une autre usine hydro-électrique. Le plan d'eau a été peuplé en truites fario et en saumons de fontaine.

Au col de Mercujo (alt. 715 m), garer la voiture. Emprunter à pied, sur la gauche, le chemin en cul-de-sac qui monte au belvédère.

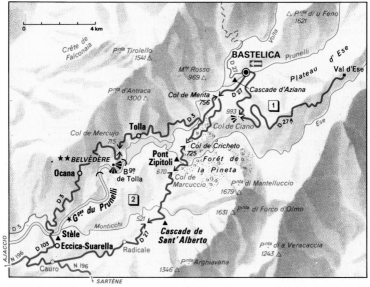

Belvédère – Il offre une **vue**★★ plongeante en amont sur le barrage de Tolla et la retenue, en aval sur les gorges du Prunelli dominées par la Punta Arghiavana, la Punta de Serra Cimaggia et la Punta de Mantellucio.

Revenir au col de Mercujo pour poursuivre la D 3.

La descente en lacet sur Ocana procure de superbes coups d'œil sur toute la chaîne de montagnes qui se déroule sur la gauche.

Ocana – Le village s'accroche à mi-pente au-dessus des gorges face à la chaîne.

A 5 km prendre à gauche la route d'Eccica-Suarella (D 103).

Stèle de Sampiero Corso – *1/4 h à pied AR. Stationner près du pont sur le Prunelli. Remonter à pied la D 103 sur 100 m vers Eccica-Suarella. Immédiatement après un petit pont dans un virage à droite, prendre le sentier qui monte sur la gauche à travers un agréable sous-bois.*

C'est près de Suarella, en plein maquis, que Sampiero Corso fut assassiné. Une stèle érigée à la fin du 19e s. commémore l'événement.

Eccica-Suarella – Les vignobles de ses coteaux produisent d'excellents vins de table. On fabrique aussi localement de délicieux fromages de chèvre artisanaux.

On atteint bientôt la N 196 que l'on emprunte à gauche vers Cauro. A la sortie de Cauro, suivre la D 27 vers Bastelica.

La route traverse des bois de chênes et débouche bientôt sur un paysage de pâturages, très verdoyant au printemps. Après le hameau pastoral de Radicale, on s'élève vers le col de Sant'Alberto (Bocca Sant'Alberto).

Cascade de Sant'Alberto (dite aussi de Carnevale) – *15 mn à pied AR. Accès à 5 km de Cauro, au point 435 de la carte Michelin 90, matérialisé par un pont dans un virage à gauche. Stationner à proximité.*

A quelques mètres du pont, un sentier escarpé grimpe sur la rive droite du ruisseau, dans les ombrages de beaux chênes. On entend bientôt sur la droite la cascade qui saute d'une dizaine de mètres le verrou rocheux fermant cette petite vallée.

Continuer la D 27 vers Bastelica et franchir le col de Marcuccio qui offre des vues de qualité.

Pont génois de Zipitoli – *10 mn à pied AR. En descendant du col de Marcuccio, garer la voiture à hauteur de la maison forestière de Pineta (150 m environ avant le pont de Zipitoli). Prendre à pied sur la gauche un chemin qui descend vers le pont sur l'Ese que l'on aperçoit très vite sur la droite.*

Pour admirer ce petit pont à arche unique environné de buis dans un paysage alpestre, il faut le franchir, continuer le sentier sur une trentaine de mètres, puis couper sur la gauche pour decendre au bord de la rivière d'Ese.

Reprendre la D 27 vers Bastelica.

La route, tracée à flanc de montagne, descend à travers la **forêt de la Pineta** peuplée de pins laricio auxquels se mêlent des châtaigniers et quelques hêtres. Elle procure de belles échappées sur la vallée du Prunelli et sur les arêtes rocheuses : Punta d'Antraca, Monte Rosso et, en arrière, Punta Tirolello (alt. 1 541 m).

Variante par la route supérieure, du col de Cricheto au col de Menta – Cet itinéraire, qui conviendra aux amateurs de routes sauvages, emprunte l'ancienne route forestière qui reliait Bastelica à Caura. Ce parcours plus tourmenté, très étroit et mal goudronné, procure des **vues**★ lointaines sur les crêtes plus somptueuses que celles que l'on voit de la route inférieure.

Au col de Menta commence la descente rapide sur Bastelica. A 50 m en contrebas de la route, on aperçoit, au pied de grandes parois rocheuses, la **cascade d'Aziana**, haute de 15 m, formée par le Prunelli.

Bastelica – *Voir à ce nom.*

---

*Pour choisir un lieu de séjour à votre convenance, consultez la **carte des Lieux de séjour** au début de ce guide.*

Elle distingue :
- *les Destinations de week-end ;*
- *les Villes-étapes ;*
- *les Lieux de séjour traditionnels ;*
- *les stations balnéaires, thermales ou de sports d'hiver.*

Elle signale aussi, lorsque la région décrite s'y prête, les ports de plaisance, les centres de thalassothérapie, les bases de découverte de la montagne en été, etc.

BASTIA ★★

Agglomération 52 446 habitants
Carte Michelin n° 90 pli 3 – Schémas p. 95 et 133

Préfecture depuis 1975 du département nouvellement créé de la Haute-Corse, Bastia qui est aussi la grande ville d'affaires de l'île a su garder un aspect typiquement méditerranéen. Bastia mérite d'être visitée pour la qualité de ses monuments et pour le pittoresque des vieilles rues de la ville ancienne. Celle-ci s'ordonne autour du vieux port en deux quartiers : la ville basse, Terra-Vecchia, au Nord ; la ville haute (ou citadelle), Terra-Nova, au Sud.

Aujourd'hui, Bastia développe ses immeubles administratifs vers le Nord et étend ses quartiers d'habitation et sa zone industrielle vers la plaine, au Sud. Dans le centre, le boulevard Paoli, artère principale de la ville, animé et commerçant, connaît les embarras de circulation d'une petite capitale. Mais deux minutes suffisent pour gagner le dédale des ruelles pavées de schiste du vieux port, flâner place de l'Hôtel-de-Ville ou vers la citadelle : là, on voit vivre la Bastia traditionnelle et colorée.

Le soir, les illuminations du vieux port, du jardin Romieu, de la citadelle et de St-Jean-Baptiste invitent à la flânerie. Les quais menant vers la place St-Nicolas, récemment aménagés en promenade, accueillent cafés et restaurants. On y consomme les spécialités locales, tripes bastiaises, courgettes et sardines farcies au brocciu, « azimunu » (bouillabaisse) et maints produits de la mer.

UN PEU D'HISTOIRE

Naissance d'une cité – Si la ville de Bastia, dans sa configuration actuelle, ne fut vraiment établie qu'à la fin du 14ᵉ s., l'hypothèse d'une occupation du site par l'homme dès 1500 av. J.-C. est confirmée par les objets découverts sur les hauteurs environnantes. Les Romains y installèrent une colonie, sans doute Mantinôn, citée par le géographe grec Ptolémée ; cet établissement ne survécut pas à l'invasion vandale et fut abandonné à la fin du 6ᵉ s. Au début du 11ᵉ s., les pêcheurs utilisèrent dans la crique de Terra-Vecchia le petit port de Cardo. Ils n'y édifièrent que des cabanes, le rivage étant trop vulnérable aux fréquents raids barbaresques.

A la fin du 12ᵉ s., la Balagne, les régions du Cap Corse et de Bastia étaient les plus productives des zones viticoles. L'exportation du vin était active : les embarcations pisanes se chargeaient de vin aux petits ports de Cardo et d'Erbalunga.

Citadelle génoise – Dans les premiers temps de la colonisation génoise, le site de Bastia ne s'imposa pas. Mais Mariana (voir à la Canonica), fondée par les Romains, était insalubre et très vulnérable. Biguglia, où se trouvait le château fort des gouverneurs de l'île, à l'intérieur des terres, fut incendiée et détruite en 1372 par les Corses en révolte. Les Génois recherchèrent donc plus au Nord un emplacement propice à l'établissement d'une cité capable d'assurer un contact permanent et sûr entre leur patrie et leur colonie. Le gouverneur Leonello Lomellini porta son choix, en 1380, sur la marine du petit village de Cardo. Ce port naturel, étroit, peu profond, exposé aux terribles coups du libeccio, était toutefois protégé par un rocher aisément défendable sur lequel fut élevé un donjon : une « bastiglia » ou bastille, qui laissa son nom à Bastia. En 1480, Tomasino de Campofregoso entreprit la construction de remparts autour de ce site qui devint le quartier de « Terra-Nova », tandis qu'autour du port de Cardo, le quartier de « Terra-Vecchia » poursuivait son extension vers le Nord.

Rayonnement politique et économique – Bastia fut, sous la domination génoise, la capitale de la Corse. Le gouverneur et ses services administratifs y entretenaient une activité qui se manifestait par un commerce dynamique et même l'établissement de quelques manufactures. C'est à Bastia, en 1547 ou 1548, que Sampiero Corso (voir à Bastelica) fut incarcéré par le gouverneur de la Corse, lorsqu'il fut soupçonné, à son retour d'un voyage dans la ville pontificale, de menées subversives. Il ne sera relâché que sur l'intervention du nouveau roi de France Henri II.

Mgr Giustiniani (évêque d'Ajaccio de 1587 à 1616), estimait à 1 500 h. la population de Bastia au 15ᵉ s. Elle passa à 7 000 h. vers 1655 et à 10 500 h. en 1686, d'après le rapport de la visite apostolique de Mgr Spinola. Cette croissance démographique s'explique par la vitalité économique de la ville. Sa position géographique en faisait un trait d'union entre la terre génoise et les plus riches régions agricoles de la Corse : Cap Corse, Balagne, plaine orientale. Au 17ᵉ s. et au 18ᵉ s., la bourgeoisie de Bastia rivalisait, par ses constructions et son activité, avec le patriarcat de la Superbe. Terra-Vecchia, érigée en paroisse depuis 1619, rassemblait autour du « Porto-Cardo » une population triple de celle de Terra-Nova.

La floraison des églises et des chapelles de confréries indiquait au 17ᵉ s. un regain d'intérêt pour les constructions religieuses. Le nombre et l'importance des édifices témoignaient aussi d'une certaine aisance. Pas moins de sept couvents et huit églises. Le somptueux oratoire de St-Roch, décoré par le florentin Filiberto, donne la température, à cette époque, à la fois de la ferveur religieuse et de la richesse de Bastia. Cette expansion de la cité a permis une progressive fusion des colons génois primitifs et des Corses venus de l'intérieur.

En 1700, Bastia comptait tout un peuple d'artisans : 67 tanneurs et 70 magasins de cordonniers, mais aussi plusieurs fabriques de pâtes alimentaires...

Le sac de Bastia – Bastia, capitale du gouvernement génois de l'île, symbolisait la « tyrannie génoise ». Sa richesse – très relative en fait – suscita bien des incompréhensions en cette période de disette alimentaire. Il n'en fallut pas plus pour que le 19 février 1730, 4 000 montagnards à l'esprit survolté foncent sur Bastia, suivant l'exemple d'attaques déjà menées contre Aléria, le Cap Corse, St-Florent et la Balagne. La citadelle de Terre-Nova ferma ses portes et demeura à l'abri de ses remparts, mais Terra-Vecchia, sans défense, fut pillée et saccagée pendant trois jours, les habitants maltraités. C'est Mari, l'évêque d'Aléria, qui, à force d'instances et de promesses, obtint enfin le départ des envahisseurs.

Bastia vit sa population stagner entre 1740 et 1770 : un certain nombre de marchands et de marins partirent exercer leur métier en des lieux moins troublés. Le commissaire de Gênes put écrire en cette période : « La haine du peuple (bastiais) contre les **« paesani »** est quelque chose d'incroyable ».

De fait, les **« populani »**, essentiellement les artisans et les marins, gardaient envers Gênes une certaine fidélité, fondée en bonne part sur cette horreur des paysans montagnards (« paesani ») que renforça longtemps le souvenir du sac de Terra-Nova en 1730.

En 1768, l'arrivée des Français à Bastia fut accueillie par des acclamations : ils étaient plutôt perçus comme libérateurs du carcan économique génois et comme garants de l'ordre. Gênes n'était plus, à ce moment-là, la puissance qui comptait en Méditerranée, mais une cité divisée et affaiblie.

La Révolution française – L'application de la Constitution civile du clergé, en 1791, sema le trouble dans l'esprit religieux des Corses et engendra de violents incidents à Bastia. L'évêque, Mgr du Verclos, dut s'exiler en Italie et céder son siège épiscopal. A l'appel de certains religieux, les fidèles se révoltèrent et suivirent les directives d'une femme de caractère, **Fiora Oliva**, bientôt surnommée « la colonnelle ». A la tête des rebelles au premier rang desquels s'avançaient les femmes de Bastia, elle réussit à forcer les portes de la citadelle et à faire le siège du palais épiscopal... en vain, puisque le nouvel évêque constitutionnel était absent. Pascal Paoli, qui commençait en cette année 1792 à prendre clairement ses distances avec les partisans corses de la Révolution, réprima ces troubles sans grande vigueur, en faisant intervenir les gardes nationaux et en exilant à Corte quelques laïcs et religieux.

Au moment où le Directoire succédait à la Convention, une nouvelle vague de persécutions religieuses s'abattit sur la Corse, déjà bien éprouvée par les excès révolutionnaires. En 1798, une révolte éclata dans le Golo, conduite par **Agostino Giafferi**, âgé de 80 ans, qui vivait retiré sur ses terres. Arborant une petite croix blanche **(la Crocetta)** sur leur coiffure, en signe de reconnaissance, les insurgés se rendirent bientôt maîtres d'une partie de la Castagniccia et de la Casinca. A Bastia, Lucien Bonaparte, anticlérical notoire, dirigea la répression. Devant sa détermination et le supplice de quelques insurgés, le mouvement de la Crocetta se dispersa. Giafferi, arrêté, fut enfermé à Bastia et fusillé sur la place St-Nicolas le 21 février 1798. Le général de Vaubois, commandant militaire en Corse, lui rendra cet hommage : « Il n'était plus qu'une vieille carcasse, mais il a eu le courage de braver la République et la mort ».

Un nouvel essor commercial – En 1796, la Corse fut divisée en deux départements : le Golo, avec Bastia pour chef-lieu, et le Liamone avec Ajaccio. Dès lors, Bastia se tourna résolument vers le commerce et devint une place d'échange entre les produits agricoles du pays et les objets manufacturés du continent. Les industries s'y développèrent, comme les forges du Toga, au Nord de la ville : quatre hauts fourneaux y produisaient 15 000 tonnes de fonte par an, destinées aux aciéries de Rive-de-Gier (entre Lyon et St-Étienne). Ces forges, qui exploitaient le fer de l'île d'Elbe et celui de Cardo, ont fortement contribué à déboiser le Cap Corse à cette époque, pour subvenir à leurs besoins en charbon de bois. Elles employaient 200 ouvriers, mais durent fermer leurs portes en 1885, victimes des frais de transport. Cependant, la ville poursuivit son essor et sa population dépassait 20 000 h. à la fin du 19e s. Son nouveau port, commencé en 1862, fut achevé quelque 50 ans plus tard.

Une capitale économique moderne – L'aéroport de Bastia-Poretta et le port connaissent un trafic croissant. Le port, avec 60 % du trafic marchandises de l'île et le 1er rang des ports corses pour le trafic passagers, se place au second rang des ports français de la Méditerranée pour l'ensemble du trafic.

Le port de Bastia constitue, avec celui de l'Ile-Rousse, une des deux têtes de ligne des liaisons maritimes en NGV entre la Corse et le Continent depuis l'été 1996.

Le commerce, les nouvelles industries (cigarettes, produits alimentaires) et le développement du tourisme, ainsi que la présence des administrations animent la ville dont l'extension s'effectue vers le Sud dans le cadre de la ville nouvelle de Lupino et autour de deux zones industrielles qui s'étirent sur plus de 20 km.

Bastia entretient avec l'Italie, par Gênes, La Spezia, Livourne et Piombino, des liaisons qui renforcent son rôle de premier centre économique de l'île et en font un pôle d'attraction pour tout le Cap Corse, le Nebbio, la Castagniccia, la Balagne et une grande partie de la plaine orientale.

BASTIA PRATIQUE

Visite guidée – L'association «Giru» regroupe des guides conférenciers régionaux assurant (sur rendez-vous) la visite guidée de Bastia mais également de l'ensemble de l'île, ☎ 04 95 31 13 23 et 04 95 36 26 98.

Pour une visite détaillée du Cap Corse, la «Maison du Cap» à Ville-di-Pietrabugno, ☎ 04 95 31 02 32, propose une intéressante documentation.

Où prendre un verre en musique ? – Le soir l'animation se concentre sur la place St-Nicolas et le pourtour du vieux port. Les établissements qui alignent leurs terrasses sur la partie Nord de la place St-Nicolas constituent un bon point d'observation de la vie bastiaise et des mouvements des navires du port de commerce. Le vieux port offre son cadre incomparable à une animation typiquement méditerranéenne. Certains soirs d'été, quelques établissements offrent des soirées musicales à leur clientèle : au «Colomba», tous les mercredis, un récital de musique traditionnelle permettra au visiteur de se détendre au rythme de «Tragulinu» ; à proximité, le «Wha!» propose le jeudi soir des animations musicales variées.

Enfin, les inconditionnels de la chanson corse classique pourront terminer la soirée au cabaret corse «U Fanale», établi dans une ruelle voisine.

Quelques spécialités ; où les déguster ? – La plupart des restaurants où se dégustent soupes de poissons, calamars et pâtés de figatellu se regroupent autour du vieux port et dans le quartier de Terra-Nova. «A Casarella», à Terra-Nova, notamment, propose de savoureux lardons farcis au brocciu. Au vieux port, «Lavezza» dispose d'un large choix de produits de la mer.

Tous les matins un marché, où sont rassemblés de nombreux vendeurs de spécialités, se tient sur la place de l'Hôtel-de-Ville.

Que rapporter ? – La «Casa de l'Artigiani» (association Corsicada) rue des Terrasses et «U Paese», 4, rue Napoléon, proposent un assortiment très complet de tous les produits du terroir corse. Les célèbres Établissements Mattéi ont conservé un point de vente sur la place St-Nicolas. Outre le produit symbole, «Cap Corse», décliné sous divers conditionnements, la plupart des vins et liqueurs de l'île sont représentés.

Les achats d'ouvrage sur la Corse et les topoguides régionaux peuvent s'effectuer à «L'île aux livres», 33, rue César-Campinchi, et à la «Librairie Terra-Nova», 12, rue Napoléon.

Les activités sportives ; où les pratiquer ? – La plongée est la principale activité proposée aux visiteurs de passage :
– Club de plongée Thalassa, base nautique de Villa-di-Pietrabugno, ☎ 04 95 31 08 77.
– Club Homopalmus, espace Tamburini, ☎ 04 95 30 23 94.

Des baptêmes de parapente sont pratiqués depuis le col de Teghime et des randonnées en kayak de mer sur le Cap Corse sont organisées par les moniteurs de «Altore», ☎ 04 95 37 19 30 à St-Florent.

Enfin, la boutique «La Randonnée», place de l'Hôtel-de-Ville, propose un choix très éclectique d'équipements.

★TERRA-VECCHIA *visite : 2 h*

Au cœur de la vieille ville bastiaise, cet itinéraire permet de découvrir la ville basse organisée autour d'une petite crique qui fut autrefois la marine d'un village de pêcheurs, Cardo. Elle offre aujourd'hui le visage d'un petit port méditerranéen.

Place St-Nicolas (Y) – Cette vaste esplanade, longue de 300 m, doit son som à une ancienne chapelle pisane détruite au 19e s. Ouverte à l'Est sur le port et tournée vers le large, elle a la noblesse et l'ampleur d'une place royale. Elle est ceinturée d'une allée de platanes et de palmiers qui font un ombrage apprécié à la belle saison. A l'Ouest et au Sud, derrière les frondaisons, se dressent les sobres façades de style italien de hauts immeubles couverts de lauzes. En arrière-plan, la montagne abrupte et dénudée clôt l'horizon.

La place a été achevée à la fin du 19e s. De part et d'autre du kiosque à musique, on remarque au Nord un monument aux Morts de la guerre de 1914-1918, œuvre d'artistes locaux, Patriarche et Peckle. Ses bas-reliefs représentent le «vocero», chant de deuil corse ; le groupe en bronze rappelle l'héroïne corse ayant eu deux fils tués lors de la guerre d'Indépendance et offrant son dernier-né à Pascal Paoli. Au Sud, la statue de Napoléon en empereur romain, due au sculpteur florentin Bartolini en 1853. Des concerts et les terrasses de café en font un centre animé l'été.

Prendre vers le Sud le cours H.-Pierangeli.

Sur la gauche, un ensemble de bâtiments abrite l'Institut régional d'administration et le lycée commercial. Il occupe l'ancien palais des missionnaires, affecté au 18e s. à la résidence des gouverneurs français, puis à divers usages administratifs.

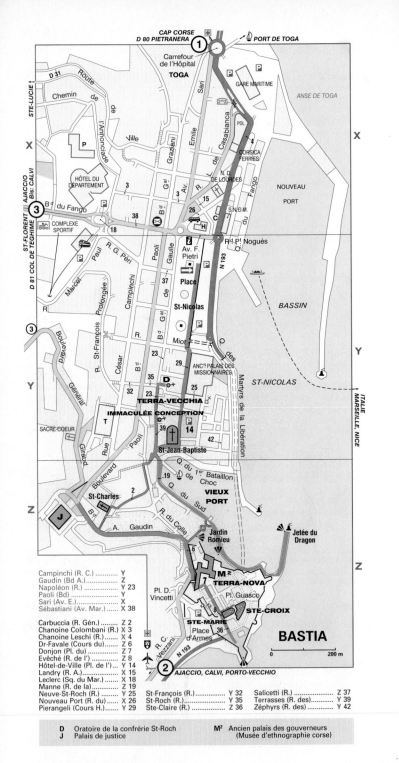

D   Oratoire de la confrérie St-Roch
J   Palais de justice

M² Ancien palais des gouverneurs
    (Musée d'ethnographie corse)

Place de l'Hôtel-de-Ville (Y 14) – Bordée au Nord-Ouest par l'ancienne mairie, cette ample place est devenue un parking.

Ses maisons anciennes – plusieurs datent du 17ᵉ s. – aux façades hautes et percées de fenêtres le plus souvent occultées de persiennes, donnent une bonne idée du Bastia ancien.

Le tour de la place, planté de platanes et dallé de schiste, s'anime chaque matin du bagout des commerçants du marché. Au Sud-Ouest, l'église St-Jean-Baptiste communique avec la place par une porte percée dans son flanc Sud et surmontée d'un portique à quatre colonnes.

Église St-Jean-Baptiste (Y) ⊙ – La haute façade classique de ce vaste édifice, calée entre deux fines tours, domine Terra-Vecchia et veille sur le vieux port, lui donnant un inimitable cachet par son charme désuet et une certaine solennité. A l'intérieur, la haute nef et ses deux collatéraux, à l'ordonnance caractéristique du baroque bastiais, ont reçu au 18ᵉ s. un décor où se mêlent les marbres précieux, l'or des stucs et les peintures en trompe l'œil (celles de la voûte sont de 1871). Cette église paroissiale de Terra-Vecchia fut élevée de 1636 à 1666 ; elle est la plus vaste de Corse. La très haute porte est surmontée d'une belle tribune d'orgue exécutée en 1742. Quelques tableaux de la collection du cardinal Fesch ainsi que le maître-autel (1844), la chaire (1781) et les fonts baptismaux en marbre poly-chrome retiennent l'attention. Remarquer également, au maître-autel, le curieux Christ en papier mâché du 17ᵉ s. Parmi les personnalités qui reposent sous le dallage de la nef, on distingue les armes du comte de Marbœuf. Comme c'est souvent le cas en Corse, la sacristie est ornée de beaux meubles du 18ᵉ s. Elle abrite en outre le trône épiscopal de Mgr Guasco (18ᵉ s.).

En sortant par le porche latéral, passer devant la façade monumentale et remonter la rue St-Jean.

Au nº 4 de la rue, remarquer le vestibule décoré de fresques. Cette demeure et celle qui lui fait face seraient les deux plus vieilles habitations de Bastia, appartenant en outre à deux familles rivales.

Prendre à droite la rue des Terrasses.

★**Oratoire de l'Immaculée Conception** (Y) ⊙ – Donnant sur un minuscule parvis à mosaïque de galets, cette chapelle de confrérie cache la richesse et la profusion de son décor intérieur sous une apparence extérieure des plus modestes. Cet édifice à nef unique fut commencé en 1589.
L'intérieur, richement paré au 18ᵉ s., offre des murs couverts de boiseries dans leur partie basse et tendus de damas de velours de Gênes cramoisi pour le reste. Une symphonie de dorures et de marbres s'étale sous un plafond peint à fresque. La décoration de la voûte représente l'Immaculée Conception et les 18 médaillons ovales sous la corniche, les Apôtres et les Évangélistes. Le maître-autel de 1624, rénové en 1763, est orné d'une copie de l'Immaculée Conception de Murillo.
Sur la gauche, une armoire-vitrine abrite la statue de la Vierge, portée en proces-sion solennelle le 8 décembre à travers les rues de Terra-Vecchia jusqu'à l'église St-Jean-Baptiste.
La chapelle de droite abrite un beau crucifix de bois génois du 18ᵉ s. Remarquer les superbes lustres d'époque Directoire. La chaire à prêcher en marbre polychrome est décorée d'un trompe-l'œil. Elle présente l'originalité de n'être accessible que de l'extérieur de la chapelle.
Dans cet édifice, se tinrent de nombreuses réunions politiques et historiques au 18ᵉ s., dont les assises du parlement anglo-corse dirigées par le vice-roi Elliot.

Sacristie – *Entrée à gauche du maître-autel.*
Cette pièce assez vaste, voûtée, a été aménagée en petit musée d'art sacré. Divers objets de culte, allant du 15ᵉ au 19ᵉ s., y sont agréablement présentés. Noter un trône d'exposition bastiais en bois doré du 17ᵉ s., une curieuse statue de saint Érasme (1788), patron des pêcheurs, un missel enluminé (1685), présenté sur un lutrin en forme d'ange.

Oratoire de la confrérie St-Roch (Y D) ⊙ – La décoration de cette chapelle élevée en 1604 est l'œuvre de maîtres ligures et le retable du maître-autel est dû au Florentin Giovanni Bilivert. Son parti décoratif est étroitement apparenté à celui de la chapelle voisine de l'Immaculée Conception. Remarquer la statue processionnelle de saint Roch et les belles boiseries d'applique de facture génoise du 18ᵉ s. qui courent le long des murs.
Avant de sortir, admirer la tribune d'orgue en bois sculpté et doré. Le buffet d'orgue, en noyer, abrite un rare instrument de 1750 qui n'a subi aucune autre transformation que l'électrification de sa soufflerie *(en cours de restauration)*.

La Relève du Gouverneur

Le deuxième week-end de juillet, le vieux port de Bastia retrouve les fastes d'une cérémonie vieille de plus de 500 ans. Elle rappelle la passation des pouvoirs entre les gouverneurs nommés par Gênes et dont le protocole, scrupuleusement reproduit, est inspiré de l'étiquette de la cour d'Espagne.
Selon ce rite, l'ancien gouverneur quitte le donjon vers 21 h (l'actuel Musée d'Ethnographie) pour accueillir, sur le môle génois, son successeur à bord de la galère d'honneur. Cette brillante rétrospective historique, ponctuée de nom-breuses joutes (archers, ballets de drapeaux), est animée par plusieurs cen-taines de figurants bastiais en costume d'époque.

Bastia – Le Vieux port

J. Sierpinski/SCOPE

★★**Vieux port** (Z) – La petite crique de l'ancienne marine de Cardo abrite le monde animé et coloré du port de pêche et de plaisance de Bastia, au pied de la citadelle et de son donjon du 15ᵉ siècle. Yachts au mouillage, barques en bois peintes en bleu et en blanc, pêcheurs ravaudant leurs filets, attirent sur les quais les flâneurs qui s'attardent aux terrasses des cafés.

En saison, l'animation se concentre le soir autour des chanteurs traditionnels.

Derrière les hautes façades qui courent le long des quais, le touriste aimera se perdre dans le dédale des rues étroites et mouvementées de Terra-Vecchia : ruelles en escalier, passages couverts, venelles tortueuses lui réservent les mille surprises des petits ports méditerranéens.

Depuis les quais du port, prendre à droite la rue Général-Carbuccia, en forte montée.

Au n° 23, séjourna pendant un mois, en 1838, Honoré de Balzac.

Au terme de la montée, on accède au bas de la volée de marches de l'église St-Charles.

Église St-Charles (Z) ☉ – Elle a été construite par les jésuites pour servir de chapelle (sous le vocable de St-Ignace-de-Loyola) au collège qu'ils fondèrent à Bastia en 1635.

La façade de l'église, très classique avec ses deux étages de pilastres et son fronton triangulaire, est vraiment imposante. Deux statues de marbre blanc, nichées de part et d'autre du portail d'entrée, représentent saint Ignace de Loyola et saint François Xavier.

L'intérieur étonne un peu par l'ampleur du vaisseau à nef unique, sans proportion avec la taille du collège. En effet, pour les jésuites, la chapelle était un lieu très important de chacune de leurs fondations. Elle devait pouvoir accueillir à chaque fête professeurs et élèves, mais aussi familles et voisinage.

La quasi-totalité de la décoration peinte a disparu. Seul subsiste, au maître-autel, un triomphal retable. La toile, encadrée d'une très riche décoration de bois, représente la vénérée **Vierge de Lavasina** *(voir à ce nom).* Dans une vitrine, la statue de la Vierge à l'Enfant, portée en procession.

En sortant, remarquer à gauche le bel alignement des façades ornées d'encorbellement.

Prendre à droite les escaliers jusqu'au boulevard Gaudin et poursuivre à droite.

Palais de Justice (Z J) – De majestueuses proportions avec ses deux pavillons latéraux surmontés d'un fronton, il a reçu une colonnade de marbre bleu de Corte. Il fut bâti au milieu du 19ᵉ s.

Revenir jusqu'au terme du boulevard et prendre la rue en pente vers le vieux port.

Remarquer l'immeuble réalisé en 1955 par l'architecte Pouillon, dans le cadre de la reconstruction d'après-guerre du vieux-port.

Pour avoir une vue d'ensemble du vieux port, il faut aller jusqu'à la **jetée du Dragon**. Les vieux immeubles de Terra-Vecchia s'ordonnent en amphithéâtre autour de la crique, veillés par la silhouette des deux tours et du frontton de St-Jean-Baptiste. Les hautes façades, serrées les unes contre les autres, semblent usées par les ans et polies par le vent du large. L'ensemble est éclaboussé de lumière au matin. En arrière-plan, le décor est fermé par l'échine montagneuse du Cap Corse, souvent coiffée de « l'os de seiche » des pêcheurs bastiais, nuage annonciateur d'une « libecciada » (coup de libeccio).

Au large, par temps très clair, on distingue l'archipel toscan (du Nord au Sud : les îles Capraja, d'Elbe et de Monte-Cristo).

Quai du Sud, un escalier à double révolution mène au jardin Romieu.

Jardin Romieu (Z) – Sur les pentes qui montent à la citadelle, ce jardin verdoyant apporte sa fraîcheur et son calme. Un sentier tortueux se glisse parmi les palmiers, les lauriers, les pins et les plantes grasses jusqu'à un endroit d'où l'on contemple une nouvelle fois le vieux port et le quartier de « Terra-Vecchia » aux vieilles maisons recouvertes de lauzes du pays.

★TERRA-NOVA *visite : 1 h 1/2*

On peut y accéder à pied, depuis le vieux port en empruntant le quai du Sud vers le jardin Romieu, d'où l'on gagne le cours du Docteur-Favale (Z 6), ouvert sur l'emplacement des anciens fossés. En voiture, après le boulevard Paoli, prendre le boulevard Gaudin vers la citadelle. Laisser la voiture sur le parking indiqué sur le plan.

Ceinturée de remparts du 15e siècle, la citadelle fut édifiée par les Génois entre le 15e et le 17e siècle. Y pénétrer par la porte monumentale, dite porte Louis XVI (fin 18e s.), qui mène à la **place du Donjon** (Z 7).

Ancien palais des gouverneurs (Z M²) – A l'intérieur du fortin, les bâtiments accolés au donjon bordent une petite cour et s'agrémentent, au-delà, de jardins. Ils constituèrent le palais des gouverneurs génois du 15e au 18e s., puis celui du Conseil supérieur créé par Louis XV et abritent aujourd'hui le musée d'ethnographie corse.

Les voûtes de l'entrée du palais abritent une variété d'inscriptions lapidaires antiques et modernes de provenance régionale.

★**Musée d'ethnographie corse** ☉ – Il rassemble d'intéressants documents relatifs à l'histoire de la Corse, des objets archéologiques et ethnographiques. On remarque dans la première salle, consacrée à la géologie insulaire, des échantillons minéralogiques des principales régions : gabbro à smaragdite *(voir p. 18)*, serpentine, azurite, amiante de Canari... et un bel exemplaire de diorite orbiculaire. Les produits des fouilles archéologiques sont exposés dans la salle suivante qui rassemble la partie sauvegardée de l'importante collection pillée lors de la Seconde Guerre mondiale. Un remarquable

Bastia – Objet de procession

Musée d'Ethnographie Corse, Bastia/Ph. Lambert

sarcophage d'enfant en marbre y est présenté. Les différentes étapes de l'histoire de la Corse sont illustrées dans la troisième salle par des objets et des documents du 18e au 19e s. La dernière salle offre un intérêt tout particulier en proposant un panorama du genre de vie traditionnel en Corse. On y voit exposées des « pulezzule », **crèches en palmes tressées** de San Martino di Lota, une belle porte sculptée d'Orezza, du mobilier rural et une reconstitution de « fucone » *(voir illustration p. 42)*.

La cour supérieure conserve le **kiosque du sous-marin Casabianca**, présence sentimentale et témoin historique, lié à la Corse à double titre : il porte le nom du capitaine de vaisseau corse, célèbre pour sa conduite héroïque à la bataille d'Aboukir (1798) ; pendant la guerre, le sous-marin *Casabianca* parvint à quitter Toulon pour Alger lors du sabordage de la flotte le 27 novembre 1942. De là, il effectua les premières liaisons avec la Résistance corse acheminant hommes et matériel nécessaires à la libération de l'île *(voir aussi à Côte de Nacre)*.

Au premier étage, la visite des salles d'expositions temporaires permet d'accéder aux salles Carlini (du nom de l'ancien maire de Marseille, donateur). Ces deux salles, situées dans le donjon du palais, présentent une intéressante collection d'objets originaux de l'Ancien Régime, la Révolution et l'Empire.

De là, un chemin ombragé monte aux **jardins suspendus**, agencés en terrasses. On y découvre une belle **vue** sur le bastion St-Charles, l'ancienne poudrière et ses puissants contreforts, et sur Bastia.

Depuis la place du Donjon, plusieurs ruelles bordées de très vieilles maisons traversent la citadelle et mènent à l'ancienne cathédrale.

★**Église Ste-Marie** (Z) – Sa façade donne sur une petite place : au n° 12 remarquer le presbytère, où séjournèrent de 1803 à 1805 le général Hugo et son fils Victor.
Élevée à partir de 1495 par l'évêque de Mariana, cette église fut érigée en cathédrale en 1570, succédant ainsi à celle de Vescovato, et le resta jusqu'au transfert de l'évêché de Corse à Ajaccio en 1801. Certaines transformations, ainsi que le clocher, datent du début du 17ᵉ s.
L'intérieur, majestueux, aux trois nefs richement décorées dans une harmonie joyeuse de rose et d'or, est un bon reflet du goût baroque en honneur aux 17ᵉ et 18ᵉ s. On remarquera : le dallage polychrome en marbres, blanc de Carrare, bleu de Corte, rouge d'Oletta (ce pavage n'est pas l'original, il a été posé en 1869 lors de la visite de l'impératrice Eugénie) ; les soubassements des piliers et des murs de l'église, plaqués de roche verte du Bevinco.
Dans le chœur, au-dessus de l'autel, se font face les **«cantorie»**, tribunes des chanteurs pratiquées dans l'épaisseur du mur. Surmontant l'autel du Sacré-Cœur, dans le bas-côté gauche, un panneau peint sur bois de l'**Assomption** de Leonoro d'Aquila (1512) est la seule œuvre signée de ce peintre italien de renom.
Dans une niche vitrée du bas-côté droit, le groupe de l'**Assomption de la Vierge★★**, en argent, fut ciselé au 18ᵉ s. à Bastia, par un artiste siennois, Gaetano Macchi. Le 15 août, cette statue est portée en procession à travers la citadelle et Terra-Nova.
Dans les bas-côtés, s'ouvrent des **chapelles de confréries**, chaque confrérie ayant assuré sur ses deniers le décor de sa chapelle *(p. 39)*. Dispersées dans l'église, des œuvres d'art de qualité s'offrent à l'admiration des amateurs : belles statues de bois polychrome du 17ᵉ s., tableaux de la collection du cardinal Fesch. Et lorsque la sacristie est ouverte, on peut y admirer un très beau mobilier et le trésor de la cathédrale.
Les orgues réputées provenant de la maison Serassi de Bergame datent de 1845.

En sortant de Ste-Marie, tourner à droite et suivre le long du bas-côté gauche de l'église la rue de l'Évêché (Z 8), dallée en escalier, jusqu'à l'entrée de la chapelle Ste-Croix.

★**Chapelle Ste-Croix** (Z) ⊘ – La chapelle Ste-Croix fut construite par les deux plus puissantes confréries bastiaises de pénitents afin d'abriter un crucifix noir miraculeux, repêché en 1428. Ce **Christ des Miracles★**, œuvre la plus vénérée des paroissiens de Bastia, est exposé dans la chapelle latérale droite. Le 3 mai, une procession solennelle honore le Christ des Miracles, patron des pêcheurs bastiais.
L'intérêt de l'édifice réside aussi dans le somptueux **décor★★** rococo du 18ᵉ s., représentatif du style «barocchetto» génois.
Sur le fond bleu du plafond de la nef se détachent harmonieusement des angelots et les gracieuses arabesques des stucs recouverts d'or. Les voûtes des chapelles latérales présentent un décor plus sobre, composé de caissons alternant avec de petits tableaux.
Le maître-autel en marbre polychrome est dominé par un majestueux retable de Giovanni Bilivert, *l'Annonciation*, de 1633. Remarquer également l'intéressant buffet d'orgue du 18ᵉ s. et un groupe processionnel en bois polychrome aux expressions particulièrement théâtrales.

En sortant de Ste-Croix, remonter la rue de l'Évêché, tourner à droite et suivre la rue Ste-Claire (Z 36). L'accès au bastion Sud de la citadelle, aménagé en jardin public, permet d'avoir une belle vue sur la côte au Sud de Bastia.

Avant de quitter la citadelle, on goûtera le charme paisible de la place Guasco (Z) et des venelles alentour.

ENVIRONS

① Miomo et la corniche supérieure
Circuit de 24 km au Nord

Quitter Bastia par ① du plan, D 80.

Après avoir longé la plage de Toga et passé Pietranera (lieu de séjour), la route en corniche suit le littoral.

Miomo – Ce village conserve en bordure de mer une solide tour génoise, campée sur des affleurements de schiste vert. La vue de la petite plage de galets de Miomo, dominée par sa tour, est un peu l'image d'Épinal des tours génoises du Cap Corse.
Prendre à gauche la D 31 en direction de San-Martino-di-Lota.

La route serpente à flanc de montagne, passe au pied de deux cascades avant d'arriver à Acqualta, principal hameau de San-Martino-di-Lota.

San-Martino-di-Lota – La placette qui borde l'église d'**Acqualta** ⊘ offre une **vue** plongeante sur la vallée profonde qui cerne le village. L'église dont la façade est classique, est flanquée d'un élégant clocher à deux étages.

Tous les ans pour la procession du Vendredi saint, les habitants ont coutume de réaliser un objet en palmes tressées : reproduction d'une église, d'un autel, d'un calvaire (le musée d'ethnographie corse, à Bastia, expose plusieurs de ces œuvres originales, *voir illustration p. 93*).

Après San-Martino-di-Lota la route est taillée en **corniche★** dans les schistes verts aux reflets dorés.

Ste-Lucie – Église perchée sur un rocher, d'où la **vue★★** se développe sur Bastia avec son port et sa citadelle, l'étang de Biguglia et l'archipel toscan.

Retour par le petit village résidentiel de Cardo et l'oratoire de Monserrato.

Oratoire de Monserrato ⊘ – *Accès à pied possible depuis le Palais de Justice de Bastia en 1 h de marche. Se renseigner à l'Office de tourisme.*

Extérieurement très simple, cet oratoire daté du 18ᵉ s. abrite un « escalier saint » ou **Scala Santa**, réplique de celui de la basilique St-Jean-de-Latran à Rome. Selon la tradition chrétienne, la « Scala Santa » désigne l'escalier du palais de Ponce Pilate à Jérusalem que le Christ gravit le jour de sa Passion. La faveur attachée aux répliques de cet escalier veut que le fidèle, qui la gravit à genoux, soit absout de ses pêchés.

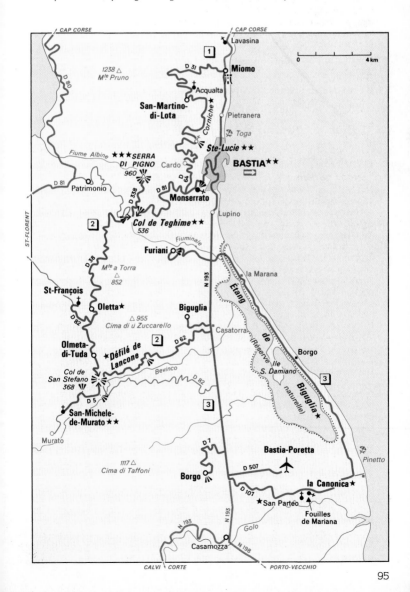

En 1816, le pape Pie VII conféra à Bastia le rarissime privilège de posséder un tel escalier, en reconnaissance de l'aide apportée par les Bastiais aux prêtres romains refusant de prêter serment et exilés en Corse par Napoléon Ier. La Scala Santa actuelle a été installée en 1884. Remarquer, dans l'abside, la belle Vierge à l'Enfant en marbre du 17e s.

Deux pèlerinages ont lieu, chaque année : le 12 mai (St-Pancrace) et le 2 juillet.

En sortant, admirer la belle **vue**★ sur Bastia depuis le couvent St-Antoine.

A proximité, en descendant vers la ville, la fontaine sous voûte d'Alletto (ou Monserrato) présenterait la plus vieille inscription lapidaire bastiaise (1560).

★ ② Église San Michele de Murato, par le défilé de Lancone

Circuit de 49 km – Environ 2 h – Schémas p. 95 et 177

Quitter Bastia par ② du plan, N 193. A Casatorra, prendre à droite la D 62.

La route serpente dans les derniers vergers de la plaine de Bastia. Elle s'élève progressivement au milieu des chênes verts et des chênes-lièges qui cèdent rapidement le pas au maquis. Puis, c'est dans un décor minéral et avec des surplombs parfois vertigineux que s'engage en corniche dans le défilé de Lancone.

★**Défilé de Lancone** – *Voir à ce nom.*

Prendre sur la gauche la D 5 qui mène à Murato.

Entre le **col de San Stefano** et l'église San Michele *(4 km environ)*, on jouit d'un ample **panorama**★★ sur la conque du Nebbio avec ses ondulations de collines et de plateaux verdoyants. On devine en arrière-plan St-Florent et, sur la gauche, les monts des Agriates. La route continue dans une ambiance de hauts plateaux.

★★**Église San Michele de Murato** – *Voir à ce nom.*

Retour au col de San Stefano par la même route.

Du col de San Stefano au col de Teghime – *Portion de l'itinéraire décrit p. 177.*

Au col de Teghime, descendre sur Bastia par la D 81.

③ Tour de l'étang de Biguglia

Circuit de 65 km – Environ 3 h – Schéma p. 95

Quitter Bastia par ② du plan, N 193. Après avoir traversé la ville nouvelle de Lupino, prendre à gauche vers Marana-Plage. La route est établie sur un étroit cordon littoral entre l'étang de Biguglia et la mer.

★**Réserve naturelle de l'étang de Biguglia** – Avec ses 1 800 ha, c'est le plus grand étang de Corse. Son cordon lagunaire, constitué par les alluvions de l'ancienne embouchure du Golo (actuellement au Sud de l'étang), a rattaché la presqu'île de San Damiano, isolant l'ensemble de ce vaste plan d'eau.

Il se trouve cependant encore alimenté par l'eau de mer grâce au « grau » qui interrompt le cordon à son extrémité Nord alors que la partie méridionale est uniquement composée d'eau douce.

L'exceptionnelle variété des végétaux : herbiers de zostères au Nord, prairies inondées au centre, roselières denses et vasières au Sud, en fait un important potentiel d'alimentation pour les espèces migratoires et hivernantes ; une étape essentielle pour l'avifaune sur l'axe migratoire Europe-Afrique.

L'étang et sa périphérie hébergent une population unique d'oiseaux, plus de 100 espèces dont près de 30 hivernants et plus de 60 migrateurs estivants dont de nombreux oiseaux rares (tel le grand cormoran, le héron pourpré, le foulque macroule, le crabier chevelu...).

L'importante densité de tortues cistudes contribue à la réputation de ce patrimoine naturel unique en Méditerranée occidentale. Depuis le classement en réserve naturelle en 1994, l'inscription de l'étang comme site Ramsar (Convention internationale pour le classement et la protection des zones humides) vient confirmer l'éminent rôle joué par cet espace dans l'équilibre écologique régional. Des projets en cours permettront d'aménager des circuits pédestres de découverte, des voies cyclables et de rouvrir l'observatoire de Tambulu Biancu.

L'observateur silencieux, doté d'une bonne patience et muni d'une paire de jumelles, y verra la silhouette colorée et fugitive du martin-pêcheur, celle élancée du héron pourpré et le vol lent du busard des roseaux.

Les deux espèces intéressant l'activité piscicole sont le mulet et l'anguille. Cette dernière a porté loin la réputation des pêcheurs de Biguglia dont elle constitua longtemps la principale ressource. Il est à noter que la pêche en barque ou équipé de cuissardes est interdite.

Dans une pinède, le village de vacances de **Borgo** forme un grand ensemble pavillonnaire. On traverse les parcs à moutons avant d'atteindre la route d'accès à la plage de Pinetto.

★**La Canonica** – *Voir à ce nom.*

Continuer la D 107 jusqu'à Crocetta sur la N 193 et prendre à droite vers l'aéroport.

Aéroport de Bastia-Poretta – Sur l'esplanade de l'aérogare, une plaque rappelle la dernière mission de guerre de l'écrivain-aviateur **Antoine de Saint-Exupéry**, membre d'une escadrille de reconnaissance basée à Bastia-Borgo. Au matin du 31 juillet 1944, il s'envola de ce terrain aux commandes d'un Lightning P 38 pour une mission de reconnaissance photographique au-dessus de la région lyonnaise. Malgré ses quarante ans, il avait insisté auprès de ses supérieurs pour conserver sa pratique de vol.

Regagner la N 193. A 1,5 km prendre sur la gauche la D 7.

Borgo – *Voir à ce nom.*

Revenir à la N 193 par laquelle s'effectue le retour à Bastia.

Biguglia – *2,5 km au départ de la N 193 par la petite route qui s'ouvre à gauche peu après l'embranchement de la D 82.*
On a peine à croire que ce gros village qui domine l'étang de Biguglia et la mer fut, après l'abandon de Mariana *(voir à la Canonica)*, la capitale de l'île sous la domination pisane et, par la suite, la résidence des gouverneurs génois jusqu'en 1372, date à laquelle une révolte corse les en chassa. C'est alors qu'ils s'installèrent à Bastia.

Furiani – *4 km au départ de la N 193.* Perché sur une colline et gardé par une tour génoise, ce village offre une belle **vue**★ sur l'étang de Biguglia et la mer.

*L'estimation de temps indiquée pour un itinéraire de visite
correspond au temps global nécessaire pour bien apprécier le paysage
et effectuer les visites recommandées.*

Route de BAVELLA ★★★

Carte Michelin n° 90 pli 7

Les aiguilles, ou « fourches » de Bavella appelées aussi cornes d'Asinao, composent un étonnant site de haute montagne. Un arrêt au col de Bavella permet d'admirer ces aiguilles aux formes très particulières, la couleur changeante des grandes murailles rocheuses émergeant des pins laricio, et l'âpreté du paysage. La D 268 emprunte ce col ainsi que le GR 20 venant de l'Incudine et se dirigeant vers le col de Finosa et la Punta Tafonata di Paliri.

DE SOLENZARA A ZONZA 30 km – Environ 2 h

Solenzara – *Voir à ce nom.*

La D 268 longe la Solenzara dont le lit s'encombre bientôt de rochers. Puis les berges de la rivière se couvrent de pins lorsqu'elle pénètre dans la **forêt domaniale de Tova.**

Col de Larone – Alt. 608 m. Il offre une très belle **vue**★★, à gauche sur la Punta di Ferriate formant la partie extrême du chaînon des Paliri et, à droite, sur la forêt Tova accrochée aux pentes abruptes de la montagne.
La route, très sinueuse, pénètre alors dans la forêt de Bavella dont on admire de très beaux peuplements de pins laricio *(voir à Forêt Vizzavona).*

★★**Forêt de Bavella** – Étagée entre 500 et 1 300 m d'altitude, cette belle forêt de 930 ha a été malheureusement souvent dévastée par les incendies. Devenue réserve nationale après sa destruction partielle en 1960, elle a fait l'objet d'un reboisement important : des pins maritimes et laricio des forêts ainsi que des cèdres et des sapins y ont été introduits. De plus l'Office national des forêts a fait ouvrir des tranchées pare-feu de 50 m et planter des châtaigniers, plus résistants aux flammes que les résineux. Une réserve de chasse y a été créée en 1950. L'observateur attentif peut – la chance aidant – voir, sur les rochers abrupts, à plus de 1 000 m, évoluer des hardes de mouflons.
A l'approche du col, chaque contour de la route ménage une vue différente sur les immenses parois rocheuses.

Bavella – Peu avant le col, s'étagent, au milieu de superbes pins laricio, quelques constructions basses en pierre ou en bois, anciennes bergeries bâties sur un terrain concédé par Napoléon III aux habitants de Conca qui venaient y passer l'été. Un peu au-dessus de ce « village d'été », à proximité d'une source, s'est établie l'**Auberge du Col.**

★★★**Col et aiguilles de Bavella** – Alt. 1 218 m. Ce col qui échancre la grande arête faîtière de l'île est marqué par une croix et par la **statue de N.-D.-des-Neiges**. Le site et le panorama sur le massif de Bavella sont splendides. Les pins tordus par le vent s'accrochent à un terrain gazonné qui, à la fin du printemps, se colore du mauve rosé des fleurs d'un thym très odorant, l'herbe-à-barons.

De la forêt de Bavella émergent : à l'Ouest du col, les célèbres **aiguilles de Bavella** curieusement découpées, derrière lesquelles on peut apercevoir au loin le massif de l'Incudine ; et à l'Est la grande paroi de la Calanca Murata et l'arête rouge en dents de scie de la Punta Tafonata di Paliri, avec la mer Tyrrhénienne dans le lointain. *Il est vivement conseillé de découvrir le panorama qui s'offre à partir de multiples points de vue situés à proximité du col, en particulier en s'élevant de quelques dizaines de mètres au-dessus du parking ou en dépassant la statue.*

PROMENADES ET RANDONNÉES AUTOUR DU COL

Départ de l'Auberge du Col, située 200 m en contrebas sur la D 268 (direction Solenzara). Possibilité de restauration dans une ambiance agréable. Des topoguides détaillent les itinéraires proposés dans le massif, voir la Bibliographie en fin de guide.

Promenade de la chapelle – Une marche courte (1/4 h) permet d'atteindre la **chapelle de la Vierge** ; grimper derrière la fontaine située à droite de l'auberge. Après avoir longé un petit torrent, la chapelle apparaît, blanche et rose sur un mamelon, encadrée de pins. Depuis la prairie voisine, au-dessus du monument, **vue★** magnifique sur les aiguilles de Bavella qui se détachent parmi les arbres.

★★★**Promenade de la Pianona** – *Promenade autour du col. Environ 1 h 15. Balisage orange (inégal ; se renseigner à l'auberge). Prendre, à droite de l'auberge, le chemin assez large emprunté par le GR 20 (marques blanches et rouges), se dirigeant vers le refuge de Paliri.* A gauche, la vue porte sur la Punta Tafonata di Paliri, la forêt de Bavella et la mer que l'on distingue dans le lointain. Sur les pentes douces, crocus et anémones donnent au printemps mouvement et couleur aux prairies.

Au bout de 1/4 h, avant le pluviomètre blanc, prendre à droite le sentier (balisage orange) longeant une ancienne bergerie dont les enclos sont visibles à gauche. On progresse parmi de majestueux pins ; quelques sujets morts, constellés de trous, révèlent le travail des pics épeiches. Les cavités que ces oiseaux creusent pour se nourrir peuvent servir ensuite de nids à d'autres espèces, mésanges et troglodytes.

Poursuivre le long d'un ruisseau dont le lit (parfois asséché) est encombré de rochers moussus. Le sentier oblique à gauche et rejoint un second ruisseau, à sec en été. Ne pas le traverser mais le remonter sur la rive gauche. En appuyant sur la droite, on accède à une plate-forme herbeuse, une « pianona », piquetée de pins aux formes tourmentées par le vent. De là se découvre une **vue★★★** saisissante sur les aiguilles de Bavella et, par temps clair, à la fois sur le rivage occidental et le rivage oriental de la Corse.

Le retour s'effectue en descendant sur la droite selon la ligne de plus grande pente, jusqu'à la chapelle de la Vierge d'où l'on regagne l'auberge (voir ci-dessus).

★**Trou de la Bombe** (le nom d'origine en corse, plus bucolique, ne fait mention d'aucune bombe : « U tafonu d'u compuleddu », c'est-à-dire le trou de l'enclos du berger) – *Randonnée de 1 h 30 environ. Balisage orange (se renseigner à l'auberge avant le départ). Prendre à droite de l'auberge du Col le GR 20 (marquage rouge et blanc) en direction du refuge de Paliri. Le suivre sur 800 m puis s'engager dans un chemin à droite (signalisation : Trou de la Bombe et col de Velaco).* Celui-ci s'élève dans

Le Trou de la Bombe

E. Baret

une combe boisée, jusqu'à une crête. On aperçoit bientôt sur la gauche une tête rocheuse émergeant des arbres. Le sentier suit la ligne de crête.

En descendant vers le col, on découvre le Trou de la Bombe; il s'agit en fait d'une ouverture circulaire d'environ 8 m de diamètre transperçant l'arête faîtière du chaînon des Paliri, située sur la droite de la Calanca Murata et en avant du Campanile de Ste-Lucie.

On peut poursuivre la promenade jusqu'au col de Velaco ouvert dans une vaste cuvette boisée et tapissée de fougères, dominée par les dalles de granite rose de la Pointe de Velaco (alt. 1 483 m).

Regagner l'auberge par le même itinéraire.

Passé le col de Bavella, la D 268 descend sur Zonza à travers pins et châtaigniers.

Zonza – *Voir à ce nom.*

BELGODÈRE

Belgudè – 331 habitants
Carte Michelin n° 90 pli 13 – Schéma p. 81

Ce village de Balagne, dominé par un vieux fort, occupe un séduisant site de terrasse au-dessus de la vallée verdoyante du Prato. C'est le berceau de la famille Malaspina d'origine pisane.

Église St-Thomas ⊙ – Dans le chœur, un panneau sur bois (16e s.) représente la Vierge à l'Enfant entre deux apôtres et, agenouillés, les membres d'une confrérie. Un beau retable baroque en bois sculpté orne une chapelle, à droite.

★**Vieux fort** – *Accès par une ruelle en escalier.* Des ruines, belle **vue**★ sur la vallée.

PALASCA

7 km à l'Est par la N 197, puis à gauche la D 163. Ce village isolé est blotti dans un creux en contrebas de la N 197. Son **église** ⊙ au joli clocher abrite une belle toile du 16e s. représentant la Crucifixion (à gauche).

On y raconte encore les exploits d'un enfant du pays, **Parfait Montecatini,** habile tireur, riche d'une immense fortune acquise au Venezuela, farouche bonapartiste, d'une générosité réputée en Balagne, mais d'un tempérament emporté.

Quelques faits historiques.
Sous ce chapitre en introduction, le tableau évoque les principaux événements de l'histoire du pays.

BOCOGNANO

290 habitants
Carte Michelin n° 90 pli 6

Dans les châtaigniers de la haute vallée de la Gravona, Bocognano fait face à la chaîne du Monte d'Oro. Ses 640 m d'altitude, sa fraîcheur estivale, sa situation à proximité de la forêt de Vizzavona et des hauts massifs de l'île en font une étape agréable sur la route d'Ajaccio à Bastia.

Sa **gare** centenaire a su garder le charme des chemins de fer disparus de la France continentale, alliant avec bonheur une bonhomie désuette aux impératifs des transports modernes.

On s'arrêtera devant la majestueuse **fontaine de galets**★ (1883), située près de la poste. De la terrasse de la chapelle au campanile rustique : **vue** sur le Monte d'Oro.

Le nom de Bocognano s'est répandu au 19e s. dans les cercles de personnalités littéraires ou politiques à l'affût de situations romanesques par la réputation que s'étaient acquise Antoine **Bellacoscia** et son frère Jacques. Meurtriers, hors-la-loi, ils régnèrent, avec la complicité de la population, durant 44 ans sur leur maquis et contribuèrent à la légende qui auréola le banditisme dans l'île. Antoine se rendit solennellement à la justice en gare de Vizzavona *(voir à ce nom).*

★**Cascade du Voile de la Mariée** – *3,5 km au Sud par la D 27, puis 25 mn à pied AR.* Quelques mètres avant de s'engager sur le pont routier qui franchit le torrent, prendre à gauche le sentier qui rejoint la rive et remonter en 10 mn environ jusqu'au point d'observation de la cascade.

La cascade du Voile de la Mariée est en fait une succession de cascades, le torrent rebondissant de rochers en rochers sur un dénivelé de près de 150 m.

BONIFACIO★★

Bunifaziu – 2 683 habitants
Carte Michelin n° 90 pli 9 – Schémas p. 105 et 108

L'exploitation des oliviers et des chênes-lièges, la pêche à la langouste constituaient, au début du siècle, les principales activités de la région. Aujourd'hui les oliviers ne sont plus greffés, le liège est sévèrement concurrencé par les plastiques et les pêcheurs bonifaciens sont en concurrence avec leurs rivaux italiens.

La «dame de Bonifacio» – Habité dès la préhistoire, le site de Bonifacio peut s'enorgueillir d'être la terre d'élection de la doyenne de la Corse. Les fouilles de l'abri sous-roche de l'Araguina-Sennola à l'entrée de la ville ont livré la sépulture d'un squelette féminin vite baptisé la «Dame de Bonifacio», datant de 6570 av. J.-C. (Prénéolithique). C'est la plus ancienne trace de présence humaine en Corse. Le mémorial du bastion de l'Étendard à Bonifacio expose une copie.

Le site ne fut pas délaissé lors de l'Antiquité grecque et romaine. A quelques kilomètres de la ville, près du Cap Sperone, des fouilles mettent au jour les murs arasés d'une vaste et splendide villa romaine (Piantarella). Elle témoigne de l'existence d'un important foyer d'activité dans la région au 1er s. apr. J.-C.

Non loin, l'étang de Sperone, aujourd'hui ensablé, est un ancien port antique.

Ville libre puis colonie génoise – Il a fallu attendre l'an 828 pour que la cité entre dans l'histoire lorsque Boniface, marquis de Toscane, donna son nom à la bourgade. Celle-ci, bientôt érigée en commune, vécut pendant plusieurs siècles de piraterie. Cependant, Pise et Gênes étaient désireuses de contrôler ce port naturel dont la possession leur aurait facilité la surveillance de la Méditerranée occidentale. Finalement, les Génois réussirent à s'infiltrer dans la place par ruse en 1187 et, 8 ans plus tard, ils y installèrent une colonie. La ville, dotée de nombreux privilèges, devint une sorte de petite république autonome, battant monnaie. Elle fut l'une des plus fidèles places génoises de Corse.

L'escalier du roi d'Aragon – La valeur stratégique du célèbre rocher ne laissait pas indifférents les principaux souverains d'Europe. Bonifacio eut ainsi à soutenir de nombreux sièges : ceux de 1420 et 1553, longs et rigoureux, sont restés célèbres.

En 1420, Alphonse V d'Aragon, fort d'un acte du pape Boniface VIII concédant la Corse en fief à son père Jacques II, revendiqua l'île. Il assiégea Bonifacio durant cinq mois. L'escadre aragonaise occupait le port et empêchait tout ravitaillement par terre. De plus, une lourde chaîne en fer barrait la sortie du goulet, interdisant toute aide extérieure aux assiégés. Malgré les privations, la colonie génoise fut animée d'un courage exceptionnel : les femmes prirent une part active à la défense. La légende veut que les soldats espagnols, pour surprendre les assiégés, aient taillé un escalier de 187 marches au flanc de la falaise Sud.

En fait, cet escalier «du roi d'Aragon» empruntait un ouvrage antérieur utilisé par les Bonifaciens pour accéder à un puits, et seule la vigilance de **Marguerite Bobbia** fit échouer leur manœuvre. Cette vaillante Bonifacienne se distingua par ses qualités guerrières lors du siège. Une rue (**3**) à l'Est de la ville honore sa mémoire. Finalement, Gênes put se porter au secours de sa colonie et Alphonse V leva le siège.

La trahison de Cattaciolo – En 1553 le «Gibraltar corse» dut subir une dure épreuve, un quart de siècle après la grande épidémie de peste de 1528 qui décima les deux tiers de la population. Cette fois, ce sont les troupes du roi de France Henri II, soutenues par la flotte du corsaire turc **Dragut**, qui canonnèrent la cité pendant 18 jours et 18 nuits. A l'aube du dernier jour, les Bonifaciens repoussèrent trois assauts successifs. Le clergé, les femmes et les enfants participaient au combat avec une telle détermination que Dragut fut sur le point de lever le siège. Mais la ruse allait permettre au corsaire de s'emparer de la place et de se venger.

Alors qu'il revenait de Gênes avec 15 000 écus destinés à soutenir l'ardeur des Bonifaciens, Dominique Cattaciolo fut fait prisonnier et rallia la cause franco-turque. Il se présenta à ses concitoyens avec une lettre fallacieuse dans laquelle Gênes s'avouait incapable de les secourir. Les Bonifaciens se résignèrent alors à capituler «vies et bagues sauves». Mais, les portes de la cité à peine ouvertes, le corsaire, revenant sur sa parole, la pilla et massacra la garnison ainsi que quelques civils. Il fallut l'intervention de Sampiero et l'argent du maréchal de Thermes pour éloigner Dragut et épargner la ville.

Échanges de bandits – Au 19e s. il n'était pas rare qu'un bandit corse, pour échapper à la justice de son pays, passe le détroit et se réfugie en Sardaigne. Son homologue sarde, lui, effectuait la traversée en sens inverse. Souvent même, le bandit réfugié dans l'île voisine revenait dans son île d'origine le temps d'y commettre un nouveau crime avant de repartir impuni. Ces échanges devinrent si fréquents qu'ils inquiétèrent les autorités des deux pays. C'est ainsi qu'en 1819 et 1843 la Corse et la Sardaigne durent se mettre d'accord pour se livrer leurs hors-la-loi et faire surveiller les Bouches de Bonifacio par des navires de guerre.

Îlot linguistique – La ville de Bonifacio présente l'originalité d'avoir conservé une langue qui lui est propre, le «bonifacien», de très ancienne origine génoise, encore parlée par quelques centaines de personnes.

POUR MIEUX APPRÉCIER BONIFACIO

En juillet et août, la densité des visiteurs nécessite l'application d'une réglementation stricte quant à l'accès à la ville haute en voiture; les parkings se situent à gauche de l'entrée du port et après l'Office du tourisme.

Il est utile de savoir que la ville ne dispose que d'un seul distributeur automatique de billets de banque situé au bout du port vers la gare maritime.

Où prendre un verre? – Le long du quai Comparetti où s'alignent également la plupart des restaurants. Ils proposent un éventail assez large de produits frais de la mer avec cependant une qualité inégale. L'hôtel du Roi d'Aragon offre quant à lui un cadre plus sélect pour des cocktails au bord de l'eau.

Où terminer la soirée? – De Bonifacio à Porto-Vecchio, de nombreux night-clubs animent, le temps d'une saison, les soirées d'une clientèle très cosmopolite. Un établissement se distingue cependant par la surface offerte et la diversité des thèmes rythmant les soirées : l'Amnesia, sur la RN 198 vers Porto-Vecchio, ☎ 04 95 72 12 22.

Dans la ville haute, des restaurants proposent, certains soirs, des animations avec des chanteurs traditionnels.

Quelques spécialités – Le pain aux noix et aux raisins, dit pain aux morts, et la fugazzi se dégusteront dans la ville haute notamment à la boulangerie Faby, rue St-Jean-Baptiste. On trouvera également des gâteaux à la châtaigne (castignole) assez bourratifs.

Parmi les souvenirs prisés, les bijoux en corail et en nacre et les belles arborescences de corail sont exposés dans toutes les boutiques du quai Comparetti et dans quelques échoppes de la ville haute (place Fondaco).

Les clubs d'initiation à la plongée – Des sites remarquables pour leur faune (particulièrement les mérous et les rascasses), notamment autour des îles Lavezzi (prudence recommandée à cause d'un courant assez fort) et des îles Cerbicales...
– Atoll plongée, près de la gare maritime ☎ 04 95 73 02 83.
– Le Barakuda, Araguina ☎ 04 95 73 13 02.
– A Palombaggia, le club Kalliste Plongée, ☎ 04 95 70 44 59, organise toute une gamme d'initiation, du baptême à la pratique soutenue, dans les parages poissonneux des îles Cerbicales *(voir aussi les Renseignements pratiques en fin de guide)*.

Escapade en Sardaigne – La traversée jusqu'à Santa-Teresa-di-Gallura prend 1 h; 10 liaisons par jour en juillet et août sont assurées par la Moby Lines et la Saremar *(voir les Renseignements pratiques pour les coordonnées des compagnies)*.

L'achat des billets et l'embarquement s'effectuent à la gare maritime, à l'extrémité du **quai Comparetti**. En haute saison, le premier bateau part de Bonifacio à 7 h 40, et la dernière navette quitte Santa-Teresa à 21 h 20 *(horaires maintenus jusqu'à début septembre)*. Le voyage dure normalement moins de 1 h, mais les bouches de Bonifacio étant un des lieux les plus ventés d'Europe, le temps de traversée peut certains jours de mauvais temps doubler, quand la rotation du navire n'est pas carrément annulée.

Une excursion de la journée présente moins d'intérêt qu'un séjour de deux ou trois jours ou plus (une visite rapide de l'île peut se faire en cinq jours), qui permet de mieux amortir le prix de passage du véhicule *(compter, selon sa taille, entre 300 et 400 francs A-R pour une voiture, moins de 150 francs pour une moto)* et de goûter véritablement au pittoresque de l'île.

Se reporter à la page 240 pour connaître les coordonnées des prestataires.

Pour se rendre dans l'archipel de la Maddalena, il faut emprunter le bac à Palau *(à 25 km de Santa-Teresa par la S133; service de bus. Durée de la traversée 1/4 d'heure, départ toutes les 1/2 h)*. Les deux îles principales, Isola Maddalena et Isola Caprera, sont reliées par une chaussée *(voir cartes Michelin n°s 90 et 433)*.

★★★ LE SITE

Le site de la ville la plus méridionale de l'île contribue à faire d'elle, selon Paul Valéry, la «capitale pittoresque de la Corse».

Un magnifique «bout du monde» – L'approche de Bonifacio par la route de Sartène ou par celle de Porto-Vecchio fait apparaître cette cité médiévale comme un «bout du monde», isolé du reste de l'île par un vaste et aride plateau calcaire, véritable **causse** d'une superficie de 25 km^2.

Le plateau présente à la mer de magnifiques falaises blanches, hautes de plus de 60 m, battues par le vent et les vagues souvent agitées des Bouches de Bonifacio, détroit large de 12 km, parsemé de petites îles, qui sépare la Corse de la Sardaigne.

La vieille ville, enfermée dans ses fortifications, est juchée sur un étroit promontoire qui s'allonge parallèlement au rivage dont elle est séparée par une **ria** (vallée fluviatile submergée par la mer) longue de 1 500 m au fond de laquelle se développe une marine. Jadis havre sûr pour les vaisseaux de guerre, le port offre aujourd'hui son mouillage aux bateaux de plaisance.

De la mer, la ville haute présente un aspect encore plus saisissant avec ses vieilles maisons agglutinées à l'extrémité d'une falaise dont la base est rongée par les vagues.

★LA MARINE *visite : 3/4 h*

C'est le quartier du port, étiré sur le quai Sud et dominé par l'imposant bastion qui jadis protégeait l'entrée de la citadelle.

Les hôtels, restaurants, cafés et magasins de souvenirs rassemblés dans cette basse ville entretiennent durant l'été une activité qui se prolonge tard dans la nuit.

Des constructions nouvelles de 4 ou 5 étages, certaines à arcades ou avec piscine, alignent leurs toitures roses inégales sur la rive Nord, pourvue d'appontements pour la navigation de plaisance. C'est le quartier de Giovasole.

Le quartier de la marine est placé sous la protection de saint Érasme, patron des navigateurs. La confrérie organise chaque année deux processions : le 2 juin pour célébrer son saint patron et le 20 juin, jour de la Saint-Silvère, pape et martyr du 6e s., protecteur des pêcheurs de langoustes.

Aquarium (B) ⊘ – *71, quai Comparetti.*
Dans une grotte, treize aquariums permettent de connaître d'une manière attrayante la faune marine corse : crabe galathée strié de rouge et bleu, labre aux couleurs changeantes, murène, homard bleu. Selon l'époque, on peut voir des œufs de roussettes (petits squales) accrochés à des ramures.

Col St-Roch – A gauche de l'église St-Érasme, un large chemin pavé, en escalier, permet d'accéder au col où s'élève une modeste chapelle, à l'endroit où succomba la dernière victime de la grande peste de 1528.

Ce belvédère naturel offre une **vue★★** très étendue sur le large, jusqu'aux côtes de la Sardaigne, les hautes falaises calcaires aux strates burinées par la mer, le bastion et la marine. A gauche, le **«Grain de sable»**, dont la base est sapée par les vagues, dresse sa silhouette familière en avant de la falaise.

Du col, un escalier donne accès à la petite plage de Sutta Rocca.

★★LA VILLE HAUTE *visite : 2 h*

Elle comprend la vieille ville à l'ambiance moyenâgeuse, la citadelle, et l'extrémité Ouest du plateau, avec le cimetière marin et l'esplanade St-François.

Les piétons peuvent accéder à la ville haute par les montées Rastello et St-Roch, longue rampe coupée de degrés, qui mène à la porte de Gênes.

En saison, un petit train fait le circuit de la ville haute au départ du port de plaisance ⊘.

Les automobilistes doivent emprunter la N 198.

Cette route créée par Napoléon III contourne le bastion de l'Étendard, dominant le Goulet de Bonifacio. On la quitte au niveau de la **Colonne romaine** (découverte sur l'îlot de San Baïnzo) transformée en monument aux Morts, pour suivre la route d'accès à l'embarquement. Une rampe sur la gauche permet de pénétrer dans la vieille ville par le tunnel creusé en 1984 dans le fort St-Nicolas. La sortie se fait par la **Porte de France** (1854), où l'on accède par la rue Fred-Scamaroni, seule voie bordée d'arbres de Bonifacio.

Monument de la Légion étrangère – Il occupait autrefois une place de Saïda, petite ville au seuil des hauts-plateaux algériens, où il avait été élevé à la mémoire des Légionnaires tombés dans le Sud oranais de 1897 à 1902. Il a été inauguré le 23 juin 1963, date de l'arrivée de la Légion étrangère à Bonifacio remplacée ensuite par un centre de commando (CEC) jusqu'en 1989. Actuellement, seule une petite garnison reste en place.

De cette place Bir-Hakeim qui surplombe le ravin de Carotola enserré de murailles, la **vue** s'étend au-delà du goulet sur le plateau de Capello où se tenaient, en 1420, les Aragonais avec leurs bombardes.

★Église St-Dominique ⊘ – *Voir plan général de la ville.*

Ce sanctuaire, édifié dès 1270 par les dominicains sur une ancienne église de Templiers, compte, avec l'église St-François, parmi les rares édifices gothiques de la Corse. Il aurait été achevé en 1343. Un couvent contigu abritait les religieux, qui ont gardé l'église jusqu'en 1789.

Son architecture extérieure est très simple. Le travail de la pierre, perceptible sur la façade occidentale, reste sobre. Le campanile, en revanche, ne manque pas d'originalité, avec ses étages supérieurs octogonaux et son couronnement de créneaux et merlons à double pointe.

La ville haute

A l'intérieur, le plan est simple, rectangulaire à chevet plat. La nef, flanquée de bas-côtés, est voûtée de six croisées d'ogives. L'église abrite de nombreux objets d'art.

On remarquera le **maître-autel** en marqueterie de marbre, daté de 1749 : son antependium en bas-relief représente saint François recevant les stigmates. Il provient de la proche église St-François. Deux belles statues en bois d'anges adonateurs et une monstrance représentant une chapelle de St-Pierre-de-Rome complètent sa décoration.

On admirera, parmi une **riche statuaire** expressionniste, les **châsses** de bois d'origine ligurienne, dont le groupe des Trois Marie au pied de la Croix, porté en procession le Vendredi saint et le 22 juillet, et le Martyre de saint Barthélemy, sorti en procession le Vendredi saint et le 24 août ; enfin, la paisible Vierge à l'Enfant en marbre blanc, nichée dans le bas-côté Sud.

La chaire, en bois sculpté, est une œuvre locale de grande qualité. Le buffet d'orgue, récemment restauré, a retrouvé ses chatoyantes couleurs d'origine : pourpre, bleu et citron.

L'acoustique exceptionnelle de cette église lui vaut d'accueillir des groupes de polyphonie.

Rue St-Dominique – Les maisons s'ouvrent sur des escaliers vertigineux à marches très hautes. Des blasons sculptés ornent les portes aux n°s 14, 12, 10 (armoiries des Salineri). Remarquer sur la droite la maison de la Miséricorde, ancien hospice fondé au 13e s. Elle est le siège de la confrérie de la Sainte Croix qui conserve pieusement un morceau de la vraie croix. Après la place du Fondaco (fondouk signifie magasin en arabe), longer la petite chapelle de la confrérie St-Jean-Baptiste (1785), dont l'intérieur aux deux nefs voûtées ne manque pas de charme.

Bonifacio – Rue du Palais

D'après photo Riby/PIX

Rue St-Jean-Baptiste – Une boulangerie fabrique toute l'année des spécialités de la ville, autrefois préparées lors de certaines fêtes : la Fugasi de Pâques, galette à la fleur d'oranger, la Vea Seccata ou pain des morts de la Toussaint, brioche aux raisins et aux noix. Tourner à droite dans la **rue du Palais**; on aperçoit le clocher de l'église Ste-Marie et les arcs-boutants traversant la rue. Emprunter à gauche un passage sous voûtes, à poutrelles de bois qui débouche sur le n° 9 de la rue Longue.

Rue des Deux-Empereurs (**16**) – Deux maisons qui se font face conservent le souvenir du passage de deux hôtes illustres. Le n° 4 (**F**), demeure du comte Philippe Cattaciolo, abrita, du 3 au 6 octobre 1541, **Charles Quint** au retour d'une expédition à Alger. Un beau linteau, en marbre sculpté aux armes de l'empereur, orne la porte d'entrée.

Presque en face, le n° 7 (**G**) hébergea **Napoléon Bonaparte**, du 22 janvier au 3 mars 1793. Alors lieutenant-colonel, le futur général de l'armée d'Italie préparait un débarquement en Sardaigne que l'indifférence des uns et la mutinerie des autres devaient faire échouer. Il avait choisi pour se loger cette maison qui avait appartenu au 16e s. à un de ses ancêtres, François Bonaparte, qui avait épousé une Bonifacienne, Camille Cattaciolo.

Place d'Armes – Quatre socles circulaires indiquent l'emplacement des anciens silos à grains qui, avec ceux de la Manichella, permettaient à la cité d'emmagasiner 5 000 hl de blé.

Face à la Porte de Gênes, la **rue du Corps-de-Garde** (5) offre un bel aperçu sur le chevet de l'église Ste-Marie et ses arcs-boutants.

Bastion de l'Étendard – Jusqu'au 19e s. la **Porte de Gênes** en équerre constituait l'unique entrée de la ville et il fallait franchir huit portes successives et un pont-levis (de 1598) pour accéder à la place d'Armes. Le système d'ouverture par contrepoids du pont-levis est encore en place. Jadis, chaque soir, en raison de l'insécurité qui régnait hors de la ville, le podestat venait – en cortège – vérifier, lui-même, leur fermeture.
Le bastion surveillait à la fois l'entrée du goulet, le port et la route du col St-Roch. Avec la porte de Gênes, il constituait la pièce maîtresse des 2,5 km de remparts qui conservent, aujourd'hui encore, quelques tours rondes de défense.

Mémorial du bastion (**M¹**) ⊙ – Le bastion de l'Étendard reste la partie la plus imposante des fortifications de la ville haute. Dans quatre salles et deux rotondes, utilisées par la garnison génoise, ont été reconstituées des scènes historiques qui se sont déroulées à Bonifacio.
Une maquette de l'horreum (entrepôt) romain de Palla rend compte de l'importance passée de ce centre d'extraction et d'exportation du sel situé dans la baie de Piantarella, face à l'île Piana *(la visite des vestiges, peu spectaculaires, est interdite au public).*
Les salles présentent successivement :
– un corps de garde génois du 17e s. pendant ses occupations quotidiennes ;
– la visite de l'empereur Charles Quint en 1541 lors de l'escale de son escadre à Sta Manza ;
– Bonaparte lors de la tentative d'invasion de la Sardaigne en 1793, pris à parti par la troupe qu'il avait engagée ;
– les derniers instants de la Sémillante avant le naufrage aux îles Lavezzi.
On remarque également une copie de la **« dame de Bonifacio »** dont l'original se trouve au musée de Levie, ainsi qu'un squelette fossilisé d'un soldat turc.

Passer sous la voûte de la Porte de Gênes et tourner à droite (laissant à gauche la montée St-Roch).

Rue du Portone (**9**) – Elle longe le **Jardin des Vestiges** (on le visite avec le bastion de l'Étendard) où l'on voit les ruines des anciennes fortifications, détruites lors du siège de 1553 par les Français et les Turcs, et mène à la place du Marché.

Place du Marché (8) – Elle donne accès au **belvédère de la Manichella** : une **vue★★** se déploie, à gauche sur le port, à droite sur les Bouches de Bonifacio, le Grain de sable et au loin la côte sarde.

Quitter la place par la rue Doria, tourner à droite dans la rue Cardinal-Zigliara, puis à gauche.

Rue du St-Sacrement (15) – Cette ruelle pavée jalonnée d'arcs-boutants longe l'église Ste-Marie-Majeure.

Église Ste-Marie-Majeure ⊘ – Cet édifice à clocher carré, achevé au 14ᵉ s., a perdu la pureté de son style au cours des nombreux remaniements qui l'affectèrent jusqu'au 18ᵉ s. Les portails ont été refaits en 1789, dans un style néo-classique.

Loggia – Ce vaste préau, accolé à la façade de l'église, en constitue le porche. Elle est ouverte par de larges baies en plein cintre, et couverte de charpente. Au temps de la domination génoise, les quatre Anciens, élus pour trois mois par le Grand Conseil, y délibéraient des affaires de la cité. Deux fois par semaine, le podestat y rendait la justice. Sous le dallage de la loggia, une vaste citerne communale d'une capacité de 650 m³ recueillait l'eau s'écoulant des toits environnants par des arcades qui enjambent la rue. Cette citerne est aujourd'hui aménagée en salle de conférences.
Au-dessus de la loggia, la façade de l'église conserve une élégante corniche de style pisan qui pourrait remonter au 12ᵉ ou 13ᵉ s.

Intérieur – Le maître-autel en marqueterie de marbre est daté de 1624. Il abrite des reliques de saint Boniface, choisi comme patron de la ville à cette époque. Les autels sont du 18ᵉ s. Remarquer à proximité des fonts baptismaux un **tabernacle** en

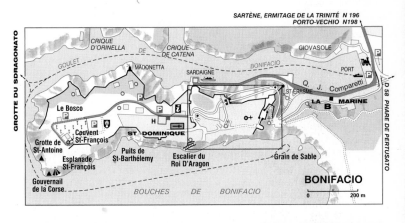

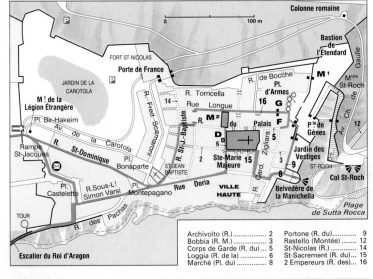

Archivolto (R.)	2	Portone (R. du) 9
Bobbia (R. M.)	3	Rastello (Montée) 12
Corps de Garde (R. du)	5	St-Nicolas (R.) 14
Loggia (R. de la)	6	St-Sacrement (R. du) ... 15
Marché (Pl. du)	8	2 Empereurs (R. des) ... 16

B	Aquarium	**F**	Maison Charles Quint	**M¹**	Mémorial du bastion
D	Maison des Podestats	**G**	Maison Napoléon Bonaparte	**M²**	Palazzu Pubblicu

bas-relief, daté de 1465 et exécuté dans le style raffiné de la première Renaissance italienne. Cette œuvre sort sans doute d'un atelier de sculpteur de Gênes. En haut de la composition, le Christ sort du tombeau, cependant qu'au registre inférieur huit anges enfantins célèbrent l'événement. Sous ce tabernacle, voir le sarcophage antique en marbre blanc, daté du 3e s. La présence d'un tel sarcophage n'a rien d'étonnant si l'on songe que les Romains s'étaient implantés à la pointe de Piantarella et dans l'île San Baïnzo.

★Vieilles rues – Les ruelles jouxtant l'église Ste-Marie-Majeure sont particulièrement pittoresques : étroites, bordées de hautes maisons aux élégantes façades souvent décorées d'arcatures, qui sont parmi les plus anciennes demeures de la ville. On remarquera la maison des Podestats (**D**) près de l'église Ste-Marie.

Les curieux arcs-boutants qui relient les maisons sont en fait des canalisations destinées à diriger les eaux pluviales vers les citernes privées ou vers la citerne communale située sous la loggia.

Les **maisons bonifaciennes** traditionnelles sont dignes d'attention : étroites, elles étaient jadis de véritables forteresses dont l'accès était commandé par une échelle que l'on retirait la nuit venue. A l'intérieur, un pressoir à huile, un cellier, une réserve de grains et parfois une étable pour l'âne se groupaient au rez-de-chaussée autour de la cour intérieure. De plus, chaque maison possédait son four et sa citerne alimentée par un ingénieux système de gouttières. Hautes à l'origine d'un étage, elles ont été surélevées au 19e s., pour présenter l'aspect qu'on leur connaît maintenant. Ce réaménagement s'explique par la forte croissance démographique de l'époque et l'exiguïté de la ville.

Palazzu Pubblicu – Art et histoire (**M²**) ⊘ – Face à l'église Ste-Marie-Majeure, se dresse le bâtiment de style médiéval de l'ancienne mairie. Sa façade de calcaire s'agrémente d'un porche à arcade souligné à l'étage d'une frise d'arcature. Il abrite le trésor de Ste-Marie-Majeure réparti dans cinq salles. On y remarque un sarcophage romain du 3e s., de nombreuses toiles de l'école italienne du 17e s., une Vierge au rosaire incorporant une des premières représentations picturales de Bonifacio et un beau coffret en ivoire attribué à une atelier florentin.

Rue Doria – En descendant cette rue bordée de maisons du 17e s., on retrouve la place du Fondaco.

Monter par la rue du Sous-Lieutenant-Simon-Varsi menant à la place Casteletto.

On traverse le quartier du Casteletto, qui fut dès les 7e et 8e s. le premier îlot urbain fortifié du plateau. La place Casteletto marque l'emplacement du cantonnement pisan.

Prendre à gauche la place Carrega qui conduit à l'accès de l'escalier du roi d'Aragon.

Escalier du roi d'Aragon ⊘ – Cette étonnante saignée oblique de 187 marches taillées dans la falaise possède sa propre légende liée aux faits d'armes qui ont ponctué l'histoire mouvementée de la défense de Bonifacio. L'origine de cet accès est à rattacher à l'existence du puits de St-Barthélemy *(non accessible, ne se visite pas)*, probable réserve d'eau potable de la cité. Au terme de la descente, on peut effectuer à droite la petite promenade à flanc de falaise qui se dirige vers l'extrême pointe occidentale du plateau. Belles **vues★** en encorbellement des falaises. Revenir sur ses pas jusqu'au pied de l'escalier et poursuivre vers le Sud-Est pour atteindre la porte de Sutta Rocca. A la sortie du circuit de visite, possibilité de remonter par la plage de Sutta Rocca jusqu'au col de St-Roch.

LE BOSCO

Parking payant en saison. Le plateau pelé auquel on parvient est encore désigné de nos jours par les Bonifaciens comme le «bosco». Jusqu'à la fin du 18e s., il était couvert de végétation arborescente, oliviers, genévriers, lentisques... Ce bois constituait l'environnement du couvent St-François qui occupait l'extrémité de la presqu'île. Remarquer en chemin, sur la droite, de vieilles tours ruinées qui sont les vestiges des **anciens moulins à vent** de la ville, dont l'origine remonte au 13e s.

Couvent St-François – De l'ancien couvent, longtemps isolé à l'extrémité du promontoire, il ne reste qu'une église gothique, ouverte seulement lors de cérémonies funéraires, et quelques bâtiments conventuels, dont l'un abrite l'école de musique de la ville. L'ensemble remonte vraisemblablement à la fin du 13e s.

★Cimetière marin – Autour du couvent s'est développé ce surprenant cimetière, véritable petite ville avec sa «rue principale» fleurie, bordée de chapelles funéraires serrées les unes contre les autres et hautes comme des maisons.

Esplanade St-François – *Parking payant en saison.* Non loin de l'église, cette vaste esplanade, fermée face à la mer par la batterie St-Antoine, permet de s'attarder dans ce site exceptionnel dominant la mer de 60 m. Elle offre une **vue★★** splendide sur les falaises de la vieille ville, les Bouches de Bonifacio et, au large, la Sardaigne.

Bonifacio – Cimetière marin

Gouvernail de la Corse ⊙ – *Face à l'entrée du cimetière marin.* Ce passage aménagé dans la falaise permet d'accéder à une bouche à feu située au milieu du rocher dénommé « Gouvernail de la Corse », situé à l'extrémité des falaises. Belle vue sur les Bouches de Bonifacio.

Retourner vers le monument de la Légion étrangère par le même chemin.

PROMENADES EN MER

★★**Les grottes marines et la côte** ⊙ – *3/4 h environ – Voir plan p. 93.*

La sortie du port par le goulet permet d'apprécier l'importance des remparts qui sanglent la vieille cité. Contournant le phare de la Madonetta, la vedette aborde les Bouches de Bonifacio et pénètre dans la **grotte du Sdragonato★**. La voûte de cette grotte est percée d'une fissure qui présente, renversée, la silhouette de la Corse et laisse filtrer le soleil. Les reflets de lumière sur les rochers du fond recouverts d'une algue violette donnent à l'eau une coloration étrange. Le bateau revient vers Bonifacio, passe au large de la **grotte de St-Antoine** ou grotte Napoléon (elle a la forme du chapeau de l'empereur), avant de contourner la pointe de la presqu'île, marquée par un rocher surnommé le **«Gouvernail de la Corse»**. Il longe les falaises calcaires, hautes de 60 à 90 m, dont les stratifications tantôt horizontales, tantôt obliques témoignent des nombreux changements de direction des courants marins au cours de la sédimentation. Cette disposition a favorisé le creusement de nombreuses cavités qui abritent une multitude d'oiseaux : faucons crécerelles, puffins cendrés, martinets et espèces plus rares comme le faucon pèlerin ou le merle bleu. On aperçoit le **puits de St-Barthélemy** puis le fameux **escalier du Roi d'Aragon**, et découvre le **site★★** spectaculaire de la vieille ville dont les maisons sont édifiées à l'aplomb de la falaise.

Le bateau fait demi-tour à hauteur du **«Grain de sable»**, gros bloc calcaire émergeant à moitié, détaché de la falaise il y a huit siècles. Le lent recul de celle-ci par effondrements successifs est dû en premier lieu à l'action des eaux douces infiltrées au sommet, à la surface du plateau. Les stalactites présentes tout au long de la promenade, en particulier dans la grotte de St-Antoine, et la présence d'une nappe d'eau souterraine au puits de St-Barthélemy confirment l'ampleur des infiltrations.

★**Ile Lavezzi** – *Accès et description, voir à ce nom.*

ENVIRONS

★**Capo Pertusato** – *5 km au Sud-Est. Quitter Bonifacio par la D 58 et prendre la 1ʳᵉ route à droite signalée. Une allure modérée est recommandée, car la route est étroite, en forte pente et présente de nombreux «nids de poule».*

Cette route longe la falaise dénudée et resplendissante de blancheur. En arrière, les maisons de la vieille ville de Bonifacio apparaissent accrochées au rebord de la falaise, en surplomb au-dessus de la mer. Prendre ensuite la route à droite qui aborde une descente raide. Dans ces virages qui précèdent le sémaphore (bâtiment rouge et blanc), **vue★** sur la ville et la montagne de Cagna.

La route longe le terrain militaire du sémaphore puis serpente dans le maquis avant d'atteindre le phare de Pertusato *(l'accès au-delà du phare est interdit).* Un sentier longe le phare et permet d'avoir une **vue★** panoramique sur l'île Lavezzi, et l'île

Cavallo à l'Est et au Sud, sur le relief de la côte sarde qui barre l'horizon et au premier plan les habitations et le phare de l'île italienne de la Maddalena. En contrebas à droite, on aperçoit la silhouette curieuse des rochers en forme de proue de navire et surmontés d'une croix *(pour accéder à la plage, prendre le sentier en pente à droite avant le parking du phare).*

Sur le causse calcaire se développe une flore dont l'éclosion printanière est éblouissante, particulièrement celle des orchidées – ophrys, sérapias – en avril ou mai *(ne pas toucher!).* Les espèces buissonneuses de la garrigue : lentisques, genévriers, cistes, qu'envahissent régulièrement les lianes épineuses de la salsepareille, laissent place par endroits aux cinéraires, aux astragales ou au romarin. La forme en coussinet de beaucoup de végétaux est caractéristique des lieux exposés au vent.

Les oiseaux : hirondelles et martinets, pipits et fauvettes, faucons crécerelles, attirés par des proies de choix (rongeurs, petits reptiles, insectes), sont nombreux sur le causse.

Ancien couvent St-Julien – *6 km à l'Est. Quitter Bonifacio par la D 58.*
A moins de 2 km du carrefour avec la N 198, on aperçoit, dominant le vallon, l'ancien couvent St-Julien. La tradition veut que saint François d'Assise ait passé quelque temps dans cet endroit à son retour d'Espagne en 1214 *(propriété privée).*

Ermitage de la Trinité – *7 km à l'Ouest. Quitter Bonifacio par la N 198. A 2 km prendre à gauche la N 196 vers Sartène, puis la 1re route à gauche.*
Cet antique sanctuaire occupe un site vraisemblablement fréquenté depuis la Préhistoire, puis, par des ermites, dès les premiers temps de la christianisation de Bonifacio.
Le couvent primitif fut très remanié au 13e s., avant d'être fortement restauré en 1880. On ne connaît pas la date d'arrivée des franciscains en ce lieu.
Les Bonifaciens y viennent en pèlerinage deux fois l'an : pour la fête de la Trinité et le jour du 8 septembre. L'ermitage se trouve dans un site splendide, au milieu des oliviers et des chênes verts, parmi d'énormes blocs de granite.
Les vieux Bonifaciens racontent qu'encore au début du siècle, les religieux avaient coutume de recueillir les pauvres hères. Certains quelquefois n'avaient pas hésité à venir de Sardaigne à la nage pour venir trouver meilleure fortune sur cette côte.
Face au parvis de la chapelle, une cavité dans les taffoni est aménagée en sanctuaire.
Pour bénéficier d'une belle **vue★** sur Bonifacio et son plateau, faire quelques pas sur les sentiers à droite du sanctuaire, jusqu'aux points où la végétation est suffisamment dégagée.
Le deuxième parking, situé sur le niveau au-dessus de l'ermitage, constitue une base de départ très fréquentée les week-ends par les adeptes de l'escalade des falaises dominant le site.

ALLER EN SARDAIGNE

Une escapade à partir de Bonifacio vers la grande île voisine de **Sardaigne**, distante de seulement 12 km, tentera les visiteurs, attirés notamment par l'**archipel de la Maddalena★★**, magnifique chapelet d'îles qui conserve le souvenir de Garibaldi, et la **Costa Smeralda★★** qui frange à l'Est la Gallura sauvage et vallonnée *(voir le Guide Vert Michelin Italie)*, deux des principales curiosités sardes situées respectivement à une trentaine et une soixantaine de km du port de débarquement, Santa-Teresa-Gallura *(se reporter à l'encadré d'informations pratiques en début de la description de Bonifacio).*

≋ LES PLAGES

Le goulet de Bonifacio ne possède pas de plages en propre. De l'extrémité du plateau, on distingue, nichées dans sa partie Nord, les criques de **Catena** et **Orinella**. Malgré l'apparence, elles ne sont aisément accessibles qu'en bateau.
Par contre, les environs recèlent plusieurs sites balnéaires de qualité.

Le littoral Ouest

Le relief plus abrupt a multiplié les criques et petites plages difficiles d'accès mais assurant une certaine tranquillité : Capo di Feno, etc.

Cala di Paragnano – *4 km à l'Ouest par la N 196. Peu avant l'intersection avec la D 60, prendre à gauche une piste ; une fois dépassé le char d'assaut qui orne le bas-côté (!), le revêtement de la chaussée s'améliore.* Un petit paradis : la belle crique sableuse est encadrée de rochers rouges, l'eau est d'une rare transparence et, condition propice à la baignade des enfants, la faible déclivité permet d'avoir pied assez loin du rivage.

Plage de la Tonnara – *10 km au Nord-Ouest. Quitter Bonifacio par la N 196 et prendre la direction de Sartène, puis la 2ᵉ grande route à gauche : la D 358.*
Belle étendue convexe de sable située face aux îles du même nom, très proches de la côte et habitées par des oiseaux de mer.

Les plages du Levant

Le relief plus doux du versant oriental, marqué par l'avancée de la mer dans le golfe bien abrité de Santa Manza, a développé de vastes plages de sable qui ont favorisé l'implantation de nombreux centres nautiques.
Les accès rayonnant au départ de Bonifacio nécessitent parfois des allers et retours pour atteindre chaque site.

Plage de Piantarella – *8 km à l'Est par la D 58, puis la première route à droite en direction de Sperone.* 2 km après ce carrefour, après avoir longé un long mur de pierre sèche, on franchit la limite entre le calcaire, si particulier à la région de Bonifacio, et le granite, plus traditionnel dans le sous-sol de la Corse. Les rochers qui affleurent d'abord blancs et disposés en strates (calcaire), apparaissent bientôt fissurés et d'une couleur franchement rose (granite). Les murets qui bordent la route changent eux-mêmes de couleur. La végétation diffère aussi : garrigue sur le sol calcaire, maquis sur le sol granitique.

La baie de Rondinara

A. Lorgnier/CEDRI-VISA

Le corail, or rouge des profondeurs

La légende attribue l'origine du corail rouge à Persée, lorsqu'il trancha la tête de la Méduse et versa son sang dans la mer. Les Corses ont une longue tradition de pêche au corail, appréciée en Méditerranée. Déjà, aux 14e et 15e s., des Corses avaient obtenu une concession de cueillette sur la Côte du Corail, dans l'Est de l'Algérie.

Actuellement, la pêche le long du littoral corse de cet animal des profondeurs est strictement réglementée. Le nombre de pêcheurs de corail de Bonifacio est limité à cinq. La saison de pêche démarre en mai pour se terminer courant octobre. Il s'agit d'une activité artisanale particulièrement rude : la plongée peut se faire jusqu'à - 100 m pour atteindre de belles pièces. Les pêcheurs ne déstructurent pas les massifs de corail, mais cueillent délicatement les branches à la main ou avec une martelette. Plus le gisement est profond, plus le temps de décompression nécessaire à la remontée s'allonge. Un corailleur effectue une moyenne de 180 plongées par saison. Bonifacio est la principale base de pêche française ; son corail, surnommé « sang de bœuf », est l'un des plus beaux de la Méditerranée.

Sa densité et sa couleur exceptionnelles dépendent de l'intensité des courants marins auxquels il est exposé ; or, justement, les Bouches de Bonifacio sont fréquentées par des courants particulièrement violents. L'essentiel de la production est commercialisé à Torre del Greco, près de Naples, devenue la capitale mondiale du corail rouge. Les plus belles pièces peuvent atteindre 3 000 à 4 000 F le kg.

La belle anse de sable fin de Piantarella, face aux îlots de Piana et Ratino, est très fréquentée par les véliplanchistes et ceux désirant s'initier à la voile. Au-delà de la **pointe de Sperono,** belle crique de sable fin adossée à des dunes. L'accès aux îlots appartenant à la **réserve naturelle de Lavezzi** est réglementé.

Au large, se dressent les luxueuses constructions privées de l'île Cavallo.

Plage de Calalonga – *9 km à l'Est par la D 98, puis à 3 km prendre à droite la D 258. Le revêtement caillouteux nécessite une allure modérée.* Suite de criques de sable bien abritées, précédées d'îlots aux formes émoussées et désormais dominées par un important ensemble résidentiel.

Golfe de Santa Manza – *6 km à l'Est par la D 58.* Fréquenté par les véliplanchistes. De la Pointe de Capicciola jusqu'à l'étang de Balistra, s'offre une grande diversité de paysages avec une succession d'anses sablonneuses, d'ensembles résidentiels bâtis autour de ports, et de falaises sur la rive Nord.

Les principales plages publiques sont **Maora** et **Santa Manza**, à proximité des rochers de **Punta Rossa**.

Du petit port de **Gurgazu** à **Ponti di a Nava,** la D 58 longe une série de plages (taverne sur la dernière) tournées vers les falaises de **Rocchi Bianchi**.

Baie de Rondinara – *18 km au Nord-Est en direction de Porto-Vecchio par la N 198. A 14 km, prendre à droite la D 158 vers Suartone. Route sinueuse et étroite.*

La superbe anse semi-fermée de Rondinara, ourlée de sable fin, abrite une des bases corses du Centre nautique des Glénans. *(voir illustration page précédente)*

Cirque de BONIFATO ★

Carte Michelin n° 90 pli 14 (22 km au Sud-Est de Calvi)

Le cirque de Bonifato *(illustration p. 252)*, avec ses murailles de porphyre rouge et ses aiguilles élancées qui se dressent au-dessus d'une forêt dense de pins laricio, constitue, dans la Balagne déserte *(voir à ce nom)*, le bassin de réception torrentiel de la Figarella. Il forme un ensemble de hautes vallées qu'une chaîne de montagnes de près de 2 000 m d'altitude sépare de celles voisines de Tartagine, d'Asco et du Fango.

DE CALVI A SPASIMATA

22 km – Plus 4,5 km à pied AR – Schéma ci-contre

★**Calvi** – *Voir à ce nom.*

Quitter Calvi par ① du plan, N 197, puis prendre à droite la D 251 qui remonte la large vallée de la Figarella couverte de vignobles.

Après avoir longé l'aéroport de Calvi-Ste-Catherine et un champ de tir, la route s'élève au-dessus de la rivière et pénètre dans la **forêt domaniale de Calenzana** constituée de beaux pins laricio, de pins maritimes, de chênes verts et de maquis.

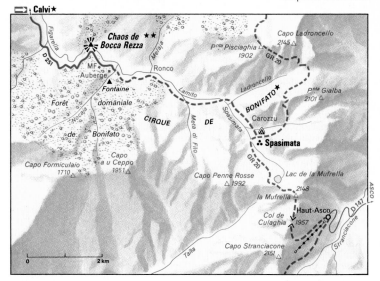

★★Chaos de Bocca Reza – *A gauche de la route dans un virage prononcé à droite, 1 km avant la Maison forestière de Bonifato*. Du sommet de ce chaos s'offre une **vue★★** étendue sur la forêt, les aiguilles de porphyre et sur les crêtes fermant le cirque à l'Est : du Nord au Sud on reconnaît les Capo Lovo, Monte Corona, Capo Ladroncello, Punta Gialba, Mufrella et Capo Stranciacone. La route asphaltée s'arrête au pont sur la Nocaja. Juste après le pont se présente sur la droite un site agréable où s'écoule une fontaine sous de grands chênes verts.

★Sentier de Spasimata – *4 h 1/2 environ AR au départ de l'Auberge de la Forêt par le chemin forestier*. Suivre le chemin forestier qui longe la rive gauche du torrent et pénètre dans la **forêt domaniale de Bonifato** composée de pins laricio et de feuillus *(des visites sont organisées en saison, se reporter aux Renseignements pratiques en fin de guide)*. Dans un paysage de montagne dominé par la ligne de crête des « 2000 », la Figarella coule sur un lit encombré de belles tables de granit rose, formant de larges vasques.
Après 1/2 h on atteint le confluent de la Melaja et de la Figarella au lieudit Ronco (alt. 620 m). Ne pas traverser le torrent mais suivre sur la droite une variante du GR 20 jalonné de marques rouges et blanches qui emprunte un sentier muletier qui s'élève vers la Mufrella. En face se dressent les sommets jalonnant le cirque. Après avoir franchi plusieurs torrents, on gagne en 2 h 45 le lieudit Spasimata.

Spasimata – Alt. 1 190 m. Les cabanes de pierres sèches en ruine abritaient autrefois pendant l'été les gens venus de Calenzana. Le site, très beau, constitue par lui-même un but d'excursion. Source au bord du ruisseau. Spasimata, fréquenté par les randonneurs et les alpinistes, sert de base de départ pour les courses dans le massif de Bonifato. *Ne pas s'y engager sans un topoguide spécialisé.*

BORGO

3 773 habitants
Carte Michelin n° 90 pli 3 – 19 km au Sud de Bastia

Ce village belvédère occupe un replat d'où la **vue★** s'étend sur l'étang de Biguglia et la plaine littorale où serpente le Golo.
Sur la façade son **église** baroque, encore marquée de trous de boulins, une plaque commémorative rappelle que les Français subirent à Borgo deux revers, lors de la « guerre d'Indépendance » corse *(p. 33)*. Le premier, en décembre 1738, porte le nom de **« Vêpres corses »** : les troupes du comte de Boissieux, envoyées dans l'île par le roi de France à la demande de Gênes, sont écrasées par les Nationaux.
Le second, en octobre 1768, retarda la réunion de l'île à la France. Le traité de Versailles fournit à Pascal Paoli l'occasion de rassembler 12 000 hommes. Borgo occupe une position stratégique au débouché de la route descendant de Corte. Ludre s'y est retranché, mais il est bloqué dans la place par les troupes de Paoli. Le marquis de Chauvelin, chef de la garnison de Bastia, se porte à son secours mais il doit renoncer après 10 heures de combat et se résoudre à la retraite. Les Français laissent sur le terrain 600 morts, 1 000 blessés, 600 prisonniers et 700 fusils, et Ludre est contraint à la reddition. Résultat provisoire car, l'année suivante, la défaite de Ponte Nuovo *(voir à ce nom)* marque la fin de la guerre d'Indépendance.

Le BOZIO ★

(U Boziu)

Carte Michelin n° 90 plis 4 et 5

Prolongeant au Sud-Ouest les hauteurs de la Castagniccia, les monts du Bozio sont plus sauvages et plus impénétrables encore. Ils furent au 18ᵉ s. l'un des foyers des révoltes corses *(voir le chapitre : Introduction)*. L'ancienne pieve du Bozio se caractérise par la vivacité des traditions orales et la fraîcheur des décorations de ses édifices religieux. Dans de nombreux villages reculés, on peut encore entendre une musique et des chants polyphoniques (« paghjella » et joutes oratoires) d'une authentique ancienneté *(se reporter à la presse régionale pour connaître en saison les dates des récitals)*. La plupart des villages s'enorgueillissent de petites chapelles édifiées jusqu'au 16ᵉ s. dans le plus pur style roman, et dont l'intérieur est enluminé de superbes fresques.

Au départ de Corte, deux possibilités s'offrent au touriste pour atteindre le Bozio : soit sortir de la ville par la route de Bastia jusqu'au col de S. Quilico, puis prendre à droite la D 41 vers Tralonca ; soit prendre la N 200 en direction d'Aléria, qui descend la vallée du Tavignano, et s'engager à gauche dans la D 39 vers Sermano et Bustanico.

AVERTISSEMENT

Les seules communications entre les multiples villages coiffant les hauteurs boisées du Bozio sont d'étroites routes sinueuses. Le visiteur souhaitant s'imprégner des charmes de ces villages de caractère doit garder à l'esprit que les 5 km qui séparent chacun d'eux peuvent constituer une véritable épreuve de conduite. Il devra anticiper au maximum le croisement de véhicules et considérer qu'une moyenne de vitesse correcte s'établit autour de 30 km/h sur ces parcours constitués d'une succession de virages sans visibilité. Ces quelques conseils prodigués, la découverte d'un des cœurs de la Corse n'en sera que plus captivante et riche.

Le col de San Quilico fait communiquer les bassins du Golo et du Tavignano. En s'engageant dans la D 41, on suit une ligne de crête jusqu'à **Tralonca** dont les façades sont regroupées telles de hautes murailles. A l'extrémité du village, se dresse, isolée, l'église paroissiale.

Poursuivre vers Sta-Lucia-di-Mercurio qui marque la véritable porte du Bozio.

Sermano – Perché sur un mamelon dominant de curieuses cimes, ce village est un des rares de l'île où, lors des fêtes religieuses, la messe est encore chantée en « paghjella » *(voir la partie Chants dans l'Introduction de ce guide)*.

Chapelle San Nicolao ⊙ – *15 mn à pied par le chemin qui s'ouvre devant l'église et descend en contrebas du village vers un ensemble de bergeries à l'architecture traditionnelle. Un bosquet de cyprès entoure la chapelle.*

Cette humble chapelle romane, dont l'origine doit remonter au 7ᵉ s., est particulièrement renommée pour la richesse de sa décoration intérieure. Les **fresques ★★**, peintes vers 1455, sont traitées dans des coloris pastels harmonieux ; de l'ensemble se dégage une émouvante sensibilité ; noter en particulier l'importance attachée aux regards (Vierge de l'Annonciation, Saint Jean-Baptiste) qui marque une certaine analogie avec les fresques du Quattrocento italien. Dans l'abside, remarquer le **Christ en majesté ★** dans une mandorle, entre la Vierge au visage particulièrement

Sermano – Chapelle San Nicolao, fresque de la vierge

E. Baret

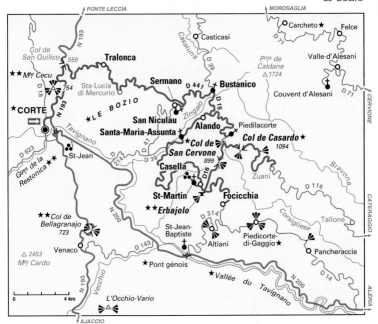

gracieux et un saint Jean-Baptiste revêtu d'une peau de chameau. Le registre inférieur est occupé par les apôtres. Sur le mur Sud, on identifie saint Michel terrassant le dragon et saint Christophe portant l'Enfant Jésus.

Tracée en corniche, la route de Bustanico traverse désormais une zone schisteuse où prédomine une végétation de maquis.

Bustanico – C'est de ce village que serait partie en octobre 1729 la guerre d'Indépendance *(voir la partie Histoire, en Introduction de ce guide).* Un vieillard surnommé Cardone, menacé par le collecteur d'impôts génois de la saisie de ses biens, aurait ameuté les autres bourgades du Bozio. La jacquerie se répandit en Castagniccia et en Casinca, et aboutit au sac de Bastia en 1730.

Église ⊘ – Flanquée d'un élégant clocher, elle abrite un beau **Christ** en bois polychrome du 18ᵉ s. L'artiste a réalisé une œuvre d'une facture très personnelle empreinte d'un réalisme émouvant (yeux révulsés), qui fait penser aux sculptures romanes.

Prendre la D 15 au Sud vers Alando.

Alando – Ce minuscule hameau est la patrie du célèbre **Sambucuccio**, personnage symbole, à qui les chroniqueurs attribuent la direction des insurrections qui secouèrent l'île en 1358. Ces mouvements populaires, dirigés contre les seigneurs, sollicitant le secours de Gênes ont conduit cette dernière à accorder au peuple corse des « statuts » organisant l'administration de l'île. De cette époque date l'organisation de la vie des villages par une assemblée générale des habitants et un magistrat élu à sa tête (le gonfalonier). Ces institutions communautaires régissaient en fait principalement l'exploitation des terres communes. Elles ont prévalu dans l'En-Deçà-des-Monts appelés depuis « Terre du Commun ». Dans l'Au-Delà-des-Monts, les seigneurs ont vite reconstitué leurs fiefs.

Les habitations sont dominées par un rocher de 50 m de haut qui supportait le château de Sambucuccio. Table d'orientation au sommet.

D'Alando, revenir au carrefour de l'ancien couvent et prendre à droite la D 339 en direction des hameaux d'Alzi, Mazzola et Piedilacorte, constituant la commune de St-Andrea-di-Bozio.

La route s'enfonce dans une profonde vallée aux hauteurs boisées et coiffées de minuscules villages paraissant coupés de toute communication routière.

À Piedilacorte, remarquer la pittoresque église St-André.

Revenir à Alando et prendre à gauche la D 39 vers Favalello.

La route, en corniche, descend le cours du Zingaïo. S'arrêter à l'entrée de Favalello.

Chapelle Santa-Maria-Assunta ⊘ – L'édifice roman est situé sur le bord de la route d'Alando, dans le haut du village. Une restauration harmonieuse lui a permis de retrouver son aspect extérieur d'origine. Elle est encore utilisée pour les offices. Les **fresques**★, de la fin du 15ᵉ s., qui recouvrent une grande partie des murs intérieurs, sont parmi les plus variées de Corse. Le raffinement et l'élégance de leurs traits renforcent l'atmosphère mystique de l'ensemble. Remarquer dans l'abside, le **Christ en majesté**, et au registre inférieur, l'expression émouvante des apôtres, séparés par des arcades peintes en trompe l'œil.

113

Continuer la D 39 ; 1,5 km après Favalello, tourner à droite, juste avant un pont, dans la D 15 ; 2 km plus loin, traverser une rivière puis, à 500 m, prendre à gauche le pont qui franchit le Zingaïo ; la D 14 s'élève en lacet jusqu'à Erbajolo.

Erbajolo – Du belvédère situé à la sortie du village, près du cimetière, on découvre un **panorama**★★ étendu sur la profonde vallée du Tavignano fermée à l'arrière par le Monte d'Oro. Table d'orientation en lave de Riom.

Chapelle St-Martin – *Départ au pied de l'église paroissiale. Une piste carrossable permet d'approcher en voiture, à travers le maquis, jusqu'à 100 m de la chapelle.* Cet édifice roman pisan s'élève dans un **site**★ sauvage admirable, qui serait l'emplacement primitif d'Erbajolo. A l'intérieur, remarquer la fresque qui orne l'abside.

Hameau en ruine de Casella – *1/2 h à pied depuis la chapelle St-Martin.*
Ce hameau isolé en plein maquis possède encore sa chapelle dédiée à St-Joseph, bien entretenue. Une messe y est dite pour la fête du saint, le 19 mars.
A la sortie Sud du village, prendre la route d'Altiani sur 5 km.
Bâti sur une arête rocheuse, le typique hameau de **Focicchia** semble vivre au seul rythme de sa fontaine.
Possibilité, à Erbajolo, d'effectuer une boucle qui permet de revenir à Corte via Altiani. (Itinéraire d'Altiani à Corte décrit à la Vallée du Tavignano.)

ROUTE DES COLS

Au départ d'Erbajolo, la D 16 franchit deux cols avant d'atteindre les contreforts de la basse Castagniccia. Le parcours procure de belles échappées sur les vallées profondes du Zingaïo et du Corsigliese. Cet itinéraire était fréquenté par les moines des couvents de Zuani et de Piedicorte-di-Gaggio *(voir à la vallée du Tavignano).*

Col de San Cervone – Belle **vue**★ en enfilade sur la vallée du Tavignano jusqu'à l'étang de Diane et la mer.

Col de Casardo – Une belle **vue**★ sur la vallée du Tavignano et les deux sommets barrant l'horizon, le Monte d'Oro et le Monte Renoso, récompensera des difficultés d'une route étroite et sinueuse.
Juste avant le col de Casardo, possibilité de rejoindre Bustanico.
Au-delà du col de Casardo, le maquis laisse petit à petit la place aux châtaigniers qui annoncent l'entrée dans la Castagniccia.
En poursuivant la D 116 au-delà de Zuani, on atteindra la côte à Cateraggio.

★RANDONNÉES PÉDESTRES

C'est le moyen idéal pour découvrir l'âme des villages du Bozio, sans les contraintes de la conduite, et de pouvoir apprécier les points de vue offerts et les rencontres improvisées. Ces itinéraires peuvent être également parcourus en VTT.

Au départ de Sermano

Des sentiers de pays, balisés en orange, permettent des boucles à la journée.
– Circuit vers le couvent d'Alando – *5 h.*
– Même circuit que le précédent, incorporant un détour par Bustanico – *7 h.*

Au départ d'Erbajolo

D'Erbajolo à Pianello et Zuani, des itinéraires pédestres empruntent les sentiers reliant les chapelles et utilisés par les confréries.

Montagne de CAGNA ★

Carte Michelin n° 90 pli 8

La D 50 conduit à Monaccia-d'Aullène et aboutit au hameau de Granuccio, au terme de la route carrossable. Laisser la voiture.

La montagne de Cagna, au relief composite de granite et de calcaire, présente une arête isolée transversale d'Est en Ouest qui semble constituer une base à l'épine dorsale de la chaîne montagneuse corse. Cette montagne, qui culmine à la **Punta d'Ovace** (1 340 m), se situe à l'écart des axes routiers, les sentiers de randonnées traditionnels la contournent et l'habitat reste très dispersé à la périphérie des sommets. La forêt de Cagna, composée de sapins centenaires, constitue la partie centrale du massif limitée à l'Est par le col de Fontanella. Elle est plus facilement accessible depuis la D 59 que l'on emprunte à la bifurcation de Sotta sur la D 859, route de Porto-Vecchio à Figari. Cet isolement fut propice à la Résistance corse qui y trouva refuge lors de la dernière guerre.

★L'UOMO DI CAGNA

3 h aller depuis la partie la plus élevée du village (mais on parvient en 2 h 1/4 à un coup d'œil remarquable sur l'Uomo). Sans difficulté majeure, avec cependant plusieurs passages raides, cette randonnée offre des points de vue superbes sur la vallée, la montagne de Cagna, les chaos granitiques, le maquis.

Il est impératif d'apporter sa réserve d'eau. Le sentier est balisé par des cairns (petits tas de roches), mais il vaut mieux se munir d'une carte au 25 000ᵉ pour faciliter le repérage des sommets. La meilleure période pour entreprendre la randonnée est le printemps, où le maquis est en fleurs.

Le sentier s'élève parmi un maquis bas : bruyères arborescentes, lavandes, genêts et cistes. Remarquer au pied des cistes des cytinets, petites masses rouges à fleur de terre qui sont des plantes parasites. Dépasser le réservoir ; le sentier franchit un ruisseau (à sec en été) et traverse un secteur de végétation dense où abondent les lianes du maquis : garance et salsepareille. Après une demi-heure, le couvert végétal, dans lequel est apparu l'arbousier, s'est véritablement épaissi et abrite de nombreuses espèces d'oiseaux : fauvette, rouge-gorge, troglodyte... Par une pente assez forte on accède à un premier plateau offrant de belles formes d'érosion granitique, puis à un petit bois de pins d'où la vue est magnifique sur le village et les vallées voisines.

L'Uomo di Cagna

Au bout d'une heure de marche apparaît un chaos de roches impressionnant, surmonté de quelques pins tordus et de chênes verts. A gauche, dans un vallon plus humide, prospère l'aulne. Un second plateau, couvert de bruyères arborescentes et hérissé de formes granitiques étonnantes, excitant l'imagination, est atteint après 1 h 30.

Quelques centaines de mètres plus loin, après avoir laissé sur la gauche un énorme rocher cubique, puis un second évoquant un visage de profil, on découvre au loin l'**Uomo di Cagna** dont on apprécie pleinement l'allure un peu plus haut. On peut alors faire demi-tour, ou marcher encore 3/4 h pour parvenir à son pied.

Cet étonnant bloc sphérique de granite, apparemment en équilibre sur une pointe rocheuse, domine un impressionnant chaos de rocs. L'escalade de ses parois lisses s'avère néanmoins très dangereuse. Son sommet ne fut vaincu qu'en 1970. Le **panorama★**, à la base du bloc, offre une vue aérienne de la pointe méridionale de la Corse et des côtes de la Sardaigne.

En direction du Nord-Est, en suivant l'arête faîtière, on distingue un autre chef-d'œuvre d'équilibre naturel : l'**Uomo di Monaco**.

Pour des randonneurs aguerris, équipés d'une boussole, il est un grand intérêt de traverser le massif de Cagna en une journée depuis, par exemple, le hameau de Vacca (au départ de la route reliant Figari à Porto-Vecchio) aux bergeries de Bitalza pour rejoindre à l'Ouest le village de Granuccio. Cette traversée permet de savourer, dans une solitude absolue, les successions de chaos gigantesques, au milieu desquels les sentiers (parfois difficilement repérables) se frayent un passage, et les sapinières, en équilibre vertigineux, comblent les espaces que leur concède l'univers minéral.

115

CALACUCCIA

331 habitants
Carte Michelin n° 90 Nord-Est du pli 15 – Schéma p. 180

A 830 m d'altitude, Calacuccia occupe un versant bien ensoleillé du Niolo dont elle joue le rôle de chef-lieu. C'est un très bon point de départ pour les excursions en auto ou à pied dans cette région et en hiver pour la station de ski du col de Vergio *(voir à ce nom)*. C'est à l'entrée Est de Calacuccia, au débouché du défilé de la Scala di Santa Regina, que l'on découvre, depuis l'avenue Valdo-Niello bordée de platanes, le beau **site**★★ de ce village dominé par la barrière de porphyre rose que constituent, de gauche à droite, la Punta Licciola (alt. 2 237 m), l'arête aiguë de la Paglia Orba (alt. 2 525 m) « la reine des montagnes corses », la crête dentelée des Cinq Moines, le Monte Falo (alt. 2 549 m) et le Monte Cinto.

Église paroissiale ⊙ – Située à l'Ouest du village, elle abrite au-dessus du maître-autel un beau **Christ** en bois (art populaire), très expressif par la stylisation du visage et de la musculature.

Musée des traditions populaires du Niolu ⊙ – Installé dans l'ancien réfectoire des moines du couvent de Calacuccia, ce musée expose les objets couramment utilisés autrefois dans la vie artisanale, agricole et pastorale de la région. On remarque particulièrement un curieux moulin à sel et un rare métier à tisser.

★★LAC DU BARRAGE DE CALACUCCIA *Circuit de 9 km*

Quitter Calacuccia par la route qui longe le lac et traverse Sidossi.

Casamaccioli – Ombragé de châtaigniers, ce village domine, au Sud, de près de 200 m la retenue du barrage de Calacuccia. Il est situé au pied de la crête boisée qui ferme le Niolo au Sud et sépare la vallée du Golo de celle de Tavignano. Il offre une belle **vue**★ sur la chaîne du Monte Cinto.

L'**église** paroissiale abrite dans le bas-côté droit un St-Roch, en bois sculpté, au visage naïf, auquel l'artisan a donné l'allure d'un berger. Dans le bas-côté gauche, remarquer la statue en bois de la **Santa** portée lors de la procession qui, le 8 septembre, se déroule sur la grande place ombragée où les vieux se rassemblent. Une tradition rapporte l'origine de la vénération pour la Santa du Niolo : cette Vierge à l'Enfant, réputée miraculeuse, fut convoitée par plusieurs couvents après la destruction de celui qui l'abritait. Le désaccord persistant, on installa la statue sur une mule, décidant qu'on l'honorerait sur les lieux où s'arrêterait l'animal. Casamaccioli reçut ce privilège.

Du 7 au 10 septembre se déroule également la fête de la Santa, foire et spectacle où les bergers rivalisent de talent dans des improvisations dialoguées ou chantées.

Prendre en contrebas de l'église, à gauche, la route qui longe le lac sur la rive Sud.

La route offre de belles **vues**★★ sur Albertacce, Poggio, Lozzi, Calacuccia, Corscia, villages bien exposés, entourés de vergers et de châtaigniers, adossés à la longue chaîne du Monte Cinto aux crêtes bien découpées. Elle franchit, 2 km plus loin, un torrent formé par des eaux captées sur le Tavignano et amenées par un canal de dérivation pour alimenter le lac artificiel de Calacuccia.

Barrage de Calacuccia – Mis en eau en 1968, cet ouvrage du type barrage-voûte retient 25 millions de m³ d'eau descendue des cirques torrentiels du Golo et destinée à l'irrigation des plaines littorales au Sud de Bastia, après avoir produit au passage, à l'usine de Pont de Castirla, de l'énergie électrique pour toute la Corse.

Le barrage franchi, regagner Calacuccia par la D 84.

★★LE NIOLO

Le Monte Cinto, la forêt de Valdo-Niello et le lac de Nino peuvent être visités au départ de Calacuccia *(voir description à ce nom)*.

Les guides Verts Michelin

Paysages
Monuments
Routes touristiques, Itinéraires de visite
Géographie
Histoire, Art
Lieux de séjour
Plans de villes et de monuments
Renseignements pratiques
Une collection de guides régionaux sur la France.

Les CALANCHE ★★★

Carte Michelin n° 90 pli 15

Dominant le golfe de Porto, les Calanche (pluriel du mot corse calanca : calanque) constituent un ensemble de curiosités naturelles particulièrement remarquable. Le bleu intense de la mer, la lumière souvent irréelle qui baigne la côte, la palette des oranges et des roses du granite, le relief vigoureux, justifient la réputation de ce site exceptionnel décrit avec toute la force du verbe juste par Guy de Maupassant dans *Une vie* (1884) : « C'étaient des pics, des colonnes, des clochetons, des figures surprenantes, modelées par le temps, le vent rongeur et la brume de mer. Hauts jusqu'à trois cents mètres, minces, ronds, tordus, crochus, difformes, imprévus, fantastiques, ces surprenants rochers semblaient des arbres, des plantes, des bêtes, des monuments, des hommes, des moines en robe, des diables cornus, des oiseaux démesurés, tout un peuple monstrueux, une ménagerie de cauchemar pétrifiée par le vouloir de quelque dieu extravagant. »

Les Calanche de Piana

Les formes d'érosion particulières au granite sont à l'origine de ce paysage chaotique où s'additionnent reliefs miniformes et cavités sphériques appelées **« taffoni »** *(voir encadré)* ; la silhouette de **la Tête de chien** est due à la juxtaposition de plusieurs de ces taffoni.

Ce phénomène est exclusivement dû à la dissolution et à l'altération chimique de la roche par l'eau qui s'infiltre dans le bloc en suivant les fissures ou diaclases qui zèbrent le granite. Ces évidements progressent de bas en haut par érosion de la voûte.

Les taffoni se développent dans les pays à longue saison sèche, sur les fortes pentes où la roche est à nu et surtout dans les zones d'ombre.

Les taffoni

Les taffoni (gros trous, en Corse) contribuent pleinement au pittoresque du paysage insulaire. Ces cavités hautes parfois de plusieurs mètres, éventrant des rochers dénudés sur le littoral comme à l'intérieur des terres, intriguent le visiteur, fasciné tout à la fois par l'équilibre instable de leurs ciels en baldaquin, la subtilité de leurs jeux d'ombres et de lumières et les figures extraordinaires nées de leur recoupement. Choisis durant la préhistoire pour lieu de repos des morts, et toujours disposés à servir de gîte sommaire, ils font partie intégrante de la culture corse.

Les roches grenues sont leur terre d'élection. La désolidarisation d'un seul cristal suffit à livrer la pierre à un processus de gigantesque carie, sous l'action combinée des variations de température et d'humidité, renforcée au bord de la mer par le rôle corrosif des embruns. Certains granites à gros cristaux : granite beige de Sant'Ambroggio, granite gris de Calvi, granite rouge de Porto au sein duquel s'inscrivent les Calanche de Piana, se prêtent particulièrement au façonnement des taffoni. Certains taffoni, séniles, n'évoluent plus ; d'autres, toujours soumis à la désagrégation, sont dits « vivants » ; des écailles se détachent de leurs voûtes et leurs parois rugueuses se délestent de grains de sable lorsqu'on les frotte avec la paume de la main. *(Voir illustration p. 125.)*

La D 81 traverse les Calanche sur 2 km, ménageant d'excellents points de vue sur les amas rocheux et la mer. Pour apprécier pleinement cet univers minéral si particulier, il conviendrait de parcourir la route dans les deux sens, en laissant s'écouler un laps de temps conséquent entre l'aller et le retour (pourquoi ne pas effectuer une des promenades à pied proposées ci-après ?) pour bénéficier d'éclairages différents. De nombreux dégagements (certains sont réservés aux autocars) autorisent un arrêt pour admirer tranquillement le paysage ou prendre des photos. De la terrasse du chalet, on peut apercevoir plusieurs rochers à la silhouette évocatrice : à gauche la Tortue,

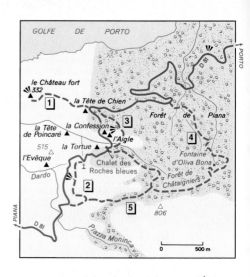

à droite l'Aigle et la Confession, sur un promontoire dominant la mer : l'Évêque, trônant la crosse à la main et 200 m après le chalet en direction de Porto, à gauche, la Tête de Poincaré en surplomb sur une falaise.

**PROMENADES A PIED

1 Le Château fort – *Environ 1 h AR. Le chemin d'accès s'ouvre à droite de la Tête de Chien, à 700 m au Nord du chalet.*
Ce sentier est le seul qui pénètre dans l'intimité des Calanche. A travers un dédale de rochers patinés par le soleil, envahis par le maquis et les arbousiers ou émergeant de la végétation, il descend vers Porto dont on distingue le bois d'eucalyptus et le promontoire portant la tour carrée. Puis il remonte légèrement jusqu'à une plate-forme faisant face au « château fort », imposant bloc de granite évoquant un donjon.
De là, une **vue★★★** splendide embrasse tout le golfe de Porto de la tour du Capo Rosso au golfe de Girolata.

2 Le Chemin des muletiers – *Environ 1 h. Le sentier d'accès, jalonné de points bleus, s'amorce sur la route de Porto à Piana, 400 m au Sud-Ouest du chalet des Roches bleues et à gauche près du petit oratoire de la Vierge.*
Le sentier d'accès grimpe fortement avant de se frayer un passage entre deux gros rochers. De là, on suit en corniche un ancien chemin muletier. On découvre alors derrière soi une très belle **vue★★★** d'ensemble sur les Calanche et le golfe de Porto. Puis le sentier descend dans le maquis et rejoint la route.

3 La Corniche – *Environ 3/4 h. Le chemin d'accès, jalonné de points bleus, s'ouvre à quelques mètres du chalet des Roches bleues, vers Porto, à droite avant le pont.*
Le sentier suit une forte montée en offrant une **vue★★★** sur les Calanche et le golfe de Porto. Il poursuit sous les pins laricio jusqu'à la route nationale.

4 La Châtaigneraie – *Environ 3 h 30. Prendre le sentier qui s'amorce sur la gauche tout près du chalet des Roches bleues, en venant de Porto. Il est jalonné de croix bleues.*
Une montée assez pénible conduit à une belle forêt de châtaigniers. Après environ 1 h de marche, obliquer sur la gauche en direction de Porto. Le sentier passe près de la fontaine d'Oliva Bona. Il descend à travers la forêt de pins de Piana pour aboutir sur la D 81, à 2 km du chalet des Roches bleues.

5 Le « Mezzanu » – Suivre dans un premier temps le même sentier jalonné de croix bleues évoqué ci-dessus, mais une fois parvenu à la Châtaigneraie, bifurquer à droite (au cairn) et descendre vers le Sud-Ouest. Cette boucle, moins longue *(compter 2 h 1/2)*, offre néanmoins une bonne diversité de paysages. En fin de parcours, on rejoint l'itinéraire **2**.

PROMENADE EN MER – *Voir à Golfe de Porto*

Dans les guides Michelin,
les cartes et les plans de villes sont orientés le Nord en haut.

CALENZANA

1 535 habitants
Carte Michelin n° 90 pli 14 – Schéma p. 81

Adossé au Monte Grosso au milieu des oliviers et des amandiers, ce gros bourg de la Balagne domine le golfe de Calvi. Ce fut un bastion de l'indépendance corse dans l'arrière-pays de Calvi, fidèle à Gênes.

Son terroir produit des vins et, sur les coteaux, du miel parfumé par les plantes du maquis. Mais la grande spécialité de la ville sont les **cusgiulelle**, gâteaux secs au vin blanc, qui passent pour être les meilleurs de l'île.

Les abeilles alliées de l'indépendance – En 1729 éclate la guerre d'Indépendance. Pour venir à bout des rebelles, Gênes fait appel à l'empereur Charles VI d'Autriche à qui elle loue, moyennant 30 000 florins par mois, 9 000 mercenaires allemands. En outre chaque soldat tué, blessé ou disparu sera payé 100 florins.

C'est ainsi qu'en 1732 débarquent à Calvi 800 mercenaires de l'armée de **Wachtendonck**; pour dégager l'arrière-pays, ils se présentent le 14 janvier devant Calenzana. Les habitants ne disposent que d'une vingtaine d'arquebuses, de quelques pistolets, de haches et de couteaux; mais pleins d'idées, ils rassemblent toutes les ruches des environs sur les rebords des fenêtres, sur les terrasses et sur les toits. Et lorsque les Allemands parcourent les ruelles à la recherche des partisans, voilà que basculent les ruches. Des escadrilles d'abeilles s'en échappent et par leurs piqûres mettent à mal les mercenaires. Ceux-ci jettent leurs fusils et courent vers les fontaines. Les Corses se précipitent alors dans les rues, s'emparent des armes abandonnées et achèvent le travail des aiguillons : 500 soldats gisent sur le terrain.

CURIOSITÉS

Église St-Blaise – Ancienne collégiale, cette grande église baroque fut édifiée de 1691 à 1701, sur les plans d'un architecte milanais renommé, Domenico Baïna, déjà auteur des plans de la célèbre église de la Porta *(voir à ce nom)*. Elle s'appuie sur des contreforts massifs et présente une façade à pilastres et corniches sculptées.

Un campanile, érigé de 1870 à 1875 dans le style baroque, occupe en partie l'emplacement du cimetière des Allemands (Campo Santo dei Tedeschi) *(voir illustration p. 40)*.

Au plafond de la nef principale, une fresque en médaillon, du 18e s., représente saint Blaise guérissant un enfant. Les chapelles du chœur sont coiffées de coupoles dont les peintures en trompe l'œil (1880) accusent l'élévation. Le chœur très profond à bel autel de marbre (1767) est fermé d'une balustrade en marbre marqueté, flanquée de deux angelots porte-cierge.

Place de l'Hôtel-de-Ville – Dominée par le Monte Grosso, cette grande place rectangulaire, ornée de platanes et de palmiers, s'ouvre face au golfe de Calvi.

★ Église Ste-Restitude ⊘ – *1 km par la D 151 en direction de Montemaggiore.*
Cette église qui s'élève, isolée, dans un enclos planté d'oliviers centenaires est placée sous le vocable d'une sainte, martyrisée à Calvi au 3e s. et vénérée depuis lors dans la région. Deux processions annuelles se déroulent en son honneur : la première, le lundi de Pâques, transfère sa statue et ses reliques à l'église paroissiale St-Blaise où sa châsse reste exposée; la seconde, le dimanche suivant le 21 mai, accompagne leur retour à l'église Ste-Restitude. Cette sainte a été proclamée patronne de Calenzana et de la Balagne par le pape Jean-Paul II, en 1984.
A gauche en entrant : bénitier en albâtre du 16e s.

Chœur – La coupole octogonale, éclairée par trois fenêtres et un lanternon, s'orne d'entrelacs et de motifs géométriques. Des médaillons en décorent les écoinçons. La **statue** de sainte Restitude, en bois polychrome du 18e s., est placée dans la chapelle de gauche. Cette œuvre est d'une grande qualité plastique, par l'harmonie et l'équilibre que l'artiste a su lui imprimer.

L'**autel** du 4e s. est constitué de deux morceaux de sarcophage en marbre placés verticalement et supportant une table de granit.

Perpendiculairement à l'autel et derrière lui, le cénotaphe présente deux **fresques★** du 13e s. relatant le martyre de la sainte : sur le côté gauche, sainte Restitude devant ses juges *(assez effacée);* sur le côté droit, la décapitation de la sainte et de ses cinq compagnons. En arrière, se tiennent les hommes d'armes et les notables.

Derrière le cénotaphe, un reliquaire contient les ossements des saints martyrs.

Crypte – *Escaliers de part et d'autre du chœur.* Elle abrite, derrière une grille, le **sarcophage** de sainte Restitude (1re moitié du 4e s.) en marbre de Carrare. Le devant comporte des cannelures et au centre un chrisme inscrit dans un cercle reposant sur une petite colonne cannelée. En 1951, la découverte et la mise au jour de ce sarcophage ont donné un fondement historique inattendu à toutes les traditions orales touchant à sainte Restitude.

CALVI ★

4 815 habitants

Carte Michelin n° 90 – plis 13, 14 – Schéma p. 80

Calvi, fièrement campée en vigie sur sa baie admirable, compte parmi les plus beaux sites marins de Corse. La grande beauté de cette rade lumineuse dans son cadre de montagnes souvent enneigées s'impose au visiteur.

L'arrivée par mer est très belle : la citadelle plantée sur le promontoire qui s'avance entre le golfe de Calvi et celui de la Revellata contraste avec le paysage environnant d'une grande sérénité.

Calvi comprend une ville haute ou citadelle, ancien bastion génois, et une ville basse, la marine, aux maisons blanches et au port fréquenté où se concentre l'animation estivale et nocturne.

Ville la plus proche des côtes de Provence (176 km de Nice), Calvi entretient des relations maritimes avec Nice, Toulon et Marseille. L'aéroport de Calvi-Ste-Catherine assure des liaisons quotidiennes avec le continent.

C'est la « capitale » de la Balagne et un centre de villégiature très apprécié. Sa **plage**, longue de 6 km, bordée de pins parasols, s'allonge au fond d'une vaste baie. C'est aussi une escale pour les plaisanciers, assurés d'un excellent mouillage réputé dès l'Antiquité.

Calvi pratique encore la pêche à la langouste. Ses autres ressources, tirées de la Balagne, son arrière-pays, sont les vins, les huiles, les fromages, les fruits et le gibier.

LA SEMAINE SAINTE

Elle donne lieu à des cérémonies qui revêtent une certaine ampleur.

Bénédiction des canistrelli – Les cérémonies du Jeudi saint commencent par une messe à l'église Ste-Marie. On y bénit et distribue les canistrelli (petits gâteaux en forme de couronne), juste avant le lavement des pieds. La messe est suivie de la procession de pénitence des deux confréries de la ville ; cette procession s'achève à l'oratoire St-Antoine où a lieu une seconde bénédiction de canistrelli.

Procession de la Granitula – Le vendredi, de 21 h à 23 h, la Granitula ou procession en spirale se déroule depuis l'église St-Jean-Baptiste, à travers les rues de la haute et de la basse ville, accompagnée de vieilles complaintes calvaises. Les membres des confréries de St-Antoine et de St-Érasme portent une statue grandeur nature du Christ mort, suivie de celle de la Vierge du Rosaire, en pleurs et vêtue de noir. Y participent, pieds nus, en longue robe blanche, cagoule rabattue sur le visage, des pénitents anonymes courbés sous le poids de la croix.

DOMINATIONS ET RÉSISTANCES

De l'occupation romaine à la domination pisane – Fréquenté dès l'Antiquité, probablement dès le 5ᵉ s. avant J.-C. par les Phéniciens, les Grecs et les Étrusques, le golfe de Calvi est désigné par les Romains sous le nom de « Sinus Caesiae » ou « Sinus Casalus », origine probable de Calvi.

La cité que fondèrent les Romains au 1ᵉʳ s. dans un site maritime où ils pouvaient échouer leurs bateaux à la nuit tombante occupait la partie basse de la marine qu'abrite actuellement la tour du Sel. A la fin de l'Empire, c'était déjà une bourgade dotée d'une basilique paléochrétienne. Réduite à quelques maisons à la suite des invasions des Vandales, puis des Ostrogoths qui ravagèrent la Corse entre le 5ᵉ et le 10ᵉ s., elle se ranima sous l'hégémonie de Pise aux 11ᵉ, 12ᵉ et 13ᵉ s. mais demeura une simple marine.

Un bastion génois – Dans la seconde moitié du 13ᵉ s., une guerre entre seigneurs est à l'origine de la fondation de la haute ville. Giudice de la Cinarca assied son autorité sur l'île, mais un seigneur du Nebbio, Giovanninello, en révolte contre lui, s'allie aux da Mare et aux Avogari, puissantes familles du Cap Corse, favorables aux Génois et, en 1268, se retranche sur le promontoire où s'élève aujourd'hui la citadelle ; peu après il l'abandonne aux Avogari de Nonza.

Les Calvais se rebellent ensuite contre la tyrannie de leurs seigneurs et demandent en 1278 protection à la République de Gênes. Celle-ci, désireuse de s'assurer la fidélité de la population pour faciliter sa pénétration dans l'île, lui octroie alors les mêmes privilèges et exemptions qu'aux Bonifaciens.

Calvi reste jusqu'au 18ᵉ s. un point d'appui de la puissance génoise en Méditerranée occidentale.

Christophe Colomb natif de Calvi ? – Plusieurs villes d'Italie et d'Espagne revendiquent avec Calvi l'honneur d'avoir vu naître le grand navigateur. On situe généralement son lieu de naissance à Gênes, mais les partisans de la tradition selon laquelle la maison de la rue Colombo à Calvi est la **maison natale de Christophe Colomb (E)**, font valoir que s'il était sujet génois, il pouvait aussi bien être né à Calvi qui, en 1441 faisait partie de la commune de Gênes.

Une plaque de marbre, en retrait, signale l'emplacement de cette demeure dont il ne reste que quelques pierres.

Cité de la fidélité – De 1553 à 1559, la domination de Gênes rencontre la résistance de Sampiero *(voir à Bastelica)* appuyée par le corps expéditionnaire du maréchal de Thermes. A deux reprises, en 1553 et en 1555, Calvi leur oppose une résistance victorieuse : sa devise « Civitas Calvi semper fidelis » (toujours fidèle), gravée au-dessus de la porte d'entrée de la citadelle, commémore son fait d'armes de 1555.

Cette fidélité de Calvi explique la résistance de la cité à Paoli le grand ennemi de Gênes, et l'accueil qu'elle réserva aux opposants à Paoli, en particulier à Napoléon Bonaparte, fuyant Ajaccio avec sa mère et reçu chez Laurent Giubega, son parrain, en mai et juin 1793 avant de quitter la Corse.

Aussi, lors de l'éphémère royaume anglo-corse *(voir à Morosaglia)*, la ville fut-elle assiégée du 16 juin au 5 août 1794, par 6 000 Anglais et Paolistes. Défendue par le général de Casabianca, la citadelle repoussa leurs attaques incessantes par terre et par mer. Du haut des collines de la Serra, les artilleurs anglais la canonnèrent sans discontinuer.

C'est au cours de ce fameux siège que le futur amiral Nelson, blessé par une projection de pierrailles, perdit l'œil droit. Une plaque apposée sur le rocher, à cet endroit, le rappelle. Calvi, à bout de ressources, dut pourtant capituler. La citadelle, ayant reçu plus de 30 000 boulets, bombes et obus, était réduite en un tas de gravats noircis. Enfin, le 24 octobre 1796, les Anglais évacuèrent Calvi qui redevint française.

CALVI PRATIQUE

Tête de pont des liaisons maritimes et aériennes avec les régions niçoise et marseillaise, la capitale de la Balagne est en haute saison une des stations corses présentant la plus forte densité de fréquentation passagère.

Accès – Aéroport Santa-Caterina (à 8 km du centre-ville), accessible seulement en taxi.
Une station de taxi et la gare CFC se situent à proximité du débarcadère des ferries et NGV.

Où prendre un verre ? – Dominant la ceinture des murailles de la citadelle « Le Tao » offre un cadre unique pour se désaltérer en écoutant le soir de la musique et même en se restaurant. Sur le quai Landry, les nombreuses terrasses permettent de prendre un rafraîchissement en observant les mouvements du port.

Les spécialités – « A Casetta », 16, rue Clemenceau, propose un large éventail de produits du terroir (charcuterie, huiles, miel et artisanat).
Tous les matins, marché de la Balagne sur la place du Marché couvert, et au port de plaisance en milieu de matinée, à l'arrivée des pêcheurs.

Activités sportives

Location de vélo – Le moyen idéal pour découvrir les criques du littoral et se promener dans la pinède :
– Garage Ambrosini, place Christophe-Colomb.
– VTT Évasion, rue des Écoles.

Clubs de plongée sous-marine – Pour s'initier à cette activité ou pour la pratiquer dans un cadre exceptionnel (épave d'avion, fonds poissonneux de la Revellata) :
– École de plongée internationale, ☎ 04 95 65 42 22
– Club Castille, ☎ 04 95 65 14 05
– Club de la Citadelle, ☎ 04 95 65 33 67

Les temps forts à Calvi et aux environs – La Passion (week-end de Pâques) ; Festival du Jazz (dernière semaine de juin) ; Festival polyphonique « A l'iniziu, c'era a voce » (deuxième week-end de septembre) ; très original Festival du vent (fin octobre) qui mêle conférences et démonstrations aériennes.
Enfin, à Pigna, le Festivoce (début août) est un événement incontournable de la polyphonie corse.

★★LA CITADELLE *visite : 2 h*

Sur son promontoire rocheux, la citadelle représente six siècles de présence génoise. Elle dresse au-dessus de la ville basse et du port les murailles ocre de son enceinte bastionnée.

Place Christophe-Colomb – Le sculpteur Emmanuel Frémiet, neveu et élève de Rude, est l'auteur de la Renommée en bronze du monument aux Morts de la Première Guerre mondiale.

Traverser la place Christophe-Colomb.

Une stèle y rappelle l'action du 1er Bataillon de choc des Forces Françaises Libres placé sous les ordres du commandant Gambiez. Cette unité engagée en plusieurs points de l'île du 13 septembre au 4 octobre 1943 put prendre à Calvi ses quartiers d'hiver dès le 3 novembre : la Corse était libérée. Le bataillon servit ensuite à l'île d'Elbe, en Provence et en Autriche.

Calvi – La citadelle

Pénétrer dans la citadelle, à l'Ouest, par son unique entrée jadis gardée par un fossé à pont-levis avec une herse dont on voit encore l'emplacement. Au-dessus de la porte d'entrée est gravée sa célèbre devise. A droite sous le porche, un bureau saisonnier de l'Office de tourisme fournit des renseignements sur la citadelle et les visites guidées. Monter par la rampe pavée et suivre le chemin de ronde qui fait le tour des remparts. Le tour de la citadelle par les remparts, s'il réserve de belles **vues** sur le large, place surtout le promeneur au cœur du dispositif défensif de la baie de Calvi. On peut en effet, depuis les remparts, surveiller une très large portion de mer mais aussi avoir un regard sur toute la plaine de Calvi, jusqu'aux derniers contreforts du massif du Cinto et du Monte Padro.

★**Les fortifications** – Édifiés sur des assises de granit, les remparts envahis de figuiers de barbarie enserrent la haute ville dans un quadrilatère dont trois côtés donnent sur la mer. Ils ont été élevés par Gênes à la fin du 15ᵉ s. mais ont été modifiés lors des sièges. Trois bastions furent initialement édifiés sur les côtés Sud et Est ; à l'angle Sud-Ouest, le **Spinchone** écrase de toute sa masse la marine et le port ; le **Malfetano** relie les côtés Sud et Est ; le **Teghiale** termine au Nord la défense Est. Le côté Ouest qui présentait un front de rochers abrupts s'est longtemps contenté de murs droits. Du bastion Ouest on découvre la ville basse, la presqu'île St-François, le golfe et la pointe de la Revellata.

Ancien palais des gouverneurs génois (**B**) – *Actuellement caserne Sampiero. (On ne visite pas, domaine militaire.)* C'est une construction massive du 13ᵉ s. flanquée d'un donjon, édifiée par Giovanninello et agrandie en 1554 par l'Office de Saint-Georges qui lui donna son aspect actuel. Elle comprend un ensemble de vastes salles, de citernes souterraines et des oubliettes. Elle est passée depuis la Révolution sous contrôle militaire.

Église St-Jean-Baptiste ⊙ – Dominant la place d'Armes, elle s'élève au sommet du rocher en plein centre de la vieille ville aux ruelles étroites, en pente ou en escaliers et bordées de maisons lézardées aux façades effritées.
Ramassé sous une grande coupole surmontée d'un lanternon, cet édifice présente une façade austère que l'on découvre en gravissant l'escalier qui mène à la porte d'entrée. Fondée au 13ᵉ s., gravement endommagée en 1567 à la suite de l'explosion du magasin de poudre de l'ancien château, l'église fut reconstruite en 1570 et érigée en cathédrale six ans après.
L'intérieur – En forme de croix grecque, il est éclairé par des petites fenêtres hautes et le lanternon. A droite de la nef en entrant, un beau bénitier en albâtre, de 1443, orné de têtes d'anges, porte les blasons des familles : Frate (lions, châteaux et arbres), Fieschi (bandes diagonales) et Sopranis (léopard assis). Dans le pan coupé gauche, derrière une grille, on remarque : un lavabo en marbre, de 1494, et des **fonts baptismaux**★ de style Renaissance, ornés à la vasque de gracieuses têtes d'anges et au piédestal de sirènes munies d'ailes et de griffes, offerts en 1569 par le riche négociant calvais Vincentello.
Jadis, pour ne pas être mêlées au peuple, les femmes des notables assistaient aux offices dans les loges grillagées situées dans les pans coupés sous la coupole octogonale.
Adossée à un pilier de droite, une belle **chaire**★ en chêne sculpté, présente un décor plein de grâce et de fantaisie : saint Jean-Baptiste orne le panneau central de la cuve, tandis que les symboles des évangélistes en décorent les angles. Une inscription peinte sur trois cartouches soutenus par des angelots rappelle qu'elle a été offerte en 1757 par les Calvais.

Sur un autel latéral à droite du chœur, enfermé dans une niche vitrée, on remarque un **Christ en ébène**, du 15ᵉ s., vêtu d'un pagne d'argent. Selon la tradition, il fut promené dans la ville par les habitants durant le siège de 1553 par les Turcs. La levée inopinée du siège en a fait un objet de grande vénération, et il fut appelé depuis **Christ des miracles**.

Le chœur s'orne d'un imposant maître-autel du 17ᵉ s. en mosaïque de marbres polychromes avec de fines appliques de bronze. A droite, charmant encadrement en marbre Renaissance de l'armoire aux Saintes Huiles. Contre le mur du fond, se trouve la pièce maîtresse de l'église : un grand **triptyque★** sur bois, de 1458, auquel manque le panneau central, du peintre génois **Barbagelata**, élève de Giovanni Mazone. Cette très belle œuvre représente l'Annonciation entourée des saints patrons de la ville ainsi que des scènes de la vie de la Vierge et de l'enfance du Christ. Sous ce retable, un amusant groupe en bois, œuvre populaire du 16ᵉ ou 17ᵉ s. Sa niche centrale abrite une statue en bois très vénérée : la **Vierge du Rosaire** qui aurait été rapportée d'Espagne au 15ᵉ s. Lors des processions, elle est revêtue d'une robe somptueuse de brocart et parée de bijoux. Dans le croisillon gauche : un tabernacle en bois sculpté et marqueté du 17ᵉ s., orné de colonnettes torses, dont les petites niches abritaient autrefois des statuettes en ivoire.

Redescendre sur la place d'Armes et prendre la ruelle qui s'ouvre à droite face à la caserne Sampiero. A 200 m s'élève sur la droite l'oratoire de la confrérie St-Antoine.

Oratoire de la confrérie St-Antoine (M) ⊘ – C'est un édifice de la fin du 15ᵉ s. dont le linteau de la porte d'entrée, sculpté dans l'ardoise noire, représente saint Antoine abbé et son petit cochon entre saint Jean-Baptiste et saint François agenouillé. Il continue d'abriter les exercices de piété de la confrérie St-Antoine. Les confréries qui sont apparues en Corse au 14ᵉ s. avaient pour vocation l'entraide sociale, charitable et spirituelle entre confrères, en cas de maladie, décès ou captivité. Transformé en musée, l'oratoire abrite le **trésor d'art religieux de Calvi** qui rassemble des objets d'art sacré du 16ᵉ au 19ᵉ s.

L'intérieur présente trois nefs dont les fenêtres s'ouvrent sur la baie de Calvi. Dans la nef de droite, on remarque : à l'entrée, trois éléments d'un **triptyque★** sur bois de l'école lombarde (fin 15ᵉ ou début 16ᵉ s.), restaurés et figurant : la Crucifixion

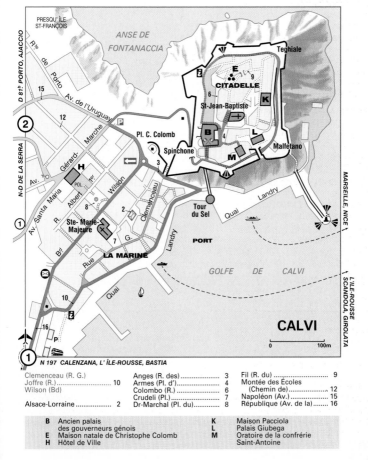

CALVI

N 197 *CALENZANA, L' ÎLE-ROUSSE, BASTIA*

B Ancien palais des gouverneurs génois	**K** Maison Pacciola
E Maison natale de Christophe Colomb	**L** Palais Giubega
H Hôtel de Ville	**M** Oratoire de la confrérie Saint-Antoine

entre la Vierge et saint Jean sur le panneau central, l'Archange Gabriel sur le volet de gauche et la Vierge de l'Annonciation sur celui de droite ; une belle collection de vêtements liturgiques, des 17ᵉ et 18ᵉ s., en soie, richement brodés ou armoriés qui témoignent du faste passé des cérémonies et des liens étroits qui s'étaient noués avec Gênes, la grande cité du tissage ; une collection d'**objets de culte** en argent ciselé et vermeil (navettes à encens, ciboires, calices, bénitiers) des 17ᵉ, 18ᵉ et 19ᵉ s.

A côté de l'autel une belle croix processionnelle en cuivre argenté du 15ᵉ s. présente sur une face : la Vierge à l'Enfant, debout, sous un petit dais gothique, et sur l'autre : le Christ entouré des symboles des évangélistes, inscrits dans des médaillons quadrilobés. Le nœud sphérique est orné de six petits émaux circulaires figurant des visages humains.

A gauche de l'autel, protégé par une vitrine, le très beau **Christ**★★ en ivoire est attribué au grand sculpteur florentin Jacopo d'Antonio Tatti, dit le **Sansovino**, mort à Venise en 1570. C'est une œuvre de petites dimensions mais admirable par la justesse des proportions, le réalisme de l'anatomie et l'expression de souffrance (larmes, yeux révulsés, narines dilatées, crispation des orteils...).

Sur le mur latéral gauche, deux fresques représentent la Crucifixion : la plus ancienne, de la fin du 15ᵉ s., est très effacée, l'autre, du 16ᵉ s., bien conservée, figure le Christ entre saint Antoine abbé, la Vierge, saint Sébastien et saint Roch.

Maison Pacciola (**K**) – Près d'une petite place en contrebas du chevet de l'église St-Jean-Baptiste, une maison porte une inscription qui rappelle le séjour, en 1793, de Napoléon, alors jeune officier d'artillerie fuyant Ajaccio et qui vient s'abriter auprès de son parrain à Calvi.

Palais Giubega (**L**) *(On ne visite pas)* – Cette construction haute et massive, datant du 15ᵉ s., servait jadis de résidence d'été aux évêques de Sagone *(voir à ce nom)*.

Regagner la place Christophe-Colomb et descendre vers le port.

★LA MARINE

Avec ses cafés et ses restaurants, ses quais plantés de palmiers, ses yachts et ses barques de pêche, la ville basse offre un contraste saisissant avec les vieilles rues silencieuses de la haute ville.

Le port – Bien protégé des vents d'Ouest par la citadelle, offrant un mouillage sûr et d'une grande commodité d'accès, c'est le port de plaisance le plus recherché de Corse. C'est aussi un port de pêche et un port de commerce qui accueille des bateaux de gros tonnage et exporte les produits de la Balagne.

Tour du Sel – Jadis dépôt où était entreposé le sel apporté par bateaux, cette tour ronde était probablement, à l'origine, un embryon de fortification en même temps qu'un poste de guet.

La légende du Tao : du prince caucasien à Jacques Higelin

En 1918, en quittant son Caucase natal pour Constantinople puis New York, le prince Tau Kanbey de Kerekoff entamait une carrière d'artiste digne des fastes légendaires de la Russie impériale.

Ce danseur de ballet émérite, accompagné du prince Yousoupoff et de la célèbre ballerine Pavlova, tomba amoureux de Calvi lors d'un passage dans la ville en 1924. Ayant acquis le fameux palais Giubega, il en fit un lieu de fête pour la bonne société qui se rendait en yacht à Calvi. Le « Tao », haut lieu des nuits calvaises, était né.

Des terrasses surplombant la magnifique baie, les héritiers de Tau perpétuent l'amour slave de la fête et de la musique.

Le chanteur Jacques Higelin, fidèle séjournant calvais, en a fait le thème d'une de ses compositions, *La Ballade du Tao*.

Église Ste-Marie-Majeure – Cette église s'élève sur une petite place et présente une sobre façade blanche. De plan circulaire, elle est surmontée d'une haute coupole comportant un lanternon dont les quatre ouvertures assurent un large éclairage intérieur ; un clocher a été ajouté au 19ᵉ s. Dans l'esprit des Calvais, cette nouvelle construction remplaçait la primitive église paléochrétienne Ste-Marie-Majeure du 4ᵉ s., détruite par les barbares au 5ᵉ s., reconstruite au 13ᵉ s. et à nouveau détruite au 16ᵉ s. par les Sarrasins. Dans le chœur, on remarquera deux intéressantes peintures : *N.-D. de l'Assomption* (16ᵉ s.) et l'*Annonciation de la Vierge* (18ᵉ s.), œuvre florentine, legs de la collection Fesch. Dans la chapelle est exposée une **peinture sur cuir** de Cordoue (15ᵉ s.) représentant N.-D. de la Serra et provenant du sanctuaire du même nom.

Un beau buffet d'orgue de facture italienne (18ᵉ s.) donne lieu en saison à des récitals par des organistes de renom.

Hôtel de ville (**H**) ⊘ – On y accède depuis la rue Albert-Iᵉʳ par un joli jardin en escaliers, orné de palmiers, de mimosas et de lauriers-roses. Au 1ᵉʳ étage sont exposées dans la salle du Conseil quelques toiles léguées à la ville par le cardinal Fesch.

★**Vue sur la citadelle** – En montant l'avenue Gérard-Marche, on parvient à la caserne et au cimetière qui dominent la mer. De là, vue sur la citadelle d'où émerge au centre la coupole de l'église St-Jean-Baptiste, sur la ville basse, la baie et la plage.

La pinède – Elle s'étend sur près de 4 km, depuis la marine jusqu'à l'embouchure de la Figarella. Créée à la fin du 19ᵉ s. pour assurer le maintien des dunes et l'assainissement des marais, elle compte essentiellement des pins maritimes mais aussi des mûriers et des eucalyptus.

La voie ferrée Calvi-Ponte-Leccia la longe sur sa totalité. L'Office National des Forêts organise en saison des **visites guidées** ☉.

N.-D. DE LA SERRA

6 km à l'Ouest – 1/2 h – Sortir par ② du plan

A la sortie de Calvi, sur la droite, une plate-forme, marquée d'une croix, offre une vue d'ensemble sur la citadelle, le golfe de Calvi et la pointe de la Revellata.

A 4 km, prendre à gauche, la petite route qui monte à travers le maquis dans un environnement assez dégradé. Elle procure de beaux **coups d'œil**★ sur la presqu'île de la Revellata puis passe à droite d'un chaos de rochers granitiques, érodés et creusés de «taffoni» *(voir à Calanche)*.

Entourée d'un mur d'enceinte, la chapelle surgit du maquis. Un large escalier mène à la terrasse qui domine la baie de Calvi, offrant une **vue**★★★ admirable sur le rivage, les montagnes et la citadelle. La chapelle a été édifiée au 19ᵉ s. sur les ruines d'un sanctuaire du 15ᵉ s. détruit au cours du siège de Calvi en 1794. Du haut de son rocher, la **statue de N.-D. de la Serra** regarde la baie.

Plusieurs sentiers permettent d'agréables promenades alentour.

Capu di a Veta – *2 h 30 à pied aller depuis N.-D. de la Serra.* Laisser la voiture sur le terre-plein devant la chapelle et prendre le sentier bien tracé plein Sud, balisé blanc et rouge. La montée raide s'effectue à vue au travers du maquis jusqu'à la croix qui se dresse à proximité du sommet du Capu di a Veta (alt. 703 m). Du sommet, superbe **vue**★★ sur l'ensemble du golfe de Calvi, avec l'avancée de la presqu'île de la Revellata, et à droite les contreforts de la Balagne ponctuée de villages.

Domaine de la punta de Revellata ☉ – *6 km. Sortir de Calvi par la route de Porto, puis juste après l'embranchement de la route de N.-D. de la Serra, laisser la*

Ph. Jambert

Taffoni

voiture sur le parking à droite. Se conformer à la réglementation affichée. 2 km à pied.

De la route une piste se détache et serpente en contrebas vers le rivage de la presqu'île de Revellata. Tout au long de la descente des **vues**★ splendides se révèlent sur les anfractuosités de la côte. L'extrémité du promontoire *(propriété privée)* est occupée par le laboratoire de biologie marine d'une université belge. En saison, des stages de plongée sont organisés. *(Voir également la partie Renseignements pratiques en fin de volume.)*

★★**Bassin de la Figarella et collines de Montegrosso** – *Circuit de 48 km – Environ 1/2 journée – Schémas p. 80-81 – Description à Balagne.*

PROMENADE EN MER

★★★**Scandola et Girolata** ☉ – Cette promenade permet d'admirer les indentations de la presqu'île de Scandola, réserve naturelle *(voir à ce nom)*.

CANARI

291 habitants
Carte Michelin n° 90 pli 2 – Schéma p. 133

Sur l'étroite route de corniche qui domine la D 80, s'étage à flanc de montagne ce petit village qui possède deux églises intéressantes. Superbes vues depuis la place du clocher.

Église Santa-Maria-Assunta – Cet édifice roman pisan de la fin du 12ᵉ s. se caractérise par une décoration très sobre et l'assemblage soigné de ses belles dalles de schiste vert pâle. Sur la façade, percée au 18ᵉ s. d'une large fenêtre, on remarque la fine décoration de feuillages et crochets du linteau et des modillons qui le supportent. La corniche qui fait le tour de l'église est décorée de curieux masques, têtes d'animaux ou figures humaines stylisées, disposés au centre des arcs ou sur les modillons.

Église St-François ⊘ – Décorée dans le style baroque, elle abrite des **peintures sur bois** (dont un Saint Michel terrassant le dragon) et, devant le chœur à gauche, la dalle funéraire en marbre blanc de **Vittoria de Gentile**, morte en 1590 au couvent de Canari. L'épouse d'Horatio Santelli Cenci, seigneur de Canari, porte sa fille emmaillotée sur le bras gauche et tient, dans sa main droite, une reproduction du château de Canari. Les armoiries des Cenci et des Gentile sont placées à la droite et à la gauche de la gisante.

Dans l'allée centrale, à l'entrée du chœur, une plaque de marbre carrée, datée du 19 octobre 1754 en l'honneur de la fête de saint Pierre d'Alcantara, porte l'emblème des Franciscains dont il avait réformé l'ordre : deux bras croisés sur une croix.

La commune de Canari abrite un **gisement d'amiante** qui fut exploité de 1932 à 1965, et considéré comme le plus important d'Europe. Après avoir quitté le village vers le Sud, on voit encore le roc dénudé et luisant laissé par l'ancienne carrière, qui surplombe la D 80 sur la gauche peu avant la marine d'Albo.

La CANONICA★

Carte Michelin n° 90 pli 3

Dans la plaine bastiaise qui s'étend au sud de l'étang de Biguglia, à environ 3 km en amont de l'embouchure du Golo, l'église-cathédrale de Mariana dresse son élégante silhouette quasiment en plein champ. Elle est appelée localement la Canonica.

Une cité romaine : Mariana – C'est Marius qui, en 93 avant J.-C., fonda et donna son nom à une colonie composée de vétérans de ses campagnes contre les pirates.
Auguste (27 avant J.-C. - 14 après J.-C.) y créa un port et Mariana devint alors une tête de pont importante de l'expansion romaine dans le nord de l'île.

Le champ de fouilles ⊘ – Les fouilles du site paléochrétien de Mariana, au Sud de la cathédrale romane, sont les plus complètes qui aient été réalisées jusqu'ici en Corse.
Ces fouilles, récentes, ont mis au jour les bases d'une **basilique** paléochrétienne du 4ᵉ s. à trois nefs, à une vingtaine de mètres seulement de l'église de la Canonica ; à proximité se trouve un **baptistère**, également du 4ᵉ s.
Du riche décor originel de **mosaïques** et de colonnes de granit demeurent d'assez importants témoins pour en laisser deviner la splendeur initiale.

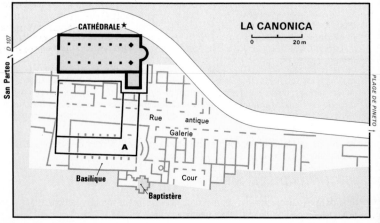

Les fouilles ont aussi permis de repérer l'emplacement (**A**) de la résidence médiévale de l'évêque et des chanoines de son conseil (la Canonica, de canonicus « chanoine »), qui desservaient la cathédrale.

L'étude des couches archéologiques a mis en évidence plusieurs incursions barbares, et au moins une destruction violente du sanctuaire (due aux Lombards, au 6ᵉ s., sans doute), puis une reconstruction au 7ᵉ s. Le site paraît avoir été abandonné après le 8ᵉ s., jusqu'à ce que la sécurité nouvelle de la côte, assurée par les pisans à la fin du 11ᵉ s., permette de construire la cathédrale romane qui est parvenue jusqu'à nous.

★**La cathédrale romane** ⊘ – L'édifice actuel fut solennellement consacré en 1119, sous le vocable de Santa Maria Assunta, par l'archevêque de Pise, légat pontifical. Cette église, de dimensions relativement modestes avec ses 33 m d'Est en Ouest, est de plan basilical, avec une nef centrale plus large et plus haute que les nefs latérales et une parfaite abside semi-circulaire couverte d'une voûte en cul-de-four.

On peut remarquer : d'une part la netteté et l'extrême pureté des volumes et des élévations que l'architecte a su déterminer avec une aisance qui séduit et étonne encore ; d'autre part la subtile utilisation d'un matériau de construction qui est naturellement polychrome, allant du gris-jaune au vert pâle, en passant par les nuances bleue et orange. Il s'agit d'un calschiste, sorte de marbre, provenant des carrières de Sisco Brando, dans le Cap Corse.

La Canonica, l'église-cathédrale

J. Sierpinski/SCOPE

Ces dalles sont disposées en placage de part et d'autre d'un noyau de maçonnerie fait de galets pris dans un mortier de chaux.

La porte de la façade occidentale est pourvue d'un décor d'entrelacs pour le linteau monolithe et pour l'archivolte coiffant le tympan nu ; celle-ci est surmontée de six claveaux sculptés d'animaux ; vraisemblablement – de gauche à droite – un lion, deux griffons ailés affrontés, un agneau portant la croix (symbole de la victoire sur le mal), un loup, un cerf poursuivi par un chien.

L'intérieur est en cours de restauration (automne 1996).

ÉGLISE SAN PARTEO ⊘

A 300 m à l'Ouest de l'église-cathédrale de la Canonica, par la D 107, puis un chemin de terre à gauche.

Les champs qui entourent aujourd'hui l'église San Parteo recouvrent un cimetière, païen à l'origine, puis paléochrétien et médiéval. On a dégagé, lors de fouilles aujourd'hui comblées, les fondations d'une chapelle paléochrétienne qui avait dû être élevée au 5ᵉ s. et contenait le tombeau de saint Parteo.

L'église actuelle de San Parteo, d'inspiration toscane, a été réalisée en deux campagnes : l'abside au 11ᵉ s., la nef au début du 12ᵉ s. Cette église non voûtée, comme la Canonica, était à l'origine recouverte de « teghie » *(voir dans la partie Introduction, l'Architecture traditionnelle)* posées sur une simple charpente. Le linteau en bâtière de la porte latérale Sud est sculpté de deux lions plus décoratifs que farouches, couchés à l'ombre d'un palmier.

*En fin de volume figurent d'indispensables **Renseignements pratiques** :*

- *Organismes habilités à fournir toutes informations ;*
- *Loisirs sportifs ;*
- *Visites à thème ;*
- *Livres et films sur la région ou le pays ;*
- *Manifestations touristiques ;*
- *Conditions de visite des sites et des monuments…*

CAP CORSE★★★

Carte Michelin n° 90 plis 1, 2 – Schéma p. 133

Le Cap Corse est la longue échine montagneuse qui prolonge en mer, sur près de 40 km, la dorsale de la Corse schisteuse. Une route de corniche, construite sous Napoléon III, permet de découvrir successivement les pittoresques plages de sable ou de galets, les villages occupant souvent des sites remarquablement défensifs, et les petites marines blotties dans une échancrure de la côte. De plus, le Cap offre à l'amateur de chasse ou de plongée sous-marine des fonds rocheux et des eaux claires très poissonneuses.

UN PEU DE GÉOGRAPHIE ET D'ÉCONOMIE

Une région compartimentée – La presqu'île du Cap Corse s'ordonne de part et d'autre d'une arête centrale de plus de 1 000 m d'altitude, qui culmine à 1 307 m au Monte Stello. Cette chaîne montagneuse s'abaisse au Sud vers le col de Teghime (536 m) ouvert entre Bastia et St-Florent, et au Nord vers un littoral de plages de sable, veillé par l'îlot de la Giraglia, ultime vigie de la Corse.

Les ramifications vers l'Ouest et vers l'Est de cette arête centrale isolent de courtes vallées creusées par les torrents côtiers et séparent les territoires des communes. Ceux-ci s'étendent de la montagne à la mer, occupant chacun un petit bassin fluvial, large sur le versant oriental, étroit sur le versant occidental. Chaque commune, constituée de plusieurs hameaux dispersés, possède sa « marine », qui n'est le plus souvent qu'un simple mouillage pourvu seulement d'entrepôts, par où se sont longtemps effectuées les transactions avec l'Italie. Des routes, parfois en cul-de-sac, relient les villages à la route côtière.

Deux versants dissemblables – Pour l'automobiliste, le Cap Corse est d'abord le massif que contourne une belle route de corniche admirablement tracée entre la mer et la montagne. Pourtant, sous son apparente simplicité, le Cap ne présente pas la même physionomie à l'Ouest et à l'Est. La côte occidentale, très découpée, est dominée par la haute chaîne dorsale dont les pentes plongent brutalement dans la mer. Elle offre des sites impressionnants et des villages hardiment perchés. La côte orientale est au contraire moins élevée, plus rectiligne, régularisée par les alluvions arrachées à la montagne par les torrents.

Le versant tyrrhénien présente des vallées favorables aux cultures et aux prairies. Sa côte est soumise l'hiver à l'influence des vents du Sud-Est et du Nord-Est, le sirocco et le grécale, qui apportent une forte humidité. Le versant occidental, consacré au 17e s. à la monoculture de la vigne, n'offre aujourd'hui que quelques îlots de cultures en terrasses où s'épanouissent vignes et vergers. Il lui faut les protéger des vents du Sud-Ouest, le libeccio, et du Nord, la tramontane.

Une population dynamique – A la fois paysans, solides marins et négociants avisés, les Cap-Corsins entretenaient autrefois des relations suivies avec Pise, Livourne, Gênes, Marseille et d'autres ports d'Europe et d'Afrique. Là, ils échangeaient les produits de l'île, vins, huiles, bois et écorce de chêne, charbon de bois et poissons (thons, anchois, loups et jarrets) ou langoustes contre des draps, des matériaux de construction, des matières premières pour les industries locales.

Dans cette région prospérait aussi une industrie artisanale dont Sisco était le principal centre (outils, tissus, dentelles, orfèvrerie). Le minerai de fer importé de l'île d'Elbe alimentait ses forges et ses ateliers (fabrication d'armes).

En outre, Luri, Meria et Ersa possédaient des gisements d'antimoine et Cardo des mines de cuivre.

Au début du 19e s., le Cap, durement frappé dans ses activités maritimes, se reconvertit de façon particulièrement dynamique et courageuse dans l'agriculture. les Cap-Corsins aménagèrent maintes pentes abruptes de la péninsule en créant des terrasses qu'ils garnirent de terre arable acheminée à dos d'homme. L'entreprise fut couronnée de succès et le Cap s'affirma comme une région agricole pendant une grosse cinquantaine d'années. Tout le paysage demeure façonné par ce travail de fourmis.

Aujourd'hui, l'hémorragie démographique amorcée à la fin du 19e s., due à l'émigration dont le nombre des hameaux abandonnés permet de mesurer l'ampleur, a freiné l'activité de la péninsule, qui conserve cependant sa réputation de terre viticole de qualité.

Les vins – Les coteaux du Cap produisent d'excellents vins, célébrés depuis l'Antiquité et qui connaissent de nos jours un bel essor. Au 16e s. Mgr Giustiniani écrivait déjà : « Le vin du Cap Corse est l'œil droit de cette région. » La production en est très variée : vins blancs moelleux de muscat et malvoisie à Macinaggio et Tomino (clos Nicrosi) ; vins rouges, blancs et rosés fruités à Patrimonio.

Les poissons – Les restaurants du Cap proposent une grande variété de poissons (denti, St-Pierre, dorade...) pêchés en été au large de la péninsule, dont la chair est exquise et que l'on déguste bouilli et froid, accompagné d'une sauce vinaigrette à l'estragon. Des embarcations armées pour la pêche à la langouste, à l'araignée, au thon et aux poissons de roche y écoulent une partie de leur marée.

LE CAP CORSE ET LA MER

Se distinguant en cela des autres Corses, les Cap-Corsins furent sensibles à l'appel du large et acquirent ainsi le goût du négoce. C'est grâce aux navigateurs que les premiers foyers de christianisme se seraient développés à Macinaggio et à Tomino.

Objet de rivalité entre Pise et Gênes – Le Cap connut dès le 9e s. l'influence de Pise qui en confia la seigneurie aux marquis toscans de Massa, essentiellement chargés d'assurer la protection de cette défense avancée de leur cité. Les nombreux édifices romans semés sur les versants du Cap constituent autant de témoins architecturaux d'une présence qui ne fut pas seulement militaire.

Très naturellement s'établirent des contacts commerciaux entre les marines du Cap Corse et Pise, qui monopolisa le négoce des produits agricoles de Balagne et du Cap. Le vin cap-corsin, très prisé des Toscans, constituait la principale exportation de la péninsule ; les barques pisanes s'approvisionnaient à Cardo et Erbalunga.

Au 12e s., ces relations commerciales s'intensifiant firent l'objet d'une lutte acharnée entre Gênes et Pise, puissances rivales vivant toutes deux du négoce.

La mouvance génoise – Des rapports privilégiés s'établirent entre le Cap Corse et la Superbe, située à 150 km de l'extrémité du cap. C'est un Génois, Ido, qui est à l'origine des grandes familles cap-corsines : Peverelli, Turca et Avogari. Lorsque les Peverelli, chassés par les Avogari, se réfugièrent à Gênes, ils vendirent leur fief, en 1198, à un amiral génois au service de Frédéric II, Ansaldo da Mare.

Ces familles, auxquelles s'ajoutèrent les Gentile de Brando et de Nonza, maintinrent l'alliance génoise qui, malgré quelques défections en 1358 avec Sambucuccio d'Alando *(voir à Bozio)* et en 1553 avec Giacomo Santa da Mare *(voir à Rogliano)*, fut bénéfique aux habitants du Cap. Sous cette protection, ils se livraient sans risque aux activités commerciales. La défaite à Ponte Nuovo rompit ces liens.

La lutte contre les Barbaresques – Sa configuration géographique et sa prospérité exposaient le Cap Corse aux incursions barbaresques. Or, vers le milieu du 16e s., la puissance de Gênes était sur son déclin même si son activité commerciale subsistait ; aussi les Barbaresques craignaient-ils moins ses ripostes. De la fin du 16e s. au milieu du 17e s., cette étroite bande de terre leur fut une cible de choix. Les Génois et les seigneurs de Mare durent même consentir au corsaire Acarese le droit de faire relâche dans la calanque d'Agnello, non loin de la Giraglia.

Pour se protéger, les Cap-Corsins élevèrent 32 tours de guet rondes sur le littoral dont beaucoup subsistent, plus ou moins bien conservées, et les notables firent édifier des tours carrées qui pouvaient servir de refuge à la population des hameaux voisins.

Un pays de marins – Les Cap-Corsins furent à l'origine des premiers comptoirs français créés au 19e s. en Afrique du Nord et un grand nombre d'entre eux émigrèrent dès le milieu du 18e s. aux États-Unis, en Amérique du Sud et aux Antilles.

De nombreux stratèges ont vu le jour au Cap Corse. En 1571, à la bataille de Lépante, le Cap-Corsin Ambroise de Negroni décida de la victoire de la flotte chrétienne en désorganisant l'aile gauche de la flotte turque. C'est un Francheschi, du Cap lui aussi, qui conduisit au 16e s. les nefs portugaises aux Indes.

Au 19e s., le navigateur **Dominique Cervoni**, originaire de Luri, sillonna les mers australes et fut prit pour modèle par le romancier anglais Joseph Conrad, dans *Le Miroir de la mer*.

Une région en marge – Au 17e et au 18e s., le Cap, viticole et commerçant, était la région la plus évoluée de Corse. Tandis que la plus grande partie de l'île vivait en autarcie, le Cap Corse participait pleinement au trafic maritime en Méditerranée. Certains patrons

---

Tours génoises

Construites à l'instigation de la puissance tutélaire, Gênes, les tours assuraient essentiellement une fonction d'observation et d'alerte de la population pour lui permettre de se réfugier dans les zones sûres de l'arrière-pays. Jusqu'au 18e s., des règles très strictes, établies par les Génois, régissaient la garde des tours de guet ourlant le littoral corse. Voici quelques extraits des obligations des veilleurs, les torregiani.

– Monter chaque soir après le coucher de soleil pour vérifier l'absence d'approche barbaresque, et ensuite selon le cas communiquer avec les tours avoisinantes par les feux conventionnels.
– Interdiction de s'absenter plus de deux jours, et pour un guetteur à la fois. Défense est faite aux gardiens de payer des remplaçants.
– Obligation de renseigner tous les navigateurs qui interrogent les guetteurs sur l'état de sécurité de la route empruntée.

Des fonctions de préleveurs de taxes sur les bateaux de passage étaient également échues aux guetteurs.

Actuellement, la soixantaine de tours subsistante fait l'objet de programmes de restauration et parfois d'illumination par batterie solaire.

de bateaux quittèrent le négoce proprement dit pour se mettre au service de marchands bastiais comme transporteurs. Le Cap abritait des chantiers de construction navale où les artisans locaux édifiaient des bâtiments de commerce génois. Lié à Gênes par tant d'intérêts économiques, le Cap Corse fut longtemps un foyer de résistance à la révolution corse du 18ᵉ s. Paoli se heurta, dans ses efforts pour armer une flotte nationale, au manque de motivation des marins cap-corsins, guère tentés d'abandonner les profits du commerce pour les risques de la course contre Gênes. Il fit construire et arma cependant une douzaine de navires corsaires qui ébranlèrent la puissance génoise *(voir à Macinaggio)*.

Dialecte – Les contacts fréquents avec la Toscane, en particulier avec Pise et Livourne, ont fortement influencé la langue et le tempérament des Cap-Corsins. Ceux-ci parlent, en effet, un dialecte italien riche en particularismes toscans. Aussi le philosophe Falcucci, de Rogliani, auteur du « Vocabulario Corso », a-t-il pu dire que le dialecte cap-corsin était « le plus pur des idiomes italiens ».

Les demeures d'Américains – L'immigration cap-corsine vers l'Amérique du Sud très importante jusqu'au début du 20ᵉ s. a joué un rôle dans l'architecture de la région. Les immigrés ayant fait fortune notamment à Porto Rico et au Venezuela (dont un président de la république était d'origine corse) firent bâtir dans leur village d'origine de somptueuses demeures à l'allure de palazzi Renaissance italienne ou de style colonial sud-américain.

A la sortie d'un hameau ou au détour d'un vallon, le visiteur peut apercevoir ces témoignages de la réussite des immigrés. La plupart restent des propriétés privées et ne se visitent pas. Les plus remarquables se situent à : Sisco (villa St-Pierre), Cannelle (palais Marcantoni), Metino (château Piccioni), Morsiglia (hameau de Pecorile : palais Ghjelfucci) et également à Rogliano.

★★TOUR DU CAP

Circuit au départ de Bastia *179 km – 2 jours – Schéma p. 133*

Le Syndicat Intercommunal du Cap Corse ⊙ à Bastia fournit d'utiles indications sur les localités à visiter.

Cette excursion peut s'effectuer en une journée, mais nous conseillons de lui consacrer 2 jours en faisant étape à Porticciolo, Macinaggio, Centuri, Pino ou Nonza (prévoir 1 jour supplémentaire pour l'ascension du Monte Stello). Vérifier le niveau d'essence de la voiture, car il n'existe que quelques postes sur le parcours : Lavasina, Santa Severa, Macinaggio, Morsiglia et Pino.

La route est assez facile sur la côte Est, mais plus difficile sur la côte Ouest : parfois la route en corniche est assez étroite et requiert une conduite très attentive et une allure modérée et constante.

★★Bastia – *Voir à ce nom.*

Après avoir longé la plage de Toga, la route en corniche suit le littoral.

Miomo – *Voir les Environs de Bastia.*

Lavasina – *Voir à ce nom.*

★★Monte Stello – *Voir à ce nom.*

Castello – *Voir à Erbalunga.*

★Erbalunga – *Voir à ce nom.*

Au Nord d'Erbalunga, le paysage devient plus sauvage et les pentes se couvrent de maquis. La route est taillée en corniche ou court au niveau du rivage, longeant de jolies anses au fond desquelles se développent de petites marines.

Sisco – *Voir à ce nom.*

Environ 4 km au-delà de la Marine de Pietracorbara, s'élève sur la gauche la **tour de Losse**, puis à 7 km au Nord de Santa Severa, sur un promontoire, la tour génoise de Meria.

Entre Sisco et Macinaggio, la route traverse plusieurs zones de chênes verts. Peu avant Macinaggio apparaît la vigne.

Quitter la D 80 avant Macinaggio et prendre à gauche la D 353.

Tomino – L'église, la chapelle de la confrérie, de style baroque, et une tour génoise dominent le village, bâti sur un éperon rocheux fréquemment venté. Du parvis de l'église, la **vue★★** plonge sur la baie et le port de Macinaggio et s'étend au loin sur les îles Finochiarola et Capraja.

Tomino aurait été un des premiers foyers du christianisme en Corse au 6ᵉ s. Les habitants de Tomino partagent aujourd'hui avec leurs voisins de Rogliano l'exploitation du vignoble. Cette région du Cap produit en effet un muscat apprécié.

Cap Corse – Site protégé de Capandula

E. Baret

⌂ **Macinaggio et le sentier du littoral** – Le sentier du littoral relie Macinaggio au port de Centuri. Il peut être parcouru indifféremment depuis ses deux extrémités ou depuis Barcaggio. Se reporter à ces noms pour la description.

A partir de Macinaggio, la route s'éloigne de la côte, s'élève dans la montagne et coupe le Cap vers l'Ouest. A 2 km du village, prendre sur la gauche la route qui monte à Bettolacce (commune de Rogliano) (D 53), dite « Chemin de l'Impératrice ». Elle offre de belles vues sur les hameaux de cette commune.

★**Rogliano** – *Voir à ce nom.*

En continuant la D 53, on rejoint la D 80 que l'on suit jusqu'à Ersa.

La route domine sur la droite un paysage de vallées et de collines plongeant vers la mer.

Ersa – Au hameau de Botticella, dans l'église Ste-Marie, un beau tabernacle baroque en bois sculpté orne l'autel.

Quitter la D 80 à Ersa en prenant sur la droite la D 153, puis D 253.

Après une longue course à travers le maquis et avant d'atteindre ce hameau, on découvre, à un détour de la route, la mer et **l'îlot de la Giraglia** à l'extrême Nord du Cap Corse qu'il veille de son phare. L'extrémité du Cap Corse, entre la pointe du Becco et les îles Finochiarola, contraste par son aspect sauvage avec le reste de la péninsule. Ce qui faisait jusqu'ici la beauté du paysage cap-corsin a disparu. Les vallons comme les hauteurs, tout est recouvert de maquis, dont la sévérité n'est cependant pas dépourvue de grandeur.

Barcaggio – Paisible petit port situé au fond d'une petite baie, face à la Giraglia.

★**Sentier des douaniers** – Possibilité au départ de Barcaggio d'emprunter le sentier balisé épousant les sinuosités du littoral, soit vers l'Ouest (Tollare, sémaphore de Capo Grosso et Centuri) en un parcours total de 4 h ; soit vers l'Est pour rejoindre Macinaggio au terme d'une promenade de 3 h 30. Dans les deux cas, il est indispensable d'être repris en véhicule au terme de ces randonnées *(voir à Macinaggio).*

Poursuivre la D 253 et tourner à gauche dans la D 153 ramenant à Ersa. De là reprendre la D 80 jusqu'au col de Serra qui, à 365 m d'altitude, échancre la ligne de crêtes du Cap Corse.

Belvédère du Moulin Mattei – *1/2 h à pied AR.* Du col *(parking),* suivre le chemin sur la droite qui monte au vieux moulin émergeant du maquis à 404 m d'altitude. Restauré au lendemain de la Première Guerre mondiale par le fabricant de spiritueux corses, cet ancien moulin à vent devint un précurseur de l'enseigne publicitaire moderne. Il offre un **panorama**★★ très étendu se développant de l'île de la Giraglia au Nord à l'anse de Centuri et à la côte rocheuse de l'Ouest.

Regagner la D 80 que l'on suit jusqu'à Camera, hameau de la commune de Centuri. Là, prendre à droite la D 35 en direction de Centuri mais abandonner cette route 1 km plus loin pour atteindre Cannelle.

★**Cannelle** – La route se termine à l'entrée de ce petit hameau accroché à la colline. Des venelles étroites, fleuries de géraniums, de gueules-de-loup et de passiflores, pavées de dalles de schistes, de marches taillées dans le roc, abritées de longs passages sous voûte font pénétrer dans un monde à l'écart de toute circulation.

La dernière maison franchie, une petite place cernée par des rochers à pic offre une source sous un portique blanc orné d'une statuette, encadré d'un abreuvoir et d'un lavoir, parmi les raquettes épineuses des figuiers de barbarie. Le regard plonge au-delà des pins et des aloès vers les monts qui dévalent jusqu'à la baie de Centuri.

Regagner la D 35 vers Centuri.

★**Centuri** – *Voir à ce nom.*

Prendre la D 35 vers le Sud.

La route dévoile, au-delà des escarpements de la côte, le golfe de St-Florent, le Nebbio qui ferme l'horizon, et en arrière-plan les sommets enneigés du Monte Cinto et du Monte Padro. Ce panorama familier ira se précisant au gré des caprices de la route. A 2,8 km de Centuri, on trouve sur la gauche la route qui conduit à l'ancien **couvent de l'Annonciation**, dédié à Notre-Dame des Sept Douleurs. Il aurait été fondé par les Servites de Marie à la fin du 16ᵉ s. L'église du couvent passe pour être la plus grande du Cap Corse. L'association universitaire Strasbourg-Morsiglia y entretient depuis 1926 son centre de séjour. *(On ne visite pas.)*

Morsiglia – Cette commune s'étage jusqu'à la mer. Son hameau principal, ceint de hautes falaises, est gardé par de grosses tours carrées.

La route devient plus étroite et domine de façon spectaculaire les indentations de la côte. Les pentes forment un moutonnement vert où dominent houx et cistes blancs.

Peu avant le hameau de Ciocce (commune de Pino), prendre à gauche la D 180 qui s'enfonce dans les terres.

Col de Ste-Lucie – Alt. 381 m. Dans un joli bois de pins maritime s'élève la chapelle Ste-Lucie (1815). **Vue**★ sur la mer et le golfe d'Aliso.

Juste après la chapelle, emprunter la route étroite montant en lacet parmi les pins.

Tour de Sénèque – *Accès et description, voir à ce nom.*

Luri – *5,5 km au départ du col de Ste-Lucie par la D 180.*

Cette commune s'éparpille en plusieurs hameaux dans une vallée verdoyante ouverte sur la côte orientale et bien abritée des vents du Sud-Ouest et du Nord-Ouest (libeccio et maestrale). Dans le hameau de **Piazza**, l'**église St-Pierre** ⊙ du 17ᵉ s. abrite derrière l'autel une peinture sur bois de la fin du 16ᵉ s. illustrant la vie de saint Pierre. Le paysage en arrière-plan représenterait les châteaux forts du Cap Corse au 15ᵉ s., en particulier ceux des seigneurs da Mare ; à droite le présumé **château de San Colombano** *(p. 175)* à Rogliano, rasé au 16ᵉ s. ; à gauche, haut perchée, la **tour des Motti** dont les ruines servirent à édifier l'actuelle tour de Sénèque et, à ses pieds, le **château des Motti** qui fit place à un couvent, au 16ᵉ s.

Faire demi-tour pour rejoindre la D 80.

La mer apparaît alors brusquement, toute proche. La descente du col offre de belles **vues**★ sur le golfe d'Aliso et les hameaux de Pino.

★**Pino** – *Voir à ce nom et la variante ci-dessous.*

La D 33 en corniche domine la route côtière, franchit le col de la Montagne Minervio. Les villages s'étagent à flanc de colline avec leurs anciennes cultures en terrasses cernées de murets de pierres sèches. Des torrents dévalent les pentes. Les oliviers et les vignes font place au maquis. Des trouées dans la verdure laissent deviner les abrupts et la route inférieure. Une **vue**★ superbe sur le cap Minervio et la marine de Giottani apparaît, avant de prendre à gauche la route vers Canari.

CAP CORSE

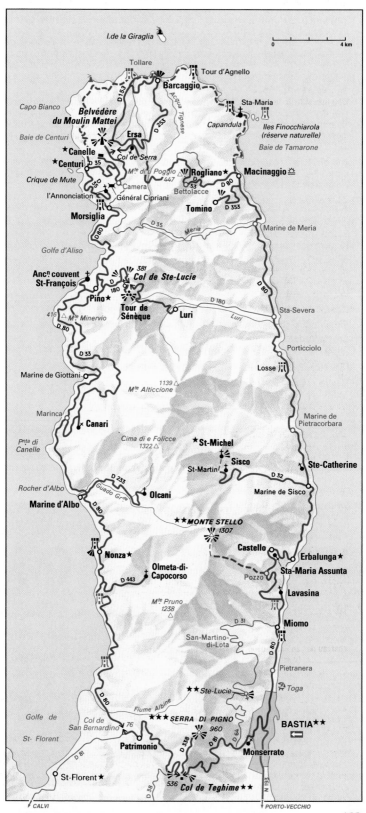

I.de la Giraglia

Tollare

Tour d'Agnello

Barcaggio

Sta-Maria

D 153

Acqua Tignese

Capo Bianco

Belvédère
du Moulin Mattei

Ersa

Capandula

Iles Finocchiarola
(réserve naturelle)

Baie de Centuri

D 253

Baie de Tamarone

★ Canelle

Col de Serra

M^{te} di U Poggio
447

Rogliano ★

Macinaggio

★ Centuri

D 35

Crique de Mute

D 80

Camera

D 53

Bettolacce

D 80

l'Annonciation

Général Cipriani

Tomino

D 353

Morsiglia

D 80

D 35

Meria

Marine de Meria

Golfe d'Aliso

Ancⁿ couvent
St-François

381

Col de Ste-Lucie

D 180

D 80

Pino ★

Tour de
Sénèque

Luri

D 180

Luri

Sta-Severa

416

△ M^{te} Minervio

D 80

D 33

Porticciolo

Marine de Giottani

1139 △
M^{te} Alticcione

Losse

Marinca

Canari

Marine de
Pietracorbara

P^{nta} di
Canelle

Cima di e Folicce
1322 △

★ St-Michel

St-Martin

Sisco

Ste-Catherine

D 32

D 233

Guado Gr^{de}

Olcani

Marine de Sisco

Rocher d'Albo

D 80

Marine d'Albo

★★ MONTE STELLO
1307

Nonza ★

Castello

Erbalunga ★

Olmeta-di-
Capocorso

Pozzo

Sta-Maria Assunta

D 443

Lavasina

M^{te} Pruno
1238
△

Miomo

D 31

San-Martino-
di-Lota

D 80

Pietranera

Toga

D 80

★★ Ste-Lucie

Golfe de
St- Florent

Flume Albine

★★★ SERRA DI PIGNO

BASTIA ★★

Col de
San Bernardino

76

960

D 81

D 64

Patrimonio

D 358

Monserrato

D 81

St-Florent ★

D 38

536 Col de Teghime ★★

N 193

CALVI

PORTO-VECCHIO

0   4 km

Canari – *Voir à ce nom.*

Revenir à la D 33 et descendre sur Marinca, pour retrouver la D 80.

Variante par la D 80 – La D 80, de meilleure viabilité, domine de plus près la côte. Au-delà de Pino, la route contourne par l'Ouest la pyramide du Monte Minervio plongeant dans la mer ; des murets retiennent la terre en terrasse. La **Marine de Giottani** apparaît nichée au fond d'une anse profonde. La couleur ocre des roches fait place à un blanc schisteux, le maquis s'éclaire de touffes de genêts parmi les éboulis. La route longe les bâtiments de l'ancienne mine d'amiante de Canari *(voir à ce nom),* puis le rocher d'Albo avant de descendre au fond de la baie du Guado Grande.

Marine d'Albo – Plage de galets. Ce hameau de pêcheurs installé sous la protection d'une tour de guet se blottit au fond d'une petite baie. En 1588, une véritable flotte barbaresque (92 navires) y mouilla pour se livrer à une razzia spectaculaire dans l'intérieur : le hameau d'Ogliastro fut détruit et 40 habitants enlevés.

Chapelle pré-romane d'Olcani – *1/4 h par la D 233, en direction d'Ogliastro que l'on laisse sur la gauche.* Après 6,5 km d'une route très étroite qui s'enfonce dans la montagne, 500 m avant Olcani, on aperçoit sur la droite, à 200 m sur la hauteur, émergeant à peine du maquis, les murs et le chevet circulaire à arcatures aveugles de cet édifice à l'abandon et sans toiture. Le cul-de-four porte des traces de polychromie. L'autel médiéval est encore en place sous les ronces. Cette chapelle, placée sous le vocable de San Quilico, fut élevée au 10ᵉ s.

★**Nonza** – *Voir à ce nom.*

Olmeta-di-Capo-Corso – *3 km après Nonza, prendre la D 433 vers le hameau principal.* A l'amorce du village, se dresse l'**église** ⊘. Elle renferme de beaux objets sacerdotaux et quelques tableaux du 18ᵉ s. provenant de l'ancien couvent de Nonza.

Revenir sur le littoral et poursuivre sur la D 80.

Peu avant Patrimonio, la transition très marquée d'un univers sauvage à un autre plus verdoyant et souriant indique que l'on atteint les portes du Nebbio *(p. 141).*

Patrimonio – *Voir à ce nom.*

★★**Col de Teghime** – *Voir à ce nom.*

Sur le versant oriental du col, la route, sinueuse, descend sur Bastia.

Oratoire de Monserrato – *Voir les Environs de Bastia.*

★★**Bastia** – *Voir à ce nom.*

CARBINI

95 habitants

Carte Michelin n° 90 pli 8 – 8 km au Sud-Est de Levie – Schéma p. 73

Carbini occupe un site de seuil dans les hautes collines granitiques du Sartenais où, au 2ᵉ s. de notre ère, le géographe grec Ptolémée avait déjà relevé l'existence d'une occupation humaine très ancienne. Le village, avec son haut campanile, se voit à des kilomètres à la ronde.

Les Giovannali (Ghjuvannali) – Le mouvement des Giovannali, dissidence religieuse d'une confrérie de tertiaires franciscains d'une centaine de personnes, prit naissance à Carbini au milieu du 14ᵉ s. Selon certains, ses adeptes doivent leur appellation de « Giovannali » au nom de leur prédicateur, le frère Giovanni Martini, selon d'autres, ce nom viendrait de l'église San Giovanni de Carbini où ces dissidents se réunissaient. Ils se caractérisaient par leur opposition, au nom de la pauvreté, à tout ordre établi. Dans le contexte déjà troublé du 14ᵉ s., l'affaire semble avoir été très vite prise au sérieux par l'évêque d'Aléria qui les excommunia. Le mouvement dégénéra alors en véritable révolte contre toute autorité et s'étendit géographiquement dans tout l'Est de l'île. Taxé d'hérésie, il fut réprimé dans la violence.

G. du Chazaud

Carbini – Le campanile de San Giovanni

★**Église San Giovanni** – Cette superbe église piévane fait partie d'un ensemble qui comprenait deux églises, un campanile et un baptistère. Seuls subsistent de nos jours l'église San Giovanni et le campanile voisin isolé. Entre l'église et le campanile, on a retrouvé lors de fouilles archéologiques les bases d'une église San Quilico. L'église San Giovanni remonte probablement à la fin du 11e s. et relève des débuts de l'art roman pisan en Corse. Elle vaut par son bel appareillage en moellons de granit et par son décor d'arcatures et de modillons qui règne en corniche et sur les frontons. Lors de la tournée qu'il effectua en Corse en octobre et novembre 1893, Prosper Mérimée fut conquis par Carbini. Il devait écrire dans son rapport au ministre : « Ce clocher, très svelte et très élégant, produit un admirable effet dans le paysage lorsque, éclairé par le soleil couchant, il se détache sur les sombres montagnes du Coscione... » Mérimée tenait ce campanile pour le plus ancien de Corse. Il demanda sa restauration ; on dut en grande partie le reconstruire, car il était en très mauvais état.

CARCHETO ★

19 habitants
Carte Michelin n° 90 pli 4 – Schéma p. 140

Ce village de Castagniccia a la particularité d'abriter sur le territoire de sa commune une carrière d'exploitation de **vert d'Orezza**. Le vert d'Orezza est une variété très dure d'ophiolite d'une exceptionnelle beauté. On ne trouve cette roche ornementale nulle part ailleurs qu'en Corse, dans un périmètre bien défini à l'intérieur du canton d'Orezza-Alesani.

A l'image d'autres villages de Castagniccia, Carcheto eut un passé mouvementé. L'un de ses épisodes particulièrement cruel fut, au début de ce siècle, le dépeuplement causé par les assassinats du bandit François-Marie Castelli ; sa maison, couverte de lierre, se trouve au bas du village, au milieu des ruines près de la chapelle San Sebastien.

★**Église** ⊙ – L'église de Carcheto est peut-être l'un des monuments religieux les plus émouvants de la Corse des 17e et 18e s. Loin de l'ostentation précieuse et un peu conventionnelle des grands édifices baroques comme la cathédrale Ste-Marie de Bastia ou l'église de Cervione, Carcheto est une œuvre d'artistes locaux, pleine d'une fraîcheur naïve exprimant une vive piété populaire.

Elle s'orne d'un monumental clocher ajouré. Sur sa façade principale, corniches, pilastres, colonnes engagées et niches composent un ensemble harmonieux. La chaude couleur de la pierre contraste avec les taches noires des trous de boulin.

L'intérieur témoigne d'un débordement d'imagination dans l'emploi des couleurs et des stucs. Les peintures du chemin de Croix sont de 1790. Voir aussi une Vierge à l'Enfant en albâtre, du 18e s., peut-être italienne. Le maître-autel au pied duquel sainte Marguerite a été représentée allongée, est surmonté d'un monumental tabernacle en bois polychrome. Derrière le maître-autel, remarquer le mobilier de sacristie. Les chapelles latérales à la nef, comme les bras du transept, ont reçu un décor mélangeant stucs, trompe-l'œil et couleurs vives autour d'un autel-tombeau. Les orgues proviennent du couvent d'Orezza (voir à ce nom).

Carcheto – Chemin de Croix

Pour tout ce qui fait l'objet d'un texte dans ce guide (villes, sites, curiosités isolées, rubriques d'histoire ou de géographie, etc.), reportez-vous à l'index.

CARGÈSE★

Carghjese – 915 habitants
Carte Michelin n° 90 pli 16 – Schéma p. 204

Sur le promontoire qui ferme au Nord le golfe de Sagone, Cargèse, « village grec », vit de l'agriculture, de la pêche et du tourisme.

Une colonie grecque – Pour fuir l'occupation turque de 1670 dans le Magne (au Sud du Péloponnèse), des Grecs originaires d'Itilo demandent asile à la République de Gênes et, après plusieurs années de négociations, obtiennent en 1675 la concession en Corse de territoires inhabités dont celui de Paomia dans l'arrière-pays de Sagone. La Superbe s'engage à pourvoir à leur établissement en échange de leur fidélité. En janvier 1676, environ 600 Grecs arrivent à Gênes et, en mars, s'établissent sur leurs terres, construisent le village de **Paomia**, défrichent, plantent des vignes, des oliviers et des arbres fruitiers. Leur installation est cependant mal accueillie par les populations locales qui voient en eux des alliés de Gênes, et leur prospérité excite bientôt la jalousie des montagnards de Vico qui attaquent la colonie en 1715, puis en 1729 (début de la guerre d'Indépendance – *p. 33*) avec les Niolins. En 1732, ils doivent se réfugier à Ajaccio où Gênes leur offre des terrains. Ils y demeurent pendant 43 ans et y aménagent la chapelle des Grecs *(voir à Golfe d'Ajaccio)*.

L'édification de Cargèse – La Corse devenue française, les Grecs reçoivent en 1773 le territoire de Cargèse en compensation de la perte de Paomia et Marbeuf leur fait édifier les 120 maisons du village actuel et l'église de rite oriental.
Une cinquantaine de familles grecques comprenant moins de 200 personnes consentent à s'y établir en 1774. L'administration de la colonie est confiée à Marbeuf qui reçoit le titre de marquis de Cargèse en 1778.
Pendant la Révolution, des attaques corses au cours desquelles le village est incendié, obligent à nouveau les Grecs à se replier sur Ajaccio (1793). Quatre ans plus tard, sous le Directoire, seuls les deux tiers d'entre eux consentent à revenir.
Deux siècles durant, les Cargésiens formèrent une communauté jalouse de sa langue, de sa religion et de ses usages. Par la suite, les alliances avec les Corses, moins rares, permirent au village de vivre en paix. Aujourd'hui, seuls quelques patronymes distinguent les descendants des Grecs. Les fêtes liturgiques grecques continuent cependant à être célébrées avec ferveur.

★★LE SITE

Les eaux transparentes de la baie, aux reflets mêlés de saphir et d'émeraude, l'étincelant ruban de sable de la plage de Ménasina et l'amphithéâtre de falaises rouges auquel s'agrippe le village composent un splendide tableau, qu'il faut contempler depuis le belvédère de la pointe Molendino *(3 km à l'Est sur la D 81).*

CURIOSITÉS

Église latine – Ce petit édifice au clocher quadrangulaire fut construit au 19ᵉ s. pour répondre aux besoins de la population catholique de rite latin. Il présente un intérieur baroque très chargé utilisant la technique du trompe-l'œil (fausse chapelle du monument aux morts). De sa terrasse, la **vue**★ embrasse le golfe de Sagone.

Église grecque de Cargèse – Icône des Trois Hiérarques

Église grecque – Face à l'église latine, ce sanctuaire catholique de rite oriental a été élevé de 1852 à 1870 à l'emplacement de l'église primitive devenue trop petite. Le sanctuaire y est séparé de la nef par une iconostase (1886), cloison de bois décorée d'images saintes sur fond d'or. Parmi les icônes apportées par les premiers colons, noter, à gauche de l'iconostase, un Saint Jean Baptiste ailé, du 16e s. ; à droite, les trois « Hiérarques » pères de l'Église grecque, Basile, Grégoire et Jean Chrysostome ; sous la tribune de l'entrée, l'**Epitaphios** (Mise au tombeau), peinture sur bois du 13e s. représentant l'ensevelissement du Christ. Derrière l'iconostase, sur le côté droit du maître-autel, se trouve une icône du 16e s. représentant la Sainte Vierge au ciel avec l'Enfant Jésus, entourée d'anges et de deux saints qui la contemplent : saint Nicolas de Myre et saint Spiridon, le saint patron de l'église. De la terrasse, bordée de micocouliers, belle vue sur le golfe de Sagone.

LES PLAGES

Plage de Pero – *1 km au Nord.* Elle s'étend au fond du golfe de Pero fermé par les Pointes de Cargèse et d'Omigna couronnées d'une tour génoise.

Plage de Chiuni – *6 km au Nord.*
Gardé par une tour génoise, le golfe de Chiuni, très profond, offre une grande plage de sable bordée de buissons de lentisques, où s'est établi un village de vacances. Le lieu est magnifique.
Plus au nord, dans la baie de Topiti, débarqua, dans la nuit du 13 au 14 décembre 1942, la mission du sous-marin *Casabianca (voir à Cote de Nacres)* qui établit la première liaison entre Alger et les patriotes corses (plaque commémorative sur la D 81 au pont de Chiuni).

Plage de Ménasina – *2,5 km au Sud.* Elle occupe une baie protégée par les pointes de Cargèse et de Molendino.

Plage de Stagnoli – *7,5 km au Sud.* Belle plage de sable fin, équipée pour la pratique de la voile et de la planche à voile.

La CASINCA★

Carte Michelin n° 90 plis 3, 4

Cette petite région de collines couvertes d'oliviers et de châtaigniers constitue le versant oriental du Monte Sant'Angelo, entre le Golo et le Fium'Alto. C'est en quelque sorte le rebord Nord-Est, tailladé par les torrents, de la Castagniccia.
C'est une des contrées les plus peuplées de Corse. Sa plaine côtière longtemps inhabitée en raison de son insalubrité participe aujourd'hui à la mise en valeur de la plaine orientale. Son sol, particulièrement fertile, permet la culture de la vigne sur les coteaux, des agrumes et des céréales. La culture du tabac a été abandonnée, mais celle du kiwi est en pleine expansion.
Groupés sur des éminences, les villages dominent l'étang de Biguglia, la plaine littorale, le détroit toscan et ses îles.

DE CASAMOZZA A CASTELLARE-DI-CASINCA

48 km – Environ 1/2 journée – Schéma p. 122

Casamozza – Ce hameau fut le point de départ de la ligne de chemin de fer qui longeait naguère la côte orientale de la Corse ; en service dès 1888 dans sa partie Nord, elle n'atteignit Porto-Vecchio qu'en 1935. La voie, endommagée pendant la dernière guerre, ne fut pas reconstruite.

Prendre au Sud la N 198 vers Aléria. Après avoir franchi le Golo, prendre la 2e route à droite (D 10).

Olmo – Ce village en amphithéâtre offre une vue sur la vallée du Golo.

Faire demi-tour.

La descente sur la N 198 procure de beaux coups d'œil sur la plaine orientale.

Continuer la N 198 vers Aléria et, à Torra, emprunter la 1re route à droite.

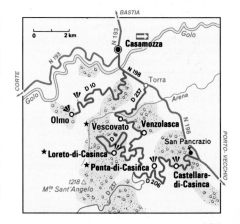

★**Vescovato** – *Voir à ce nom.*

Venzolasca – De hautes maisons très serrées bordent la rue étroite. Un campanile élancé, l'aspect massé du village bâti sur une croupe en belvédère confèrent à Venzolasca une silhouette très particulière.

Suivre la D 237 jusqu'à l'embranchement où l'on tourne à droite dans la D 6 qui monte en lacet à Loreto.

★**Loreto-di-Casinca** – Pittoresque village bâti sur une terrasse et dominé par le Monte Sant'Angelo. Une longue rue, bordée de maisons en schiste vert, conduit à l'église et au campanile qui dominent la plaine littorale. De ce belvédère s'offre une **vue**★★ pittoresque sur les vieux toits de lauzes, les terrasses cultivées, les villages perchés de la Casinca et, au loin, sur la plaine orientale, l'étang de Biguglia, Bastia et la mer.

Reprendre la D 6 ; à l'embranchement tourner à droite et aussitôt à gauche.

★**Penta-di-Casinca** – A l'entrée du village, la place communale est un belvédère sur l'opulente plaine orientale et Bastia. Ce gros bourg agrippé à un éperon schisteux et organisé autour d'une rue principale constitue, par son homogénéité, un modèle des villages perchés corses. La visite des venelles transversales permet de pénétrer au cœur même de ce vieux village dont les maisons ne manquent pas de caractère : beaucoup conservent des pièces voûtées et de vieux escaliers derrière leurs façades sobres et patinées.

Dans le centre, sur une placette, un minuscule oratoire abrite une toile d'art populaire représentant l'Annonciation.

Les vieilles toitures, le haut fronton dépassant des toits et le fin campanile à étages de l'église baroque, construite en schiste, donnent beaucoup de personnalité à ce gros bourg, le deuxième de la Casinca, en importance, après Vescovato. Noter les cultures en terrasse, au pied du village.

Castellare-di-Casinca – Ce village, le dernier du balcon sur la plaine, jouit encore d'une belle vue. Arrivant dans la plaine, la route qui descend de Castellare-di-Casinca rejoint la N 198. Juste avant, s'élève sur la gauche la **chapelle San Pancrazio** dont l'admirable chevet à trois chapelles remonte au 10ᵉ s.

La CASTAGNICCIA★★

Carte Michelin n° 90 plis 4, 5

La Castagniccia est une région qui a gardé sa forte personnalité avec ses innombrables collines et petites montagnes tapissées de profondes châtaigneraies parsemées de mille hameaux au profil de forteresses.

Le soir, au coucher du soleil, les villages cloués sur leurs crêtes par leurs lourds toits de lauzes sont les dernières taches de lumière, accrochant le jour déclinant.

Les routes étroites et tourmentées semblent prendre un malin plaisir à virevolter sans fin d'une vallée à l'autre, détaillant à l'infini les circonvolutions d'un relief incroyablement complexe. Le Monte San Petrone, du haut de ses 1 767 m souvent nimbés d'une légère brume, affirme le caractère montagnard de la Castagniccia.

Cette véritable région naturelle est bordée au Nord par l'étroite vallée du Golo, à l'Ouest par le sillon central, au Sud par le Bozio *(voir à ce nom)* longtemps resté presque impénétrable. A l'Est, la Castagniccia vient finir en balcon sur la plaine orientale.

Haut lieu du patriotisme – La Castagniccia a joué au 18ᵉ s. un rôle historique important. Pendant la « guerre d'Indépendance », elle fut l'un des principaux foyers de révolte de l'île. Les patriotes se réunirent souvent en consulte dans ses couvents : dans celui d'Orezza, le clergé proclama la guerre de libération contre Gênes, dans celui d'Alesani, le baron Théodore de Neuhoff fut proclamé roi de Corse et à Rostino Pascal Paoli se fit élire général de la Nation.

La Castagniccia vit naître de grands patriotes : à Morosaglia, Pascal Paoli ; à Talasani, Louis Giafferi ; à Saliceto, le député du Tiers État Salicetti.

TERRE DU CHÂTAIGNIER

Castagniccia : ce nom évocateur paraît s'être imposé vers le milieu du 17ᵉ s.

Les grandes plantations de châtaigniers en Corse ne commencent qu'au 15ᵉ s., sous la domination génoise, pour se développer aux 16ᵉ et 17ᵉ s. et dominer au 18ᵉ s., principalement en Castagniccia. La palynologie (étude des pollens) a montré cependant que le châtaignier était présent en Corse dès l'époque néolithique.

Cet arbre majestueux atteint une vingtaine de mètres de hauteur et son tronc vigoureux, revêtu d'une écorce gris argenté et fendillée, dépasse souvent 2 m de diamètre. Ses branches largement étagées procurent un ombrage apprécié pendant les chaudes journées d'été. Il fleurit en mai et en juin.

L'œuvre des Génois – Les Génois, qui avaient découvert les bienfaits de « l'arbre à pain » dans l'Apennin, voulurent développer la castanéiculture en Corse. Il leur fallait pour cela modifier l'ensemble du système agricole, les montagnards de l'île étant avant tout des éleveurs et des céréaliculteurs *(1)*. En 1584, le gouverneur génois signe une première ordonnance obligeant tous les propriétaires et fermiers à planter chaque année quatre arbres fruitiers, sous peine de 3 livres d'amende par arbre non planté. Les espèces recommandées sont le mûrier, le figuier, l'olivier et le châtaignier.

C'est dans la future Castagniccia que les ordonnances génoises (1619, 1649, 1699...) obtiendront un réel succès. Cela se comprend si l'on rapproche la capacité nourricière du châtaignier de la forte densité de population du Nord-Est de l'île : la centaine d'habitants au km^2 est atteinte au 17e s.

Le triomphe de « l'arbre à pain » – Dès la fin du 16e s., des querelles éclatent un peu partout en Corse, entre arboriculteurs et bergers. C'est en Castagniccia que les arboriculteurs s'imposeront pour la première fois face aux éleveurs.

Vers 1770, le châtaignier occupe en Castagniccia plus de 70 % des surfaces cultivées. C'est de cette époque que date toute une littérature due à des « technocrates » français imbus des « Lumières » établissant un lien entre la culture du châtaignier et une paresse présumée des Corses : le châtaignier serait « immoral », car fournissant des fruits presque sans travail (ce qui est faux d'ailleurs). Un tel amalgame témoigne d'une profonde ignorance des réalités insulaires. On ne voit pas, par exemple, comment les habitants d'une commune comme Piedicroce, qui s'entassent à 141 h. au km^2 en 1786 et qui cultivent 98,8 % du territoire communal, pourraient survivre sinon grâce au châtaignier. Dans les terres relativement pauvres de la Castagniccia, une châtaigneraie bien entretenue représente une capacité nutritive trois fois supérieure en calories à celle de la même terre ensemencée en céréales.

Les plantades de châtaigniers vont rester importantes durant tout le 19e s. en Castagniccia, ce que la poursuite de l'essor démographique explique aisément. A l'époque, la région compte encore parmi les plus prospères de l'île. En 1880, la châtaigneraie couvre 33 000 ha et produit plus de 3 000 tonnes de châtaignes.

Une économie originale – La quasi-monoculture du châtaignier fut à l'origine d'une économie originale en Castagniccia. La subsistance des habitants reposait sur l'exploitation de « l'arbre à pain » : surnom sans exagération, puisque l'on estime que 100 g de châtaignes fraîches apportent 200 calories, tandis que 100 g de pain complet en apporte 230. Corrélativement, de nombreux élevages de porcs en semi-liberté, nourris aussi de châtaignes, fournissaient une charcuterie remarquable.

Une partie des châtaignes récoltées était commercialisée : soit troquée contre d'autres denrées comme l'huile, le vin ou les agrumes ; soit vendue pour fournir les ressources monétaires indispensables au paiement des impôts.

L'artisanat était florissant : serrurerie, coutellerie, cordonnerie, confection de chaises et de paniers, fabrication à Orezza de meubles et de pipes en souche de bruyère.

La maison traditionnelle *(p. 42)* couverte d'un toit de lauzes comprend généralement un rez-de-chaussée à demi enterré, réservé aux animaux et aux provisions, et au 1er étage une vaste pièce où trône l'âtre où l'on brûle des bûches pour assurer le séchage des châtaignes placées dans le grenier sur un plancher à claire-voie sous lequel sont suspendus les jambons et figatelli. La fumée s'échappe par le toit.

La vie de l'« arbre à pain »

Il faut environ 15 ans pour obtenir une première récolte après avoir soigné, greffé et protégé le jeune arbre. La récolte débute à l'automne ; jusqu'à fin novembre, des familles entières passent leur journée courbées à saisir les bogues et les châtaignes nues avec une petite fourche de bois (la ruspula). La récolte est ensuite transportée au séchoir (siccatoghju) pour y être étalée sur des claies au-dessus du fucone *(voir p. 42)*. Après une période de séchage pouvant durer 3 semaines, a lieu l'opération de battage. On place les châtaignes décortiquées dans des sacs en peau de porc d'une contenance de 5 kg pour les jeter à la force du bras sur un billot de bois. Au terme de cette opération, répétée au moins une trentaine de fois, la peau extérieure de la châtaigne est retirée et la récolte est mise à sécher dans un four tiède qui permettra d'enlever la deuxième peau fine. Les châtaignes sont alors expédiées au moulin.

On distingue en Corse plusieurs catégories de châtaignes : celle de qualité et de belle taille, l'insitina ; la tricciuta qui se ramasse en bouquets de bogues ; la pitrina (ou tuile) de forme plate et la villana, rustique destinée à la consommation animale. Les deux premières fournissent en mélange la farine la plus appréciée.

---

(1) Sur l'histoire du châtaignier de l'Antiquité à nos jours, voir le livre de J.-R. Pitte : « Terres de Castanide », Fayard – 1986.

① DE PONTE LECCIA A MORIANI-PLAGE

82 km – Compter une journée – Schéma ci-dessous

Cet itinéraire empruntant la D 71, puis la D 330 traverse les anciennes «pièves» de Rostino, d'Ampugnani, d'Orezza et d'Alesani. Il offre une excellente vue d'ensemble de ce pays aux villages joliment situés sur les versants exposés au soleil.

Ponte Leccia – Cette bourgade est un important nœud de communications, à la bifurcation des routes vers Corte, Bastia et Calvi d'où se détache la D 147 vers la station du Haut-Asco. C'est aussi le carrefour ferroviaire de l'île, point de jonction des lignes de Bastia, Calvi et Ajaccio.

De Ponte Leccia, suivre la D 71 en direction de Cervione

La route offre de jolies **vues** à droite sur le massif du Rotondo, en arrière sur les aiguilles rouges de Popolasca et les montagnes de l'Asco. Elle s'élève à travers les châtaigneraies dominant sur la droite la vallée verdoyante de la Casaluna, affluent du Golo.

Santa Maria de Valle-di-Rostino – *5 km au départ du Bocca a Serna par la D 15. Laisser le village sur la droite et continuer la route sur 500 m environ.*
A gauche, une piste carrossable conduit aux ruines de cette chapelle d'un roman primitif, se trouvant sur la droite. Remarquer le chevet construit en pierres minces taillées dans des schistes bruns, gris ou verts, orné de pilastres et d'élégantes arcatures. L'ensemble daterait du 10e s.

St-Thomas de Pastoreccia – *6 km au départ du Bocca a Serna. Accès et description à ce nom.*

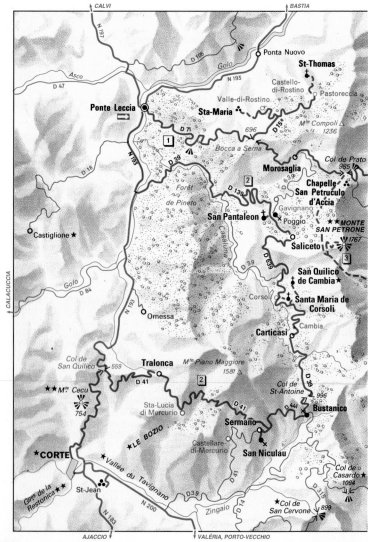

Morosaglia – *Voir à ce nom.*

La D 71 monte à travers les châtaigniers au **col de Prato** (alt. 985 m).

Chapelle ruinée San Petruculo d'Accia – *1/2 h à pied AR ; au col du Prato, prendre sur la droite, à la cabine téléphonique, le chemin carrossable qui part en direction du San Petrone. Au bout de 100 m, virage à droite à 90°. Laisser la voiture. 20 m plus loin, prendre à gauche une vague piste qui monte dans les genévriers, en direction du Sud, puis dans des châtaigniers. Laisser sur sa gauche le mamelon rocheux couronné de chênes verts. Continuer tout droit. Les ruines sont au sommet d'un petit col, entourées des restes d'un mur de pierres.*

De cette ancienne **église** isolée au flanc du San Petrone dans un paysage de moyenne montagne, subsistent l'élévation du chœur avec son abside et, dans son prolongement, les bases d'une nef de plan basilical. L'origine de ces ruines remonterait au 6e s., époque où le pape **Grégoire le Grand** (590-604) s'employa à créer dans une Corse spirituellement appauvrie de nouveaux foyers religieux, et à relever les sanctuaires détruits par les Barbares. Son action se marqua par un effort de pénétration du christianisme dans l'intérieur de l'île. On a connaissance de deux missives du pape à l'évêque d'Aléria, faisant état de la fondation d'un sanctuaire constitué d'une basilique et d'un baptistère, sur le « Mont Nigeuno » : la première, datant de 596, lui donne pour mission de consacrer le sanctuaire ; la seconde, un an après, l'autorise à y résider. D'après les résultats des fouilles archéologiques, les ruines de San Petruculo correspondraient à celles de la basilique. On n'a pas, à ce jour, trouvé trace du baptistère.

Chaque année, le 1er août, ce site paisible redevient un lieu de pèlerinage.

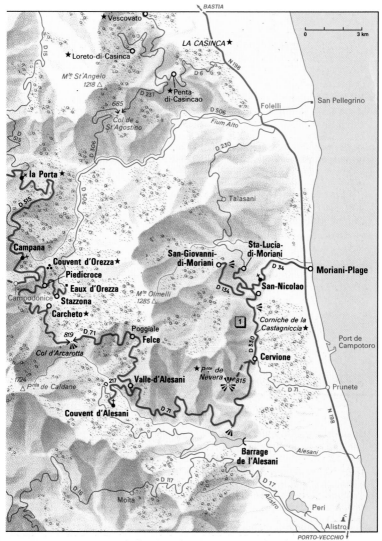

Castagniccia – Village de Carpineto

Le **col de Prato** est le point de départ le plus aisé pour l'ascension au Monte San Petrone★★ *(voir p. 144)*. Peu après le col de Prato se dégage une belle **vue**★ sur une grande partie de la Castagniccia, la mer Tyrrhénienne et l'archipel toscan.

De retour au col de Prato, reprendre la D 71 vers le Sud-Est sur 500 m, et prendre à gauche la route étroite qui va à Stoppia-Novia, puis à la Porta.

★**La Porta** – *Voir à ce nom.*

Par la D 515, regagner la D 71.

La route domine alors, en corniche, la vallée du Fium'Alto.

Campana – *Laisser la voiture sous les châtaigniers le long de la D 71 et gagner par des ruelles en escalier le haut du village qui s'adosse au Monte San Petrone.*
L'**église paroissiale St-André** ☉ abrite, derrière l'autel, une belle toile, l'Adoration des bergers, attribuée au peintre espagnol Francisco Zurbarán (1598-1664) ou à un de ses élèves ; en effet, par sa technique picturale et par les visages du type andalou, ce tableau se rattache à l'école de Séville du 17ᵉ s.

1 km avant Piedicroce s'élèvent, sur la gauche, d'imposantes ruines d'un couvent franciscain.

★**Couvent d'Orezza** – *Voir à ce nom.*

Piedicroce – *Voir à ce nom.*
Prendre la D 506 vers Forelli.

La route descend en lacet à travers une belle châtaigneraie.

Stazzona – Ce hameau reçoit les curistes venus prendre les eaux d'Orezza. Jolie vue sur Carcheto et son clocher baroque, de l'autre côté de la vallée.
Suivre la D 506 pendant 1,5 km.

Eaux d'Orezza – Cette modeste station thermale est joliment située au fond d'un vallon couvert de superbes châtaigniers que domine le village de Piedicroce.
Les eaux d'Orezza, froides, ferrugineuses, bicarbonatées et gazeuses étaient déjà connues dans l'Antiquité. Elles soignaient au siècle dernier les cas d'anémie, les troubles du système nerveux ainsi que le paludisme et les affections du foie et des reins ; les coloniaux étaient nombreux à venir là se refaire une santé. De l'établissement thermal subsiste, au centre du parc, une fontaine où l'on peut goûter l'eau. En face, un atelier pratique la mise en bouteilles après un traitement qui ôte à l'eau sa saveur quelque peu désagréable et facilite ainsi sa distribution dans l'île.
Revenir à Piedicroce pour continuer la D 71 sur la gauche.

★**Carcheto** – *Voir à ce nom.*

La route s'élève offrant de belles échappées, en arrière, sur le vallon d'Orezza dominé par le Monte San Petrone. du col d'Arcarotta, belle **vue** sur la vallée de l'Alesani.

Felce – Le hameau possède une modeste **église** ☉ à toiture de schiste, surmontée d'un clocher à quatre étages. L'**intérieur**★ révèle des fresques naïves d'une grande fraîcheur : à gauche en entrant, Baptême du Christ ; sur un pendentif de la voûte, l'auteur inspiré, palette en main, flotte sur les nuages ; le chevet plat s'orne d'une Annonciation dans des arcades en trompe l'œil de facture Renaissance. Le tabernacle du maître-autel a été sculpté au couteau par un bandit corse.

Dans le hameau voisin, **Poggiale**, se trouve la maison natale de l'historien corse **Pietro Cirneo** (1445-1503), auteur du « De rebus corsicis ». Elle est située sur une placette que l'on atteint en franchissant le porche d'une ruelle à gauche.

Valle-d'Alesani – *Voir à ce nom.*

La route en corniche domine la vallée étroite et sinueuse de l'Alesani, puis son lac de barrage avec, en arrière-plan, la plaine orientale où l'on distingue le barrage de Péri et le phare d'Alistro.

Barrage de l'Alesani – Il retient 11 000 000 de m^3 d'eau destinés à l'irrigation de 4 200 ha de la plaine orientale entre Moriani-Plage et Bravone.

Les châtaigniers cèdent désormais la place au maquis. Quelques kilomètres avant Cervione, la route oblique vers le Nord pour longer en corniche la plaine littorale.

Cervione – *Voir à ce nom.*

Entre Cervione et San-Nicolao, la D 330 à flanc de coteaux est étroite. C'est un belvédère de 5 km, enjambant maints ponts et traversant même quelques tunnels. Ce parcours constitue la **corniche de la Castagniccia**★ sur la plaine orientale et la mer.

San Nicolao – Le village-terrasse domine la plaine orientale. Isolée, son **église** ☉ baroque se dresse en contrebas sur un mamelon à 2 km sur la route de Moriani-Plage dans un joli site verdoyant. Dans l'ancienne piève de Moriani, les chapelles isolées communiquaient jadis, en cas d'alerte, avec les villages par de grands feux allumés à côté de l'abside. Le décor naïf de l'**intérieur**★ de l'église, peint de couleurs vives, présente de nombreuses parties en relief qui rehaussent les trompe-l'œil. L'antependium du maître-autel est décoré d'un haut-relief représentant trois enfants dans un baquet (légende de saint Nicolas). La chaire polychrome est datée de 1740.

San-Giovanni-di-Moriani – *5 km au départ de San Nicolao par la D 330. A la bifurcation, tourner à gauche dans la D 134 en direction de San-Giovanni.*
Ce village à l'habitat très dispersé est constitué de 6 hameaux perchés. Le hameau principal présente une belle unité architecturale avec ses hautes maisons à toit de schiste flanquées d'un escalier extérieur.
A l'entrée du groupe d'habitations, une belle **vue** s'offre sur l'église de San Nicolao et sur la plaine orientale en contrebas.
L'église paroissiale, isolée à l'extrémité du village, est un intéressant édifice baroque. La chapelle San Mamiliano, de style roman, reconnaissable à sa toiture de lauze, était autrefois le but d'une procession fréquentée.
Revenir à la bifurcation et prendre à gauche la direction de Sta-Lucia-di-Moriani.

Sta-Lucia-di-Moriani – Le village allonge les hautes façades de ses maisons austères le long de la crête prolongeant la corniche. La partie haute du village constitue, par temps clair, un superbe belvédère sur le littoral, la vallée du Petrignani et les collines boisées coiffées de hameaux.

Moriani-Plage – Station balnéaire en expansion située en bordure de la N 198 et dont la grande plage de sable est fréquentée par les Bastiais. Cet endroit fut au temps de Pascal Paoli une base navale sous le nom de Padulella. C'est de là que Hyacinthe Paoli, le père de Pascal, et le général Giafferi s'embarquèrent pour l'exil vers l'Italie en 1739. Napoléon, évadé de l'île d'Elbe, s'y arrêta en février 1815 avant de s'embarquer pour Golfe-Juan en Provence.

② DE PONTE LECCIA A CORTE
par la Castagniccia *63 km – Environ 3 h*

A l'écart des routes touristiques habituelles, cet itinéraire permet de découvrir les contrées sauvages et reculées de la Castagniccia méridionale et du Bozio *(voir à ce nom)*, d'où partit, selon la tradition, la première des révoltes corses au 18e s.

Ponte Leccia – *Voir à ce nom.*
Prendre la N 193 en direction de Corte ; à 5 km, prendre à gauche la D 39.
Passé ce croisement, la route bien revêtue serpente dans la forêt de Pineto à travers les chênes verts puis, en montant peu à peu, les pins, les oliviers et les fruitiers font leur apparition.
Prendre à gauche au bout de 6 km la route de Poggio et Gavignano. A la bifurcation de la route vers **Gavignano**, s'arrêter au hameau de **Poggio** qui possède une belle chapelle romane.

Chapelle de San Pantaleon ☉ – *1/4 h de marche à partir du hameau de Poggio.*
De construction fort simple, elle est agrémentée d'un clocheton tardif qui coiffe sa façade. Les **fresques**★, datées de la fin du 15e s., recouvrent l'abside et l'arc triomphal. Malgré leur dégradation, elles sont remarquables par la palette des couleurs employées et la réussite des combinaisons dans les nuances. L'ensemble dénote l'intervention d'un brillant coloriste. Parmi les personnages subsistant, remarquer saint Barthélemy, étonnant avec sa peau sur le dos et la profondeur de son regard accentuée par ses yeux cernés, et san Pantaleon, coiffé d'un bonnet rouge, qui arbore un instrument de chirurgie (il fut médecin d'un empereur romain).

Rencontre sur une route corse

Remonter à droite en direction de Saliceto.

Saliceto – Le remarquable site en belvédère occupé par ce village, patrie du conventionnel Christophe Salicetti, offre une succession de panoramas exceptionnels. Remarquer le caractère homogène des constructions traditionnelles, datant parfois du 16ᵉ s., flanquées pour certaines de séchoirs à châtaignes. L'église paraît en équilibre sur le torrent. En quittant le cirque montagneux de Saliceto pour changer de vallée, la D 639 amorce une forte pente jusqu'à San Lorenzo où l'on retrouve le cours de la Casaluna.

Exactement en face du chemin descendant à droite vers le hameau de Corsoli, prendre dans le virage la piste qui monte sur la gauche. Elle est carrossable mais nécessite quelques précautions, le parcours est cependant plus agréable à pied (300 m jusqu'à la chapelle).

Chapelle Santa Maria de Corsoli – Ce petit édifice, admirable de proportions et de travail de la pierre, est frère de la chapelle San Quilico, toute proche. Il s'en distingue par l'absence totale de décoration et par ses dimensions plus modestes. Ce style roman pisan très pur paraît d'exécution tardive : sans doute du 13ᵉ s. L'intérieur conserve l'autel roman d'origine.
L'aire ombragée de chênes verts, devant la chapelle, sert aux bergers. A quelques mètres au Sud-Est, ruine d'un petit bâtiment dont on devine qu'il fut voûté.

Reprendre la D 15 sur 1 km environ. Prendre à gauche vers San Quilico par une petite route mal revêtue, en cul-de-sac. Laisser sur la droite la route vers Loriani.

★**Chapelle San Quilico de Cambia** – *Voir à ce nom.*
Regagner la D 39 qui poursuit la montée jusqu'à Carticasi.

Carticasi – Construit en balcon sur un éperon rocheux dominant la vallée de la Casaluna, face aux monts sauvages de la Castagniccia, ce bourg corse typique est particulièrement animé en période de chasse.
Ses vieilles maisons, couvertes pour la plupart de grosses lauzes, semblent monter la garde vers le Sud où moutonne le relief plus désolé du Bozio.
Au-delà de Carticasi, la route, très étroite, franchit **le col St-Antoine** pour s'enfoncer dans le Bozio.
La descente vers Bustanico permet de beaux coups d'œil sur le Monte d'Oro et le Monte Renoso.
De Bustanico à Corte, l'itinéraire est décrit en sens inverse à Bozio.

★★ ③ MONTE SAN PETRONE

6 h à pied AR depuis le col du Prato (985 m). Randonnée nécessitant de bonnes chaussures de marche, mais sans difficulté majeure. La pente est plus douce (et plus ombragée le matin) que ne l'est l'itinéraire partant du hameau de Campodonico et décrit au départ de Piedicroce (voir à ce nom).
Prendre au col la piste forestière qui s'infléchit au bout de 100 m en direction du Sud-Ouest. La suivre sur 2,5 km jusqu'à un col à l'altitude de 1 151 m.

Au-delà, un sentier plus étroit, parfois balisé de cairns, monte en forêt en direction Sud-Est. L'itinéraire traverse ensuite une magnifique hêtraie avant d'atteindre un grand replat déboisé sur l'arête *(2 h de marche depuis le col du Prato).*
Profiter de cette pause pour admirer la face Nord du Monte San Petrone. A l'extrémité de ce replat, on rejoint le sentier venant de Campodonico, qui s'embranche sur la droite.
Appuyer à gauche pour contourner la face Ouest, et atteindre le sommet du San Petrone par la face Sud. *(Durée de la montée environ 3 h, sans les haltes.)* Point culminant de la chaîne orientale, cette haute montagne boisée, au centre de la Castagniccia, domine toute la Corse orientale. Elle offre un **panorama**★★★ très étendu et lointain sur la plaine orientale, l'archipel toscan, le Cap Corse, le Nebbio, la Balagne et la chaîne centrale du Monte Cinto à l'Incudine.
Sur la plate-forme du San Petrone s'élevait jadis la cathédrale de l'évêché d'Accia : San Pietro d'Accia, édifiée au 11ᵉ s. pour remplacer la chapelle San Petruculo d'Accia.

CENTURI★

201 habitants
Carte Michelin nº 90 pli 1 – Schéma p. 133

La petite baie de Centuri, dominée par le village perché de Cannelle et protégée au Sud-Ouest par un îlot, est connue depuis l'Antiquité. Au 2ᵉ s., le géographe grec Ptolémée localise, parmi 32 villes ou ports, Centurinon et Canelate.
La féodalité corse s'affirma de bonne heure dans la province du Cap Corse sans pour autant troubler la paix de cette région ; en effet les interventions seigneuriales avaient toujours lieu en dehors de leur fief. Pourtant, au 13ᵉ s., les da Mare et les Avogari, alliés de Gênes, s'unirent à Giovanninello de Nebbio, pour combattre Giudice de la Cinarca *(voir à Cinorca).* Défaits et pourchassés par Giudice, ils se réfugièrent sur l'îlot de Centuri où, faute d'embarcations, Giudice ne put les atteindre, et, profitant de la nuit, firent voile sur la Balagne où ils fondèrent Calvi. Le port a été créé au 18ᵉ s. par un mécène qui désirait inciter les habitants de la région à la pêche aux langoustes et aux anchois. Vers 1760, Paoli y créa un chantier naval pour armer une flotte corse.
L'amateur de plongée ou de chasse sous-marines trouvera, autour et au large de Centuri, une zone de hauts fonds (14 m de profondeur en moyenne) et des eaux claires très poissonneuses.

★★LA MARINE

Des maisons au crépi ocre, gris ou blanc et aux belles toitures de serpentine verte encadrent ce tranquille petit port spécialisé dans la pêche à la langouste, et un des plus actifs du Cap Corse. Au printemps, la floraison des genêts et des tamaris fait un cadre coloré à ce pittoresque village.
En automne, la coutume locale propose la dégustation de « panzarotti », beignets fourrés de bettes et de raisins secs.
Au Sud, s'ouvre la petite **crique de Mute**, abritée par l'îlot de Centuri, autrefois fortifié. Un oratoire aux murs décorés de galets se dresse le long de la plage.

Centuri – Le port

★SENTIER DES DOUANIERS de Centuri à Barcaggio

4 h à pied de Centuri à Tollare et 1 h de Tollare à Barcaggio. Il est nécessaire de pouvoir disposer d'un véhicule au terme de cette randonnée. L'intégralité du parcours du sentier des douaniers de Centuri à Macinaggio n'est pas réalisable en une journée. Il est recommandé de s'informer au préalable sur les conditions météo et les risques d'incendie et de s'équiper en conséquence sans oublier un approvisionnement en eau suffisant.

Le sentier balisé débute sur la partie Nord du port de Centuri, près d'un ancien moulin à vent. Belle vue sur l'îlot de Capeuse. Le tracé longe la face Ouest du Cap Corse, puis s'incurve vers l'intérieur pour rejoindre par les crêtes le sémaphore de Capo Grosso.

ENVIRONS

Château du général Cipriani *(On ne visite pas) – 4 km à l'Est.* En rejoignant **Camera** par la D 35 on découvre au Sud du village, au hameau d'Ortinola, un château élevé au 19ᵉ s. dans le style médiéval. C'était, au siècle dernier, la demeure du général comte Leonetto Cipriani, né et mort à Centuri (1812-1888), dont les ancêtres avaient guerroyé aux Antilles et en Amérique du Sud aux côtés de Bolivar. Leonetto se rendit célèbre au service du Grand-Duc de Toscane en négociant l'union de l'Émilie et du Piémont pour le compte de Victor-Emmanuel II. Très lié aux Bonaparte, il fut aussi négociateur officieux de Napoléon III.

★**Cannelle** – *1 h 30 AR. Prendre le chemin de terre en haut du village, au Nord du port. Sentier balisé et bien entretenu. Description du hameau au Cap Corse.*

CERVIONE

Carte Michelin n° 90 pli 4 – Schéma p. 141

Dans un paysage où se mêlent les châtaigniers, les oliviers et les vignobles, Cervione est un village-belvédère sur la plaine littorale et la mer qu'il domine de 326 m.

Ce fut la première étape de Théodore de Neuhoff *(voir à Valle d'Alesani)* après son débarquement à Aléria. La foule en liesse l'accompagna jusqu'au couvent d'Alesani.

Ancienne cathédrale St-Érasme – Cet important édifice, au cœur de la vieille ville de Cervione, est l'une des toutes premières églises baroques de Corse. Elle fut élevée par **saint Alexandre Sauli**. Ce dernier, né le 15 février 1535 à Milan, fut nommé évêque d'Aléria en 1570 et sacré par saint Charles Borromée, évêque de Milan, dont il était le confesseur et l'ami.

Après la destruction d'Aléria, saint Alexandre Sauli transféra le siège de son diocèse à Cervione où il fit bâtir dès 1584 une cathédrale, le palais épiscopal (en face de l'église) et le séminaire (actuelle mairie et musée). Les contemporains étaient édifiés par sa piété envers l'Eucharistie et lui prêtaient, de son vivant, le don des miracles. Il réforma son diocèse et œuvra pendant 20 ans pour l'application des décrets du concile de Trente. Son rayonnement s'étendait à toute la Corse. Il passa la dernière année de sa vie à Pavie, où il mourut en 1592, et fut canonisé en 1904.

Le plan de l'édifice est à nef unique, couverte en berceau et bordée de chapelles latérales peu profondes. Il est à noter que le transept est surmonté d'une coupole aux pendentifs représentant les Quatre Évangélistes, élément d'architecture assez rare dans l'île. L'ensemble de la décoration date du début du 19ᵉ s. bien que certaines peintures ornant les chapelles soient du 18ᵉ s. Remarquer le beau dallage de marbre blanc et noir et le somptueux meuble de sacristie qui ne compte pas moins de 32 portes.

★**Musée ethnographique** ⊘ – Il est agréablement installé dans une aile du bâtiment de l'hôtel de ville, ancien séminaire construit par saint Alexandre Sauli derrière le chevet de la cathédrale. Animé par une association, il rassemble et présente par thèmes des souvenirs de la vie de Cervione et de la Castagniccia.

Rez-de-chaussée – Reconstitution d'un atelier de forge, présentation de matériel de vinification, de la pharmacie et des collections de roches de Corse.

Premier étage – Techniques de construction des maisons, nombreux outils agricoles classés par activités (labour, châtaignes, travail de la vigne) ; vie rurale (reconstitution d'un « fucone » *voir illustration p. 42*, filage et tissage).

Deuxième étage – Salle saint Alexandre (art religieux, objets ayant appartenu aux évêques de Cervione) ; salle Domenico Ascione (imprimerie Marinoni) ; les araires, la menuiserie et un portrait de Théodore de Neuhoff par Hector Filippi.

★**Chapelle Ste-Christine** ⊘ – *40 mn AR. Descendre de Cervione en direction du Nord sur 600 m. Laisser à gauche la D 330 vers San-Nicolao, et prendre la direction du Sud vers Prunete pendant 200 m, puis à gauche la petite route « Chapelle Santa Christina – Le Port ». A 2 km environ, à gauche, chemin carrossable (signalisé) sur 600 m.*

Ce petit édifice roman présente l'originalité de ses deux absides jumelles décorées de **fresques**★ datées de 1473, remarquables par leurs coloris délicats. Dans celle de gauche, le Christ en majesté est entouré de la Vierge et de sainte Christine avec, à ses pieds, un moine agenouillé, peut-être le donateur. Dans celle de droite, le Christ est entouré des symboles des évangélistes. Sur l'arc triomphal, la Crucifixion.

La nef date du 9ᵉ s. La chapelle fut agrandie au 15ᵉ s., sans doute après une destruction partielle. Les absides jumelles s'expliquent peut-être par le double patronage de sainte Christine et saint Polita (Hippolyte).

ENVIRONS

Pointe de Nevera – *Accès par un mauvais sentier (3 h à pied AR) s'ouvrant au Sud-Ouest.*

Gagner la chapelle isolée de N.-D. de la Scobiccia, puis la Pointe de Nevera (alt. 815 m) qui domine celle-ci et offre un **panorama**★ étendu sur la plaine d'Aléria jusqu'à l'embouchure de la Solenzara et sur la mer.

Port de Campoloro – *7 km à l'Est par la D 71 puis, à gauche, la N 198.*

A l'abri derrière ses puissantes digues, c'est, avec Macinaggio au Cap Corse, le plus important port de plaisance de la côte orientale.

La CINARCA ★

Carte Michelin n° 90 pli 16 – Schéma p. 204

Ouverte sur le golfe de Sagone, cette petite région fertile étage ses hameaux dans l'ampithéâtre de la vallée de la Liscia, limitée par les versants élevés du Sud du Liamone et du Nord de la Gravona. La partie orientale, le **Cruzini**, enclavée entre des reliefs abrupts, conserve essentiellement une activité d'élevage. Dans le maquis, piètre héritier de l'ancienne forêt de pins et de chênes verts, elle compose une espèce d'oasis bien exposée où les villages, installés à distance de la mer d'où venaient les pirates, occupent, entre 400 et 600 m d'altitude, des terrasses plantées d'oliviers, de noyers, d'amandiers, de figuiers ou de cédratiers.

UN PEU D'HISTOIRE

Occupée dès l'Antiquité par les Tarrabenioi, l'un des douze peuples « habitant en villages » localisés en Corse par Ptolémée au 2ᵉ s., la Cinarca fut au Moyen Âge un bastion de la résistance aux Génois. Plus près de nous, elle fut le fief de l'un des derniers bandits corses, le célèbre **Spada** qui résidait à Lopigna : le **« tigre de la Cinarca »** avait prit le maquis après avoir tué deux gendarmes à Sari-d'Orcino en 1922. Il finit guillotiné à Bastia en 1935.

Les comtes de la Cinarca – Seigneurs fidèles à Pise, les comtes de la Cinarca furent, du 13ᵉ au 16ᵉ s., les plus sévères ennemis des Génois qui tentaient de s'implanter en Corse après en avoir évincé Pise. Au 13ᵉ s., les comtes cinarcais étaient puissants, contrôlant la majeure partie de l'Au-Delà-des-Monts, jusqu'au bastion génois de Bonifacio. Ils opposèrent à la République de Gênes une résistance qui aurait pu être redoutable si leurs divisions ne les avaient engagés dans les luttes fratricides pour le pouvoir.

La première grande figure des comtes cinarcais fut Sinucello della Rocca, connu sous le nom de **Giudice de la Cinarca** et né à Olmeto en 1221. Tenant de la cause pisane, Sinucello se distingua par ses exploits dans l'armée de cette République qui lui donna le titre de Giudice (« juge », terme désignant celui qui représente l'autorité publique), et la mission de soumettre l'île. De retour en Corse, il se heurta à l'opposition des partisans des Génois et à celle des seigneurs cinarcais, menacés dans leurs ambitions. Il se retira alors dans la montagne, à Quenza, et devint l'arbitre des litiges et des vendettas. En 1250, il était maître du Sud de l'île, mais la défaite de Pise à la Meloria en 1284 *(p. 33)* sonna le glas des heures de gloire de Giudice. Il fut trahi par son propre fils qui le livra aux Génois et il finit ses jours dans les geôles de la République.

Au 14ᵉ s., ses descendants s'inféodèrent au roi d'Aragon à qui le pape avait cédé ses droits sur la Corse : **Arrigo della Rocca**, son arrière-petit-fils, le plus bouillant des seigneurs, s'illustra par son long combat contre Gênes ; **Vincentello d'Istria**, neveu d'Arrigo, fut fait vice-roi de Corse par le roi d'Aragon qui lui délégua l'administration de l'île. Une fois son autorité assise *(voir à Corte)*, Vincentello se comporta en despote. Il s'aliéna le peuple corse et les seigneurs du Sud, ses propres parents qui, appuyés par Gênes, le renversèrent.

Le 15ᵉ s. marqua l'écrasement définitif des seigneurs cinarcais par Gênes, dans une répression sanglante. Avec eux disparut le dernier bastion de la féodalité corse. Deux grands fiefs illustrèrent les dernières résistances : les della Rocca et les Leca. En avril 1456, 23 membres de la famille Leca furent mis à mort le même jour. D'après la légende, les « paladins cinarcais » finirent dans le sang : conviés à un festin de réconciliation par le gouverneur génois Spinola, ils auraient été décapités au dessert.

CIRCUIT AU DÉPART DE TIUCCIA *51 km – Environ 2 h*

Tiuccia – *Voir à Golfe de Sagone.*

Prendre la D 81 en direction de Sagone. Après la tour de Capigliolo prendre à droite la D 25.

Casaglione – Le village est construit dans un paysage de châtaigniers, d'oliviers, de chênes verts et de pâturages. Son **église** ⊘ abrite un intéressant tableau de 1505 représentant la crucifixion. Au pied de la croix, le donateur reçoit de saint François la cordelière de l'ordre.

Au col d'Ambiegna, prendre à droite la D 1.

Sari-d'Orcino – Les deux hameaux de ce petit chef-lieu de canton s'étagent au-dessus du golfe de Sagone et du bassin de la Liscia. On y cultive en terrasses les oliviers, les orangers, la vigne et les citronniers. Les cédratiers, qui entre les deux guerres contribuèrent à la richesse du pays, sont presque tous retournés à l'état sauvage. De l'extrémité de la terrasse ou s'élève l'église : **vue★** sur le golfe de Sagone. Devant l'église, la D 601 s'échappe à droite sur 4 km jusqu'à la chapelle ruinée St-Jean, offrant un parcours splendide.

Retourner à Sari-d'Orcino et rejoindre la D 101 au sud.

Calcatoggio – Ce gros hameau agrémenté de jardins fruitiers est construit en balcon sur le golfe de Sagone et son arrière-pays. Belle **vue★**.

Arrivé sur la D 81, descendre à droite vers le golfe de la Liscia.

⌂ **Golfe de la Liscia** – *Voir à Golfe de Sagone.*

Tiuccia – *Voir à Golfe de Sagone.*

CORBARA

583 habitants
Carte Michelin n° 90 pli 13 – Schéma p. 81 – 5 km au Sud de l'Ile-Rousse

Corbara, étagée en amphithéâtre sur un versant bien exposé, fut autrefois la capitale de la Balagne. Ses figuiers de barbarie, ses ruelles pavées et ses passages couverts lui donnent une physionomie méditerranéenne attrayante.

Le village est dominé par les ruines de deux châteaux. L'un, du 14ᵉ s., fut démantelé par les Génois au 16ᵉ s. ; le second fut rebâti sur des souches du 9ᵉ s. par les Savelli de Guido, après la destruction du premier. C'est dans celui-ci que Paoli aurait annoncé aux représentants de Gênes, qui lui refusaient l'accès au port d'Algajola, la création de l'Ile-Rousse.

Corbara se rattache aussi à l'histoire du Maroc par l'aventure presque invraisemblable survenue à la fin du 18ᵉ s. à Marthe Franceschini. La fillette, née esclave à Tunis, de parents saisis en mer par les barbaresques, et rendue à la liberté en même temps qu'eux, se trouva capturée avec eux, dans des circonstances identiques mais par des Marocains cette fois. Huit ans plus tard le Sultan veut bien autoriser le retour de la famille à Corbara, mais garde Marthe dans son sérail... et l'épouse. Cette Balagnaise, sultane du Maroc sous le nom de **Davia**, fut emportée par la peste à Larache en 1799 *(1)*.

CURIOSITÉS

Église de l'Annonciation ⊘ – Cette grande église baroque, élevée à partir de 1685, remplace une église plus ancienne dont elle a remployé une partie des matériaux et recueilli quelques pièces de mobilier (le baptistère du 15ᵉ s. conservé dans la sacristie notamment). Le grand autel du chœur et sa clôture à balustres, en marbre de Carrare, furent importés d'Italie respectivement en 1746 et 1750. L'autel fut débarqué au port d'Algajola. Les stalles datent de 1753.

Castel de Corbara – Les ruines de l'ancien château des Savelli et une petite chapelle, restaurée au 18ᵉ s., se dressent au-dessus du village sur un rocher dominant la mer. Depuis la chapelle, le point de vue permet de faire un tour d'horizon complet sur la Balagne. Cet humble édifice dédié à N.-D. des Sept-Douleurs est orné, à l'intérieur, d'une huile sur toile représentant une pietà, enchâssée dans un fronton semi-circulaire dominant l'autel.

Au seuil de l'ancien castel est gravée sur une marche cette réponse des disciples d'Emmaüs au Christ : « Tu es peregrinus solus in Hierusalem. »

COUVENT DE CORBARA

2,5 km au Sud, par la D 151 en direction de Pigna. A 2 km prendre le chemin revêtu à gauche (statue de saint Dominique).

A 300 m s'élèvent au milieu des oliviers les grands bâtiments conventuels dominés par un haut clocher carré. L'entrée du couvent se situe au centre de la façade principale.

---

(1) Lire également « Une Corse sultane du Maroc », par J. Caille - Ed. Pedone.

Ancien orphelinat fondé en 1430 au pied du Monte Sant'Angelo par Mgr Nicolas Savelli, transformé en couvent en 1456, l'établissement, ruiné sous la Révolution, a été reconstruit et agrandi par les dominicains à partir de 1857. Le **Père Didon** (1840-1900), célèbre prédicateur dominicain, fut, en raison de ses idées libérales, envoyé en retraite dans ce monastère en 1880-1881. Le couvent de Corbara est un « Ritiro » ; à ce titre, il sert encore de lieu de retraite ou de reprise spirituelle.

L'**église conventuelle** ☉ domine le bassin d'Algajola, la basse Balagne et le village de Pigna. A l'intérieur, on remarque une belle chaire du 18ᵉ s., une pietà et un crucifix rustiques en bois d'olivier, un autel et une clôture de chœur en marbre polychrome et des dalles funéraires.

Monte Sant'Angelo – *1 h 1/2 à pied AR au départ du couvent par un chemin muletier.* Alt. 562 m. Excellent belvédère qui offre une **vue**★★ très étendue sur une partie de la Balagne, le désert des Agriates et la côte occidentale du Cap Corse.

CORTE ★

Corti – 5 693 habitants (les Cortenais)
Carte Michelin n° 90 pli 5 – Schéma p. 113

Veillée par le nid d'aigle de sa citadelle, Corte masse ses demeures de schiste sombre coiffées de toits rouges sur un mamelon altier, dressé au cœur d'un cirque montagneux. Le sillon cortenais au paysage de hauts plateaux est, à une altitude moyenne de 600 m, le couloir central de l'île qui court de Ponte-Leccia à Venaco, et sépare le massif ancien granitique à l'Ouest, de la Corse alpine schisteuse à l'Est. Corte occupe une position stratégique au carrefour des vallées.

Le touriste aimera s'attarder dans la vieille ville aux ruelles escarpées, pavées de galets. Les Jeudi et Vendredi saints, des processions de pénitents en cagoules se déroulent dans ses rues illuminées.

Si Corte mérite une visite attentive, elle est aussi un agréable lieu de séjour, point de départ de nombreuses excursions. Par la variété des ressources de ses environs immédiats, elle offre une palette représentative des paysages typiques de l'île : silhouettes déchiquetées des aiguilles de porphyre rouge de Popolasca, gorges et ravins de la haute vallée de la Restonica, moutonnement des croupes du Bozio noyées sous une mer de châtaigniers, beauté sereine des nombreux lacs du Monte Rotondo...

UN PEU D'HISTOIRE

Corte, juchée sur son piton, à l'abri de ses gorges et de ses montagnes, au cœur géographique de la Corse, était déjà un verrou fortifié au 11ᵉ s. Vincentello d'Istria, aventurier corse qui s'était mis au service du roi d'Aragon et servait les visées de ce dernier sur l'île *(voir à Cinarca)*, fortifie le nid d'aigle de Corte (partie haute de la citadelle actuelle) en 1419. Il meurt décapité à Gênes en 1439.

Dès 1459, Gênes règne à nouveau sur Corte qui n'est encore qu'une grosse bourgade. Quelque 100 ans plus tard, en 1553, ralliés à la cause française, les Cortenais remettent d'eux-mêmes les clés de leur cité à Sampiero Corso. Dès 1559, le traité de Cateau-Cambrésis restitue l'île à Gênes qui reprendra la ville. Elle en restera maîtresse près de 200 ans, jusqu'à ce qu'en 1746, un des enfants de Corte, Jean-Pierre Gaffori, parvienne à soustraire sa ville natale à la mainmise génoise *(p. 153)*.

Corte – La citadelle

J. Sierpinski/SCOPE

Le général Gaffori – Né en 1704, docteur en médecine, Gaffori fait partie en 1745, du triumvirat des «Protecteurs de la nation» élus par les Corses qui ont repris les armes contre Gênes. Il commence par enlever Corte aux Génois en 1746.

Nommé «Général de la Nation» en juin 1751 à la consulte d'Orezza, Gaffori se voit alors confier le pouvoir exécutif. Un véritable gouvernement révolutionnaire contrôle bientôt la plus grande partie de l'île. Mais le 3 octobre 1753 Gaffori, trahi par son propre frère, meurt dans une embuscade sur le chemin de Corte.

La capitale éphémère de l'île – Corte va connaître avec Pascal Paoli *(voir à Morosaglia)* un étonnant destin. Celui dont la personnalité a séduit tant de contemporains, étonné les philosophes des Lumières et suscité l'admiration de Napoléon, choisit Corte pour capitale de son **«gouvernement de la nation corse»**. De 1755, année où Paoli est élu «général de la nation corse», à 1769, année où Paoli est contraint à l'exil, Corte est la plaque tournante et le cœur politique de l'île. Paoli fait voter à Corte, en novembre 1755, une constitution fondée sur les théories de Montesquieu, établissant la séparation des pouvoirs et la souveraineté du peuple. Le nouveau gouvernement siège à Corte et la consulte s'y tient une fois l'an.

C'est peut-être l'**université** qui ouvre ses portes en janvier 1765 qui demeure l'œuvre la plus étonnante : son but, très pratique, est de former parmi les 300 étudiants inscrits les futurs cadres dont l'île a besoin, dans le domaine juridique comme en médecine ou en théologie. Les études sont gratuites et le corps enseignant formé de religieux, franciscains principalement. L'université fermera ses portes de 1769 à... 1980.

Saint Théophile de Corte – Blaise de Signori, en religion frère Théophile, est né à Corte le 30 octobre 1676. A 17 ans, il entre chez les capucins au couvent de Corte. A la demande de sa famille, il quitte son couvent et entre chez les franciscains. Destiné à être professeur de philosophie et de théologie, il fait ses études à Rome, puis au couvent Santa Maria Nova de Naples. Un accident, au moment de présenter ses thèses, l'oblige à une période de réflexion. Il se consacre alors, avec le Bienheureux Thomas de Cori, à la restauration de la stricte observance franciscaine, au sein des couvents dits de «ritiro». Pour étendre cette œuvre en Corse, il se rend dans son pays natal de 1730 à 1735. Il fonde notamment un ritiro à Zuani et un à Campoloro, et réforme le couvent de Cervione. C'est pendant cette période que se situe son intervention de conciliation auprès du prince de Wurtemberg chargé par Gênes d'une mission punitive. Cette médiation est couronnée de succès car le prince, accédant à la requête du saint, se retire. Un tableau, offert par le Vatican et conservé dans l'église de l'Annonciation, commémore cet événement. Théophile revient finir ses jours comme «gardien» du ritiro de Fiecchio : il meurt à 64 ans, le 9 mai 1740. Il est canonisé par Pie XI, le 29 juin 1930. La grille de l'oratoire, œuvre cortenaise, illustre certains épisodes de sa vie. Chaque année, le 19 mai, Corte honore la mémoire de son grand saint.

CORTE PRATIQUE

Ici bat le cœur historique de la Corse. Ville universitaire à la population jeune, Corte constitue une excellente base de randonnées en montagne dotée d'un bon éventail d'hébergement.

Informations – Plusieurs bureaux d'information, gérés par le Bureau municipal d'Information, sont ouverts : place de la Fontaine-des-Quatre-Canons, à l'entrée de la Citadelle et, en juillet-août, à la gare CFC.

Dégustation de spécialités – Au cours de la découverte à pied de la ville, on pourra apprécier les pâtisseries «falculelle» et «picciole» en vente dans les boulangeries et sur le marché.

Parmi les établissements proposant de roboratifs menus corses, «U Spanu» (angle de l'avenue Xavier-Luciani et du cours Paoli), «U Spuntinu» (rue des Deux-Villas») et «A Rusta» à proximité du précédent. Dans un cadre plus champêtre, «l'Auberge des gorges de la Restonica» contribue à la renommée de la cuisine corse.

Les spécialités artisanales sont en vente dans les boutiques situées au début du cours Paoli, à proximité de la place Paoli.

Un marché régional se tient tous les vendredis matin sur le parking municipal face à la gare routière.

Quelques conseils – Des ouvrages sur la région et le tourisme en Corse sont disponibles à la «Librairie Flore», 5, cours Paoli.

On pourra compléter son équipement de montagne auprès de la boutique «Omnisports Gabrielli», 28, cours Paoli.

Location de VTT chez Tomasi Location, ☎ 04 95 46 07 13.

Un bureau d'information du Parc régional, situé à la Citadelle, ☎ 04 95 46 27 44, diffuse des informations sur les sites d'escalade et les possibilités de randonnées.

En juillet et août, l'accès aux gorges de la Restonica est réglementé. Se reporter aux recommandations détaillées dans le chapitre correspondant à cette curiosité.

★ LA VILLE HAUTE

visite : 2 h

Cet itinéraire permet de faire la connaissance de Corte, site très anciennement fortifié et capitale de la Corse au 18ᵉ s.

Place Paoli – Reliant la très ancienne ville haute aux quartiers plus récents de la ville basse, la place Paoli commande la principale artère de la Corte contemporaine : le cours Paoli. La statue en bronze de Pascal Paoli, œuvre de Victor Huguenin, fut érigée en 1864.

Suivre le cours Paoli sur 100 m et tourner à gauche en direction « chapelle Ste-Croix-Citadelle ».

Une fontaine et un large escalier en marbre de la Restonica marquent le début de la rampe Ste-Croix, qui grimpe ensuite vers la citadelle.

★**Chapelle Ste-Croix** – En haut de la rampe, sur la droite. Le rapport que le délégué apostolique du pape Sixte V rédigea à la suite de sa visite du diocèse d'Aléria en 1589 mentionne déjà la chapelle Ste-Croix de Corte. Derrière la façade un peu délabrée de cette chapelle de confrérie se cache un intérieur raffiné, traité dans l'esprit des riches oratoires St-Roch et de l'Immaculée Conception de Bastia. Le sol est dallé du marbre gris de la proche Restonica. Sa nef unique est voûtée d'un berceau à lunettes peint de nombreux trompe-l'œil (dégradés). Le **retable** baroque, avec sa crucifixion en haut-relief et sa polychromie naïve, étonne par son fort expressionnisme. Un grand médaillon en relief domine l'autel : la Vierge de l'Apocalypse, couronnée d'étoiles, abrite dans les pans de son manteau, à droite deux papes,

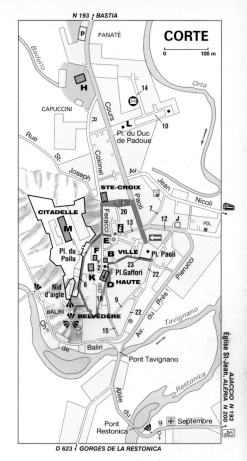

Ancien Collège (R. de l') 2
Citadelle (R. de la) 6
Dr.-Gambini (R.) 7
Fontanarosa
    (R. Jean-Baptiste) 9
Gaulle (Av. Gén. de) 10
Luciani (Av. Xavier) 12
Mantei (R. Cdt Ignace) 13
Mariani (Av. du Baron) 14
Penciolelli (R. Cdt) 15
St-Théophile (Pl.) 19
Ste-Croix (Rampe) 20
Santiaggi (R. Prof.) 22
Scoliscia (R.) 23

B   Maison du Général Gaffori
D   Église de l'Annonciation
E   Fontaine des Quatre-Canons
F   Maison natale de Joseph Bonaparte
H   Hôtel de ville
K   Palais national
L   Statue du général Arrighi de Casanova
M   Musée de la Corse

et à sa gauche deux pénitents blancs en cagoule. Remarquer aussi un petit **orgue** à l'italienne et sa tribune en arbalète dont le garde-corps est décoré de **panneaux peints** : au centre David jouant de la harpe et sainte Cécile jouant de l'orgue.

C'est à la chapelle Ste-Croix qu'avait lieu, chaque année, le 5 décembre, l'élection du podestat et des « padri del commune », lesquels étaient chargés de l'administration communale.

En 1784, la chapelle échappa de justesse à la démolition proposée par l'ingénieur chargé du plan d'alignement des rues de la ville.

C'est de la chapelle Ste-Croix que part, le soir du Jeudi saint, la **« granitula »**, célèbre procession des pénitents.

Remonter la rue Colonel-Feracci.

Longeant la citadelle, la rue monte en pente douce, bordée de vieilles maisons sur la gauche. On aperçoit au bout le clocher de l'église de l'Annonciation.

Au n° 11, remarquer un très ancien immeuble, doté d'un escalier monumental à voûtes. Sa façade patinée est élevée dans le goût des palais italiens du 16ᵉ s. Un peu plus loin sur la gauche, légèrement en contrebas, la **Fontaine des Quatre-Canons** (**E**) présente une pyramide surmontée d'un boulet ; l'eau jaillit en quatre points à sa base. Elle fut construite sous Louis XVI pour approvisionner en eau potable la garnison et l'hôpital militaire. La population de la ville fut autorisée à l'utiliser. En face, se dresse le **Bureau municipal du tourisme**.

A ce niveau, prendre la rampe qui monte en escalier à la citadelle. On arrive place du Poilu. A droite, entrée de la citadelle.

★ La citadelle ○ – C'est la seule fortification construite à l'intérieur des terres en Corse. Elle s'étage sur deux niveaux. A l'intérieur d'une enceinte bastionnée du 19ᵉ s., un premier plateau, le plus étendu, a été aménagé sous Louis XVI, puis sous Louis-Philippe qui lui donna son aspect actuel. Il fit démolir les habitations et la chapelle comprises dans ces limites.

Le deuxième niveau occupe toute la point Sud et présente l'aspect d'un véritable nid d'aigle sur son éperon rocheux. On y accède, après l'entrée principale, en s'engageant à gauche dans un curieux escalier de 166 marches en marbre vert de la Restonica, couvert d'une voûte et aménagé en monte-charge pour les canons grâce aux rampes de roulement de part et d'autre des marches. La partie vieille de la citadelle (le château) fut édifiée en 1420 par Vincentello d'Istria, vice-roi de Corse pour le compte du roi d'Aragon. Dans la partie haute, on visite les bâtiments, anciennes casernes, les prisons et la tour du **nid d'aigle**, dont l'origine date du 9ᵉ s., bâtie sur un piton rocheux surplombant le lit du Tavignano. De ce belvédère, la **vue★** embrasse la vieille ville, le départ des vallées du Tavignano et de la Restonica et les nombreux villages accrochés au flanc de la montagne.

Occupée par la Légion étrangère de 1962 à 1983, l'ensemble de la citadelle abrite actuellement le Bureau municipal du tourisme, une antenne du Parc régional de la Corse, la délégation régionale du FRAC qui anime des expositions et le Musée de la Corse.

Musée de la Corse (**M**) ○ – En cours d'aménagement dans la caserne Serrurier, rénovée par l'architecte italien Andrea Bruno, il est articulé autour d'une remarquable collection d'objets traditionnels recueillie par le père Doazan. Deux autres espaces du musée sont réservés aux expositions temporaires, aux projets de collectes et aux enquêtes en cours sur le patrimoine insulaire. Le nid d'aigle abrite l'iconothèque et la phonothèque qui rassemble les archives sonores sur la musique corse.

Place du Poilu – Au nᵒ 1 (**F**), s'élève la maison où naquit, en 1768, Joseph Bonaparte, frère aîné de Napoléon et futur roi d'Espagne. Charles-Marie et Letizia Bonaparte y vécurent en effet environ un an. C'est aussi dans cette maison que naquit, dix ans plus tard, **Arrighi de Casanova** (1778-1853), général d'Empire qui se distingua particulièrement à St-Jean-d'Acre et à Marengo, et que Napoléon fit duc de Padoue. Représentant de la Corse à l'Assemblée législative de 1845, il acheva sa brillante carrière comme gouverneur de l'Hôtel des Invalides.

En face se dresse le **Palais national** (**K**), massif et unique vestige de l'architecture civile génoise à Corte. Cette ancienne résidence du représentant de l'administration génoise devint le siège du gouvernement de Corse institué par Paoli entre 1755 et 1769. Ces murs abritèrent en 1765 la première université de Corse qui accueillit 300 étudiants, mais ne survécut pas au départ en exil de Paoli en 1769. Le palais, rattaché à l'université corse, renoue aujourd'hui avec cette vocation en accueillant le Centre de recherche corse en sciences humaines.

Passer derrière le Palais national, remonter vers la gauche la rue de la Citadelle et gravir les escaliers du belvédère.

★ Belvédère – Il est aménagé sur un piton en avant du promontoire abrupt à l'extrémité duquel se dresse, à plus de 100 m au-dessus du Tavignano, la partie plus ancienne de la forteresse du 15ᵉ s. On y découvre un vaste **panorama★★** : derrière soi, sur la citadelle et les vieilles demeures de la ville haute ; du côté opposé au rocher, sur le confluent du Tavignano (au 1ᵉʳ plan) et de la Restonica (à l'arrière-plan) qui débouchent de gorges ; au loin, se profilent les crêtes de la chaîne centrale.

Du belvédère un escalier puis un sentier très raide mènent au bord du Tavignano *(déconseillé après un orage ou par temps de pluie)*. La passerelle qui conduit au terrain de camping sur la rive droite offre une vue « en contre-plongée » sur la vieille forteresse soutenue par trois grandes arcades, à l'extrémité du rocher. C'est pourtant de ce côté que se sont quelquefois évadés les Corses incarcérés dans ses cachots, entre autres les Gaffori et leurs partisans.

*Redescendre et prendre à droite vers la place St-Théophile (**19**).*

On aperçoit, au chevet de l'église de l'Annonciation, un oratoire de plein air, bâti sur l'emplacement de la maison familiale et natale de saint Théophile de Corte.

Église de l'Annonciation (**D**) ○ – *L'entrée se fait par la façade principale, place Gaffori.*

Remontant à 1450, cet édifice fut agrandi par saint Alexandre Sauli *(voir à Cervione)* qui fit construire la nef de droite à la place d'anciennes écuries. La façade est repeinte en crème avec des pilastres gris. A l'intérieur, on note une belle **chaire** en bois sculpté provenant de l'ancien couvent franciscain : elle offre cette particularité d'avoir accueilli les prêches de trois saints canonisés, saint Théophile de Corte, saint Léonard de Port-Maurice et saint Alexandre Sauli. On peut aussi admirer un très beau crucifix du 17ᵉ s.

Noter à la porte de la sacristie l'extrait de naissance de saint Théophile (Blaise de Signori – 1676). Dans la chapelle placée sous son vocable, le saint apparaît sur son lit de mort (effigie en cire du musée Grévin – 1979). La partie instrumentale de l'orgue, par Johann Conrad Werle, est de la fin du 18ᵉ s.

Le fin mais très haut campanile de l'église domine toute la vieille ville.

Place Gaffori – En face de l'église s'élève la maison du général Gaffori (**B**), dont la façade porte encore les impacts des mitrailles génoises, tirées lors du siège de Corte en 1750.

Une statue de bronze du général, œuvre d'Aldebert, fut érigée en 1901 devant sa maison. Sur le socle, **deux bas-reliefs** évoquent les actes de bravoure de son épouse Faustina :

– L'un évoque la prise en otage de leur fils lors du siège de 1746 par les troupes de Gaffori. Les Génois, réfugiés dans la citadelle, exposent l'enfant aux balles des patriotes, Faustina Gaffori, se précipitant au milieu des assiégeants, crie : « Tirez! Ne pensez pas à mon fils, pensez à la patrie! » La fusillade reprend. Bientôt la citadelle capitule; l'enfant est retrouvé sain et sauf.

– L'autre illustre le courage de Faustina, quatre ans plus tard, lorsque les Génois reprennent la citadelle et tentent de reconquérir la ville. Assiégée dans sa maison avec une poignée de patriotes, elle les dissuade de se rendre en menaçant de faire sauter la maison s'ils ne résistent. Les assiégés tinrent bon jusqu'à l'arrivée des renforts qui emportèrent la victoire.

Redescendre à la place Paoli par la rampe dite de la rue Scoliscia (**23**).

AUTRES CURIOSITÉS

Hôtel de ville (**H**) ⊙ – Cette ancienne demeure entourée d'un parc agréable a été cédée à la ville par le duc de Camaran. Des fresques de Jose Fabri-Canti, dans la salle des mariages, évoquent la destinée de Pascal Paoli et la vie cortenaise. Le parc abrite une baignoire romaine aménagée en fontaine.

Statue du général Arrighi de Casanova, duc de Padoue (**L**) – *Place du Duc-de-Padoue*. Cette statue en bronze est due au sculpteur Bartholdi, plus connu pour son œuvre monumentale de la statue de la Liberté à New York.

Église et baptistère St-Jean – *15 mn. 3 km au Sud-Est. Quitter Corte par la N 193, au Sud-Est du plan, puis à gauche, la N 200. Après la gare, passer sous le pont du chemin de fer. Continuer pendant 1 km; 150 m après le panneau de fin d'agglomération, dépasser l'enseigne commerciale « Catena » et prendre à droite une route empierrée en très mauvais état. La suivre pendant 900 m environ à travers un bois de chênes-lièges et de chênes verts, jusqu'à traverser la voie ferrée : l'église et le baptistère sont à 200 m en face. Possibilité de se garer au chevet de l'église.*

Église (chevet) – C'était jadis l'église de la piève de Venaco qui, dans cette partie du diocèse d'Aléria, servait de cathédrale annexe.

Cette église remontant au 9ᵉ s. et dont il ne subiste plus que l'abside et les fondations des trois nefs, possédait encore sa façade à la fin du siècle dernier. Les bases de mur visibles au milieu de la nef correspondent au chancel, à l'ambon et au banc de la schola cantorum (fouilles de 1956). Un escalier et un terre-plein faisaient communiquer la nef du Sud avec le baptistère.

L'élégant chevet semi-circulaire, en schiste, est décoré de bandes murales et d'arcades aveugles soulignées par un lit de briques romaines réutilisées. Ce fait n'a rien d'étonnant si l'on retient la forte probabilité que St-Jean soit bâtie sur le site de l'ancienne bourgade romaine de Venicium.

Baptistère St-Jean – Situé à quelques mètres au Sud-Est du chevet de l'église et très bien conservé, il offre un appareil plus soigné. Il est construit sur un plan tréflé comportant trois absidioles semi-circulaires voûtées en cul-de-four s'ouvrant sur un carré central où se trouve la cuve baptismale.

★★Gorges de la Restonica

15 km – Environ 2 h 1/2 – Voir la description à ce nom.

★Circuit du Cortenais

66 km. Quitter Corte par la route de Bastia et, aussitôt après le pont sur l'Orta, prendre à gauche la D 18 puis, à 4,5 km, au col d'Ominanda, le 1ᵉʳ chemin à droite non revêtu.

Monte Cecu – Du sommet (alt. 754 m) formant une plate-forme où est installé un relais de télévision, on découvre un **panorama**★★ sur Corte et la vallée de Tavignano, le Monte Rotondo au Sud et les aiguilles rouges de Popolasca au Nord.

Regagner le col d'Ominanda et poursuivre la D 18.

La route, pittoresque, tracée en corniche, traverse les montagnes du Cortenais.

Ph. Jambert

Environs de Corte – Soveria

Castirla – *1 km après le village, un chemin s'amorce sur la droite (1/4 h à pied AR).* La **chapelle St-Michel** ⊘, préromane, est entourée d'un cimetière. L'intérieur à forte charpente de châtaignier présente une abside ornée de **fresques**★ du 15ᵉ s. : le Christ en majesté entouré des attributs des évangélistes, domine les apôtres ; de chaque côté de l'arc souligné de losanges apparaissent l'ange de l'Annonciation et la Vierge, une Vierge à l'Enfant et saint Michel.

A Pont de Castirla, prendre à gauche la D 84, puis à droite de nouveau la D 18 et enfin la D 118 à gauche.

★**Castiglione** – *Laisser la voiture à l'entrée du village.* Perché au-dessus de la vallée du Golo, ce village montagnard aux vieilles maisons et aux ruelles étroites, groupé autour de son église, est dominé par les aiguilles rouges de Popolasca.

Regagner la D 18 pour prendre un peu plus loin la D 918.

Popolasca – Ce village, également dominé par les curieuses aiguilles du même nom, se groupe sur un éperon rocheux au milieu de châtaigniers.

Reprendre la D 18 jusqu'à la N 193 que l'on prend à droite. 8,5 km plus loin, prendre à gauche.

Omessa – *Voir à ce nom.*

Revenir à la N 193 qui ramène à Corte.

Outre l'itinéraire décrit ci-dessus, de nombreuses routes sinueuses offrent d'autres possibilités de courtes excursions. Elles s'embranchent de part et d'autre de la N 193 au Nord de Corte et permettent d'atteindre de charmants villages perchés et souvent isolés sur les crêtes : **Soveria, Tralonca, Sta-Lucia-di-Mercurio, Pecorellu,** etc.

★**Vallée du Tavignano** *Voir à ce nom.*

Randonnées pédestres

Corte est aussi le point de départ de randonnées pédestres dont la durée varie de quelques heures à 2 ou 3 jours. La plupart de ces randonnées s'effectuent en moyenne montagne et requièrent un entraînement suffisant ainsi qu'un équipement adapté (chaussures notamment). Le temps change très vite en montagne (neige possible, même au mois d'août). *(Voir également le chapitre des Renseignements pratiques en fin de volume.)*

La légende en p. 2 donne la signification des signes conventionnels employés dans ce guide.

Lac de CRENO ★

Carte Michelin n° 90 pli 15 (21 km à l'Est de Vico)

A 1 310 m d'altitude, le lac de Creno occupe une cuvette glaciaire sur un replat du versant Sud-Ouest de la grande arête dorsale qui partage l'île.

Accès – *Une route, carrossable et revêtue, débute par une rampe bétonnée, à l'Est de Soccia, juste après un lavoir. Elle rejoint en 2 800 m l'itinéraire pédestre à la grande croix métallique (stationnement). Le lac est à 2 h 1/2 à pied AR.*

Prendre le sentier pour Creno qui part à travers le maquis, environ 30 m à droite et au-dessus du trop-plein (en ciment) de la conduite forcée.

Le sentier court à flanc de coteau dans un maquis qui exhale une forte odeur de thym. En face se dressent les rochers de l'Arbaricia. Le sentier devient bientôt plus raide et plus étroit. On rejoint *(1 h de Soccia)*, au pied des pentes du Monte Sant'Eliseo, celui qui descend à Orto. A environ 500 m de ce croisement, se détache à droite le sentier d'accès à la chapelle Sant'Eliseo (alt. 1 511 m).

Continuer tout droit, puis sur la droite en direction du bois de pins.

On pénètre bientôt dans le bois de pins laricio où se situe le lac de Creno que l'on atteint en 1/4 h.

★**Le lac** – Le lac de Creno, le moins élevé des lacs glaciaires de Corse, se situe dans la dépression qui s'étend au Nord-Est du Monte Sant'Eliseo.
Peu profond, ce modeste lac de 1,8 ha, au charme mélancolique, est entouré de pins dont les fûts rectilignes se reflètent dans ses eaux calmes. On peut en faire le tour.
En suivant le chemin de crête qui laisse à gauche le Monte Sant'Eliseo, on parvient à une croix au pied de laquelle s'offre une vue étendue sur Orto et Guagno.

ERBALUNGA ★

Carte Michelin n° 90 pli 2 – Schéma p. 133

Cette petite marine de la commune de Brando aligne ses vieilles maisons à fleur d'eau sur une pointe de schiste vert terminée par une ancienne tour génoise à demi ruinée. Ce fut, avec Cardo (Bastia), l'un des principaux lieux d'approvisionnement en vin des pisans, dès le 12ᵉ s. Erbalunga est le berceau de la branche paternelle de l'écrivain Paul Valéry (1871-1946).

LA CERCA

Le soir du Jeudi saint, une procession gagne le monastère de bénédictines qui domine le village. Les hommes, revêtus d'une aube blanche, portent une croix de 40 kg, tandis que les femmes, la tête couverte d'un tablier bleu (la faldette), participent à la cérémonie en supportant une croix de 20 kg.

Le Vendredi saint, la procession quitte l'église d'Erbalunga vers 7 h du matin, pour une marche de 7 km comportant des haltes à toutes les églises et chapelles de la commune de Brando et regagnant son point de départ vers midi : c'est la **Cerca** («Recherche»), à laquelle prennent part d'autres villages de la commune. Le soir, à la lumière des torches, la procession des pénitents réalise des figures traditionnelles, devenues célèbres, comme celle de la «Granitola», en forme de spirale, et celle de la croix.

Erbalunga – La marine

★★ LE VILLAGE

Le visiteur goûtera le charme des places et des vieilles maisons.

Encadré de rochers et d'habitations, le petit **port** abrite quelques bateaux de pêche et de plaisance aux couleurs vives. Il attira bon nombre de peintres dans les années 30.

L'**église St-Érasme**, qui s'élève sur une terrasse à l'entrée du village en venant de Bastia, abrite les croix portées par les pénitents de la Semaine sainte. Saint Érasme est le patron des marins. Fête le 2 juin, avec procession et bénédiction de la mer.

CASTELLO

3 km à l'Ouest. Dans Erbalunga, prendre la D 54 vers Castello.

La route monte rapidement, ménageant de larges vues sur la mer, Erbalunga et, à mi-pente, sur l'imposant monastère des bénédictines. Castello doit sans doute son nom à un petit ouvrage militaire dont la ruine subsiste encore, dominant le village. Ce gros hameau de la commune de Brando verrouille un amphithéâtre de schiste vert tourné vers le large, sur la pente Est du Monte Stello.

Chapelle Santa Maria Assunta – *300 m avant Castello, prendre à gauche, à la fourche, la route qui conduit à Silgaggio.*
Ce sanctuaire, plus connu sous le vocable de N.-D.-des-Neiges, remonte au 9ᵉ s. Son chevet arrondi et sa toiture de teghie (lauzes) lui confèrent une belle harmonie. Accolée à la chapelle, l'église paroissiale, beaucoup plus vaste, présente une façade du 19ᵉ s., agrémentée en haut de son fronton des armes pontificales. Le cimetière, ombragé d'ifs et d'oliviers fort vieux, domine la mer et l'île de Capraja.

Vallée du FANGO ★

Carte Michelin nᵒ 90 plis 14, 15

La vallée du Fango qui s'allonge du golfe de Galéria à la Paglia Orba forme, avec ses vallées adjacentes, le Filosorma, petite contrée peu habitée de la Balagne déserte *(voir à ce nom)*. La pêche à la truite, la chasse au sanglier se nourrissant d'olives et de glands, et au petit gibier, notamment aux merles et aux pigeons, sont, avec les promenades à travers bois et le long du Fango, les principales distractions de cette région qui fait partie du Parc naturel régional de la Corse.

Une voie de transit – La vallée constitue une importante voie de transit dans la Balagne déserte par où transhument les troupeaux du Niolo qui, par les cols de Guagnerola et de Capronale, quittent avant l'hiver leurs hauts pâturages de montagne pour gagner la plaine, puis remonter en sens inverse à la fin du printemps. Leur passage a fini par déboiser la région où les pâturages et le maquis se substituent aux forêts. L'aménagement hydraulique de la basse vallée du Fango pour la mise en valeur agricole de la région fait partie de projets à long terme.

DE GALÉRIA AU PONT DE LA ROCCE

24 km – Environ 1 h 1/2

Galéria – *Voir à ce nom.*

Quitter Galéria par la D 351 qui remonte le cours du Fango, à travers une région couverte de maquis.

Tuarelli – Emprunter le chemin sur la gauche *(1/4 h à pied AR)* qui conduit au pont sur le Fango : jolie vue en enfilade sur le torrent aux eaux claires et au lit creusé dans le granite rose, et sur les sommets qui ferment la vallée : Punta Minuta et Paglia Orba.

Maison forestière de Pirio – *1,5 km au départ de la D 351 par le chemin qui s'ouvre sur la droite à la sortie du pont enjambant un petit affluent du Fango.*
Cette route forestière *(interdite aux voitures en période estivale)*, pénètre dans la **forêt domaniale du Fango** *(plan de la forêt à la bifurcation)*, constituée de pins, de chênes verts et d'arbousiers. Elle conduit au laboratoire d'écologie, puis à la maison forestière de Pirio *(chemin privé)* entourée de très beaux eucalyptus.

La D 351 longe la forêt du Fango. Prendre la route à gauche qui monte au village de Manso.

Manso – Étagée à flanc de montagne et formée de quatre hameaux dispersés, Manso offre, de la plate-forme située en bordure de la route, à l'entrée du village, une belle **vue ★** en enfilade sur la vallée plantée d'oliviers et la barrière montagneuse où l'on reconnaît la Paglia Orba et le Capo Tafonato *(voir à Col de Vergio)*.

Regagner la D 351.

La route, en mauvais état, serpente à travers les châtaigniers. Les coteaux exposés au soleil portent quelques vignes et des arbres fruitiers.

Bardiana – Ce hameau est situé non loin du confluent du Fango et de la Taïta qui descend de la Mufrella à travers la forêt solitaire du Filosorma, malheureusement ravagée par les incendies. C'est de ce village que l'on voit se profiler cette grande chaîne montagneuse qui sépare le Filosorma du Niolo, avec de gauche à droite : la Punta Minuta (2 556 m), la Paglia Orba (2 525 m) et le Capo Tafonato (2 343 m). Laisser sur la gauche la route qui monte au hameau du Monte-Estremo pour suivre le chemin de droite, caillouteux, très raviné mais praticable en voiture par temps sec.

Pont de la Rocce – Bonne **vue** sur les grands rochers rouges du Capo Rosso et sur le Capo Tafonato.

Au-delà du pont, le chemin pénètre dans la réserve de chasse du Filosorma (protection des mouflons).

La carte Michelin CORSE n° 90 est actualisée en permanence.
Utilisez donc l'édition la plus récente.
C'est naturellement à elle que renvoient les références de ce guide.

Golfe de FIGARI ⚓

Carte Michelin n° 90 pli 9 Ouest

La côte qui s'étend de Roccapina à Bonifacio, inhabitée et située à l'écart du grand axe routier de la N 196, a conservé sa beauté sauvage. Adossée à la montagne de Cagna et rendue difficilement accessible par un maquis dense, elle offre de petites plages et des mouillages sûrs. De minuscules calanques pénètrent profondément dans les embouchures de ses petits fleuves côtiers. C'est un paradis, très fréquenté, de la plongée sous-marine.

CALDARELLO

Composante de Pianottoli-Caldarello, seule agglomération d'importance entre Sartène et Bonifacio, ce charmant port de pêche se dresse dans un site étonnant au milieu d'un **chaos de rochers★**. Jusqu'au début du 20ᵉ s. il n'existait ici que quelques maisons servant à un habitat saisonnier, car cette zone basse (appelée *piaghja*, en corse) était particulièrement insalubre en été. La population passait la plupart de l'année en moyenne montagne, à **Zérubia**, près de Serra-di-Scopamène. On descendait à la piaghja afin de pourvoir à l'alimentation de base : vigne, oliviers, orge, etc. Avec les premières chaleurs de juin, les récoltes achevées, tout le monde remontait à Zérubia jusqu'aux vendanges.

Aujourd'hui, Zérubia se meurt alors que Pianottoli *(sur le plateau)* se développe grâce au vignoble produisant le vin réputé de Figari et à la proximité du 3ᵉ aéroport de Corse, tandis que la marine de Caldarello *(où il fait très chaud)* jouit d'un agréable statut balnéaire.

Maisons troglodytiques – Aménagés dans les chaos de Caldarello, ces abris appelés « ori », fréquents dans toute la montagne de Cagna, étaient utilisés comme habitations principales jusqu'au 17ᵉ s. Ils servent aujourd'hui de granges, d'étables et, en montagne, toujours de demeures aux bergers.

Du haut du chaos rocheux à la sortie Sud de Caldarello, une **vue★** s'offre sur le golfe profond qui constitue un excellent mouillage pour les plaisanciers.

A la bifurcation, prendre à gauche vers l'embarcadère.

Dominée par une tour génoise et bordée par un maquis dense d'où émergent les toitures de résidences, une petite plage de sable s'étend à gauche de l'embarcadère.

⚓ LES PLAGES

Pour accéder aux plages, s'engager à droite vers St-Jean. L'étroitesse de la route et la difficulté à trouver ensuite un emplacement de stationnement conduisent à laisser le véhicule sur le parking libre situé après le tennis. Continuer environ 2 à 3 km à pied pour atteindre les petites criques de sable fin. Ne pas poursuivre la route lorsqu'elle s'incurve vers l'intérieur des terres, car elle dessert uniquement des résidences privées.

Un peu avant d'accéder aux plages, une route à gauche rejoint une pêcherie qui vend des langoustes.

FILITOSA ★★

Carte Michelin n° 90 pli 18 – Schéma p. 225

Le site archéologique de Filitosa *(1)*, découvert en 1946 par le propriétaire du site et auquel l'archéologue Roger Grosjean a consacré son activité de chercheur, offre une synthèse des origines de l'histoire en Corse : périodes néolithique (6000-2000 avant J.-C.), mégalithique (3500-1000), torréenne (1600-800), puis romaine.

L'économie néolithique – En Corse, les premiers foyers néolithiques remontent à 6000 avant J.-C. Les hommes sont alors des agriculteurs et des pasteurs qui pratiquent aussi la chasse, la pêche et la cueillette. Pacifiques, ils demeurent dans les cavités des chaos rocheux, dans les taffoni *(voir aux Calanche)* creusés dans le granite par l'érosion ou dans des abris sous roches, puis, devenus sédentaires, édifient des cabanes au sommet d'éminences. Ils pratiquent la transhumance vers les plaines côtières en hiver, vers la haute montagne en été. Ils connaissent le tissage et la poterie et enterrent leurs morts dans des grottes naturelles.

La civilisation mégalithique – (de mégalithe : grande pierre). Cette civilisation se répand dans le Sud-Ouest de l'île vers 3500 avant J.-C. Le mode de vie est le même qu'à l'époque néolithique, mais les morts sont enterrés dans des caveaux, d'abord plus ou moins enfoncés dans le sol (coffres) puis en surface, sous des dolmens constitués de grandes dalles façonnées et polies. A proximité de ces sépultures sont élevés des monolithes (menhirs), hauts de 2 à 4 m.

Statue-menhir Filitosa VI

A. Lorgnier/CEDRI-VISA

Vers 2000 avant J.-C. apparaissent les premiers alignements. Ce peuple pacifique savait alors confectionner des armes de chasse dans le granit façonné avec un outillage d'obsidienne importée de Sardaigne, et tailler des pointes de flèches dans l'obsidienne même. Deux siècles plus tard une évolution sensible se manifeste : le menhir encore dépourvu de toute trace de sculpture ou de gravure acquiert cependant une silhouette humaine. C'est le **menhir anthropomorphe** (à forme humaine), déjà plus qu'une stèle mais pas encore une statue : la tête est ébauchée et distinguée du corps, les épaules sont esquissées. Sa hauteur est celle de l'homme. Son évolution vers la statue-pilier marque une étape artistique importante : le visage est désormais nettement modelé avec les yeux, le nez et la bouche. Deux siècles après (vers 1600), les **statues-menhirs** manifestent une nouvelle évolution : l'anatomie se précise (colonne vertébrale et omoplates) et apparaissent des armes sculptées en relief (épées et poignards). Ces statues armées représentent-elles des Torréens Shardanes, «peuples de la mer» qui aborda à cette époque les côtes de Sardaigne et de Corse, ou les guerriers insulaires qui eurent à les combattre ? Au fur et à mesure de l'avancement de la recherche, les hypothèses penchent alternativement pour l'une ou l'autre solution. Dans le Nord de l'île, les Mégalithiques élevèrent des statues non armées qui se caractérisent par des épaules marquées, des oreilles proéminentes et souvent un collier sculpté.

La civilisation torréenne – De 1600 à 800 avant J.-C., la Corse du Sud reçoit l'empreinte d'une nouvelle civilisation qui pourrait avoir été introduite par les envahisseurs Shardanes, caractérisée par des constructions originales qu'elle a laissées. Cette civilisation a laissé de nombreuses traces dans le golfe de Porto-Vecchio et à l'Ouest dans les vallées de l'Ortolo, du Fiumicicoli, du Rizzanèse et du Taravo. Les principaux vestiges, situés sur les hauteurs, sont des forteresses circulaires en appareil cyclopéen hautes de 6 à 8 m, auxquelles fut donné le nom de Torre *(voir à ce nom et p. 36)*, analogue aux nuraghi de Sardaigne *(voir le guide Vert Michelin Italie)*.

---

(1) Pour plus de détails, lire : «Filitosa», par J.-D. Cesari et L. Aquaviva – En vente sur place.

★★STATION PRÉHIS-TORIQUE ⏱ visite : 1 h

En venant d'Ajaccio par la N 196, ne pas suivre la signalisation « Filitosa » en place à certains carrefours. Poursuivre en direction de Propriano jusqu'à l'embranchement, à droite, de la D 157 en direction de Porto Pollo. Au premier grand carrefour on laissera sur la gauche la route de Porto Pollo pour continuer tout droit jusqu'à Filitosa.

Près de l'entrée s'élève le **musée** *(ci-dessous)* que l'on visitera au retour.
A 75 m, sur le chemin du site, à droite, a été placée **Filitosa V**, la plus volumineuse et la mieux armée de toutes les statues-menhirs de Corse *(voir la partie Introduction*

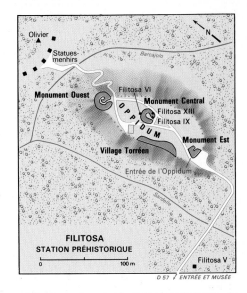

FILITOSA
STATION PRÉHISTORIQUE

0   100 m

D 57 / ENTRÉE ET MUSÉE

de ce guide). Elle porte une longue épée et un poignard oblique dans son fourreau ; de dos, apparaissent des détails anatomiques ou vestimentaires. Le haut de la tête semble avoir été sectionné. Une enceinte cyclopéenne, œuvre des Mégalithiques, cerne le plateau et barre l'éperon où se trouve l'essentiel du gisement.

Oppidum - Quatre ensembles retiennent l'attention et témoignent de l'occupation successive du site par les Mégalithiques, puis par les « Torréens ».
L'oppidum fortifié torréen comprend des statues-menhirs souvent mutilées provenant de la culture mégalithique.

Monument Est – Ce monument que les « Torréens » comblèrent est un tumulus, extérieurement appareillé et disposé dans un puissant ensemble rocheux. Une rampe monte à son sommet. Un os taffoni a livré des traces d'une première occupation du site, il y a près de 8 000 ans.

Monument central – On a pu considérer ce monument de plan circulaire comme étant à destination religieuse où se pratiquaient les incinérations d'offrandes. Dans ses murs, les « Torréens » avaient encastré 32 statues-menhirs débitées puis disposées, le visage contre terre : était-ce pour manifester la suprématie de leur culture sur celle des Mégalithiques ? Plusieurs de ces statues, retirées du parement, encadrent l'entrée du monument. Celles de **Filitosa IX** et de **Filitosa XIII** sont les sommets de l'art mégalithique en Corse. **Filitosa VI** montre pour sa part un visage presque intact.

Monument Ouest – Il prend appui sur des aménagements mégalithiques antérieurs. Il s'agirait d'un édifice religieux torréen ayant occasionnellement servi à la défense collective. Ce monument aurait été occupé jusqu'aux environs de 1200 avant J.-C. Sa partie centrale comporte deux chambres auxquelles on accède par des couloirs.
Sur l'autre versant du vallon, les **cinq statues-menhirs** redressées ont été disposées autour d'un olivier millénaire et marquent la fin de l'époque mégalithique dans cette région.

Village torréen – Il conserve les assises de cabanes réoccupées après le départ des Mégalithiques. Dans ses strates profondes furent trouvés des vestiges de la plus ancienne occupation du site : de la céramique néolithique (5850 avant J.-C.).

Musée – Installé dans le Centre de documentation archéologique, il présente les objets découverts au cours des fouilles, accompagnés de notices explicatives. Observer en particulier trois fragments de statues-menhirs restaurées : à gauche, en entrant, la partie supérieure de **Scalsa-Murta** (1400-1350 avant J.-C.) portant, de face, une épée verticale et, de dos, une cuirasse en chevron et un casque sur lequel apparaissent deux cavités où étaient peut-être fixées des cornes de bovidés ; plus loin, **Filitosa XII**, débitée longitudinalement, où le bras et la main gauche sont représentés ; au fond, la tête de style archaïque de **Tappa II**.

D'autres sites préhistoriques et mégalithiques en Corse méritent une visite :
● *Alo Bisucce (décrit dans le Sartenais)*
● *alignement de Palaggiu (ou Palagghju : décrit dans le Sartenais)*
● *alignements et dolmen de Cauria*
● *à Patrimonio, le menhir de Nativu*
● *sites torréens de Cucuruzzu, Torre, Ceccia, Tappa et Araghju (se reporter à ces noms pour la description)*
● *deux musées : celui de Sartène et celui de Levie*

Le FIUMORBO

Carte Michelin n° 90 pli 6

Le Fium'Orbo (aux eaux « troubles ») rassemble les eaux des torrents nés sur le versant oriental du Monte Renoso. Il contourne par le Nord une petite région à laquelle il a donné son nom (Fiumorbo, sans l'apostrophe) mais qui, en fait, constitue surtout le bassin de l'Abatesco.

D'Ouest en Est le Fiumorbo présente une zone d'altitude, où règne le châtaignier, dont le socle cristallin se dissimule sous une couverture de grès et de schistes ; une région de collines aux sommets arrondis et à la topographie confuse ; une étroite plaine littorale enfin qui représente l'extrême Sud de la grande plaine d'Aléria.

De tout temps le Fiumorbo a été un pays replié sur lui-même, couvert d'un épais maquis, coincé entre la haute montagne et la plaine littorale naguère ingrate. De nos jours encore, seule la D 344 puis la D 69, et au prix d'un long parcours sinueux remontant la vallée du Fium'Orbo, relie ce pays à l'intérieur de l'île par le col de Verde (alt. 1 289 m).

Mais si les villages sont maintenant désenclavés et accessibles par des routes, la plupart de ces dernières s'achèvent en cul-de-sac.

Un tel isolement a fait du pays un refuge de l'esprit de résistance. En 1769 des bergers fiumorbais qui avaient refusé les astreintes de la loi française tombent dans une embuscade sur la route de Corte où ils se rendaient pour négocier. Au début du 19e s. des notables sont arrêtés, puis fusillés ou déportés par le général Morand qui avait dû se résoudre à accorder des terres sur le littoral aux gens des villages.

1815 : Poli qui a mission de trouver une retraite pour Napoléon au cas où l'évasion de l'île d'Elbe échouerait débarque au Sud de Solenzara et gagne le Fiumorbo à la cause de l'Empereur ; il réussit si bien qu'après les Cent-Jours l'armée du marquis de Rivière, tenue en échec, ne parvient pas à réduire le pays. Rivière muté, Poli s'exile lorsque le général Villot accorde l'amnistie générale.

A la fin du siècle le Fiumorbo devint le repaire de bandits, vivant ostensiblement leur condition et mettant la région en coupe réglée. En septembre 1944 la région de Vezzani, le défilé de l'Inzecca et Ghisoni sont des théâtres de la résistance victorieuse à l'armée d'occupation allemande.

VALLÉE DE L'ABATESCO
Circuit au départ de Ghisonaccia
64 km – Environ 2 h 1/2

Ghisonaccia – Située à 4,5 km de la mer et adossée aux collines du Fiumorbo, la bourgade était autrefois malsaine. En 1954, elle comptait seulement 900 habitants. Maintenant c'est, avec l'essor agricole de la plaine orientale, une petite ville moderne très vivante, centre de la **Costa Serena**. Maisons neuves, succursales de banques, magasins, ateliers mécaniques témoignent de l'activité de la région. La campagne environnante couverte de vignobles, de blé et d'arbres fruitiers, surprend, surtout lorsqu'on vient de l'intérieur du pays, par le nombre de ses hangars, des machines agricoles qui y travaillent et des installations d'irrigation nécessaires pendant la saison chaude.

Au Sud-Est, la D 144 mène au littoral. Vers le Nord, la plage de sable fin s'étire à l'infini.

De Ghisonaccia, suivre la route de Bonifacio jusqu'à Migliacciaro (1,5 km).
Là, emprunter à droite la D 244 puis, 3 km plus loin, à gauche la D 145.
Après Agnatello, prendre à gauche la D 45 qui s'élève en lacet dans le maquis et les chênes-lièges.

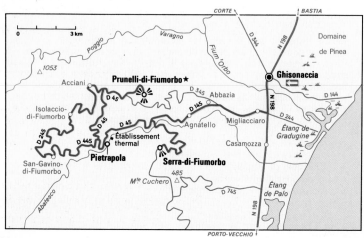

Serra-di-Fiumorbo – Accroché à flanc de montagne, ce village groupé autour de son église domine de 450 m la plaine orientale. De la terrasse de l'église, le regard embrasse à la fois la plaine d'Aléria avec l'étang de Palo et la vallée de l'Abatesco.

Regagner la D 145 et poursuivre la D 45 à gauche.

Pietrapola – Pietrapola est connue depuis l'époque romaine, pour les vertus de ses eaux chaudes sulfurées sodiques dont sont justiciables les affections rhumatismales et osseuses.

L'établissement thermal moderne, situé sur la rive gauche de l'Abatesco, reçoit plusieurs centaines de curistes par an. Devant l'église, maisons typiques, en granit.

Continuer vers San-Gavino-di-Fiumorbo.

La D 445, pittoresque, s'élève au-dessus de la vallée de l'Abatesco dans les châtaigniers et les chênes-lièges.

A San-Gavino, emprunter, à droite, la D 245 jusqu'à Acciani (par Isolaccio). Poursuivre jusqu'à Prunelli.

La route offre sur tout son parcours de beaux coups d'œil sur la vallée de l'Abatesco, Ghisonaccia et la région du Fiumorbo.

★**Prunelli-di-Fiumorbo** – Principal centre du Fiumorbo, ce village-belvédère domine la plaine littorale.

La terrasse de l'église fortifiée, bâtie en haut du village, offre un **panorama**★ très étendu sur la plaine orientale et ses étangs jusqu'à Aléria, sur la vallée de l'Abatesco et sur l'enemble du Fiumorbo.

Le retour à Ghisonaccia s'effectue par la D 45 (panneau indiquant « Vers N 198 »), en passant par Pietrapola, la D 145 jusqu'à Migliacciaro et la N 198.

Sachez tirer parti de votre guide Michelin.
Consultez la légende en p. 2.

FOZZANO
Fuzzà – 152 habitants
Carte Michelin n° 90 plis 8, 18 – Schéma p. 225

Fozzano occupe un éperon de la Rocca. Le village fut en 1833 le théâtre d'une vendetta qui opposa deux familles voisines, les Carabelli et les Durazzo. Leurs maisons fortes appelées « tours sarrasines » subsistent ; l'une se trouve en contrebas, ruelle en escalier, l'autre borde la route (à gauche, en venant d'Arbellara).

Colomba ou la Corse romantique

Au cours de son voyage en Corse, en 1839, Mérimée (1803-1870), alors inspecteur des Monuments historiques, rencontra à Fozzano **Colomba Bartoli**, née Carabelli. Elle était âgée de 64 ans, veuve et auréolée du prestige que lui conféraient les événements dont elle avait été l'âme : deux Durazzo avaient été tués ainsi que son propre fils. De cette rencontre naquit une nouvelle, *Colomba* (1840), dans laquelle Mérimée unissait l'intransigeance de Colomba et la beauté de sa fille Catherine. Loin de donner la transcription littéraire d'un témoignage recueilli sur place, l'écrivain prend prétexte de la narration d'une vendetta pour offrir une vision romantique de la Corse au 19e s. Ce roman a contribué à ancrer dans les mentalités une image réductrice des coutumes corses et de la vie dans l'île.

La maison de Colomba est celle qui se trouve dans une ruelle en contrebas de la route.

GALÉRIA ☼
305 habitants
Carte Michelin n° 90 pli 14

Au débouché de la vallée du Fango *(voir à ce nom)*, ce village, isolé dans un maquis clairsemé au pied du Capo Tondo (alt. 839 m) offre une grande plage de galets et un mouillage aux plaisanciers. Son site sauvage est le paradis des plongeurs et des véliplanchistes solitaires.

★GOLFE DE GALÉRIA

Situé entre la Punta Stollo au Sud et la Punta Ciuttone au Nord, il dessine une large baie que colmatent les alluvions du Fango (plage). Pour en avoir une vue d'ensemble, suivre à pied le sentier qui s'ouvre à gauche au bout de la D 351 *(laisser la voiture un peu avant)*. Bien tracé dans le maquis, il longe le golfe vers la Punta Stollo.

GHISONI

335 habitants

Carte Michelin n° 90 pli 6

Ce village tranquille est situé à 658 m d'altitude, dans une cuvette enserrée par les forêts de Sorba et de Ghisoni, presque au confluent de la vallée profonde du Regolo et de la haute vallée du Fiumorbo.

Aux deux rochers du **Kyrie Eleïson** (1 525 m) et du **Christe Eleïson** (1 260 m) qui se dressent au Sud-Est de Ghisoni se rattache une légende liée à l'extermination des Giovannali *(voir à Carbini)* réfugiés à Ghisoni. Au chant du Kyrie de l'office des morts, une colombe, s'échappant des fumées âcres du bûcher, tournoya sur le lieu du supplice et se perdit dans la campagne pendant que l'écho répétait : « Kyrie... Christe Eleïson... »

★★★ 1 RANDONNÉE AU MONTE RENOSO

18 km – Puis 9 h de marche AR – Dénivelé de 700 m – Schéma ci-dessous

Partir de bonne heure le matin pour atteindre le sommet avant que ne se lève la brume qui, en été, voile le panorama dès le milieu de la matinée. L'escalade des pentes caillouteuses du Renoso ne présente guère de difficultés pour de bons marcheurs, l'itinéraire étant balisé de cairns. Seul un passage très étroit sur l'arête faîtière qui joint le sommet à la Punta Orlandino requiert une certaine prudence.

Quitter Ghisoni au Sud par la D 69. A 6,5 km, après le pont de Casso, prendre à droite la D 169 qui s'arrête non loin des bergeries de Capannelle.

Construite pour faciliter l'exploitation de la forêt, cette route amène jusqu'à l'altitude de 1 600 m les randonneurs et, en hiver, les skieurs. Elle permet en outre d'admirer les beaux peuplements de pins laricio et maritimes et de hêtres de la **forêt de Ghisoni**, auxquels se mêlent le bouleau, l'aulne et l'alisier blanc. Certains pins laricio, hauts de 40 m, sont vieux de 3 siècles.

Bergeries de Capannelle – Alt. 1 586 m (refuge du parc régional). 500 m à l'Ouest de l'extrémité de la route. Elles se groupent dans le vallon de Tomba. Avec celles de Tragette et de Scarpaccedie, elles abritent en été 2 500 ovins. Un vaste domaine skiable s'étend alentour entre 1 600 m et 2 100 m d'altitude, limité par la crête de Chufidu au Nord et celle de Pietra Niella au Sud *(remontées mécaniques).* Des bergeries de Capannelle s'amorce une piste jalonnée de cairns qui s'engage vers le Sud-Ouest en direction du Monte Renoso ; elle atteint *(1 h)* la source de Pizzolo

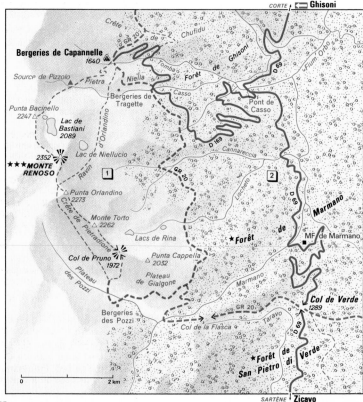

sur un plateau herbeux, puis *(2 h)* le **lac de Bastiani** (alt. 2 089 m), grande nappe d'eau grise, aleviné en truitelles et en saumons de fontaine, qui s'étend dans une dépression sur 4,7 ha. Ses rives sont souvent recouvertes par les névés, même en été.

Longer la moraine qui borde le lac pour atteindre l'arête faîtière que l'on suit jusqu'au sommet du Renoso (à 1 h de marche du lac).

Monte Renoso – Alt. 2 352 m. C'est, avec le Cinto, le Rotondo, le Monte d'Oro et l'Incudine, l'un des cinq grands sommets qui hérissent la Corse. Point culminant de la longue arête qui joint les cols de Vizzavona et de Verde, il apparaît comme un dôme massif couvert de blocs et d'éboulis. Du sommet, le **panorama**★★★ englobe tout le Sud de l'île, de la côte orientale aux golfes de Valinco et d'Ajaccio, ainsi que la Sardaigne. Poursuivre la ligne de faîte jusqu'à la Punta Orlandino et la crête de Pietradione. Gagner alors le **col de Pruno** d'où l'on domine les petits lacs de Rina et le plateau herbeux des Pozzi. De là, un chemin descend aux bergeries des Pozzi ; puis emprunter à l'Est le plateau de Gialgone. A l'embranchement, après le plateau, prendre à gauche le chemin forestier (GR 20) qui contourne le Renoso sur son versant Est et ramène *(en 3 h)* à la route forestière du départ par laquelle on regagne la voiture.

★ ② ROUTE DU COL DE VERDE

39 km au Sud par la D 69 jusqu'à Zicavo – Schéma ci-contre

La route s'élève dans la forêt de Ghisoni, ravagée dans le bas par des incendies. On aperçoit sur la droite le Monte Renoso et, en contrebas sur la gauche, le Christe et le Kyrie Eleïson.

★**Forêt de Marmano** – La D 69 s'enfonce bientôt dans cette belle forêt qui couvre le bassin supérieur du Fium'Orbo.

A l'entrée de la forêt domaniale, la **maison forestière de Marmano** ⊙ abrite l'exposition permanente « A Casa Furestera », sur le thème de la forêt corse d'hier et d'aujourd'hui.

La forêt de Marmano s'accroche à des versants abrupts et présente de beaux pins laricio et maritimes, des hêtres, des sapins pectinés et des bouleaux.

Des visites thématiques sont organisées par l'Office National des Forêts *(se reporter aux Visites thématiques dans la partie Renseignements pratiques en fin du guide).*

Col de Verde – S'ouvrant à 1 289 m d'altitude au milieu des hêtraies, il fait communiquer la vallée du Fium'Orbo et la forêt de Marmano au Nord avec la vallée du Taravo et la forêt de San Pietro di Verde au Sud. Malgré sa situation méridionale ce col peut être obstrué par la neige en hiver.

★**Forêt de San Pietro di Verde** – Passé le col de Verde, la route descend à travers le peuplement de pins laricio de la forêt de San Pietro di Verde, puis longe la forêt de St-Antoine jusqu'à Zicavo.

Zicavo – *Voir à ce nom.*

GUAGNO-LES-BAINS

Carte Michelin n° 90 pli 15 (12 km à l'Est de Vico)

Cette petite station thermale nichée dans la verdure au fond de la vallée du Fiume Grosso était naguère à l'abandon. Aujourd'hui le nouvel **établissement thermal** construit sur la rive gauche du torrent témoigne de l'effort accompli pour relancer le thermalisme en Corse *(voir la partie Renseignements pratiques en fin de volume).*

Les eaux de Guagno étaient déjà utilisées au 16e s., mais leurs propriétés ne furent réellement établies qu'au 18e s.

Les sources de l'**Occhiu** (37°), situées sur la D 323, à l'Ouest du village, traitaient autrefois les maladies des yeux, de la gorge et du larynx. Celle du bas : la **source Venturini** (52°) soigne les rhumatismes, maladies de la peau, arthroses, sciatiques, l'obésité...

D'illustres baigneurs ont fréquenté les eaux de Guagno, Pascal Paoli, les Abbatucci, les Ornano y venaient presque chaque année. Letizia Bonaparte y rétablit sa santé compromise pendant la guerre d'Indépendance. Napoléon, alors qu'il rêvait encore d'avenir, y vint avec son frère Joseph.

Cascade de Piscia a l'Onda – *2 h aller; descendre vers le Fiume Grosso et, après l'avoir franchi, emprunter le sentier longeant la rive droite.*

Au confluent avec le Liamone, franchir ce dernier et prendre, au-delà du pont, le chemin de Letia puis un sentier remontant, vers le Nord, la rive droite du Liamone jusqu'à la cascade formée par les eaux du torrent. Belle **vue**★ sur la vallée en redescendant.

Forêt de Libio – Composée de pins maritimes et laricio, située à l'Est de la station, elle s'étend en amphithéâtre, dominée par les principales cimes : le monte Tretorre (1 502 m) et le monte Cervello (1 624 m).

ENVIRONS

★**Orto** – *6 km au Nord-Est par la D 223.*

Dominé par les aiguilles déchiquetées du Monte Sant'Eliseo, ce village « du bout du monde » occupe un **site**★ impressionnant au-dessus de la vallée du Fiume Grosso qu'il domine de près de 230 m.

Guagno – *6 km à l'Est par la D 23.*

Ce village s'étage dans une clairière ouverte dans la forêt de châtaigniers sur une hauteur, à 720 m d'altitude, dominant les vallées de l'Albelli et de Fiume Grosso. On y honore encore la mémoire de **Dominique Leca** dit **Circinellu**, prêtre à Guagno en 1768, intraitable défenseur de l'indépendance de l'île qui refusa la défaite de Ponte-Nuovo. Il demeure toujours une figure très populaire parmi la jeunesse, son opiniâtreté inspira nombre de poèmes.

★**Soccia** – *6,5 km au Nord-Est.*

Soccia, bâtie en amphithéâtre sur un éperon, offre une vue étendue sur la vallée du Fiume Grosso et le bassin de Guagno. C'est le point de départ de l'excursion au lac de Creno *(voir à ce nom)*. De la route de terre nouvellement construite pour l'entretien d'installations hydro-électriques, on jouit à la lumière du soir d'une très belle **vue**★ sur la mosaïque des toits du village, camaïeu de rouges se découpant dans un paysage de montagnes boisées aux silhouettes majestueuses.

Même sur les grands axes routiers,
soyez attentif au bétail divagant.

L'ILE-ROUSSE ⌂

L'Isula – 2 288 habitants
Carte Michelin n° 90 pli 13 – Schéma p. 81

L'Ile-Rousse est une ville moderne et prospère offrant des rues disposées en damier, des squares fleuris et de nombreux commerces. Son port animé, débouché de la Balagne, en exporte les produits.

La douceur du climat et la plage qui borde la baie font de l'Ile-Rousse une station de villégiature très fréquentée dès le printemps.

Au 18e s. n'existaient en ce point de la côte que de vagues vestiges d'une cité romaine et une tour génoise. Le port d'Isola Rossa fut fondé par Paoli en 1758 pour concurrencer le trafic d'Algajola et de Calvi et, par là, contrecarrer l'activité génoise dans l'île.

LA CITÉ PAOLINE

Place Paoli – Cette belle place rectangulaire, ombragée de grands platanes et bordée de cafés, est le lieu le plus animé de la ville où les joueurs de pétanque aiment à se retrouver. Vers le centre, quatre hauts palmiers encadrent une fontaine surmontée du buste de Pascal Paoli.

Vieille ville – Sans être ancien, ce quartier au nord de la place Paoli ne manque pas d'allure avec son beau marché couvert entouré de boutiques d'alimentation, l'architecture soignée de ses maisons, et ses ruelles dallées descendent vers la mer avec quelques passages couverts.

Au bout de la rue Notre-Dame, face au **square Tino-Rossi**, une tour à demi ruinée, proche de l'hôtel de ville, porte une inscription rappelant la fondation de l'Ile-Rousse. Derrière le square, une esplanade avec un monument aux Morts sculpté par Volti s'ouvre sur la baie face à l'île de la Pietra.

Église paroissiale – A l'Ouest de la place, le fronton classique de l'église domine la triple rangée des palmiers qui masquent sa façade. L'intérieur est d'une grande simplicité avec une coupole nue au-dessus du transept.

Derrière l'église, la rue Louis-Philippe mène à la place de la 1re-Division-Française 1940-1945, dont la pelouse est ornée d'une statue de femme, sur fond de jardin où fleurissent les bougainvillées. L'église franciscaine voisine est flanquée de deux clochers.

LA STATION

Les quartiers récents s'étendent surtout au Sud et à l'Est de la place Paoli. Un vaste parking entourant une statue, œuvre du Corse Pierre Dionsi (1904-1970), est limité par un couvent et l'ancien château Piccioni transformé en hôtel.

Le minuscule square Jean-Alfonsi, agrémenté d'une statuette sur un bloc de pierre, reproduit la végétation du maquis.

La **plage** de sable dessine une belle courbe jusqu'à une petite pointe rocheuse.

Musée océanographique ⊙ – Au lieudit Gineparo, à l'Est du port et en bordure de la plage, ce centre d'étude a été aménagé pour permettre une bonne présentation des principales espèces de la faune et la flore sous-marines méditerranéennes. Le visiteur assiste d'abord à une projection vidéo lui permettant de se familiariser avec le monde sous-marin corse. L'accès au sous-sol aménagé en trois vastes aquariums lui permet de découvrir la vie réelle des espèces évoluant dans les eaux régionales : congres, murènes, raies, mérous, cigales de mer, langoustes, homards et même un petit requin. Leur particularité et leur comportement y sont détaillés et expliqués au cours de cette visite accompagnée. On assiste ensuite en surface à la démonstration de tortues de mer dans un bassin.

★ **Ile de la Pietra** – Reliée à la ville par une jetée qui abrite le port de plaisance et de commerce des vents dominants du Sud-Ouest (libeccio), l'île de la Pietra, formée de rochers ocre creusés d'alvéoles, est dominée par une tour. C'est à la couleur de ces rochers que l'Ile-Rousse doit son nom, après avoir été un temps baptisée Paolina, en l'honneur du fondateur de la ville.

A son extrémité se dresse le phare d'où la **vue**★ s'étend sur les îlots voisins, le port, l'Ile-Rousse et le village perché de Monticello.

★CORNICHE PAOLI

Circuit de 20 km – environ 1 h – schéma p. 81. Quitter l'Ile-Rousse au Sud-Est par la D 63.

Monticello – Perché sur une hauteur au-dessus de l'Ile-Rousse, ce village entouré d'oliviers et de figuiers de barbarie a conservé un certain cachet avec sa grande place bordée de vieilles maisons.

Suivre la D 263 en direction de Santa-Reparata.

A la sortie de Monticello, la route étroite, taillée en corniche au-dessus de la plaine littorale, offre des **vues**★ étendues sur l'Ile-Rousse et les rochers de la Pietra, la basse Balagne et les petits villages perchés.

Santa-Reparata-di-Balagna – Étagé au-dessus du littoral, ce village offre de la terrasse de son église une vue sur l'Ile-Rousse au Nord, la vallée du Regino au Nord-Est, la chaîne du Monte Grosso au Sud. L'**église** ⊙ de style baroque, vient curieusement se greffer sur une chapelle pisane dont on a conservé l'essentiel de la nef et de l'abside du 12ᵉ s.

Corbara – *Voir à ce nom.*

Le retour sur l'Ile-Rousse s'effectue par les D 151 et N 197.

De la terrasse de la petite chapelle située dans un lacet, 500 m après Corbara, on jouit d'une large vue sur la baie d'Algajola et la marine de Davia.

L'INCUDINE ★★★

Carte Michelin n° 90 pli 7

Le Monte Incudine est le terminal Sud d'une succession de sommets qui séparent les torrents Monte Tignoso et Luana. Il n'apparaît pas comme un sommet isolé mais comme une crête de 4 km qui s'allonge entre les cols de Chiralba et d'Asinao, comprenant plusieurs cimes de 2 000 m. Baptisée « crête des Forgerons », l'Incudine culmine à 2 136 m.

D'allure massive, le sommet, d'où le panorama est exceptionnel, domine tout le Sud de la Corse.

EXCURSION AU DÉPART DE ZICAVO

Environ 6 h AR – 22 km dont 18 km de route forestière (2 km en mauvais état) puis 4 h 1/2 à pied AR par le GR 20.

Quitter Zicavo (de bonne heure le matin pour atteindre le sommet avant 10 h) vers le Sud par la D 69 ; à 10 km prendre sur la gauche une route forestière (D 428).

La D 428 traverse une belle forêt domaniale de hêtres, appelée le **Bosco di u Coscione**★, qui couvre les basses pentes Ouest et Nord de la Punta di Sistaja. La route s'élève, à travers bois et clairières, et offre de belles vues sur la vallée du Taravo.

Des cascades et torrents bordés d'aulnes coupent ce massif du Coscione où les hêtres centenaires sont nombreux.

1 km après le refuge des bergeries de Basseta, en bordure de la route, un sentier, sur la droite, conduit à la chapelle St-Pierre. A partir de là, la route forestière devient un mauvais chemin *(non carrossable après de fortes averses)*, qui aboutit au GR 20 (marques rouges et blanches) que l'on suit à pied.

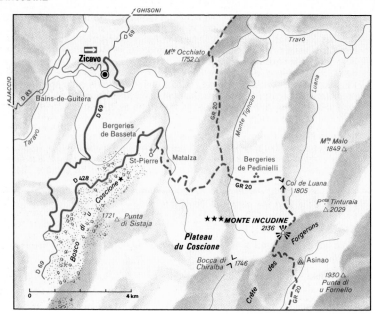

Plateau du Coscione – Raboté par les glaciers, ce plateau couvert de pâturages, où de nombreux porcs errent en liberté, est parsemé de gros blocs moussus. En été, les prairies sont jonchées d'aconits bleus et de digitales pourpres. Les troupeaux des régions de Porto-Vecchio, de Sotta, de Figari et des plaines du Rizzanèse, du Baracci et du Taravo y transhument encore. Femmes et enfants séjournaient avec les bergers dans de sommaires demeures de pierre souvent groupées en petit hameau. Là, se fabriquait un fromage excellent, très dur et qui ressemble au parmesan. Sur ce plateau, se pratique de janvier à la mi-avril le ski de fond.

Après avoir franchi sur une passerelle le ruisseau Furchinchesu, on monte par le GR 20 sur le replat où se dressent les ruines des bergeries de Pedinielli (alt. 1 620 m). Poursuivre le sentier jusqu'au col de Luana (alt. 1 805 m) pour atteindre l'arête Nord de l'Incudine *(1 h 1/2)* et la suivre jusqu'au sommet.

Le sommet – Le principal sommet du Monte Incudine est surmonté d'une croix. Plus à droite, sur l'arête faîtière, un rocher caractéristique, en forme d'enclume, a donné son nom à la montagne. La **vue★★★** s'étend sur une vaste surface marine, au Sud sur la découpe des aiguilles de Bavella et au Nord sur le Monte Renoso.

Retour à Zicavo par le même chemin.

LAVASINA

Carte Michelin n° 90 pli 2 – Schéma p. 133

Ce hameau célèbre par son sanctuaire est agréablement situé en bordure d'une plage de galets.

De nombreux pèlerinages, venant de différents endroits de Corse, s'échelonnent durant tout le mois de septembre. Le principal s'y déroule le 8 septembre : la veille, une procession aux flambeaux parcourt la plage. Une foule considérable, venue de toutes les régions de l'île, participe à cette veillée qui s'achève par une messe de minuit.

Église N.-D.-des-Grâces – Ce sanctuaire, élevé dans la seconde moitié du 17ᵉ s., présente une agréable façade couverte de crépi rose. Cet édifice est malencontreusement flanqué d'un lourd campanile de béton dont le sommet supporte une statue de la Vierge.

A l'intérieur, l'autel monumental en marbre blanc et noir est surmonté d'un tableau restauré représentant la Vierge et l'Enfant, dit **Madone de Lavasina**, qui serait dû à l'école du Pérugin (16ᵉ s.). La tradition locale veut que ce tableau soit miraculeux.

Respect de la nature :
La beauté des itinéraires dans les sites classés dépend aussi de leur propreté.
N'abandonnez surtout aucun détritus (bouteilles ou sacs de plastique, boîtes de converve, papiers, etc.), remportez-les avec vous

Ile LAVEZZI ★

Carte Michelin n° 90 pli 9 – Schéma p. 108

Émergeant à près de 4 km de la Pointe de Sprono, l'île Lavezzi et la centaine d'îlots et écueils granitiques qui l'entourent forme l'archipel des Lavezzi, extrémité méridionale de la France métropolitaine.

La partie française de l'archipel est constituée en réserve naturelle destinée à préserver et étudier la plupart des espèces animales insulaires dans leur biotope d'origine. L'accès public en est réglementé. Les îles Lavezzi, Piana, Ratino, Poraggia et Perduto bénéficient d'une protection particulière. La création d'un **Parc marin international** sous administration franco-italienne, englobant l'ensemble des îles et îlots des Bouches de Bonifacio, est à l'étude *(voir également les parcs naturels dans le chapitre des Renseignements pratiques)*.

Depuis février 1993, après la grave pollution provoquée par l'échouage d'un pétrolier, le détroit n'est plus accessible aux navires-citernes transportant des substances dangereuses.

Le naufrage de La Sémillante *(voir encadré, page suivante)* – Alphonse Daudet consacra une des « Lettres de mon moulin » à ce drame. Le 14 février 1855, la frégate « La Sémillante » avait quitté Toulon avec 750 hommes à bord pour le front de Crimée où le siège de Sébastopol réclamait de constants renforts. Le 15, alors que la tempête faisait rage et qu'un brouillard empêchait toute visibilité, le navire s'engagea dans les Bouches de Bonifacio. Mutilé par les vagues, son gouvernail vraisemblablement arraché, il s'écrasa sur les îlots rocheux.

Le berger de l'île Lavezzi fut le seul témoin de la catastrophe. Aucun des marins et soldats ne survécut : 158 ne furent jamais retrouvés, sur 592 cadavres rejetés sur les récifs, 572 furent inhumés sur place, les plus nombreux (560) dans l'île Lavezzi (deux cimetières), les autres sur les îles voisines, la côte Sud de la Corse ou la côte Nord de la Sardaigne.

EXCURSION EN BATEAU ⊙

Durée au moins 3 h; à effectuer les jours de beau temps.

Le menu de l'excursion « île Lavezzi » diffère selon les prestataires *(se renseigner aux points de vente de billets, à la marine de Bonifacio)*, pouvant par exemple inclure une extension vers l'Ouest aux îlots de Frazzio, connus pour leurs beaux fonds marins. En général, après avoir franchi le goulet aux eaux tumultueuses, l'embarcation longe les falaises calcaires au pied rongé par des grottes *(description à Bonifacio)* puis, une fois doublé le phare de Pertusato, prend le large. Au retour, elle approche l'île

Quelques conseils pour bien profiter de la journée

Aucun point d'eau ni vente de boisson n'existe sur les îles. Au-delà d'un séjour de 2 h, il faut envisager d'emporter suffisamment de boisson et un pique-nique pour la journée. Un arrêt de 1 h à 1 h 30 permet à la fois de visiter le cimetière de Furcone, de découvrir les étranges taffoni et de se baigner dans les anses à proximité de l'embarcadère. Un retour prévu dans l'après-midi autorise une plus longue découverte vers l'anse du Lion, le cimetière de l'Achiarino touchant à une superbe plage de sable fin, et la pyramide de la Sémillante (accessible à la nage, à gué ou en embarcation depuis l'île principale) dont l'ascension procure un joli point de vue. Un petit équipement de plongée en apnée est vivement conseillé pour apprécier l'extraordinaire richesse de la faune.

Cavallo entièrement occupée par des résidences privées, l'îlot **San Baïzo** où a été retrouvée une carrière d'époque romaine (la colonne romaine érigée en monument aux Morts à Bonifacio en provient) et les îlots Ratino et Piana. Le bateau aborde l'île Lavezzi dans une anse abritée, au Nord-Est.

Une nature insolite – Le visiteur découvre un paysage presque lunaire : partout, des chaos de blocs de granite grisâtre érodés en boules et sculptés de taffoni *(voir aux Calanche)* de grande taille, dont les formes évoquent un bestiaire fabuleux. Ici et là, une crique tapissée de sable invite, par ses eaux particulièrement limpides, à la baignade.

La flore de l'île *(surtout, ne rien cueillir, ne pas jeter de détritus, ne pas quitter les sentiers)* compte des espèces rares comme la malodorante « oreille de porc », dont la floraison au mois de mai parsème de grosses langues sanglantes la base des chaos, et des plantes endémiques, en principe minuscules, dont la présence en ces lieux peut constituer une énigme : si beaucoup appartiennent à des familles Sud-méditerranéennes, l'une d'elles ne se connaît de parents proches qu'en Afrique du Sud et en Australie !

L'avifaune, très présente, se compose d'espèces terrestres (merle bleu, fauvette sarde...) et d'oiseaux marins : cormoran huppé, goéland argenté et, plus inattendu, puffin cendré dont l'aire habituelle d'évolution est la haute mer.

Les dernières heures de la Sémillante

« Tout ce que nous savons c'est que la Sémillante, chargée de troupes pour la Crimée, était partie la veille au soir de Toulon avec le mauvais temps. La nuit ça se gâte encore. J'ai idée que la Sémillante a dû perdre son gouvernail dans la matinée, car il n'y a pas de brume qui tienne, sans une avarie, jamais le capitaine ne serait venu s'aplatir ici contre. C'était un rude marin qui avait commandé la station en Corse et savait sa côte aussi bien que moi...
– Et à quelle heure pense-t-on que la Sémillante a péri ?
– Ce doit être à midi ; oui monsieur, en plein midi... Mais dame ! avec la brume de mer, ce plein midi-là ne valait guère mieux qu'une nuit noire comme la gueule d'un loup... Un douanier de la côte m'a raconté que ce jour-là, vers onze heures et demie, étant sorti de sa maisonnette pour rattacher ses volets, il avait eu la casquette emportée d'un coup de vent, et qu'au risque d'être enlevé lui-même par la lame, il s'était mis à courir après, le long du rivage, à quatre pattes. [...] Or il paraîtrait qu'à un moment, notre homme, en relevant la tête, aurait aperçu dans la brume un gros navire à sec de voiles qui fuyait sous le vent, du côté des îles Lavezzi. Ce navire allait si vite qu'il n'eut guère le temps de bien le voir. Tout fait croire cependant que c'était la Sémillante puisqu'une demi-heure après, le berger des îles a entendu sur ces roches...
[...] un craquement effroyable.
Le lendemain, en ouvrant sa porte, il avait vu le rivage encombré de débris et de cadavres laissés là par la mer. »

(Le naufrage de la Sémillante – *Les Lettres de mon Moulin*.)

Alphonse Daudet.

Cimetière de Furcone – Situé sur le plateau herbeux qui sépare l'anse d'ancrage de la plage de Furcone, ce premier cimetière est entouré d'un mur cantonné de pyramides. Une modeste chapelle funéraire, N.-D.-du-Mont-Carmel, protège cet enclos où s'alignent des tombes anonymes en dehors de celle de l'aumônier de la frégate reconnu à ses bas de filoselle noire. Une plaque a été élevée en 1895 à la mémoire du lieutenant A. de Maisonneuve.

Cimetière de l'Achiarino – Situé au-delà de la cale du Lion, dominé par deux cabanes de berger, et à l'extrémité de la cale suivante *(ce parcours ne peut se faire, en été, qu'en restant plusieurs heures sur l'île)*, ce deuxième cimetière abrite la dépouille du commandant Jugan, retrouvé sanglé dans son uniforme.

Pyramide – Dressée à la pointe d'Achiarina, elle rappelle le naufrage de La Sémillante.

LEVIE

Livia – 781 habitants

Carte Michelin n° 90 pli 8 – Schéma p. 73

Le bourg est situé sur un plateau granitique de 800 à 900 m d'altitude, limité par les vallées du Rizzanèse et du Fiumicicoli, d'où émergent plusieurs chaos rocheux qui recèlent d'importants vestiges d'habitants néolithiques et de l'âge du bronze.
Au 18e s., Levie était la capitale de l'Alta-Rocca. En 1769, on y comptait 1 192 habitants, alors que Sartène n'en avait que 800.

Musée de l'Alta Rocca ⊙ – *Entrée à gauche de la mairie.* Les collections exposées proviennent principalement des fouilles effectuées sur le Pianu de Levie (Capula, Cucuruzzu, Caleca, Curacchiaghiu). Elles présentent des objets variés relatifs aux modes de vie et aux techniques, du prénéolithique (7e millénaire av. J.-C.) jusqu'au Moyen Âge.
La première salle abrite un **christ en ivoire★** d'époque Renaissance. Cette œuvre d'une grande finesse a été réalisée par un élève de l'école italienne du sculpteur florentin Donato di Niccolo de Betto Bardi dit Donatello vers 1516. On remarque la justesse des proportions, la vérité de l'anatomie, le réalisme des détails évoquant la douleur (crispation de la bouche, écartement de l'orteil), finesse de l'exécution (traits, cheveux, barbe, cordelette du pagne) ; tout révèle la marque d'un grand artiste. Ce crucifix serait un don de Sixte Quint, pape de 1585 à 1590, et dont la famille était originaire de Levie.
On notera la présence de l'unique **vestige humain prénéolithique** mis au jour en Corse (6570 av. J.-C., découvert près de Bonifacio), ainsi que d'un squelette de Prolagus, mammifère rongeur chassé à cette époque, aujourd'hui disparu.
La **période néolithique** (6000 à 3000 av. J.-C.) est illustrée par une poterie ornée au poinçon (le curasien) et à la coquille (le cardial), associée à un outillage de silex et d'obsidienne, et à des éléments de parure en rhyolite.

L'âge du bronze et l'âge du fer (1800 à 250 av. J.-C.) sont évoqués par des céramiques (jarres, plats, marmites), des bijoux en bronze (fibules, bracelets, chaînes) et en pâte de verre (colliers de perles). On observe également un squelette féminin en bon état de conservation mis au jour à Capula dans une couche correspondant à l'âge du fer.

Le **Moyen Âge** est représenté par des pièces de monnaie et une vaisselle originale (cruchon pisan du 14e s.).

Pianu de LEVIE

Carte Michelin n° 90 pli 8 – Schéma p. 73

Le pianu (plateau) de Levie, situé à une altitude moyenne de 700 m au cœur de l'Alta-Rocca *(voir à ce nom)*, s'étend entre les vallées du Rizzanèse et du Fiumicicoli. Son paysage de maquis, égayé de châtaigniers et de bosquets de chênes verts, est encore cloisonné de murs de pierres sèches, traces muettes d'une exploitation parcellaire fort ancienne.

Les recherches archéologiques ont livré maints témoignages d'une occupation humaine allant du 7e millénaire av. J.-C. au Moyen Âge. Les objets les plus représentatifs des 8 000 ans d'activité humaine sont présentés au musée de Levie, dont la visite est indissociable de celle des principaux sites du plateau : Cucuruzzu et Capula.

Suivre sur 4,3 km la route fléchée qui part de la D 268 entre Ste-Lucie-de-Tallano et Levie. Laisser la voiture au parking. La visite des 2 sites est groupée.

Pianu de Levie – Castellu de Cucuruzzu

★★ SITES DE CUCURUZZU ET CAPULA ☉

Le circuit audioguidé (1 h 30) emprunte le sentier balisé et numéroté de points de halte qui conduit d'abord à Cucuruzzu, puis à Capula. Les commentaires de la visite alternent avec des chants polyphoniques corses.

Par un sentier bien aménagé et ombragé de chênes, pins et châtaigniers, on descend vers le fond d'un vallon au rythme des étapes proposées par le guidage qui invite à apprécier l'aspect calme et sauvage des lieux. Bientôt le site apparaît, qui occupe un éperon de 2 hectares. Le **panorama**★ s'étend sur les pentes vallonnées, la forêt de chênes verts, les aiguilles de Bavella et le massif du Coscione.

★**Castellu de Cucuruzzu** – Ce site est un complexe monumental, daté de l'âge du bronze (milieu du 2e millénaire av. J.-C.), définitivement abandonné à la fin du 3e s. av. J.-C. Les archéologues y ont distingué : une forteresse, dont la technique de construction combine avec adresse les éléments naturels (gros blocs de roche granitique) et les murs édifiés de main d'homme ; un monument supérieur de base circulaire, tourné vers l'Est, à la destination énigmatique ; un village limité par un mur en gros appareil.

On pénètre dans la forteresse (Castellu) par des marches grossières taillées dans un rocher éclaté. A gauche s'élève un haut mur d'enceinte cyclopéen dans lequel sont aménagés des abris, loges pourvues d'ouvertures destinées à l'éclairage et à l'évacuation des fumées. A droite, des diverticules (cavités) à usage de réserves.

Un chemin conduit, du côté opposé, à une plate-forme donnant au Nord.

Celle-ci précède un monument circulaire orienté au levant, en blocs cyclopéens prenant appui sur un chaos de gros blocs de granit. Un couloir en arc aigu, s'ouvrant sur deux niches, mène à une chambre intérieure couverte d'une voûte en encorbellement.

Le sentier balisé descend vers un petit vallon avant d'entamer la montée vers l'éminence de Capula.

Capula – Les **ruines médiévales** de Capula, dressées sur une butte circulaire, reposent sur trois niveaux successifs de construction ; le site a en effet été habité dès l'âge du bronze (1800 av. J.-C.), puis à l'âge du fer (700 av. J.-C.), enfin au Bas-Empire, avant de devenir au Moyen Âge un important site défensif. Il fut démantelé en 1259, au cours de luttes fratricides, par Giudice de la Cinarca *(voir à Cinarca)*.

Grimper la rampe qui domine le mur d'enceinte encastré dans le roc. Un sentier se faufile entre les volumineux rochers pour aboutir à une aire de charbonnier. Plus loin une plate-forme est cernée de blocs cyclopéens où se mêlent des granits taillés. Revenir au centre de la butte et longer un abri sous roche puis une série de constructions. Un raidillon conduit au point le plus élevé où apparaît la base d'un donjon ou d'une citerne. De cet endroit, on jouit d'une **vue★** magnifique sur le plateau très sauvage dominant la vallée boisée du Rizzanese, jusqu'aux aiguilles de Bavella que l'on distingue au loin.

En se dirigeant vers la sortie, on longe les ruines de l'ancienne chapelle romane dont les bases datent du 13e s., puis la chapelle St-Laurent, bâtie au début du 20e s. avec les pierres de la précédente chapelle. Elle doit sa patine ancienne au réemploi de matériau médiéval. Chaque année, le 9 août, un pèlerinage vient demander la protection de St Laurent.

Le chemin de retour vers le parking permet d'admirer un beau dallage médiéval dénommé **« chiappi di San Lorenzu ».**

LUMIO★

895 habitants

Carte Michelin n° 90 pli 13 (10 km au Nord-Est de Calvi) – Schéma p. 80

Groupé en amphithéâtre, au-dessus de sa grande église baroque flanquée d'un haut campanile ajouré, ce bourg opulent de Balagne forme belvédère sur le golfe de Calvi, au milieu des oliviers et des vergers. On prendra plaisir à flâner dans sa longue rue sinueuse. La route qui le dessert par les hauteurs offre une large **vue★** sur la plaine littorale, le golfe et la citadelle de Calvi, et la pointe de la Revellata.

Chapelle St-Pierre ⊙ – *1 km au Sud par la route de Calvi puis, à gauche, la route d'accès revêtue.*

Cette chapelle romane (11e s.) en granit ocre s'élève à 131 m d'altitude dans un cimetière. Elle relève du début du roman pisan en Corse, mais elle a subi un remaniement au 18e s.

En façade, deux pittoresques têtes de lion, en granit, probablement remployées, encadrent le linteau de sa porte d'entrée *(voir la planche d'illustration à la page 39).* Mais la chapelle vaut surtout par son chevet où se manifeste l'influence pisane dans ses chapiteaux à palmettes, ses archivoltes doubles et ses petites ouvertures géométriques.

⌂ **Marine de Sant'Ambroggio** – Le port de plaisance de Sant'Ambroggio offre toutes les facilités recherchées aux plaisanciers. En dépit de la multiplicité des lotissements et d'un grand village de vacances, le site a conservé un cadre naturel autour d'une belle plage de sable, au fond de la baie. A proximité, des sentiers conduisent à la punta Spano, promontoire sauvage qui avance ses chaos granitiques vers l'Ouest et que prolonge l'île de Spano. Belles vues sur le domaine protégé de la baie d'Algajo.

MACINAGGIO ⌂

Macinaghju

Carte Michelin n° 90 pli 1 – Schéma p. 133

Macinaggio fut un mouillage réputé et fréquenté dès l'Antiquité. Aujourd'hui, ce petit centre de tourisme au Nord-Est du Cap Corse peut abriter 600 bateaux dans son port moderne ; de ce mouillage se découvrent les hameaux de Rogliano dispersés sur les pentes du Mont Poggio.

L'expédition de Capraja – Par tradition et en raison de sa situation géographique, le Cap Corse demeurait, encore au 18e s., sous la dépendance de Gênes qui y entretenait plusieurs garnisons. La France, absorbée par la guerre de Sept Ans (1756-1763), n'occupait alors que les citadelles de Bastia et de St-Florent. Pascal Paoli *(voir à Morosaglia)* entreprit donc de conquérir le Cap : dans son esprit, cette province de marins permettrait à la Corse d'armer une flotte qui l'autoriserait à jouer un rôle politique en Méditerranée.

Pour commencer, il voulut porter un coup à Gênes par la conquête de l'île de Capraja. Centuri fut transformée en chantier naval. Le port de Macinaggio, le meilleur mouillage de la province, assiégé en 1757, ne capitula qu'en 1761 : désormais Paoli disposait d'une base pour ses opérations navales.

L'île de Capraja, à mi-chemin entre la Corse et la côte ligure, jadis propriété des seigneurs da Mare, appartenait à Gênes depuis 1507. Dès qu'il eut connaissance de la faiblesse de la garnison de Capraja, Paoli hâta les préparatifs. Le 16 février 1767, un corps expéditionnaire de 200 hommes, commandé par Achille Murati, débarquait sur l'île et investissait la citadelle. Le 31 mai suivant, l'île capitulait. Cette défaite sonna pour Gênes le glas de son occupation de la Corse.

29 ans plus tard, Paoli, de retour de son exil en Angleterre, arrive à Macinaggio, le 14 juillet 1790 ; bouleversé d'émotion, il tombe à genoux. La joie populaire est à son comble et un cortège l'accompagne à Bastia.

LE PORT

Sur le quai bordé de vieilles maisons, diverses plaques commémorent le passage à Macinaggio de Pascal Paoli (1790), de Napoléon Bonaparte le 10 mai 1773, de l'Impératrice Eugénie le 2 décembre 1869 *(voir à Rogliano)*, et les exploits des Cap-Corsins qui, sous les ordres d'Ambroise de Negroni, s'illustrèrent à Lépante en 1571.

★SENTIER DES DOUANIERS
DE MACINAGGIO A BARCAGGIO

3 h à pied environ aller – 45 mn jusqu'à la chapelle Santa Maria. Randonnée sans difficulté particulière.

Le sentier débute à l'extrémité de la plage de Macinaggio en s'engageant en direction du Nord. L'itinéraire, balisé en jaune de cairns et de bornes de bois, longe le littoral ponctué de deux tours génoises.

Après avoir longé la belle plage de sable blottie au fond de la baie de Tamarone *(possibilité de restauration et de rafraîchissement ; un point de surveillance est établi en été)*, le sentier contourne par l'Est le Monte di a Guardia et redescend en vue de la première tour génoise. Il pénètre dans la **zone protégée de Capandula** *(voir le panneau explicatif sur la plage de Tamarone)*. Le promeneur traverse des prés d'asphodèles piquetés de buissons de lentisques tordues par les vents.

Dans un site désert, la **chapelle de Santa Maria**, bâtie au 12e s. sur les vestiges d'un édifice paléochrétien du 6e s., présente une curieuse abside jumelée. En fait, à l'origine, deux chapelles furent élevées côte à côte, puis réunies au 19e s.

En reprenant le sentier qui longe un petit vignoble, seule véritable trace d'activité humaine, on atteint **l'anse de Santa Maria**, petite baie bien proportionnée prolongée à l'extrémité Nord par les ruines romantiques d'une tour génoise. En effet, les Génois avaient projeté là l'édification d'un port que les vicissitudes de l'histoire ne leur permit pas de concrétiser. En face, la **réserve naturelle des îles Finocchiarola** *(voir encadré)*. En poursuivant vers le Nord le long de la côte, on rejoint la cala Francese.

Site protégé de Capandula – Tour génoise Santa-Maria

E. Baret

Le monte Bughju, qui ferme au Nord cette anse, conserve des vestiges intéressants de la présence romaine dans cette zone stratégique, dont un oppidum du 2e s. avant J.-C.

Le maquis bas, maintes fois éprouvé par le feu, n'abrite plus de chênes verts. Il épouse un relief aux formes arrondies, où les pentes douces mènent à un cirque de crêtes qui barre l'horizon vers le Nord-Ouest. Le sentier se poursuit vers la **tour d'Agnello** qui marque une des pointes septentrionales du Cap Corse. Au bout de ce cap, soumis à des vents perpétuels, le ciel et la mer balayés et agités sans cesse prennent des couleurs d'une grande pureté. Au Nord, l'île de la Giraglia dominée par son phare puissant constitue un repère rassurant, à l'Est, plus loin sur l'horizon, l'île toscane de Capraja s'impose, massive, et par temps clair parfois, la masse sombre de l'île Gorgona fait une apparition. En atteignant les dunes de la plage de Cala, le sentier longe la zone marécageuse qui borde le petit port de Barcaggio.

La réserve naturelle des îles Finocchiarola

(Accès interdit du 1er mars au 31 août. Se conformer à la réglementation en vigueur dans les réserves naturelles.) Cet ensemble de quatre îlots dominés par une tour génoise est un précieux refuge où nidifie le goéland d'Audouin. Cet oiseau marin, propre à la Méditerranée et identifiable à son bec rouge et noir, est plus petit que le goéland commun également présent dans ce secteur. L'île voisine de la Giraglia abrite des colonies de goélands communs et de cormorans huppés. Ces derniers sont reconnaissables à leur plumage noir, leur long cou et leur vol au ras de l'eau.

MONTE D'ORO ★★★

Carte Michelin n° 90 Nord-Ouest du pli 6 – Schéma p. 235

Le Monte d'Oro, à 2 389 m d'altitude, est l'un des grands sommets de la Corse cristalline ; il appartient à la ligne de crête qui partage les eaux entre les rivages Est et Ouest de l'île. Son nom proviendrait des multiples sources qui dévalent ses flancs.

Accès – *10 h à pied AR au départ de Vizzavona – Randonnée longue et pénible, nécessitant un très bon entraînement physique. La fin de l'itinéraire est souvent enneigée jusqu'au début de juillet.*

Cette incomparable promenade permet d'admirer toute la variété de paysages qu'offre la montagne corse : forêts de pins laricio, de hêtres, torrents...

Au départ, suivre l'itinéraire décrit p. 235 jusqu'aux cascades des Anglais (3/4 h).

De là, le GR 20, jalonné de marques rouges et blanches, mène près des bergeries de Portetto (alt. 1 364 m), invisibles du sentier et situées à quelques mètres au Sud, au milieu de superbes hêtres *(2 h)*. Le sentier franchit à gué l'Agnone *(2 h 1/4)*, puis gravit les pentes caillouteuses du Monte d'Oro *(montée pénible)* vers le col du Porc *(5 h 1/4)* d'où l'on gagne *(6 h 1/4)* le sommet.

Le sommet – *La montée au sommet exige de bonnes connaissances en alpinisme.* Le **panorama★★★**, assez tôt dans la matinée et par temps clair, embrasse tous les hauts sommets de l'île : au nord le Monte Cinto et le Monte Rotondo, au Sud le Monte Renoso ; à l'Est la mer et les îles de Toscane.

Revenir à Vizzavona *(3 h 1/2)* par le sentier balisé de marques jaunes qui contourne l'autre versant du Monte d'Oro par les bergeries de Puzzatelli, puis franchit le ravin de Ghilareto, le ruisseau de Tineta à gué et l'Agnone. Entre 2 150 m et 2 000 m, le couloir appelé « la Scala », raide et souvent glissant, demande prudence et attention.

MONTE ROTONDO ★★

Carte Michelin n° 90 plis 15 et 5

Pendant de nombreux siècles, on estima que le Monte Rotondo était le point culminant de la Corse. Au 19e s., il permit à de nombreux alpinistes, notamment britanniques, de faire état de leur technique. Actuellement, de par son absence de difficulté particulière, il demeure un des sommets corses les plus fréquentés, bien que l'on rencontre tardivement de la neige à proximité du sommet.

L'accès à cet imposant chaînon de la crête médiane de l'île peut s'effectuer, selon la sensibilité des randonneurs, dans la journée par la vallée de la Restonica ou sur 2 jours par le Refuge de Pietra Piana.

Ascension par la vallée de la Restonica – *Durée environ 8 h AR – Sans grande difficulté, mais chaussures de montagne nécessaires. Prévoir un horaire de départ permettant d'atteindre le sommet avant les brumes matinales succédant au lever du soleil pour apprécier pleinement le panorama.*

Le départ est situé à l'embranchement de la D 623 et du sentier balisé du Timozzu (alt. 1 030 m) à une centaine de mètres après le pont du Timozzu. Laisser la voiture à cet emplacement.

Cet ancien chemin forestier monte en direction du Sud-Est le long de la rive gauche du Timozzu, à travers la forêt communale de la Restonica. Après 35 mn environ de marche, le sentier se rétrécit et monte en lacet pour déboucher dans une combe qu'une moraine sépare du torrent Timozzu. On atteint le sommet de cette combe (alt. 1 460 m), au bout de 1 h 30 de marche ; on aperçoit à gauche les bergeries de Timozzu. Se diriger vers ces bâtiments, mais les laisser sur sa gauche pour gagner la vaste ligne de crête rectiligne qui monte plein Sud. On atteint au bout d'une 1/2 h la source de Trighione (alt. 1 921 m) ; appuyer sur la gauche pour atteindre le **lac d'Oriente** (alt. 2 061 m). Suivre ensuite pendant 1 h environ les alignements de cairns en maintenant la direction Sud vers un couloir raide. A l'amorce de ce couloir, gravir prudemment les éboulis jusqu'au sommet de cet accès. Après avoir atteint la surface dégagée, se diriger vers l'Est à vue pour atteindre le sommet du Rotondo (alt. 2 622 m).

Le terme de l'ascension est récompensé par un magnifique **panorama★★** sur le Sud (Monte d'Oro) et l'Est.

Itinéraire par le refuge de Pietra Piana – Cette variante plus longue et plus sportive implique de passer la nuit au refuge (réservation recommandée en saison). Durée jusqu'au refuge de Pietra Piana : 4 h Aller. Ensuite 3 h Aller minimum jusqu'au sommet.

Prendre la route forestière du Verghello qui s'embranche à la hauteur du Pont du Vecchio, à droite avant le pont en venant de Corte. Cette route en forte montée s'achève près d'une rivière. Laisser la voiture. Poursuivre sur l'autre rive, le chemin muletier qui s'enfonce sous des pinèdes de pins laricio. Au bout d'une 1/2 heure, dépasser la bergerie de Porcile pour atteindre la limite de la forêt, puis le col de Tribali (alt. 1 590 m). On rejoint alors une portion balisée en blanc et rouge du GR 20, qui conduit au refuge de Pietra Piana.

Du refuge, se diriger plein Nord en remontant la rive gauche du torrent jusqu'à un replat herbeux. Au-delà, on droit franchir une pente raide avant de serpenter à flanc en direction d'une brèche caractéristique dans l'arête. Après l'avoir dépassée, on atteint à l'extrémité d'une combe rocheuse le **lac de Belledone★** (alt. 2 321 m). Située au pied même du Rotondo, cette étendue d'eau enchâssée dans un cirque abrupt constitue un paysage sévère de haute montagne.

Continuer l'ascension depuis la rive Nord du lac vers un couloir d'éboulis puis, en appuyant à gauche, suivre l'arête faîtière vers le Nord. Cet itinéraire exige quelques franchissements pour atteindre le sommet du Rotondo.

MONTE STELLO ★★

Carte Michelin n° 90 pli 2 – Schéma p. 133

A l'entrée Sud de Lavasina, quitter la D 80 et emprunter la D 54 pendant 5,5 km jusqu'à Pozzu.

La route s'élève sur un vaste versant dominant la mer, où sont établis les villages de Poretto et Pozzo. La route est bordée de nombreux caveaux funéraires, dont certains richement décorés. Le campanile du couvent des Capucins se dresse au sommet de la pente parmi les pins centenaires.

Au couvent, prendre à gauche la route en montée vers le centre du village jusqu'à la Piazza Santa Catalina. (Laisser la voiture sur le parking en terre battue à l'entrée du village.)

★★★Randonnée au sommet – Environ 6 h à pied AR depuis le centre du village, non compris les haltes (1 000 m de dénivelée). Randonnée sans difficulté majeure, mais s'assurer auparavant de la persistance du beau temps, car ce secteur est sujet à de brusques arrivées de brouillard rendant le retour très risqué. En période estivale, pendant les journées de grande chaleur, il est peu recommandé d'envisager cette randonnée, à cause des brumes limitant la visibilité.

L'itinéraire à pied emprunte les ruelles indiquées par un balisage orange intermittent, puis utilise un sentier bien tracé qui s'élève rapidement au-dessus du village. Lorsque la pente s'adoucit, l'itinéraire longe les gorges du torrent Arega puis grimpe jusqu'aux **bergeries de Prunelli** (abri aménagé et source). Le sentier s'achemine ensuite vers une brèche (Bocca di Sta-Maria) et aborde le versant Ouest du massif. On aperçoit alors la pyramide du Monte Stello dont on gagne l'arête faîtière par le Nord. Après avoir contourné par l'Ouest la pyramide sommitale, on débouche au sommet (1 307 m).

Par temps très clair, le **panorama★★★** est saisissant. La vue embrasse l'ensemble du Cap, à sa base le golfe de St-Florent et l'arrière-pays ondulé des Agriates, la Balagne et les contreforts étagés des massifs centraux. A l'Est, l'archipel toscan ponctue l'horizon.

MOROSAGLIA

Ce village paisible de la Castagniccia est le berceau de la famille Paoli dont trois membres, Hyacinthe, Clément et Pascal, se distinguèrent au service de la Corse.

L'école, créée par Pascal Paoli, porte encore, en vieilles lettres peintes sur le mur, le nom du héros.

L'architecture rurale des hameaux de Morosaglia, empreinte de simplicité et même de dépouillement, est d'une réelle beauté. Cette sobriété manifestée sur les façades n'est jamais triste. Un groupe de maisons que l'on aperçoit sur une croupe, à droite en entrant dans le village, est devenu l'un des sujets les plus photographiés de Corse. Il illustre sur maintes cartes postales l'« habitat typique » *(voir l'illustration ci-contre)*.

PASCAL PAOLI « Père de la patrie » (U Babbu, en corse)

Né le 6 avril 1725 à Morosaglia, Pascal Paoli est le plus jeune fils de Hyacinthe Paoli (1690-1768), l'un des triumvirs de 1735, ministre du roi Théodore, condamné à l'exil en 1739 par les autorités françaises. Pascal, qui a suivi son père à Naples, y reçoit une éducation et une instruction très soignées, fréquente l'université, s'initie aux doctrines du « despotisme éclairé ». Il parle et écrit couramment le latin, l'italien, le français et l'anglais, lit Plutarque et Montesquieu. Sous-lieutenant au régiment de cavalerie du Royal-Farnèse, il suit avec attention les affaires de Corse dont il est instruit par son frère aîné Clément, resté dans l'île.

L'assassinat du général Gaffori *(voir à Corte)* le décide à se porter candidat à la magistrature suprême. Il débarque le 16 avril 1755 en Corse et met trois mois à évincer son principal rival Emmanuele Matra, beau-frère du général Gaffori.

Le 13 juillet, à la consulte de St-Antoine de Casabianca, il est proclamé « général de la Nation » pour une guerre « décisive » contre Gênes.

Quatorze ans durant, sous le regard attentif de l'Europe informée par J.-J. Rousseau et l'écrivain écossais James Boswell *(voir à Sollacaro)*, Paoli, plus administrateur organisé que politique clairvoyant, fixe sa capitale à Corte, dote son pays d'une constitution affirmant la souveraineté de la « nation corse » et établissant la séparation des pouvoirs, fait frapper monnaie, fonde l'Ile-Rousse, réforme la justice et la dote de tribunaux réguliers et permanents, uniformise les poids et mesures, crée une armée et un embryon de marine, stimule le

Pascal Paoli d'après Cosway

D'après « Histoire illustrée de la Corse », J.-A. Galetti/BN, Paris

commerce et l'industrie, encourage l'agriculture, fait assécher des marais, organise l'enseignement primaire et fonde une université à Corte. En 1764 il contrôle la plus grande partie de l'île.

Toutefois Gênes se maintient dans les places fortes du littoral ; mais à bout de ressources et devant le refus de Paoli de traiter avec elle, elle se tourne vers la France. Alors Choiseul, ministre de Louis XV, feignant de jouer les arbitres, oblige en fait le gouvernement génois à lui céder « provisoirement » ses droits sur l'île moyennant un arrangement financier lors du traité de Versailles *(p. 34)*.

L'exil – Paoli qui a connu la défaite de Ponte Nuovo *(voir à ce nom)* doit s'exiler : le 13 juin 1769, il s'embarque de Porto-Vecchio sur un vaisseau anglais à destination de Livourne. Il séjourne en Italie, traverse l'Autriche où il rencontre l'empereur Joseph II, les États allemands et la Hollande.

Invité par le roi d'Angleterre, il arrive à Londres le 19 septembre 1769. Le jeune George III, la Cour, son ami James Boswell entourent le héros dont la renommée gagne l'Amérique.

Paoli et la Révolution française – A la fin de 1789, Paoli exulte en apprenant le vote de l'Assemblée Constituante, proclamant la Corse « partie intégrante de l'empire français », et l'amnistie. Reçu triomphalement à Paris le 3 avril 1790, il regagne son île après 21 ans d'exil.

Élu président du Conseil départemental, puis chef de la Garde nationale, il est nommé en 1792 commandant de la 23e division militaire avec mission d'organiser une expédition en Sardaigne (janvier et février 1793) pour délivrer le peuple sarde de l'oppression. Mais son idéal d'une Corse indépendante, rattachée à la France par la personne du roi s'effondre avec l'exécution de Louis XVI et les excès centralisateurs de la Révolution. Il cherche un allié avec qui fonder l'indépendance.

A Paris, il est déjà suspect et après la conclusion malheureuse de l'affaire de Sardaigne pour laquelle il n'avait rassemblé que 2 000 hommes, il est dénoncé comme contre-révolutionnaire, traduit par Lucien Bonaparte devant la Convention qui le déchoit de son commandement. En riposte, le 27 avril 1793, une consulte de Corte le proclame généralissime ; il arme les villes et les villages, fait occuper Bonifacio ; victorieux dans l'ensemble de l'île, il rédige un acte d'accusation contre la Convention. Déclaré « traître à la République », mis hors la loi par le Comité du Salut public, il fait appel à l'amiral anglais qui bloque la rade de Toulon. En janvier 1794, l'escadre de Nelson attaque et enlève St-Florent, Bastia et Calvi.

Le 15 juin 1794, la consulte de Corte approuve la constitution d'un **royaume anglo-corse.** Royaume de circonstance qui ne dure que deux ans : l'île est unie à l'Angleterre par la personne du souverain et... Sir Gilbert Elliot en devient vice-roi. Cruel ressentiment pour Paoli qui escomptait la reconnaissance anglaise. Des troubles éclatent de nouveau en Castagniccia et l'insurrection prend une telle ampleur qu'à la demande d'Elliot, George III rappelle Paoli à Londres. Le « Père de la patrie » prend donc une nouvelle fois le chemin de l'exil. Le 14 octobre 1795, il s'embarque de St-Florent sur une frégate anglaise à destination de Livourne, puis de Londres, tandis que la garnison lui rend les honneurs militaires.

Paoli meurt à Londres le 5 février 1807 après avoir vécu 47 ans d'exil. Il est inhumé au cimetière de St-Pancrace, mais ses cendres furent ramenées à Morosaglia en 1889.

CURIOSITÉS

Maison natale de Pascal Paoli  – *Située au hameau de Stretta. Stationner le long de la route entre les arbres. On accède à la maison par une rampe d'escalier à gauche.* Cette bâtisse cossue accueille sur deux niveaux dans diverses pièces de nombreux objets personnels ou contemporains et des documents histo-

Maison traditionnelle à Morosaglia

toriques qui éclairent la personnalité et l'œuvre du héros. La visite débute par une intéressante projection vidéo et s'achève à la chapelle attenante, abritant les cendres du « Père de la Patrie ».

Église Santa Reparata ⊗ – Cette ancienne église paroissiale, où Pascal Paoli fut baptisé, domine le village.
Remanié à plusieurs reprises, cet édifice roman conserve dans son appareil quelques pierres sculptées du haut Moyen Âge. Le tympan de la porte occidentale s'orne de deux serpents entrelacés du 12e s. À l'intérieur, le chemin de croix aux détails naïfs est une œuvre populaire du 18e s.

Ancien couvent de Rostino – Aujourd'hui école du village, ce bâtiment abritait jadis les consultes nationales de Corse *(p. 33)*. C'est là que Clément Paoli, frère de Pascal, mourut en 1793.

Côte des NACRES

Carte Michelin n° 90 plis 7, 8

De l'anse de Fautea, au Nord de Porto-Vecchio, à Solenzara s'étend une côte rocheuse et découpée, ourlée d'une mer vert émeraude, qui fit l'émerveillement du commandant L'Herminier lors d'une mission du sous-marin *Casabianca*, en mars 1943. Il décrivit ainsi la vision qui s'offrit à lui dans le jour naissant, à hauteur de Canella : « La mer est calme. Au lever du soleil, les massifs montagneux de l'Île de Beauté se profilent sur un ciel pur. Le spectacle est féerique ; le rouge violent des arêtes sort de l'écrin violet, ocre et vert sombre du maquis et des arbres. Les tons sont si vifs et tranchés qu'on dirait une peinture au couteau où l'artiste n'aurait pas ménagé la pâte. »
La côte des Nacres est le paradis de la chasse et de la plongée sous-marines. Les fonds abondent en poissons et en grands coquillages triangulaires appelés plumes de mer ou grandes nacres pouvant dépasser 50 cm de long. L'intérieur de leurs valves présente une fine pellicule de nacre blanche et irisée. Ce coquillage, devenu rare en Méditerranée, bénéficie depuis 1992 d'une protection totale. Les grands spécimens mettent 30 ans pour atteindre une taille respectable.
La N 198 taillée en corniche suit de près le rivage et longe les petites anses de Canella et de Cala d'Oro.

★SITE NATUREL DE FAUTEA

Les deux anses, bornées au Nord par la tour génoise *(illuminée le soir par panneaux solaires)*, constituent un des sites protégés du Conservatoire du littoral. La petite plage de Fautea, abritée entre deux pointes rocheuses, est composée de sable fin, tandis que la plage des Américains, plus longue et moins abritée, est constituée de sable grossier avec en arrière-plan des massifs d'épineux. Le chemin d'accès à la tour génoise permet, à la belle saison, de découvrir une intense vie florale typique du maquis : ciste de crête aux fleurs mauves et ciste de Montpellier aux fleurs blanches. La proximité de la réserve de Cerbicale permet d'apercevoir le manège des **cormorans huppés** noirs (**marangone**, en corse) qui après un vol en rase-mottes au-dessus de la mer, plongent pour attraper leur nourriture.

Anse de Tarco – Plage de sable à l'embouchure du Tarco. Vers l'intérieur, se profilent les célèbres aiguilles de Bavella.

Anse de Favone – Grande plage de sable au débouché du Favone.

Les missions du Casabianca

Après son évasion du port de Toulon, le sous-marin Casabianca effectua à partir de décembre 1942, en alternance avec des reconnaissances sur la Côte d'Azur, un total de 7 missions de liaisons, entre la Corse et ses résistants et les Forces Françaises établies à Alger. La plupart se déroulèrent dans des criques isolées situées entre le golfe d'Ajaccio et le golfe de Porto. La plus importante eut lieu le 1er juillet 1943 dans les Agriates *(voir à ce nom)* avec la livraison de 13 tonnes d'armes aux résistants du colonel Colonna d'Istria. Le submersible fera une entrée triomphale dans le port d'Ajaccio libéré au cours de la nuit du 13 septembre 1943.

Le NEBBIO ★

U Nebbiu

Carte Michelin n° 90 pli 3

Le Nebbio est le nom donné au bassin de l'Aliso qui se développe en amphithéâtre dans l'arrière-pays du golfe de St-Florent entre le Monte Asto au Sud, le col San Stefano et la dorsale du col de Teghime au Nord.

La Conca d'Oro – Pays de vignobles, d'olivaies, de vergers et de pâturages, quadrillé de murets en pierres sèches et parsemé de bergeries, de parcs à chèvres ou à moutons, le Nebbio fut de tout temps prospère, méritant son surnom de «conque d'or».

Cette région compte de nombreux petits villages accueillants posés en observatoires sur les hauteurs ceinturant le bassin de l'Aliso. Les statues-menhirs découvertes dans les champs de Patrimonio et de Piève témoignent d'une occupation préhistorique.

CIRCUIT AU DÉPART DE ST-FLORENT

70 km – environ 4 h – schéma ci-contre

★**St-Florent** – *Voir à ce nom.*

Quitter St-Florent par la route de Calvi et passer le pont sur l'Aliso.

Après avoir longé pendant 4 km le désert des Agriates *(voir à ce nom)*, prendre sur la gauche la D 62. Cette route, étroite et très sinueuse, domine la vallée de l'Aliso.

Santo-Pietro-di-Tenda – Ses maisons s'étalent sur les pentes du massif de Tende au-dessus de l'Aliso. Au Nord s'étend le désert des Agriates. Deux **églises** baroques, accolées mais indépendantes, sont unies en façade par un clocher à quatre étages dont la base forme portique. On peut visiter la plus grande dédiée à **saint Jean l'Évangéliste** ⊘. En entrant à gauche, tableau du 17ᵉ s. Les murs sont peints en trompe l'œil : faux marbres, niches et statues de saint Pierre et saint Paul. Au maître-autel, beau **tabernacle** en bois sculpté, ceinturé de colonnes torses, coiffé d'un dôme et agrémenté d'une marqueterie sur le socle et les portes.

A 1,5 km du village, **vue** sur le clocher qui se profile au-delà des frondaisons. La route s'engage alors dans un étroit défilé jusqu'à Sorio.

2 km après Rapale prendre à droite la D 162.

★★**San Michele de Murato** – *Voir à ce nom.*

Prendre à gauche la D 5.

La route continue dans une ambiance de hauts plateaux, à la végétation odorante.

Col de San Stefano – Lieu de passage obligé entre la plaine orientale et le golfe de St-Florent, le col a été le théâtre de violents combats en septembre 1943 entre l'avant-garde des tirailleurs marocains et l'arrière-garde de l'armée allemande protégeant l'embarquement de ses troupes à Bastia.

Une stèle commémore ces faits d'armes. Du site, on jouit d'un ample **panorama**★★ sur la conque de Nebbio avec ses ondulations de collines verdoyantes. A l'arrière-plan, on devine St-Florent et sur la gauche les monts des Agriates.

Prendre à gauche vers Oletta et St-Florent.

Olmeta-di-Tuda – Ce pittoresque village dominé par les sommets du massif du Zuccarello est ombragé de beaux ormes. En suivant sa rue circulaire, on découvre de jolies vues sur St-Florent et son golfe.

La D 82 traverse une riche campagne couverte de châtaigniers, d'oliviers et de vignes.

Prendre à droite la route d'Oletta.

★**Oletta** – Accroché à une colline verdoyante, Oletta étage paisiblement ses

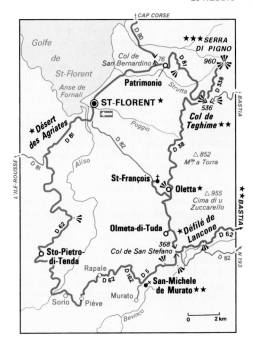

hautes maisons blanches, ocre et roses qui n'en finissent pas de se chauffer au soleil jusqu'aux dernières lueurs du jour. On a, de là, une **vue**★ plaisante sur le golfe de St-Florent et le Nebbio. On aperçoit en contrebas le couvent St-François et, en face, sur un mamelon, le mausolée du comte Rivarola, gouverneur de Malte.

Les alentours d'Oletta sont réputés pour leur fromage de brebis dont une partie sert de matière première à l'élaboration du Roquefort.

L'église paroissiale St-André (18e s.) présente un bas-relief archaïque assez effacé, remployé en façade et figurant la Création. A l'intérieur, face à l'entrée latérale, beau triptyque du 16e s. : Vierge allaitant entre sainte Reparate et saint André. Vitrail moderne très lumineux, au-dessus du maître-autel.

Couvent St-François – *2,5 km d'Oletta par la D 82 en direction de St-Florent, puis le sentier caillouteux qui s'ouvre sur la droite.* Le couvent, à demi ruiné, s'élève dans un site agréable, entouré de collines verdoyantes. Il a conservé son beau clocher.

Au départ d'Oletta, continuer la D 38.

Elle suit la grande arête dorsale délimitant le Nebbio. Ce parcours de 9 km offre des **vues**★ étendues sur les vallées du Fiuminale et de l'Aliso, sur les collines du Nebbio, le golfe de St-Florent et le désert des Agriates en arrière-plan.

★★**Col de Teghime et Serra di Pigno** – *Voir à ce nom.*

Du col prendre sur la gauche la D 81 vers St-Florent.

La route descend vers le rivage en de nombreux lacets et offre des **vues**★★ pittoresques sur Patrimonio dans son paysage de montagnes avec le golfe de St-Florent et le désert des Agriates en toile de fond.

Patrimonio – *Voir à ce nom.*

La D 81 rejoint au col de San Bernardino la D 80 et ramène à St-Florent.

VARIANTE DE ST-FLORENT A BASTIA par le défilé de Lancone

même itinéraire que le circuit précédent, de St-Florent au col de San Stefano. Au col de San Stefano, prendre à droite la D 62 qui longe le Bevinco et s'engage dans le défilé de Lancone.

★**Défilé de Lancone** – Avant de se jeter dans l'étang de Biguglia, le Bevinco, torrent descendu des hauteurs du Murato (massif de Tende), franchit une dernière barrière montagneuse dans laquelle il a creusé de profondes gorges dont la route épouse les nombreuses sinuosités. On s'arrêtera sur les bas-côtés pour se pencher au-dessus des abrupts rocheux et du torrent. Au sortir du défilé, la **vue**★ se dégage sur la vallée inférieure du Bevinco, l'étang de Biguglia et la mer.

En rejoignant à Casatorra la N 198, possibilité de prendre à gauche la route en montée pour admirer les vues offertes depuis le village de Biguglia.

Le NIOLO ★★

U Niolu

Carte Michelin n° 90 plis 14, 15

Le Niolo est essentiellement la cuvette formée par le bassin supérieur du Golo. Au fond de cette cuvette, la retenue de Calacuccia est déjà à 790 m d'altitude ; mais les montagnes qui la cernent la dominent de quelque 1 500 m : arêtes du Cinto au Nord, de la Paglia Orba à l'Ouest, de la Punta Artica au Sud. Au Nord-Est, elle est fermée par la zone confuse, presque impénétrable, des granits de la Santa Regina.

Un tel isolement a contraint les Niolins à vivre repliés sur eux-mêmes pendant des siècles ; jusqu'au désenclavement de la région par l'ouverture, à la fin du 19ᵉ s., des routes de la Scala di Santa Regina et du col de Vergio, ils n'étaient en effet reliés au monde extérieur que par de rares et difficiles sentiers franchissant des cols élevés et longtemps enneigés ou esquivant les traquenards des gorges. Aussi ont-ils conservé les modes de vie et les traditions qui font de cette région naturelle un authentique « pays » de la Corse intérieure.

La haute vallée du Golo

Le Golo, le grand fleuve de la Corse, prend sa source à 2 000 m d'altitude au pied des éboulis qui séparent la Paglia Orba du Capu Tafonato. Après un cours de 84 km il se jette dans la Méditerranée tout près de Mariana, à la Canonica. Son cours supérieur draine un haut plateau cristallin de 1 000 m d'altitude, fragment de la vieille montagne hercynienne érodée, puis soulevée et rajeunie à l'ère tertiaire. Il reçoit comme affluents de nombreux torrents de montagne alimentés par un enneigement abondant et une forte pluviosité. Les versants aux sols ingrats s'élèvent en pente douce vers les hautes crêtes dénudées ; ceux qui sont exposés au midi ne portent que de pauvres pâturages, les autres des châtaigniers et, au-dessus de 1 000 m, des conifères. Les villages accrochés, entre 800 et 1 100 m d'altitude, sur les contreforts du Monte Cinto, sont les plus hauts de l'île.

En aval de Calacuccia, le Golo quitte le Niolo par des gorges qu'il s'est creusées dans le granite et qui plongent vers les zones calcaires et schisteuses de son cours inférieur, c'est la Scala di Santa Regina *(voir à ce nom)*.

Le Niolo jouit d'un **climat** méditerranéen d'altitude. La pluie déjà abondante dans la cuvette croît avec l'altitude (1 713 mm par an à la maison forestière de Popaja) avec un maximum en décembre et janvier opposé au minimum estival. De même l'enneigement est particulièrement abondant sur les hauteurs à partir de 1 200 m et se prolonge vers les cols jusqu'à mi-avril ; quelques névés subsistent jusqu'en août sur les flancs du Monte Cinto.

L'étagement de la **végétation** ordonne les essences en fonction de l'altitude ; mais l'orientation et l'ensoleillement apportent leurs correctifs aux règles générales. Dans la partie inférieure du Niolo le châtaignier, largement planté par l'homme, ombrage les villages ; plus haut s'y associent le chêne pubescent et le chêne vert.

Entre 900 et 1 600 m d'altitude croît la forêt. Le sapin et le hêtre se rencontrent d'abord, à l'état de sujets isolés ; puis le pin laricio devient l'essence la mieux représentée et compose les beaux peuplements de la forêt de Valdo-Niello ; à la partie supérieure de la forêt, près du col de Vergio, le bouleau prend une place importante.

La courbe de niveau 1 200 voit apparaître l'alpage, prairie naturelle aux herbes courtes, chardons, fougères, buissons épineux envahissent souvent ses pâturages. Les trois espèces d'aulnes y sont présentes : l'aulne vert formant des fourrés impéné-

trables sur des sols siliceux frais et humides, l'aulne glutineux, de 1 200 à 1 500 m d'altitude au voisinage des cours d'eau, dans les prés humides et les tourbières, l'aulne blanc jusqu'à 1 800 m au bord des torrents et sur les moraines glaciaires.

Les hommes et leurs activités

De l'époque néolithique le Niolo recèle des enceintes mégalithiques, des dolmens, des cupules, des pointes de flèches, des tessons de poteries que présente le musée d'Albertacce.

L'homme préhistorique – qui ne s'éloignait jamais des cours d'eau près desquels il trouvait sa subsistance – remonta le Golo à la recherche de refuges et de terrains de chasse ; la région était probablement alors couverte de forêts giboyeuses.

Niolo – Troupeau de chèvres

J. Sierpinski/SCOPE

L'insurrection de 1774 – La guerre d'Indépendance *(p. 34)* achevée en 1769, il revenait à la France de pacifier le pays. Mais l'interdiction de la détention et du port d'armes à feu et de couteaux effilés et l'expulsion des familles dont les chefs avaient suivi Paoli en exil échauffèrent les esprits... En 1774 les troubles s'étendirent.

Thomas Cervoni entraîna les Niolins, acquis aux idées de Paoli, dans une insurrection armée. Mais ni le Nebbio ni le Cap Corse ne suivirent le mouvement et encerclés près du pont de Francardo, dans la vallée du Golo, les insurgés durent se rendre : la plupart furent incarcérés à Toulon, leurs maisons brûlées et leurs villages saccagés.

Vie agricole et pastorale – Naguère encore les Niolins vivaient presque exclusivement d'élevage et d'agriculture : chaque famille possédait son troupeau de chèvres ou de moutons et quelques parcelles de terres où étaient cultivés les céréales et les légumes. Le Niolin pratiquait surtout l'élevage transhumant. De juin à septembre (estivage), il faisait paître ses troupeaux sur les alpages. Disséminées dans la montagne, les bergeries étaient nombreuses. Après les fêtes du 8 septembre à Casamaccioli *(voir à Calacuccia)*, bergers et troupeaux descendaient à la « plage » entre Porto et Galéria par les cols et le vieux sentier de transhumance de la vallée du Fango *(voir à ce nom)*, vers la Balagne ou vers la plaine orientale par la Scala di Santa Regina. Après l'hivernage, ils reprenaient en mai le chemin de la montagne.

Avec l'ouverture de la route, l'élevage et l'agriculture se sont modifiés. Les céréales ont diminué au profit des pommes de terre et des légumes, mais l'étendue des terres cultivées qui représentait autrefois le quart du territoire est devenue insignifiante (250 ha). Les châtaigneraies, souffrant de maladies, ne sont plus entretenues et s'amenuisent.

L'exploitation de la forêt s'est organisée et la surface boisée (9 600 ha) dont la belle forêt de Valdo-Niello est à nouveau en expansion.

L'activité rurale essentielle de cette région demeure l'élevage. Pourtant le nombre des bergers diminue, beaucoup de bergeries sont désertées, la transhumance elle-même évolue avec l'abandon en mai-juin et en août-septembre du village montagnard comme relais entre la « plage » et les hauts pâturages et avec la fixation sur le littoral de l'habitat principal. Mais de jeunes éleveurs s'installent ; un important travail s'accomplit pour la remise en valeur des terrains à vocation pastorale.

Artisanat rural – Autrefois, pendant les journées d'hiver, tandis que les hommes étaient à la « plage » avec leurs troupeaux, les femmes, autour de l'âtre, filaient ou tissaient le **pelone**, pèlerine en poil de chèvre qui tenait debout comme une petite tente et protégeait le berger des intempéries. De leur côté, les bergers occupaient leurs loisirs à fabriquer les ustensiles qui leur étaient nécessaires en racine de bruyère, en buis ou en châtaignier : récipients cerclés de fer, seaux, seilles et seillons, louches pour tourner le lait et cuillers parfois en corne, écuelles, passoires, pots à présure... Ils confectionnaient aussi des moules à fromage et à brocciu avec des brins de jonc tressés, des claies, des corbeilles et des paniers en osier, des pipes en terre ou en souche de bruyère ainsi que des ciseaux pour la tonte, des pioches, des bêches, des charrues, des herses. Une belle présentation de ces ustensiles est faite au musée de Calacuccia *(voir à ce nom)*. Certaines de ces activités artisanales se maintiennent et parfois se développent grâce à l'affluence touristique.

Un découvreur de sommets

Dès le début du siècle, l'alpiniste autrichien Félix Von Cube escalade les principaux sommets du massif du Cinto et établit, après plusieurs années d'exploration des cimes vierges, une carte détaillée du massif. Un sommet du Haut-Asco, près du GR 20, perpétue son nom (anciennement le Capu Rosso, 2 043 m).

★★★ ① **LE MONTE CINTO**
   Au départ de Calacuccia *schéma p. 180*

Le Monte Cinto (alt. 2 706 m), « toit de la Corse », point culminant de la longue crête qui sépare la vallée de l'Asco de celle du Golo, domine l'ensemble du Niolo.

Le versant Sud descend vers le vallon de l'Erco par des pentes modérées parcourues par de nombreuses petites arêtes, tandis que le versant Nord, où des névés subsistent jusqu'à la fin de l'été, est beaucoup plus raide. Le sommet lui-même est formé d'un entassement de gros blocs de rhyolite. Protégés, l'aigle royal, le gypaète barbu et d'autres rapaces en voie de disparition hantent encore les cimes.

★★★ **Le cirque glaciaire Sud du Cinto** – *11 km au départ de Calacuccia, puis 4 h 1/2 à pied AR jusqu'à la cascade du Monte Falo.*

Calacuccia – *Voir à ce nom*

Gagner en voiture Lozzi, à 4,5 km de Calacuccia.

Lozzi – Alt. 1 050 m. Le hameau se groupe au pied du massif du Monte Cinto.

Du village de Lozzi, prendre la piste PC 1040 qui monte en direction du Nord-Ouest sur environ 6 km. Elle se termine en amont des bergeries de Cesta. Laisser la voiture sur le terre-plein.

Contournant la croupe aride du Capo al Mangano, la route domine la vallée de l'Erco. Le paysage dénudé est parsemé de chaos rocheux.

Monte Cinto

Bergeries de Cesta – Alt. 1 575 m. Les cabanes en pierres sèches sont édifiées dans un site grandiose dominant le ravin de l'Erco, face au cirque glaciaire du Monte Falo (alt. 2 549 m) et aux escarpements Sud du Cinto. Derrière soi, se profile le massif de la Scala di Santa Regina. Ici, entre 1 500 et 1 900 m d'altitude, règne le « maquis des montagnes » où croissent le genévrier nain, arbrisseau rampant très résistant aux intempéries, l'épine-vinette à baies rouge-orangé et aux rameaux à triples épines qui la protègent contre la dent des troupeaux, différentes espèces d'aulnes qui, au bord des torrents et sur les moraines glaciaires, forment parfois des fourrés inextricables. Aux altitudes plus élevées, seules des herbes et quelques plantes basses parviennent à pousser, en raison de la violence des ouragans et de la rigueur des longs hivers. Sur ces maigres alpages, paissent des troupeaux de chèvres et de moutons. Les petits murets en pierre sèche qui quadrillent la montagne servent d'enclos pour les animaux pendant l'été.

Rejoindre en 20 mn de marche le refuge de l'Erco (alt. 1 667 m).

Le sentier s'engage dans le **cirque glaciaire**★★★ formé par le Monte Falo et le Cinto. Il se fraye un passage parmi les énormes blocs morainiques jusqu'au bas de la paroi rocheuse du Cinto (cascade à gauche au pied du Monte Falo). Le regard suit la vallée glaciaire jusqu'aux montagnes de la Scala di Santa Regina dans le lointain.

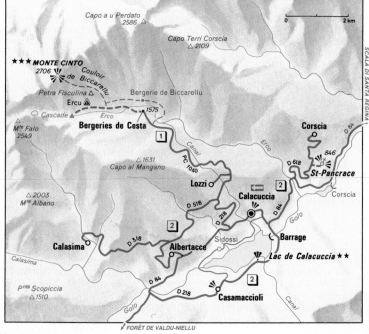

Ascension du Monte Cinto – *A partir de l'Erco (face Sud) les personnes entraînées, habituées au rocher, peuvent atteindre le sommet en 3 h ; mais alors il convient de quitter Calacuccia au petit jour pour éviter les brumes qui, dès le milieu de la matinée, empanachent en permanence en été les hautes cimes de l'île.*

L'ascension se fait par l'arête Sud-Est et emprunte le passage entre le couloir de Biccarellu à droite et une tête rocheuse isolée appelée Petra Fisculina, à gauche. Du sommet, le **panorama★★★** embrasse toute la Corse et se développe jusqu'aux Alpes-Maritimes et aux îles de la mer Tyrrhénienne.

★★ ② BASSIN DE CALACUCCIA

Calacuccia – *Voir à ce nom.*

Prendre la D 84 vers le Sud-Ouest, puis la D 218. Peu avant Lozzi prendre à gauche la D 518, puis la D 318 vers Calasima.

Calasima – Le plus haut village corse (alt. 1 095 m), dominé par l'arête impressionnante de la Paglia Orba, occupe un **site★** grandiose sur les pentes du Monte Albano.

Revenir à la D 518 que l'on prend à droite.

Albertacce – Ce village s'orne d'une belle **fontaine** (1967) de galets dont la mosaïque représente des paysannes venant chercher de l'eau.
Le **musée archéologique Licninoi** ⊘ expose des vestiges du néolithique ancien à l'âge du fer (silex, hameçons, céramiques, sépulture mégalithique). Photos : abris, sites fortifiés, dolmen et statue-menhir. Les Licninoi, habitants du Niolo, étaient, selon Ptolémée, géographe grec du 2ᵉ s., une des douze peuplades qui occupaient la Corse avant les Romains.

Gagner la D 84 que l'on prend à droite ; plus loin, prendre à gauche la D 218.

Casamaccioli – *Voir à Calacuccia.*

★★**Lac de barrage de Calacuccia** – *La rive Sud du lac jusqu'au barrage est décrite page 91. Rejoindre la D 84 que l'on prend à droite. Au pont de l'Erco prendre à gauche la D 618.*

St-Pancrace – Laisser la voiture peu avant le premier hameau et prendre à droite *(1/2 h à pied AR)* vers la chapelle du village. De la butte rocheuse, une **vue★** superbe s'offre sur les hameaux de Corsica et le massif de la Scala di Santa Regina.

Corscia – Au débouché de la Scala di Santa Regina, ce village dissémine ses huit hameaux au flanc de la montagne au milieu des terrasses de cultures.

Calacuccia – *Voir à ce nom.*

★★ ③ FORÊT DE VALDU-NIELLU *schéma page suivante*

La forêt de Valdu-Niellu couvre les pentes des cirques torrentiels qui forment, par leur ensemble, le bassin de réception supérieur du Golo, dans le vaste amphithéâtre qui dessine un arc de cercle de la Paglia Orba au Nord à la Punta Artica au Sud ; ligne de crête échancrée par quelques cols élevés dont celui de Vergio. Cette forêt, qui fait partie du Parc naturel régional, est la plus vaste (4 638 ha) et l'une des plus belles de l'île ; elle s'étage de 900 à 1 600 m d'altitude.
Les pins laricio composent 70 % de son peuplement ; dans la partie haute, ils se mêlent aux autres essences. Les hêtres au feuillage clair et les bouleaux blancs couvrent 10 % de sa surface. Les rochers, les landes et les broussailles se partagent le reste du sol. Valdu-Niellu est la première forêt de l'île pour la qualité de son bois. Les chutes de neige sont abondantes en hiver au-dessus de 1 200 m. La maison forestière de Popaja reçoit en moyenne 1 713 mm d'eau par an ; elle connaît des températures moyennes de 1°2 en janvier et 17°9 en août.

Un charme trompeur

Au cœur des forêts corses, fréquentées par des porcs-coureurs à l'état semi-sauvage, le randonneur et l'automobiliste s'arrêtant dans une clairière pour une pause doivent garder à l'esprit que cet animal, particulièrement vorace, se révèle vite un redoutable prédateur. Celui-ci n'hésitera pas à mordre la main qui se tend vers lui, ni à déchiqueter le sac ou le panier à provisions contenant des victuailles. Il est nécessaire donc de ne rien laisser traîner à l'approche des porcs qui surgissent des buissons dès que les automobilistes sont descendus de leur véhicule, ni de manifester des gestes de tendresse envers eux ou, pire, de leur donner à manger.

De Calacuccia au col de Vergio

La route *(24 km)* s'élève de 647 m et constitue le grand itinéraire touristique de la forêt. Tracée sur le flanc Nord du bassin du Golo, elle parcourt de remarquables peuplements.

Calacuccia – *Voir à ce nom.*

Maison forestière de Popaghja – Alt. 1 076 m. A proximité s'élèvent les plus beaux pins laricio de la forêt. Certains sujets sont hauts de 38 m, présentent des troncs lisses jusqu'à 25 m et atteignent 5 m de circonférence ; ils sont âgés de 500 ans.

Station de Vergio – *Voir à ce nom.*

Col de Vergio – *Voir à ce nom.*

★ 4 LAC DE NINO

4 h 1/2 à pied AR au départ de la maison forestière de Popaghja – Schéma ci-dessous

Bergeries de Colga – *3/4 h au départ de la maison forestière : sentier jalonné de marques jaunes.*
Le sentier s'enfonce dans la haute futaie de Valdu-Niellu constituée de pins laricio auxquels s'associent des hêtres et quelques bouleaux ; il longe la moraine. En 1/2 h de marche on atteint le ruisseau de Colga encombré de blocs de rochers et que l'on franchit à gué. Le sentier s'élève alors en lacet au-dessus du torrent et gagne à 1 411 m d'altitude les bergeries de Colga bien situées à l'orée de la forêt et à proximité du torrent.
Laisser sur la droite les bergeries (ne pas franchir le torrent).

Des bergeries commence une rude montée *(1 h)* vers le col de Stazzona, à travers les éboulis des flancs du cirque glaciaire. Le sentier a désormais disparu, mais l'itinéraire est jalonné de marques jaunes et de cairns. Après avoir franchi une première crête, le chemin descend dans un vallon puis gagne, par des dalles assez raides, le seuil rocheux du **col de Stazzona** (alt. 1 762 m), ouvert entre le Monte Tozzo (alt. 2 007 m) et la Punta Artica (alt. 2 327 m). Ce col qui sert de passage entre le Niolo et le Campotile est marqué par de hautes pyramides de cailloux et d'énormes rochers noirs qui, d'après la légende, seraient les bœufs du diable pétrifiés par saint Martin. Du col la piste descend *(1/4 h)* au bord du lac.

★ **Lac de Nino** – Alt. 1 743 m. Source de Tavignano, il occupe une vaste combe gazonnée au charme bucolique, aux pentes douces. Cette nappe d'eau de 6,3 ha aux rives plates, occupe le fond du Campotile, grande cuvette rabotée par l'érosion glaciaire, couverte de forêts et de pâturages et dominée par des montagnes aux formes peu accusées, qui était naguère vouée aux activités pastorales comme en témoignent ses nombreuses bergeries.

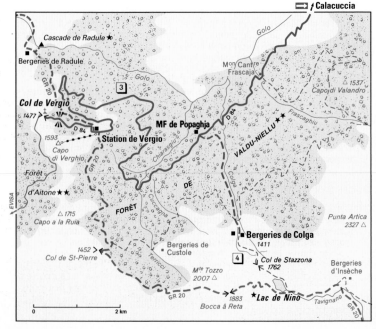

Les pozzines

Les pozzines, un élément original de la montagne corse

Ce sont des pelouses tourbeuses qui entourent les lacs de montagne. Les pozzines (du corse pozzi, trous) constituent le dernier stade du comblement de ces lacs. Importants îlots de fraîcheur dans la montagne, ces pelouses sont le résultat de l'accumulation de végétaux non entièrement dégradés qui se recouvrent d'un tapis de gazon rendu ras par la tonte du bétail en transhumance.

La couleur est fonction du degré d'humidité : les pelouses les plus humides sont les plus sombres, colonisées par les carex. Les milieux les plus secs sont constitués de pelouses à nard. La faible teneur en azote de ces milieux végétaux a conduit à l'adaptation des plantes y vivant. Ainsi, on y rencontre de rares espèces carnivores, telle la drosera, qui tirent l'azote nécessaire à leur croissance des insectes qui viennent se désaltérer.

Le lac de Nino possède les pozzines les plus étendues et les plus remarquables de l'île. Les eaux sauvages s'écoulent sur un sol spongieux couvert de graminées que viennent brouter les troupeaux pendant l'été.

NONZA★

86 habitants
Carte Michelin n° 90 pli 2 – Schéma p. 133

Ce village du Cap Corse, surmonté d'une tour de défense, occupe une croupe rocheuse en avancée dans la mer. C'est une ancienne place forte médiévale, relevée par Pascal Paoli *(voir à Morosaglia)* en 1758.

La sainte patronne de la Corse – Julie, jeune fille de Nonza, ayant refusé de participer à une fête païenne, fut crucifiée dans son village même sur ordre du préfet Barbarus ; sur le lieu du martyre, une source miraculeuse jaillit. Le corps de la sainte, évacué en 734 devant la menace sarrasine, se trouve aujourd'hui à Brescia en Italie, mais quelques reliques en sont conservées à l'église de Nonza *(pèlerinage le 22 mai)*.

L'analogie de son supplice avec celui du Christ fait de sainte Julie la patronne de la Corse.

CURIOSITÉS

Le village se groupe autour de l'église et sur le rocher qui porte la vieille tour. Aux environs, arbres fruitiers et jardinets en terrasses, abrités du vent, s'étagent de la mer aux premières pentes du Mont Stavo. Des figuiers de barbarie ajoutent leur touche particulière à la palette des verts.

Tour génoise – Pour y monter, traverser le centre du village en suivant quelques ruelles en escalier bordées de maisons couvertes de lauzes. Certaines portes sont agrémentées de plaisants motifs architecturaux.

La tour, édifiée en 1550 pour surveiller le littoral alors pillé par de fréquents raids barbaresques, couronne un promontoire schisteux qui domine vertigineusement la mer de ses 160 m d'altitude.

Du pied de la tour, la **vue**★ est fort étendue : à droite, le bleu profond de la mer contraste avec la teinte grise de la plage de galets de schiste amiantifère accumulés ici depuis 1932 (ces galets sont les déblais usés par le mouvement des vagues de l'ancienne usine d'amiante de Canari). Au loin se profilent le golfe de St-Florent, la Balagne et le massif du Cinto. Plus près, la vue permet d'apprécier les toits du village et la perspective de l'église avec son clocher accroché au chevet.

Août 1768 — La tour de schiste vert de Nonza subit victorieusement le siège des troupes françaises de Grandmaison chargées de mettre en application les stipulations du traité de Versailles. De chacune de ses meurtrières les coups partent, parfaitement coordonnés. Mieux vaut parlementer que poursuivre et l'on convient que la garnison quittera son retranchement, libre et avec les honneurs. Alors le vieux Jacques Casella sort de la tour, boiteux et seul, mais avec quelle fierté : il avait imaginé un système de transmission qui lui permettait de manœuvrer toutes ses pièces !

Église Ste-Julie ⊙ — Cette église du 16ᵉ s., pourvue en façade d'un harmonieux perron, possède un autel baroque (1694) en marqueterie de marbres polychromes. Il aurait été fabriqué à Florence en l'honneur de Notre-Dame de Santé dont la statue domine l'autel. Il est surmonté d'un tableau représentant sainte Julie crucifiée. La partie instrumentale de l'orgue est attribuée à Pietro Saladini (1835).

S. Chirol

Nonza – Le rocher et la tour

Fontaine Ste-Julie — A 50 m sur la route de Pino, 54 marches descendent à cette fontaine dont les eaux sont réputées miraculeuses. Cette promenade offre un coup d'œil original sur le village et sa vieille tour. De là, 100 marches mènent à la plage (*accessible aussi par une route carrossable*).

OMESSA

517 habitants

Carte Michelin n° 90 pli 4 (14 km au Nord de Corte)

Les hautes maisons de ce village perché au-dessus de la vallée du Golo se serrent autour de l'église.
Omessa signifie « le caché » et gardait jadis les défilés calcaires de la Petraccia (mauvaise pierre), ainsi nommés parce qu'ils étaient des lieux d'embuscades.
Dans l'ancien couvent des Récollets (17ᵉ s.) qui domine le village, se tenaient les « Vedute », réunions politiques.

Chapelle de l'Annonciade ⊙ — Derrière la fontaine qui s'élève sur la grande place communale ombragée de platanes, cette chapelle renferme une jolie statue en marbre de la **Vierge à l'Enfant**★ traitée dans le style florentin de la Renaissance.

Église de St-André — Flanquée d'un haut **campanile**★ baroque, elle abrite quelques toiles italiennes intéressantes : une Vierge à l'Enfant, une Descente de Croix et une Cène. Sur l'église, une inscription honore la mémoire de trois enfants d'Omessa : Antonio, évêque d'Accia, Giovanni Padovano, évêque de Mariana et d'Athènes et Ambrogio, évêque d'Aléria. « Toujours au plus fort de la mêlée, souvent vainqueurs, quelquefois vaincus, jamais domptés. » Ils sont inhumés dans l'église.
L'édifice se situe au centre d'un ensemble de ruelles communiquant par des passages voûtés.

Couvent d'OREZZA ★

Carte Michelin n° 90 pli 4 – Schéma p. 141

Le couvent d'Orezza fut, pendant la guerre d'Indépendance, un bastion de l'opposition à la Superbe. Plusieurs consultes s'y réunirent. Le 20 avril 1731, une vingtaine de représentants du clergé y étudièrent la question qui préoccupait les consciences : la révolte contre l'autorité légale était-elle compatible avec la morale chrétienne ? Une majorité délia les Corses du serment de fidélité à la République de Gênes. Les termes de cette résolution demeurèrent modérés et n'entraînaient pas la rupture.

Le franciscain saint Léonard de Port-Maurice (1677-1751) vint ici en 1744, pour prêcher une mission contre la vendetta.

En juin 1751, une importante consulte vota une nouvelle constitution : le pouvoir exécutif était confié à Jean-Pierre Gaffori *(voir à Corte)*. En 1790, Pascal Paoli rencontra en ces lieux Napoléon Bonaparte.

Désaffecté à la Révolution française, ce couvent du 18e s. abrita la gendarmerie jusqu'à l'effondrement de sa toiture en 1934. Il servit d'entrepôt de vivres et de munitions aux Italiens, en septembre 1943, puis fut détruit par une attaque allemande.

★**Les ruines** – Des ruines, émerge le clocher dont la base est envahie par le lierre. L'église à ciel ouvert offre des restes de polychromie sous les arcades des chapelles baroques. Dans l'une d'elles, se distingue l'emblème des franciscains : deux bras croisés sur une croix. L'ancienne nef est envahie par la végétation.

Le couvent laisse voir par des trous béants les profondeurs de ses caves et de ses souterrains. Par les ouvertures des fenêtres, une vue plongeante sur la vallée d'Orezza rappelle que ce lieu saint était aussi un point stratégique.

Massif de l'OSPÉDALE ★

Carte Michelin n° 90 plis 7, 8

Le massif de l'Ospédale est la haute région boisée qui domine l'arrière-pays du golfe de Porto-Vecchio. Il s'étend du Sud du Massif de Bavella (col de Castelluccio) au nord de la Montagne de Cagna (col de Bacinu). Peu accidenté, il offre dans un paysage d'éboulis rocheux et de forêts de pins de nombreuses et agréables promenades pédestres.

★DE ZONZA A PORTO-VECCHIO *40 km – 1/2 journée*

Zonza – *Voir à ce nom.*
Sortir de Zonza par la D 368 en direction de Porto-Vecchio.

Forêt de Zonza – La route est sinueuse mais belle et assez large. Elle descend à travers la forêt de Zonza plantée de pins, dans un ample paysage.

Chaos de Paccionitoli – *Accès par la D 67 au col de Pelza – description p. 73.*
Un kilomètre après le col de Pelza (Bocca di Pelza), on a une vue très étendue vers le Sud-Ouest avec, dans le lointain, le village de Carbini et son environnement de monts boisés.

★**Forêt de Barocaggio Marghèse** – A partir du col d'Illarata (Bocca d'Illarata), la route pénètre dans cette belle forêt de pins qui occupe la partie centrale du massif de l'Ospédale. Cette haute futaie est dominée au Nord-Ouest par la massive muraille de la pointe de Diamant (Punta di u Diamante, altitude 1 198 m), reconnaissable à sa forme pyramidale.

★**Cascade de Piscia di Gallo** – *2 h à pied AR par un sentier qui descend sur la gauche de la route, 5 km après le col d'Illarata (soit 700 m avant le barrage). 100 m après une aire de stationnement située dans un virage à droite.*

Le sentier serpente dans les pins et les bruyères, puis franchit deux ruisseaux. Prendre ensuite un embranchement à droite. S'aider d'anciennes marques rouges et des cairns. Au sortir des pins, suivre pendant 15 mn la direction générale (Est/Nord-Est) parallèle au

Massif de l'Ospédale – Punta di Corbo

ruisseau qui coule en contrebas. Le garder sur sa droite sans trop s'approcher de ses rives qui sont escarpées. La piste serpente dans du maquis. Le ruisseau infléchit sa direction de près de 90° sur sa droite. Il disparaît dans une profonde entaille à travers une importante barre rocheuse : c'est en ressortant de l'autre côté de cette barre rocheuse qu'il forme à flanc de falaise la Piscia di Gallo (« pisse de coq »), considérée comme la source de la petite rivière Oso qui se jette dans la baie de St-Cyprien.

Pour apercevoir cette cascade, il faut continuer quelques minutes vers l'Est, puis passer derrière la barre rocheuse en la contournant par la gauche. On descend alors vers la cascade par un sentier très raide qui demande l'aide des mains. La chute de 50 m est parfois à sec en été, mais la beauté du site et les étonnantes marmites de géant justifient la promenade.

Barrage de l'Ospédale – Ce barrage, haut de 25 m, est construit selon la technique des levées de terre. Il retient un petit lac qui égaye l'austère paysage d'éboulis rocheux et de sapins. Sa capacité de 3 000 000 de m^3 forme la principale réserve d'eau de la vallée du Stabbiacco et de la région de Porto-Vecchio.

L'Ospédale – Ce hameau constitué de chalets et de villas disséminés au milieu des rochers et des pins, de part et d'autre de la route forestière, présente, à mi-pente et à hauteur de son cadran solaire, de pittoresques blocs de granite. Il offre des **vues**★★ lointaines sur les golfes de Porto-Vecchio et de Santa Manza.

★**Forêt de l'Ospédale** – La route accidentée, en lacet, tracée dans les bois de chênes-lièges et de chênes verts passe à proximité d'énormes entassements rocheux où s'accrochent les grands pins de cette vaste forêt (4 500 ha) étagée au-dessus du golfe de Porto-Vecchio.

La route plonge sur Porto-Vecchio quittant bientôt la forêt pour frayer son parcours dans un paysage de maquis.

⌂⌂ **Porto-Vecchio** – *Voir à ce nom.*

Vallée de l'OSTRICONI ★

Carte Michelin n° 90 plis 3 et 4

Depuis le col de Sta-Maria jusqu'à la plage de l'Ostriconi aux Agriates, la vallée de l'Ostriconi s'étire entre la Balagne et le Nebbio. Constituées en entités géographiques distinctes, cinq villages regroupent l'implantation humaine : Lama, Pietralba, Urtaca, Novella et Palasca.

Si l'ensemble de cette micro-région ne compte actuellement pas plus de 600 habitants permanents, elle fut longtemps le principal grenier à huile de la Corse du Nord. A la suite de la réglementation génoise imposant la plantation, chaque année, d'une des 5 espèces nobles d'arbres (châtaignier, mûrier, figuier, vigne et olivier), les oliveraies couvrirent le fond de la vallée jusqu'à remonter à mi-versants. Au début du siècle, la région de Lama comptait près de 80 000 pieds produisant 100 000 litres d'huile. L'architecture porte encore l'empreinte de cette monoculture et l'on peut aisément découvrir au cours de promenades les moulins hydrauliques (e fabrice, en corse) le long du cours de l'Ostriconi et ceux, plus nombreux, à traction animale (i franghj, en corse). Après les saignées démographiques des deux guerres mondiales qui amorcèrent le déclin des villages corses, le coup de grâce vint en août 1971 d'un immense incendie qui embrasa l'Ostriconi et une partie de la Balagne. En un après-midi l'ensemble des oliveraies fut réduit en cendres.

L'élevage ovin a cependant maintenu une grande partie de son activité. L'aménagement d'un nombre important de gîtes ruraux a permis le développement de centres de randonnées équestres.

La plupart des villages dominant le cours de l'Ostriconi sont accessibles par des voies perpendiculaires à la N 1197 (dite la Balanina) ou par les deux routes parallèles à la vallée qui relient les villages à flanc des coteaux.

Il est recommandé aux conducteurs empruntant cet axe routier autorisant une vitesse relativement élevée la plus grande vigilance lorsque la visibilité est réduite (pluie, tombée de la nuit), car des bovins peuvent divaguer sur la chaussée.

★**Lama** – Ce village médiéval accroché à flanc de piton surplombe le grand axe routier de la « Balanina ». Une harmonieuse réhabilitation a permis de mettre en valeur les deux styles différents d'architecture que l'on rencontre. Le vieux quartier composé de petites maisons accolées au rocher et communiquant par une succession de passages voûtés, et les grandes maisons patriciennes du 18e s. construites pour les gros producteurs oléicoles. Ces derniers envoyaient leurs enfants faire leurs études en Italie et notamment en Toscane ; à leur retour au village ceux-ci désiraient appliquer à leur maison familiale les éléments d'architecture qui les

Plage de l'Ostriconi

avaient marqués pendant leur séjour. Ainsi, une demeure affiche un imposant belvédère florentin, inattendu face au clocher de l'église, dans d'autres cas, l'effort a porté sur la décoration interne.

Un **Festival du Film Européen** se déroule chaque été à Lama et, le 15 août, une illumination générale du village accompagne les festivités mariales.

Une production artisanale de pâtisserie, les « oliosi », renoue, pour sa part, avec la tradition oléicole.

Ancienne chapelle St-Laurent (San Lorenzu) – *Stationner à l'Aire de repos de Tesa, sur la N 1197, et parcourir 150 m à pied.* Cette chapelle romane désaffectée renferme des fresques assez dégradées. *(Se renseigner à l'Office de tourisme sur les modalités de visite.)*

Route de Pietralba à Urtaca – Au col de Sta-Maria, la D 108, à droite, permet d'accéder au village de **Pietralba**, puis épouse les sinuosités du vallon, procurant jusqu'à Lama de belles vues sur les hauteurs environnantes et l'embouchure de l'Ostriconi, avant d'atteindre **Urtaca** qui semble également fixé aux arêtes rocheuses.

D'Urtaca, possibilité de rejoindre directement la N 1197.

Le cours de l'Ostriconi finit dans la zone marécageuse des Agriates portant le nom de plage de l'Ostriconi. Celle-ci constitue le terme du sentier de randonnée pédestre décrit dans les Agriates.

RANDONNÉES PÉDESTRES

Au départ de Lama

★**Monte Asto (Astu)** – Alt. 1 535 m. *4 h aller (6 h environ AR). Dénivelé 1 000 m. Randonnée sans difficulté majeure. Il est conseillé de porter des pantalons à cause des buissons d'épineux et des nombreuses plantes urticantes.*

Le sentier part du point le plus haut du village, à proximité d'un réservoir portant l'indication « refuge du Prunincu ». Suivre les marques jaunes, franchir une barrière (que l'on aura soin de refermer derrière soi) et atteindre un vaste plateau herbeux. Le refuge du Prunincu (bâtiment récent) permet de s'accorder une halte à peu près à mi-chemin de l'itinéraire vers le sommet. Un sentier bien empierré part ensuite vers le Nord-Nord-Est en direction de la ligne de crête du Monte Asto. Ces sentiers bien revêtus étaient autrefois l'œuvre des villageois exempts d'impôts qui s'acquittaient ainsi de leurs charges collectives. Du sommet, superbe **panorama★★** de la Balagne jusqu'au Cap Corse.

Sentier de randonnée Lama-Urtaca – *1 h environ.* Cette agréable promenade emprunte un sentier sans difficulté qui se situe en contrebas de la D 108, parallèle à celle-ci. L'itinéraire procure de belles vues sur l'autre versant de l'Ostriconi et sur le littoral.

PATRIMONIO

546 habitants
Carte Michelin n° 90 pli 3 – Schémas p. 133 et 177

Sur les premières pentes du Nebbio, Patrimonio dissémine ses maisons et sa grande église sur les versants d'une colline prospère plantée de vergers et de vignes.

De longue date, en effet, le patrimonio se classe par son cépage et par le soin apporté à son élaboration parmi les meilleurs crus élevés en Corse.

Les frères Arena – Ce village a donné le jour à deux adversaires de Bonaparte : **Joseph Arena** (1771-1801), député au Conseil des Cinq-Cents en 1796 qui protesta contre le coup d'État du 18 Brumaire et figura dès lors au nombre des ennemis de Bonaparte, puis accusé d'avoir pris part à un complot contre le Premier Consul, fut guillotiné le 30 janvier 1801 ; et son frère **Barthélemy** (1775-1829), député à l'Assemblée Législative, puis aux Cinq-Cents, qui s'opposa lui aussi au coup d'État mais réussit à échapper à la police consulaire et à se réfugier à Livourne où il acheva obscurément sa vie.

★**Église St-Martin** ⊘ – Dans son paysage, cette église compose une des « images » touristiques les plus connues de la Corse. Ses schistes prennent au soleil couchant une belle tonalité blond doré.

Édifiée à partir de 1570, elle fit l'objet d'une importante restauration entre 1801 et 1810. Le clocher et la partie supérieure de l'église datent de cette époque.

Extérieurement, un peu isolée, dominant le village, elle apparaît comme un édifice monumental avec son haut clocher, ses robustes contreforts et son fronton à volutes ; mais reste à l'état de gros œuvre avec ses murs dépourvus de parement et laissant encore apparents les trous de boulin.

A l'intérieur, sur sa voûte peinte apparaît, dans un médaillon, saint Martin partageant son manteau. Une gracieuse marqueterie de marbres pare le maître-autel orné de l'emblème des franciscains, et le tabernacle mural situé à gauche. Dans une chapelle, à droite en sortant, un panneau sur bois du 16ᵉ s., détérioré en son centre, représente la Vierge à l'Enfant.

Église de Patrimonio

Nativu – A côté du monument aux Morts, un abri protège l'énigmatique statue-menhir de Nativu en calcaire trouvée en 1964 dans la commune de Barbaggio à la suite de travaux de terrassement. Cette statue mesure en totalité 2,29 m et se caractérise par des épaules et des oreilles proéminentes, un menton accusé et un dessin sur le torse soulignant en creux le sternum et la taille. Elle aurait été élevée au 1ᵉʳ millénaire avant J.-C. par les Mégalithiques.

D'autres sites préhistoriques et mégalithiques en Corse méritent une visite :

- *station préhistorique de Filitosa,*
- *Alo Bisucce (décrit dans le Sartenais),*
- *alignement de Palaggiu (ou Palagghju ; décrit dans le Sartenais),*
- *les alignements et dolmen de Cauria,*
- *les sites torréens de Cucuruzzu, Torre, Ceccia, Tappa et Araghju (voir à ces noms),*

PETRETO-BICCHISANO

Pitretu Bicchisgia – 585 habitants

Carte Michelin n° 90 pli 17

Situé à un important carrefour de routes, ce bourg se compose de deux villages : Petreto, celui d'en haut, sur la D 420, et Bicchisano, celui d'en bas, sur la N 196. C'est à l'entrée de Bicchisano, en venant de Propriano, que se révèle une **vue★** étendue sur la vallée verdoyante du Taravo.

La vallée du Taravo – Né sur les pentes du Monte Grosso au-dessus du col de Verde, le Taravo qui se jette dans le golfe de Valinco, près de Porto-Pollo, a formé une grande plaine alluviale, autrefois insalubre. Pour échapper à ses fortes chaleurs estivales et à ses miasmes, les habitants transhumaient de mai à octobre sur le plateau du Coscione (*voir à l'Incudine*). Ils édifièrent leurs villages au-dessus des eaux stagnantes, sur des collines ou des éminences entre 200 et 500 m d'altitude.

Les terres de la basse vallée nourrissent des champs de blé et des plantations d'oliviers et de chênes-lièges. La vigne apparaît au-dessous de Sollacaro dans la moyenne vallée et on pratique l'élevage des bovins et des brebis.

BICCHISANO

Le village dissémine ses massives maisons de granit de part et d'autre de la route. Parmi celles-ci on remarque deux **maisons fortes**, plus anciens témoins de l'importance passée du bourg. L'une, en bas du village, présente encore aux quatre angles les corbeaux qui soutenaient les échauguettes, ultime survivance d'un système défensif datable du 16e s. ; tout près d'elle, un campanile isolé dresse son élégante silhouette, dernier vestige de l'église piévanne St-Jean-Baptiste, détruite dans les années 50. La plus grosse, dominant Bicchisano, est flanquée d'une bretèche comme on en voit sur la maison forte de Ste-Lucie-de-Tallano (*voir à ce nom*).

Un bref arrêt à l'**église** paroissiale permet d'admirer un Christ en bois du 16e s. et une chaire sculptée, provenant de l'ancien couvent St-François. Ce dernier (*propriété privée*) dresse encore son vieux bâtiment dans un cadre bucolique à l'écart du village.

PETRETO

A l'entrée de Petreto, sur la gauche, une stèle de granit gris érigée à la mémoire du général **Paulin Colonna d'Istria**, enfant du pays et grand résistant, rappelle aussi le rôle éminent joué par Petreto-Bicchisano dans la libération de la Corse lors du dernier conflit mondial.

Église paroissiale ⊘ – Elle abrite un intéressant Christ en bois au visage empreint de sérénité témoignant de l'originalité de l'inspiration des imagiers populaires. Le maître-autel, le tabernacle et l'autel de saint Antoine, tous en marbre polychrome du 17e s., proviennent du couvent de Bicchisano, de même que les quatre superbes **statues** en bois peint représentant la Vierge à l'Enfant, saint François d'Assise, sainte Claire et l'Immaculée Conception.

Derrière l'église construite sur le roc, la terrasse offre une **vue** sur Bicchisano, la vallée du Taravo, et les montagnes. Sur la place voisine, la fontaine fut érigée en 1885.

★ROUTE DU COL DE ST-EUSTACHE

20 km par la D 420 jusqu'à Aullène.

Cette route, jalonnée d'énormes blocs de rochers, domine la vallée du Taravo jusqu'au col de St-Eustache où se situe une démarcation caractéristique de la végétation. Alors que le versant Nord est surtout boisé de chênes verts auxquels se mêlent quelques châtaigniers, des asphodèles et des fougères, le versant Sud est couvert de pins.

La route devient pittoresque ; entre le col de St-Eustache et le col de Tana, elle court à flanc de montagne, traversant un massif de porphyre, boisé de pins et entaillé par de nombreux affluents du Baracci et du Rizzanèse. De la végétation surgissent de curieux **chaos★** aux silhouettes parfois étranges. Puis on descend en lacet vers Aullène et la vallée encaissé du Coscione, qui offre de beaux coups d'œil dans un paysage rocheux où s'accroche un maigre maquis.

Le guide **Vert Michelin France**.

Destiné à faciliter la pratique du tourisme en France, il invite à goûter soi-même les chefs-d'œuvre de la nature et des hommes.

N'oubliez pas d'emporter dans votre voiture les guides Verts des régions que vous allez parcourir.

PIEDICROCE

Pedicroce – 91 habitants
Carte Michelin n° 90 pli 4 – Schéma p. 141

Gros bourg, au centre de la Castagniccia.

Église St-Pierre et St-Paul – De sa terrasse se révèlent le cirque d'Orezza et la forêt de châtaigniers d'où émergent quelques villages.

L'église présente une belle façade baroque du 18e s. et un clocher carré. L'intérieur surprend par l'abondance du décor qui mêle les motifs géométriques peints, les stucs, le trompe-l'œil et les scènes de genre. Au-dessus du maître-autel, une peinture sur toile d'un primitif italien du 16e s. représente une Vierge à l'Enfant entre des anges musiciens. Le superbe buffet d'orgue polychrome enchâsse un très ancien instrument attribué à Giorgio Spinola (1617-1619), et qui provient de la cathédrale Ste-Marie de Bastia.

★★MONTE SAN PETRONE

4 km puis 6 h à pied AR – Ascension facile.
(Orages assez fréquents après le 15 août.) (Description p. 125.)

Quitter Piedicroce par la D 71 en direction de Campana. Passé les ruines du couvent d'Orezza, emprunter à gauche la route qui monte au hameau de Campodonico, haut perché, dominant la châtaigneraie. Le sentier du San Petrone se détache à droite à l'entrée du village.

Le sentier s'élève sur la crête qui sépare les pièves d'Orezza (canton de Piedicroce) et de Vallerustie (canton de San-Lorenzo). Quittant la forêt, il serpente à travers de maigres pâturages, avant d'atteindre le sommet.

Pour un bon usage des plans de villes, consultez la légende p. 2.

PINO ★

143 habitants
Carte Michelin n° 90 Nord du pli 2 – Schéma p. 133

Sur la côte occidentale du Cap Corse, au débouché de la route descendant du col de Ste-Lucie, ce charmant village se distingue par son **site★** escarpé au milieu d'une riche végétation où oliviers, figuiers, chênes et platanes apportent leurs feuillages ombreux au traditionnel maquis.

Les maisons du village, les tours génoises, l'église et les nombreuses chapelles funéraires entourées de cyprès s'étagent à flanc de montagne.

Église Ste-Marie – Cet édifice, restauré aux 18e et 19e s., présente, face à la mer, une belle façade de style baroque.

Ancien couvent St-François ⊘ – *Prendre la petite route qui descend en forte pente jusqu'à la minuscule marine de Pino et sa plage de galets.*
Côte à côte s'élèvent une vieille tour génoise et cet ancien couvent.
A l'intérieur de la chapelle on remarque la fresque au-dessus de la porte d'entrée, le chemin de croix et, au-dessus de l'autel, la très gracieuse Vierge (début 15e s., d'influence toscane), entourée de saint François et de saint Bernardin de Sienne.

PONTE NUOVO

Carte Michelin n° 90 pli 4

Sur la grande route qui relie Corte à Bastia, cette localité doit son nom au pont de pierre lancé par les Génois sur le Golo, actuellement en ruine, à l'amont de l'ouvrage actuel.

Le pont de la défaite – Ce site fut le théâtre, le 8 mai 1769, du dernier affrontement de la guerre d'Indépendance, entre les troupes de Pascal Paoli et l'armée française.

Sept mois plus tôt, les Français avaient dû se résoudre à la retraite devant Borgo *(voir à ce nom)*. Puissamment renforcée au printemps et placée sous les ordres du comte de Vaux, l'armée française ouvre les opérations dès le 1er mai : elle fait mouvement vers Rapale dans le Nebbio, obligeant ainsi Paoli à abandonner Murato, à passer sur la rive droite du Golo et à se transporter en Castagniccia.

Le 8 mai Paoli fait retraverser le Golo à 2 000 hommes qui passent imprudemment à l'attaque, sont repoussés et regagnent en désordre le pont qu'ils ne peuvent plus franchir, barré qu'il est par un muret de pierres sèches lui-même tenu par un contingent de mercenaires allemands leur fermant le passage. Pris dans cette souricière, ils sont massacrés. Un diorama très expressif de cette bataille est présenté au musée A Bandera à Ajaccio. Ce revers de Paoli marquait la fin de la guerre d'Indépendance (monument au bord de la route) et décidait du rattachement de la Corse à la France. Après sa défaite, Paoli, replié sur Corte, abandonne la lutte. Le 13 juin 1769, il s'embarque secrètement à Porto-Vecchio pour la Grande-Bretagne.

★★HAUTE CORNICHE DU GOLO
De Ponte Nuovo à Ponte Leccia *18 km – Environ 1 h*

Quitter Ponte Nuovo au Nord et prendre la D 5 à gauche vers Lento.

La route s'élève à flanc de montagne offrant de beaux aperçus sur la vallée verdoyante aux éboulis chaotiques et sur les sommets aigus qui la dominent.

A l'entrée de Lento, prendre la D 105 à gauche.

Le regard plonge dans une gorge profonde ; la route s'élève en haute corniche.

Canavaggia – Le village aux trois pourpres se détache sur la ligne dentelée du Monte Reghia di Pozzo. Châtaigniers, fougères et cistes bordent la route ; des cyprès rivalisent en hauteur avec le clocher d'une église isolée dans son cimetière composant ainsi un pittoresque paysage. Avant Costa Roda apparaît la vallée du Golo.

Brusquement à 1 km de Costa Roda dans un tournant, une **vue★★** se déploie sur les chaînes neigeuses et le Monte San Petrone, tandis que les différents plans des montagnes forment des courbes harmonieuses et estompées derrière les sombres frondaisons. La route devient caillouteuse par endroits. Dans une descente rapide, en lacet, le Golo réapparaît. De belles **vues★** se multiplient avant d'atteindre la N 197 ramenant à Ponte Leccia.

Ponte Leccia – *Voir à Castagniccia.*

La PORTA★
A Porta – 248 habitants
Carte Michelin n° 90 pli 4 – Schéma p. 140

Les routes d'accès à la Porta décrivent d'innombrables lacets sous les ramures des châtaigniers. Le voyageur est ici au cœur de la Castagniccia et surprend, perchés sur une crête dominant un océan de verdure, les villages de Croce, Quercitello et Ficaja dont la chapelle N.-D.-de-la-Castagniccia constitue un excellent belvédère sur la région.

La Porta a vu naître, en 1772, **Horace Sebastiani** d'une famille établie dans le village depuis le 16e s. Sa carrière fit de lui un comte d'empire, puis un maréchal de France.

D'abord officier de cavalerie, il s'illustra sur la plupart des champs de bataille d'Europe au service de Bonaparte, du Premier consul, de l'Empereur et enfin de Louis-Philippe. Mais le jeu des circonstances et la variété de son talent lui valurent des missions diplomatiques, puis des postes d'ambassadeur à Naples et à Londres. Il passe aux yeux des historiens pour être à l'origine de la partition de villages de l'île en clans rivaux. Il est inhumé aux Invalides.

Son frère Tiburce (1786-1871) participa lui aussi aux campagnes napoléoniennes.

★Église St-Jean-Baptiste – Ce grand édifice, élevé de 1648 à 1680 sur les plans de l'architecte milanais Domenico Baïna, marque l'affirmation de l'architecture religieuse baroque en Corse.

Son **campanile** (1720), dû en grande partie au dessin de Baïna, paraît tout à la fois solide par ses puissantes assises et léger par les volutes, pointes de diamant, niches et ouvertures qui ornent ses cinq étages. Le clocher a perdu sa patine lors d'une nécessaire restauration de l'édifice en 1979.

La façade de l'église construite en 1707 par Baïna, peinte en ocre et blanc, reste harmonieuse avec un décor de pinacles, volutes et coquilles encadrant une fenêtre ovale. D'élégants pilastres et des colonnes entourent le portail d'entrée.

L'intérieur présente des peintures en trompe l'œil. La peinture de la voûte a été réalisée en 1866 par un certain Joseph Giordano. L'orgue fut construit en 1780 au couvent de Rogliano (Cap Corse) par le moine franciscain Maracci pour le couvent St-Antoine de Casabianca. En l'an VIII, le commissaire Salicetti, chargé de détruire le couvent, laissa transporter l'orgue à la Porta dont sa femme était originaire. Remarquer aussi un Christ en bois peint, du 17e s.

Église de La Porta

PORTO★

Carte Michelin n° 90 pli 15 – Schéma p. 193

Porto possède le privilège d'être au centre d'une région touristique offrant aux estivants à la fois les plaisirs de la mer et ceux de la montagne.

Une **tour génoise**, carrée et massive, plantée sur un rocher à l'embouchure de la rivière Porto, et un **bois d'eucalyptus** font la célébrité de cette petite station balnéaire.

★**La marine** – Elle s'étire au fond du golfe, hérissé de rochers et de promontoires d'un rouge ardent. On y descend par une route bordée d'eucalyptus centenaires. La **plage de galets**, en avant du bois d'eucalyptus, est séparée du hameau par le Porto que l'on franchit sur un pittoresque pont de bois.

Hôtels et restaurants sont groupés derrière le rocher délimitant la minuscule rade qui, par temps calme, abrite quelques bateaux.

A Porto, il ne faut surtout pas manquer le coucher du soleil : les montagnes environnantes se parent alors de chaudes couleurs, tandis que le soleil s'abaisse à l'horizon dans l'échancrure du golfe.

★**Tour génoise** ⊙ – *15 mn AR depuis la marine.* Cette grosse tour carrée verrouillait la vallée de la petite rivière de Porto. Ce monument, l'un des plus connus de la Corse, dans un paysage de granite rose, n'a rien perdu de son charme malgré les outrages du temps. Le bâtiment a bénéficié d'une habile restauration qui lui permet d'accueillir une exposition sur les tours génoises. Les abords du côté de la mer sont escarpés.

★★★**GOLFE DE PORTO** *schéma p. 193 et description ci-après.*

★★**GORGES DE SPELUNCA** *schéma et description à ce nom.*

Golfe de PORTO★★★

Carte Michelin n° 90 pli 15

Le golfe de Porto, par son ampleur, ses couleurs et la variété de ses curiosités naturelles compose l'un des ensembles touristiques les plus prestigieux de l'île.

Amplement ouvert sur le large, et profond d'environ 11 km, le golfe de Porto est séparé de celui de Girolata, plus étroit et plus fermé, par l'imposant Capo Senino. Le maestrale s'y engouffre souvent avec violence, même en été, et la petite crique de Porto, exposée de plein fouet aux lames, ne constitue pas toujours un abri sûr pour les plaisanciers. Le golfe doit sa splendeur aux falaises de granite rouge qui l'entourent et qui contrastent avec le bleu intense de la mer. Cet ensemble qui s'étend jusqu'au golfe de Galéria plus au Nord fait partie du Parc naturel régional de la Corse et en constitue la fenêtre maritime. Les sites, la flore et la faune en sont donc protégés. Ainsi la côte Nord du golfe de Girolata et l'île de Gargalo abritent les derniers couples de balbuzards ; la Corse est la seule région de France à posséder encore quelques spécimens de ces splendides aigles pêcheurs. Tout autour de Girolata et de Porto, le maquis particulièrement dense offre une grande variété de plantes, elles aussi sauvegardées puisque, dans le site de Girolata, les constructions nouvelles sont interdites et que seul un chemin muletier permet l'accès au golfe.

Le golfe de Porto et la tour génoise

J.-M. Lebat/EXPLORER

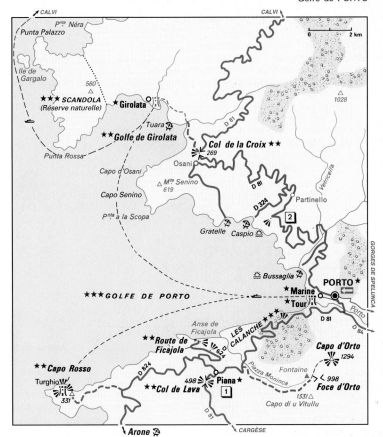

★★★ ① CÔTE SUD DU GOLFE
De Porto au Capo Rosso *31 km environ – 4 h*

★**Porto** – *Voir à ce nom.*

De Porto suivre au Sud la D 81 vers Piana.

A 3 km, belvédère aménagé sur la droite de la route, offrant une excellente **vue**★★ sur Porto et le fond du golfe.

★★★**Les Calanche** – *Voir à ce nom.*

Foce d'Orto et Capo d'Orto – *5 h 1/2 à pied AR.*

Cette excursion nécessite naturellement une bonne condition physique et des chaussures adaptées à une marche en terrain montagneux et caillouteux.

En quittant les Calanche, peu après un pont, prendre à gauche un chemin de terre. Laisser la voiture à la fourche et continuer à pied par le chemin qui s'embranche à droite (laisser à gauche celui qui mène à un terrain de sport). Le chemin passe devant un château d'eau et suit la rive gauche de la Piazza Moninca. Après 30 mn, le chemin s'interrompt et laisse place à un sentier (balisage : marques orange) qui monte dans les pins en suivant la même direction générale vers l'Est. laisser sur la gauche le sentier se dirigeant sur la Fontaine de Piazza Moninca, située à 50 m de cet embranchement (1 h 30). La pente s'accentue dans une forêt plus dense. Laisser à droite le sentier du Vitullu. Le marquage orange cesse en atteignant le col de la Foce d'Orto (2 h).

Prendre alors à gauche, c'est-à-dire vers le Nord, la direction du Capo d'Orto. Il n'y a plus de sentier. Suivre les cairns. Passer par le couloir rocheux et étroit dans une végétation de bruyère. Ce passage plus difficile nécessite de s'aider avec les mains. En haut de ce couloir, redescendre légèrement dans une sorte de plateau rocheux. Gagner le sommet (1 294 m) par une escalade facile à travers les rochers (3 h).

Vue★★ panoramique sur Porto, les Calanche, la forêt de Piana.

Piana – Situé à proximité des Calanche, ce bourg, très animé en été, domine le golfe de Porto, dans un cadre magnifique où se profile dans le lointain le Monte Cinto encore enneigé au printemps. A l'entrée du village, plusieurs eucalyptus aux troncs démesurés témoignent de la douceur de son climat marin. Ses placettes aux maisons blanches, son église du 18e s. au gracieux campanile forment un ensemble agréable.

Col de Lava – Vue★★ sur les golfes de Porto et de Girolata, le massif du Cinto, en arrière-plan à droite, et, devant soi, une partie des Calanche.

Revenir sur Piana et prendre à gauche la D 624.

★★**Route de Ficajola** – Pénétrant au cœur des Calanche, cette route étroite descend en très forte pente, selon un tracé très escarpé, jusqu'à la marine de Piana nichée dans l'anse de Ficajola, accrochée au pied des Calanche et en vue du golfe de Porto. Le contraste entre le bleu de la mer et le rouge des porphyres atteint ici une rare intensité. Un sentier permet d'accéder *(1/2 h à pied AR)* à une ravissante crique au pied de la falaise.

Rejoindre la D 824 que l'on prend à droite vers la plage d'Arone.

Plage d'Arone – Une belle route en corniche offre des **vues** sur le golfe de Porto et le Capo Rosso. Dans la descente vers la mer, la plage de sable fin apparaît, cernée de rochers roses et de maquis sur un fond montagneux.

★★**Capo Rosso** – *5 h à pied AR au départ de la D 824 par un sentier tracé dans le maquis, puis une voie jalonnée de cairns montant à la tour.* Une éminence de porphyre rose porte la **tour de Turghio**. Celle-ci domine la mer de plus de 300 m ; la vue s'étend à gauche, sur la côte jusqu'à Cargèse et, à droite, sur le golfe de Girolata.

★★ ② ROUTE DES PLAGES
De Porto au col de la Croix

30 km – Environ 1 h 1/2 – Schéma page précédente

★**Porto** – Voir à ce nom.

Sur la côte Nord, la D 81 s'accroche en corniche au-dessus du golfe, que de nombreux lacets permettent d'admirer sous des angles variés, avant de s'enfoncer vers l'intérieur en traversant quelques pittoresques villages.

Sur la gauche, les D 724, 324 et 424 permettent de gagner la **plage de Bussaglia**, celle de **Caspio**, puis celle de **Gratelle**.

La route contourne la pyramide rouge du Monte Senino (alt. 619 m) avant d'atteindre le col de la Croix. Elle passe non loin d'un ancien puits de mine, témoin d'une richesse inattendue du sous-sol : à **Osani**, en effet, affleurent quelques veines de charbon. Ce gisement était exploité avant 1914, et le charbon transporté par cabotage.

Col de la Croix – On découvre de ce col une **vue**★★ qui s'étend au Sud sur le golfe de Porto et au nord sur celui de Girolata. Un sentier conduit à la plage de **Tuara**.

⌂ LES PLAGES

Chacune d'elles constitue un petit paradis. Il faut cependant faire preuve de prudence, car elles ne sont pas surveillées et on y perd rapidement pied.

Plage de Bussaglia – Grande plage de galets, prolongée vers le Sud par des criques faciles à atteindre. Taverne, et location de canoës pour l'exploration des écueils.

Plage de Caspio – Plage de galets encadrée de rochers sombres. Taverne, et fonds marins intéressants à observer du côté Sud de la cale.

Le caviar de la Méditerranée

Depuis l'Antiquité, l'oursin comestible, appelé familièrement châtaigne de mer (en corse, U Ricciu), est apprécié pour la finesse de ses « œufs » et fait, pour cela, l'objet d'une récolte intense qui aboutit à sa raréfaction accélérée des rivages méditerranéens. Cet échinoderme se nourrit d'algues, de petits animaux et de bactéries emprisonnés dans ses piquants. Disposés autour de la bouche, des pieds terminés par une ventouse assurent la fixation de l'oursin sur le fond marin. Pour se déplacer (à la vitesse de 1 cm par minute), il utilise ses piquants comme bascule. Saisonnièrement, des maladies bactériennes lui provoquent des calvities.

La partie comestible est constituée en fait par les organes sexuels répartis en cinq branches, orange chez la femelle et blanchâtres chez le mâle. L'interdiction de la pêche de mai à fin août (les mois sans « r ») correspond à la période où l'animal est vide. La pêche professionnelle, en plongée avec bouteille, se pratique à l'aide d'un gabarit permettant de calibrer les prises supérieures à 5 cm de diamètre. Elles sont recueillies dans de grands filets contenant jusqu'à vingt douzaines d'oursins.

Pour assurer une protection plus active, des campagnes d'information sont menées par des organismes tel l'Institut océanographique Paul-Ricard établi à l'île des Embiez.

Plage de Gratelle – Petite plage de galets inscrite dans un site splendide, face à Porto et au Capo d'Orto.

Plage de Tuara – *Accès à pied par le sentier muletier qui débute sur la gauche au col de la Croix, devant la buvette du parking. Compter 1 h 1/4 aller-retour.* L'aller est tout en descente, le retour tout en montée et donc assez pénible. A mi-chemin, la fontaine de Spana distille un mince filet d'eau, comme pour faire constater leur légèreté à ceux partis boisson (pas de taverne sur la plage !). Mais l'effort est largement récompensé : imprégné des senteurs du maquis et persuadé de distinguer désormais sans difficulté l'arbousier du lentisque, le randonneur débouche sur une plage de sable grossier, la seule de cette portion de littoral, qui va offrir à sa baignade, partagée par quelques nonchalantes et inoffensives bêtes à cornes, un cadre hors du temps assorti d'un pittoresque extrême.

Le sentier muletier se poursuit au-delà de la plage jusqu'à Girolata (2 km), dont il est le seul moyen d'accès terrestre. Mais il vaut mieux découvrir cette localité à l'occasion d'une promenade en mer *(description à Scandola).*

PROMENADES EN MER

Si le temps le permet, des excursions en mer ont lieu, au départ de Porto, dans les Calanche, au golfe et au village de Girolata et à Scandola.

★★★**Scandola et golfe de Girolata**★★ ◷ – *Description à Scandola.*

★★**Les Calanche** ◷ – Cette promenade en mer jusqu'aux grottes de Capo Rosso, proposée seulement en juillet et août, parachève agréablement la visite à pied des Calanche *(voir à ce nom).* Le bateau s'approche au plus près de la côte et des récifs qui la bordent ; ce qui permet de bien apprécier la hauteur et la beauté de ces falaises. Les couleurs de la roche sont plus soutenues l'après-midi.

PORTO-VECCHIO ⌂⌂
Portivecchju – 9 307 habitants
Carte Michelin n° 90 pli 8 – Schéma p. 198

Située au fond d'un vaste golfe très découpé et très fermé, Porto-Vecchio est une station balnéaire en pleine expansion et la principale localité de la côte orientale après Bastia. Elle est desservie par l'aéroport de Figari.

La ville, autrefois fortifiée, domine la mer, à 70 m d'altitude. Son **site**★ s'apprécie pleinement de la mer, du relais télévision au-dessus de la route menant à la pointe de la Chiappa et du hameau de l'Ospédale.

Des débuts difficiles – Après avoir fondé les places fortes de Bonifacio, Bastia, St-Florent, Ajaccio et Calvi, l'Office de Saint-Georges créa, en 1539, Porto-Vecchio sur la côte orientale pour compléter le système de défense de l'île.

La côte n'offrait, entre l'étang de Biguglia et l'embouchure de la Solenzara, aucun abri ni site susceptible d'être fortifié. Aussi Gênes préféra-t-elle installer plus au Sud sa nouvelle colonie, au fond d'un golfe : le port, très sûr, était en effet dominé par une arête rocheuse sur laquelle fut bâtie la citadelle que les hauteurs de la Punta di U Cerchio cachaient de la mer. Toutefois, le site de Porto-Vecchio était malsain. Deux petits fleuves côtiers aux débouchés incertains, l'Oso et le Stabiacco, rendaient la région marécageuse. De plus, les incursions barbaresques étaient fréquentes. Aussi la cité connut-elle des débuts difficiles. Les premiers colons génois établis en 1539 ayant été décimés par la maladie, Gênes la repeupla en 1546, mais cette fois avec des Corses recrutés de force : nouvel échec, engendré par les ravages causés par le paludisme, les raids barbaresques, l'hostilité des habitants spoliés de leurs terres et, surtout, l'assignation à résidence forcée.

Prise par Sampiero – En 1564, Sampiero Corso, ne disposant plus de l'appui de la France, se décide à passer seul à l'attaque pour délivrer son île de la tutelle génoise. Prenant position dans le village de Vescovato *(voir à ce nom)*, il constitue une petite armée avec laquelle il échoue devant Ajaccio. Il jette alors son dévolu sur Porto-Vecchio et s'en empare le 30 juillet 1564.

Sampiero peut désormais espérer une alliance avec les Barbaresques : Porto-Vecchio deviendra un nid de corsaires redoutable aux Génois… En fait les Barbaresques n'interviennent pas. Mais, Gênes, qui prend conscience du danger, alerte le roi d'Espagne Philippe II, son allié, dont la flotte est partie combattre les corsaires d'Alger. C'est ainsi qu'à l'automne 1564, les vaisseaux espagnols cinglent vers la Corse, et le 26 novembre, la cité, mal défendue, assiégée par les Espagnols commandés par le Génois Stefano Doria, capitule.

L'essor – Porto-Vecchio demeura longtemps une petite bourgade endormie, enfermée dans ses remparts. La plupart de ses habitants étaient pasteurs, commerçants en bois ou artisans. L'hiver, les bergers de Serra-di-Scopamène et de Quenza descendaient à Porto-Vecchio et logeaient dans des cabanes éparses. L'été, les habitants gagnaient la montagne. L'élevage transhumant et l'exploitation des forêts de chênes-lièges constituaient leurs principales ressources.

Au début du 20e s., l'agglomération s'étendit le long de la route Bonifacio-Bastia. La ville fut reliée à Bastia par chemin de fer en 1935, par la prolongation de la ligne existant déjà jusqu'à Ghisonaccia. Mais ce tronçon connut une existence éphémère (8 ans) : très endommagé pendant la guerre, il fut définitivement abandonné après avoir vu sa reconstruction maintes fois différée. Quelques industries s'implantèrent à la marine (exploitation des marais salants, usine de préparation du liège...). Mais c'est au lendemain de la Seconde Guerre mondiale que Porto-Vecchio connut un essor particulièrement rapide dû à la disparition du moustique anophèle responsable de la malaria, à l'aménagement d'un port de commerce, à la mise en valeur de la plaine orientale et surtout au développement d'un tourisme de luxe sur la côte et les rivages du golfe.

CURIOSITÉS

Les fortifications – Des anciennes fortifications génoises élevées sur des assises de porphyre, subsistent encore les bastions et les échauguettes dominant la marine : bastion de France, restes de la citadelle et vestiges des remparts.
De la **porte génoise**, la vue s'étend sur le port, les marais salants et le golfe.

La marine – Elle se compose d'un port de plaisance et d'un port de commerce qui exporte les bois et les lièges vers le continent. Il est le 3e port corse assurant les liaisons avec le continent. Le port de commerce est également l'escale des croisières et des lignes saisonnières avec l'Italie. A l'embouchure du Stabiacco s'étendent les salines et une belle plage de sable.

LES SITES PRÉHISTORIQUES

★**Castellu d'Araghju** – *10 km au Nord de Porto-Vecchio. Voir à ce nom.*

Torre – *7 km au Nord de Porto-Vecchio. Voir à ce nom.*

Site de Ceccia – *6 km au Sud-Ouest de Porto-Vecchio.*

Accès par la N 198 en direction du Sud. Prendre à droite la D 859. Tourner à gauche au village de Ceccia. Au centre du village, prendre à gauche un tronçon de route goudronnée, long de 50 m. Stationner là et emprunter le sentier mal tracé (propriété privée) qui démarre tout de suite à gauche de la dernière maison et mène au piton rocheux dominant le village. 40 mn à pied AR.

Un énigmatique monument circulaire d'environ 12 m de diamètre se trouve dans les arbres, à quelques dizaines de mètres à droite du piton rocheux. Une petite cella (chambre) accessible par un couloir dallé en occupe le centre. A la différence des sites torréens *(voir p. 36)* analogues, Ceccia ne présente pas de traces d'habitat entourant le monument circulaire. Ce site remonte à l'âge du bronze : une datation de la principale couche archéologique par la méthode du carbone 14 a indiqué 1350 av. J.-C.
Le monument aurait pu avoir une destination culturelle en raison de la présence d'une «cella». Selon une autre hypothèse, il aurait eu une fonction de surveillance par sa position de vigie sur les territoires alentour. Curieusement, on a démonté, lors des fouilles, des aménagements réalisés à l'époque génoise, peut-être en vue de fortifier un poste de veille.
La **vue**★ s'étend vers la plaine de Sotta et, au loin, Porto-Vecchio et son golfe.

Site de Tappa – *7,5 km au Sud-Ouest de Porto-Vecchio.*

Accès à 1,5 km de Ceccia par la D 859 vers Figari. Un chemin à gauche traverse d'anciens champs de vignes et conduit en 300 m vers l'éperon rocheux où se situe le monument de Tappa. Garer la voiture. Accéder au monument par le côté Est, plus facile. Sentier balisé.

Ce complexe monumental torréen *(voir p. 36)* a été fouillé et étudié dès 1960 par l'archéologue R. Grosjean. Le site fut principalement occupé entre 2200 et 1900 av. J.-C.
Ce vaste espace fortifié comportait des habitats (cabanes et abris sous roche), des passages souterrains, de petits bastions et, en un point élevé, le monument principal, circulaire, dont la fonction demeure mal définie. Les habitants de ce hameau fortifié connaissaient la poterie (nombreux tessons retrouvés et présentés au musée de Préhistoire de Sartène – *voir à ce nom*) et vivaient d'une petite agriculture.

Chapelle San Quilico – *17 km au Sud-Ouest de Porto-Vecchio.*

Sortir par la N 198, vers le Sud ; prendre à droite la D 859 vers Figari et la suivre sur 14 km (c'est-à-dire 1 km environ après l'embranchement de la D 59). Tourner à gauche en direction du hameau de Montilati que l'on atteint au bout de 1 km.

San Quilico (deuxième moitié du 12e s.) est sans doute la plus petite chapelle romane de Corse (7,50 m de longueur et 3 m de largeur). Elle est aussi un des très rares édifices romans de l'île à être voûté : un berceau en plein cintre est maçonné comme les murs, d'un appareil assez archaïque. L'unique fenêtre de la chapelle apparaît dans la petite abside. La toiture est en «teghje» (lauzes) posées à même les voûtes.

CONCA

22 km au Nord de Porto-Vecchio (6,5 km au N.-E. de Ste-Lucie-de-Porto-Vecchio, par la D 168).

Ce bourg disséminé dans un paysage de collines arides dominant la mer fut le théâtre d'un sérieux accrochage, lors des combats de libération de la Corse. Le 23 septembre 1943, l'aspirant Jean-Pierre Michelin, qui avait réussi à s'embarquer clandestinement sur le sous-marin *Casabianca* transportant 109 combattants, y trouva la mort avec deux de ses compagnons du 1er bataillon parachutiste de choc. Conca est le point d'aboutissement du GR 20, au Sud de son parcours *(voir la partie Renseignements pratiques en fin de guide).*

L'industrie du chêne-liège

Le chêne-liège (appelé suara, en corse) exige de la chaleur et de l'humidité. Cet arbre à feuillage persistant se développe au bord de mer jusqu'à 500 m environ et s'avère particulièrement résistant au feu. Il est aisément reconnaissable à ses gros glands noirâtres et à son écorce crevassée. En Corse, les futaies exploitées présentent des sous-bois mis en pâture. Parmi leur faune typique, on note le pic épeiche, le pinson des arbres, et une importante colonie de tortues d'Herman, espèce protégée.

Le prélèvement de l'écorce (le démasclage) s'effectue la première fois lorsque l'arbre atteint l'âge de 25 ans, il s'agit de l'écorce mâle. Puis l'opération se répète tous les 9 à 10 ans, durée nécessaire à la reconstitution d'une nouvelle assise de liège ; on retire alors l'écorce femelle, la plus prisée par l'industrie et l'artisanat.

Démasclage du chêne-liège

Si autrefois l'industrialisation du liège s'effectuait sur place, la récolte est maintenant essentiellement exportée vers la Sardaigne.

LES PLAGES

Voir ci-dessous le golfe de Porto-Vecchio.

Golfe de PORTO-VECCHIO★★

Carte Michelin n° 90 pli 8

Le golfe de Porto-Vecchio mesure 8,5 km de longueur sur 2,5 de largeur pour une profondeur moyenne de 6 m. Il est constitué d'une rade bien abritée, ouverte seulement au vent du Nord-Est et d'un goulet large de 1 200 m. Mais les fleuves côtiers Oso et Stabiacco qui se jettent dans le golfe l'ensablent et en rendent l'entrée difficile. Le golfe abonde en grands coquillages appelés «nacres» et en huîtres sauvages de la variété «pied de cheval». Il est réputé pour ses belles plages de sable fin.

La forêt de **chênes-lièges** de Porto-Vecchio est la plus importante de Corse. Installée sur des sols siliceux et sur des alluvions anciennes, elle couvre environ 8 000 ha et se répartit de part et d'autre de la N 198.

La forêt présente parfois, faute d'entretien, un sous-bois dense où prédominent les cistes et les bruyères. Cependant, certains propriétaires ont débarrassé leurs parcelles du maquis pour favoriser le pâturage et la glandée.

LES PLAGES

Pinarellu – Ce petit port est bien abrité au fond d'un golfe où s'étire une grande plage de sable blanc protégée par un îlot surmonté d'une tour génoise.

Plage de San-Cipriano – Au fond d'une jolie anse formant une sorte d'avant-golfe délimité par les pointes d'Araso et de San-Cipriano, s'étire une grande plage de sable blanc bordée de pins qui est en fait un long cordon littoral devant l'étang d'Araso. Vers l'intérieur se profilent les aiguilles de Bavella et le massif de l'Incudine.

Golfo di Sogno – Dans la grande baie bien abritée de Stagnolo, il offre une plage de sable fin ombragée de pins, formée par le delta de l'Oso.

★Pointe de la Chiappa – Au pied du phare ou de la plate-forme du sémaphore, s'étend une belle **vue★** sur le golfe de Porto-Vecchio et son arrière-pays montagneux, notamment sur la baie de Stagnolo et la pointe de San-Cipriunu en face.

⌂ **Plages de Palombaggia et Santa Giulia**

Plage de Palombaggia – Encadrée de rochers rouges, cette grande plage de sable blanc et fin s'allonge au pied de dunes ombragées de très beaux pins parasols.
L'eau revêt des tonalités turquoise, bleu outremer, améthyste.
En face, les petites îles **Cerbicale** constituent une des réserves naturelles de Corse.

Plage de Santa Giulia – Au fond du paisible golfe de Santa Giulia se développe une grande plage de sable blanc que bordent des villages de vacances.

La réserve naturelle des îles Cerbicale – Cet ensemble de cinq îlots rocheux, inhabités et entourés d'écueils, est peuplé par des cormorans huppés qui y nidifient par milliers. L'accès public en est interdit *(voir la réglementation p. 249)*.

PROPRIANO ⌂⌂

Prupià – 3 217 habitants
Carte Michelin n° 90 pli 18 – Schéma p. 225

Au fond du golfe de Valinco aux eaux calmes et limpides, ce petit port est aujourd'hui un centre actif de tourisme. Les sports nautiques, de nombreuses plages de sable fin et un arrière-pays riche en curiosités font de Propriano une station appréciée.

L'essor – Habitée dès l'âge du bronze, la région fut en relation avec les commerçants carthaginois, étrusques et grecs. Le site de Propriano donna ainsi naissance à une cité qui remonterait à la fin du 2e s. avant J.-C.
Au début du siècle dernier, Propriano n'était plus qu'un hameau dépendant de la commune de Fozzano. Ce modeste port, seul débouché du Sartenais, bien abrité des vents d'Ouest et de Nord-Ouest par le rocher du Scoglio Longo, commençait à se développer vers 1906. A cette époque, furent édifiés les deux jetées, le quai accostable et le phare. Cependant, cet essor fut de courte durée et la petite ville resta endormie pendant de longues années. Ce

sont finalement les continentaux en quête de soleil et de repos qui sonnèrent le réveil de ce petit port. Propriano est, à l'heure actuelle, une des principales stations balnéaires de Corse.

La marine – Près du quai St-Érasme, le **port de plaisance** prend de l'extension. Entre son môle et le port de commerce s'étend la **plage du Murzettu** et, au-delà du phare du Scoglio Longo, celle du **Rinaddiu** où sont installés des villages de vacances.

★ GOLFE DE VALINCO
schéma p. 225 et description voir à ce nom.

★ DE PROPRIANO A PORTO-VECCHIO
De Propriano à Zonza, par l'Alta-Rocca
description à l'Alta-Rocca.

De Zonza à Porto-Vecchio, par l'Ospédale
description au Massif de l'Ospédale.

Pour trouver la description d'une ville ou d'une curiosité isolée, consultez l'index.

QUENZA
850 habitants
Carte Michelin n° 90 Sud-Ouest du pli 7

Groupé sur un plateau couvert de châtaigniers et de chênes verts, ce village est dominé par les aiguilles de Bavella *(voir à ce nom)*.

En hiver, Quenza est un centre de ski de fond et de randonnée nordique sur le plateau du Coscione. L'été, il se révèle un point de départ approprié pour de nombreuses randonnées pédestres et équestres dans les massifs environnants et une des principales bases d'alpinisme de la Corse-du-Sud.

Église ⊙ – Elle abrite une chaire en bois sombre sculpté, soutenue par des dragons et un masque maure (endommagé). A gauche, dans la chapelle Ste-Bernadette, deux panneaux peints sur bois, du 16ᵉ s., représentent des saints et des évêques. Observer en sortant une statue de St-Étienne brandissant une palme aiguë comme une épée.

Chapelle de Santa-Maria-Assunta
⊙ – *1/4 h à pied du village sur la route de Serra-di-Scopamène.*

Elle se dresse, isolée, dans un enclos comportant encore quelques tombeaux. Remarquer, à l'extérieur, le chevet qui a conservé sa couverture de «teghje» traditionnelles de granite *(voir p. 42)* alors que le toit principal a bénéficié d'une restauration plus récente. L'intérêt de cette chapelle réside dans les **fresques★**, estimées de la fin du 15ᵉ s. recouvrant l'abside. Ce sont les fresques les plus récemment mises à jour en Corse. On y remarque un Christ en majesté dans une mandorle et séparé du registre inférieur, occupé par les apôtres, par une bande bicolore composée de losanges fleuris. D'autres personnages moins lisibles ornent les parties extrêmes de l'abside.

RANDONNÉES PÉDESTRES

Au départ de Quenza, de nombreux sentiers de pays, balisés en orange par le parc régional, sillonnent la vallée. Les propositions ci-dessous ne comportent pas de difficultés et peuvent être l'occasion de baignades dans les torrents.

Église de Quenza – Statue de St-Étienne

199

De Quenza à Zonza par St-Antoine – *Durée environ 4 h 30. Départ vers l'Est sur la D 420.*

De Quenza à Serra-di-Scopamène – *Durée 5 h (possibilité de gîte à Serra). Traversée de nombreux cols et passages de bergeries à Ghjallicu et Lavu Donacu.*

★Plateau du COSCIONE

Ce vaste plateau, où prennent source deux des principaux fleuves corses, le Taravo et le Rizzanese, est caractérisé par un climat méditerranéen de haute montagne et un hiver particulièrement rigoureux avec des enneigements jusqu'à fin avril. Avec une altitude moyenne de 1 500 m, le plateau valonné constitue le plus grand ensemble de hautes plaines de la Corse. Jusqu'à ces dernières décennies, c'était encore une zone de transhumance importante pour les troupeaux de Sud de l'île. Actuellement, ce sont surtout les randonneurs pédestres et équestres qui utilisent les sentiers de transhumance.

La partie Nord du plateau est décrite à l'Incudine.

Gorges de la RESTONICA★★

Carte Michelin n° 90 plis 5, 15

Parallèle au Tavignano, la Restonica prend sa source à 1 711 m d'altitude dans le massif du Rotondo, l'un des plus hauts de l'île, et, après 14 km d'une course mouvementée à travers des gorges profondes, rejoint à 400 m d'altitude le Tavignano dans le « sillon de Corte ». Sa vallée est fortement marquée par l'érosion glaciaire.

DE CORTE AUX BERGERIES DE GROTELLE

15 km – Environ 1/2 h

★**Corte** – *Voir à ce nom.*

Quitter Corte par la route d'Ajaccio qui franchit le pont sur le Tavignano et prendre tout de suite après, sur la droite, la D 623.

La route pénètre dans le Parc naturel régional en remontant la vallée encaissée de la Restonica ouverte entre la Punta di Zurmulu et la Punta di u Corbo.

★**Forêt de la Restonica** – Aux châtaigniers succèdent bientôt les pins laricio *(p. 189)* notamment sur les versants exposés au midi à partir de 700 m d'altitude. Les **pins de Corte** apparaissent sur les versants exposés au nord et dans les fonds de vallées ; ce pin maritime particulier à la Corse est un grand arbre au fût droit, à la cime étroite et conique, dont la silhouette rappelle celle du laricio. De caractère plus montagnard que le pin maritime de Provence, il est plus résistant au froid, exige une plus grande humidité de l'air et peut atteindre une taille plus élevée. Sa cime est plus claire, ses aiguilles plus fines, ses cônes allongés souvent solitaires. Un maquis très combustible forme son sous-bois.

Encadrée par de grandes aiguilles de roche ocre couronnées de pins, la vallée se rétrécit progressivement pour former des gorges. Au fond, le torrent se brise au milieu de gros blocs de rochers.

Après le pont de Tragone, la D 623 longe la rive droite de la Restonica. Dominé par des sommets dépassant 2 000 m, il grimpe désormais dans un paysage âpre où peu à peu les arbres disparaissent.

RÉGLEMENTATION D'ACCÈS
A LA VALLÉE DE LA RESTONICA

Le site classé des Gorges de la Restonica est parcouru par une route de 16 km reliant Corte aux bergeries de Grotelle. Pendant la période estivale, la forte fréquentation de ce site, combinée aux risques d'incendies et de crues subites, a conduit à des mesures restrictives d'accès en voiture.

– le stationnement est interdit sur la chaussée dans toute la vallée, en dehors des emplacements aménagés,

– l'accès des camping-cars et caravanes ainsi que de tout véhicule de plus de 4,5 t et de 1,9 m de large est interdit,

– trois points de contrôle assurent le filtrage des véhicules vers l'amont. Ils correspondent aux possibilités de faire demi-tour. Le feu clignotant au niveau du camping de Tuani signale que la capacité de stationnement vers la haute-vallée est saturée, il faut alors suivre les indications fournies sur place.

Pour les bons marcheurs, la meilleure solution consiste à emprunter le sentier balisé joignant Corte aux bergeries de Grotelle.

L'entrée des gorges de la Restonica

Bergeries de Grotelle – Alt. 1 375 m. La route carrossable s'arrête un peu au-dessus des bergeries, vieilles constructions en pierres sèches, autrefois halte traditionnelle des troupeaux sur le sentier du lac de Melo. Un **paysage**★★ alpestre s'offre à la vue : à droite se profile la longue crête du Capo au Chiostro (alt. 2 295 m), à gauche le massif du Rotondo (alt. 2 622 m) tandis que, devant soi, barrant la vallée, se dessine la silhouette dentelée du Lombarduccio (alt. 2 261 m). On remarque, un peu en amont des bergeries, de chaque côté du parking, quelques beaux spécimens de pins de Corte à l'imposante circonférence.

★★★LA HAUTE VALLÉE

Promenade facile de 2 h AR par un chemin bien balisé.

Suivre le sentier jalonné de marques jaunes et grises qui continue vers le Sud la route des gorges et parcourt la vallée de la Restonica.

Le tableau d'orientation du Parc, installé en bordure du parking, permet de s'orienter et de découvrir les nombreuses possibilités de randonnées.
Comme toutes les vallées glaciaires, la haute vallée de la Restonica présente des flancs abrupts et un fond plat encombré de moraines. Son parcours offre une succession de rétrécissements et d'épanouissements et des gradins brisant son profil longitudinal : cuvettes souvent occupées par des lacs et bosses rocheuses («verrous») barrant la vallée. Après avoir longé la moraine *(1/2 h)*, on atteint, vers 1 500 m, une vaste cuvette plate couverte.
Emprunter le sentier qui s'élève vers le Sud, bien tracé sur la rive gauche du torrent. On atteint bientôt un plateau couvert d'aulnes. Il s'agit d'arbustes de plus de 2 m de hauteur, qui constituent une des formations végétales les plus caractéristiques de la montagne corse. L'aulne odorant forme des fourrés denses difficilement pénétrables ; ses feuilles poisseuses imprègnent durablement les vêtements des randonneurs. La poursuite du sentier, balisé par des traces jaunes sur les rochers, mène au pied de la grande barre rocheuse retenant le lac de Melo *(1/2 h)*. La végétation florale se remarque essentiellement en saison par les saxifrages aux fleurs blanches et la pinguicule corse ou grassette, qui est une plante insectivore. Tous ces végétaux sont protégés et interdits à la cueillette à laquelle ils ne survivraient d'ailleurs pas, même un court instant.

★**Lac de Melo** – Alt. 1 711 m. *Du parking 1 h à pied aller. Depuis la barre rocheuse, 1/2 h aller.*
Deux passages, équipés de mains courantes et de chaînes, permettent de franchir ce dénivelé et d'accéder au niveau du lac. Par temps de pluie ou lorsque la fonte des neiges imprègne fortement le sol, ce passage est rendu glissant et nécessite la prudence surtout à la descente. Un autre itinéraire, plus long, est alors possible. Il s'élève sur la rive droite du torrent et contourne la barre rocheuse par son rebord gauche *(compter alors environ 1 h).*

Lac de Capitello

Origine de la Restonica, c'est un des sept lacs du Monte Rotondo. Il est dominé par des escarpements de plus de 2 000 m, notamment par la Punta Capitello et l'arête du Lombarduccio où, en été, subsistent quelques névés.

Aleviné en truites et saumons de fontaine, ce lac est très apprécié des pêcheurs.

Un sentier fait le tour du lac par l'Ouest. L'importante fréquentation estivale (la plus forte de la montagne corse) a amené le Parc régional à préserver du piétinement une partie de la pelouse placée derrière une clôture ; cette différence de présentation peut induire des réflexions sur l'action du cheminement intensif dans les lieux naturels sauvegardés.

Lac de Capitello – *Alt. 1 930 m. 1 h AR du lac de Melo. Le chemin est balisé.*

Ce lac, qui ne se trouve qu'à 600 m à vol d'oiseau du lac de Melo mais à une altitude supérieure de 219 m, est gelé huit mois sur douze.

Enchâssé dans un cirque de sommets supérieurs à 2 000 m, il est un des joyaux de la montagne insulaire. C'est le plus profond lac de l'île avec 42 m.

Le retour s'effectue par le même chemin.

ROGLIANO ★

Ruglianu – *480 habitants*
Carte Michelin n° 90 pli 1 – Schéma p. 133

La commune de Rogliano est formée de sept hameaux : Campiano, Bettolacce, Magna, Soprana et Sottana, Olivo, Vignale, Querciolo.

Rogliano étage ses tours, les façades de ses églises, ses hautes demeures anciennes, l'ensemble de ses hameaux disséminés sur plusieurs éperons dans une conque verdoyante à l'abri du Monte Poggio ; celle-ci, bien exposée au soleil levant, dévale sur quelque 250 m vers la mer et la marine de Macinaggio *(voir à ce nom)*.

Plus que le chiffre de sa population, ce spectacle suffit à évoquer son importance passée. Le site était déjà habité par les Romains. Il était appelé « Pagus Aurelianus », c'est-à-dire village d'aurélien, du nom d'un empereur romain du 3ᵉ s. Peut-être faut-il y voir une origine du nom de Rogliano. Durant plusieurs siècles, du 12ᵉ au 16ᵉ s., elle fut la capitale de la famille da Mare qui régnait sur une partie du Cap et entretenait avec Gênes de profitables liens commerciaux et maritimes. Mais voilà qu'en 1553, un membre de cette famille, **Giacomo Santa da Mare**, se lie avec Sampiero Corso *(voir à Bastelica)* et avec le maréchal de Thermes, et se voit promu colonel de la cavalerie franco-corse. Ses faits d'armes sont nombreux, mais il succombe à un coup d'arquebuse au col de Tende dès l'année suivante.

L'impératrice en visite – Le 2 décembre 1869, le yacht impérial « l'Aigle », qui ramenait l'impératrice Eugénie d'Égypte où elle avait présidé les fêtes de l'inauguration du canal de Suez, essuie, aux approches du Cap Corse, une tempête qui le contraint à mouiller à Macinaggio.

A la grande joie de la population, l'impératrice, ses dames d'honneur, le prince Murat gravirent à pied, dans la soirée, les trois kilomètres qui mènent à Rogliano. Elle préleva sur sa cassette de quoi faire construire la route qui traverse Rogliano et s'appelle depuis « chemin de l'Impératrice ».

La souveraine se rendit à l'église où le curé et la population entonnèrent un vibrant Te Deum.

CURIOSITÉS

Tour d'Agnello – *(Propriété privée.)* Belle tour ronde qui domine les hautes maisons de Bettolacce, principal hameau du village.

Église St-Agnel ☉ – L'église fut élevée au 16ᵉ s. puis agrandie au 18ᵉ s., époque à laquelle elle doit sa façade classique. A l'intérieur, le maître-autel en marbre blanc de Carrare fut élevé grâce aux fonds envoyés par la colonie corse de Porto Rico, originaire de Rogliano, tandis que l'élégante clôture du chœur est un cadeau de l'impératrice Eugénie reconnaissante aux Roglianais de leur accueil.

On remarque aussi dans l'église l'autel en marbre polychrome de St-Antoine-de-Padoue. Les circonstances de sa fondation au 17ᵉ s. par un jeune Roglianais touchent au tempérament corse. Ce jeune homme avait nourri des projets matrimo-niaux à l'égard d'une jeune Florentine, mais il avait été éconduit par le père de la belle... du moins jusqu'à ce qu'il eut offert un autel de marbre à l'église de son baptême. A force de travail et de privations, il finit par y parvenir. Il retourna alors en Toscane, le défi relevé, mais épris tout autant de fierté que d'amour ce fut pour signifier son refus de paraître avoir marchandé un cœur. Et il revint dans son île. Seul.

Église St-Côme-et-St-Damien – Cette ancienne église, ravagée par un incendie en 1947, est bâtie dans un vallon au Sud de Bettolacce, sur un site déjà habité à l'époque romaine.

La nef est la partie la plus ancienne, mais l'originalité de cet édifice vient du curieux campanile rectangulaire, isolé et placé de biais par rapport à la façade.

Ruines de San Colombano – *Accès par Olivo et Vignale.*

De Vignale la **vue**★ sur la mer et les autres hameaux de Rogliano est fort belle.

A gauche, sur un éperon, se détachent les ruines du château fort de San Colom-bano, appelé « u castellacciu » (mauvais château), en raison de la fidélité à Gênes de ses seigneurs. Cette forteresse, propriété de la famille de Mare, aurait été élevée, vers la fin du 12ᵉ s. Mais, en 1554, à la suite du ralliement de Giacomo Santo au parti français, le château fut démantelé par les Génois. Quelques années plus tard, Jacques de Negroni, ancien coseigneur de San Colombano, fit élever un nouveau « castellu », incendié en 1947.

Couvent de St-François – Ce couvent, dont l'église est en ruine, s'élève près du château fort. Il est précédé d'une haute **tour carrée** avec mâchicoulis, rendue célèbre par l'assassinat, à la fin du 16ᵉ s., du gouverneur génois qui administrait les terres de la châtelaine Barbara da Mare.

Golfe de SAGONE ★

Carte Michelin n° 90 pli 16

Ce vaste golfe s'ouvre entre les golfes d'Ajaccio et de Porto. Délimité au Nord par la pointe de Cargèse et au Sud par le Capo di Feno, il s'enfonce assez profondément dans les terres au niveau de la pointe Capigliolo pour former le petit golfe de la Liscia. Se perdant dans de larges deltas, la Sagone, le Liamone et la Liscia s'y jettent et sont à l'origine des vastes plages de sable qui s'étirent à leur embouchure. Des collines couvertes de maquis, de chênes verts et d'oliviers ceinturent le golfe. Pourtant ses rives sont mélancoliques. Le golfe de Sagone ne prend toute sa valeur que sous un ciel plombé : la mer revêt alors des lueurs métalliques, les vagues ourlent ses rivages grisâtres.

⌂ SAGONE (Savone)

Primitivement cité romaine, Sagone fut le siège, dès le 6ᵉ s., de l'un des cinq premiers évêchés de Corse. Son importance s'accrut au Moyen Âge au point de pousser sa juridiction territoriale jusqu'à Calvi ; au 12ᵉ s., son titulaire, qui relevait de l'archevêque de Pise, fit bâtir la cathédrale dont des fouilles récentes ont livré les fondations. Mais au 16ᵉ s. la cité détruite par les Sarrasins et l'insalubrité gagnant les basses terres mal drainées de l'embouchure du fleuve justifièrent l'installation de l'évêché à Vico.

L'abandon définitif du site décida, en 1625, du transfert de l'évêché à Calvi.

Tour génoise – Cette belle tour, à l'Ouest de l'agglomération, surveille l'anse de Sagone et le port.

La station – Outre l'agrément d'une vaste plage, Sagone permet la pratique de divers sports nautiques (école de voile, école de plongée) et constitue une base de promenades en mer vers la Scandola et Girolata *(voir à Scandola)*. S'adresser au bar-restaurant l'Ancura.

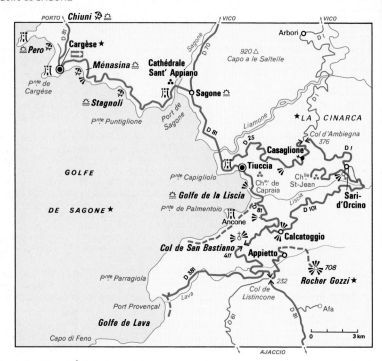

DE CARGÈSE AU GOLFE DE LAVE

53 km – Environ 2 h, plus 3 h à pied AR

★**Cargèse** – *Voir à ce nom.*

De Cargèse au golfe de Lava, les routes D 81 et D 381 constituent l'itinéraire touristique du golfe. Tracées le plus souvent en bordure de mer, le long d'un littoral accidenté, elles franchissent quelques fleuves côtiers à proximité des plages de sable de leurs embouchures.

Sagone – *Voir ci-dessus.*

Tiuccia – Cette petite station balnéaire s'allonge au fond du golfe de la Liscia ; elle est dominée par les ruines du château de Capraja qui appartint aux comtes de Cinarca. Promenades en mer vers le Capo Rosso, les Calanche de Piana et Girolata.

Golfe de la Liscia – Entre les deux tours génoises d'Ancone et de Capigliolo, ce petit golfe dessine une côte rocheuse propice à la plongée sous-marine.
Plusieurs criques de galets sont accessibles à pied à partir du chemin côtier de la tour d'Ancone. Au Nord, une plage de sable s'étend à l'embouchure du fleuve.

Col de San Bastiano – Une stèle en granite rose commémore la première traversée aérienne de la Méditerranée effectuée par Louis Capezza et Alphonse Fondère. Partis de Marseille le 14 novembre 1886 à 16 h 30 à bord d'un vieux ballon, le *Gabizoz*, ils atterrirent en pleine nuit et sous la tempête, près d'Appietto.'
Du col même (alt. 411 m) la vue est restreinte sur le golfe de Lava ; en gagnant la butte derrière la chapelle, **coup d'œil**★ sur le golfe de Sagone et la Cinarca.

Au col de Listincone (232 m), prendre à gauche la petite route vers Appietto.

Appietto – Ce village d'où sont originaires les comtes de la Cinarca *(voir à ce nom)* compte trois hameaux étagés sur les pentes d'une montagne couverte de maquis. Son église est élégante.

★**Rocher de Gozzi** – *3 h à pied AR au départ d'Appietto par le chemin muletier qui s'amorce à droite, juste avant le dernier hameau du village.* A hauteur d'un calvaire, obliquer à droite pour descendre à la fontaine d'Appietto ; sur l'autre versant, le chemin monte vers les ruines d'un château médiéval ayant appartenu aux comtes de Cinarca. Du haut du rocher (alt. 708 m), **panorama** sur le golfe de Sagone, la vallée de la Gravona et Ajaccio.

De retour au col de Listincone, reprendre la D 81 vers le Nord, puis tourner à gauche sur la D 381.

Golfe de Lava – La route d'accès au golfe longe le torrent de Lava et serpente dans un paysage de pâturages vide d'habitations ; elle aboutit à la belle plage de sable ouverte entre le Capo di Feno et le golfe de Sagone.

★**LA CINARCA** *Voir à ce nom.*

ST-FLORENT ★

San Fiurenzu – 1 350 habitants
Carte Michelin n° 90 pli 3 – Schémas p. 133 et 177

Au creux d'un très beau **golfe** auquel elle a donné son nom, St-Florent est bâtie sur une légère hauteur au Nord de l'embouchure de l'Aliso. C'est la capitale commerciale du Nebbio *(voir à ce nom)*, mais aussi une station balnéaire très orientée vers les activités nautiques.

Occupé dès le néolithique, urbanisé par les Romains qui y fondèrent la cité de Nebium, le site de St-Florent fut sans doute dès le 4ᵉ s. le siège de l'évêché du Nebbio et le resta jusqu'au 18ᵉ s. Il fallut attendre le 15ᵉ s. pour que la ville se développe, autour de la citadelle fondée par les Génois en 1439.

Le site était insalubre, car dans ces basses terres mal drainées sévissait la malaria ; mais St-Florent bénéficiait de l'abri sûr de son golfe et d'une position stratégique de premier plan. Aussi fut-elle âprement disputée par les Français, les Corses et les Génois durant les conflits (1553-1563) qui précédèrent le traité de Cateau-Cambrésis.

St-Florent demeura une cité de garnison et de pêcheurs jusqu'à la fin du 17ᵉ s. Son déclin brutal survint après la décision génoise de raser les remparts (1667) dont l'entretien coûteux ne semblait pas justifié, la sécurité maritime semblant acquise.

Victime aussi de la malaria, la ville fut désertée pendant près de deux siècles.

Il fallut attendre le Second Empire pour que St-Florent renaisse : des travaux d'urbanisme et l'assèchement des marais furent entrepris et se prolongèrent sous la 3ᵉ République. La création d'un port de plaisance en 1971 a beaucoup contribué à l'essor de la cité ces dernières années.

Des liaisons en bateau avec les plages des Agriates permettent un accès plus aisé que par la route à ce site préservé *(voir à Agriates pour les modalités)*. Les hauteurs qui délimitent l'arrière-pays de St-Florent se prêtent parfaitement à l'initiation au parapente *(voir p. 253)*.

★**Vieille ville** – Elle se rassemble autour de l'église dont le clocher domine le port de pêche et de plaisance abrité par une longue jetée. Le visiteur flânera avec plaisir à travers ses ruelles tortueuses bordées de vieilles maisons et ses placettes agrémentées de lauriers-roses.

Bâtie sur un promontoire calcaire, **la citadelle génoise** *(on ne visite pas)* domine la ville et le port. Elle a été plusieurs fois remaniée depuis sa fondation en 1439 par Tomasino de Campofregoso qui érigea la citadelle de Bastia 41 ans plus tard. S'avancer jusqu'à l'entrée de la citadelle pour découvrir une vue surprenante sur les vieilles maisons bâties à fleur d'eau.

★★**Ancienne cathédrale du Nebbio (Église Santa-Maria-Assunta)** ⊙ – *1 km par la petite rue face au monument aux Morts vers Poggio-d'Oletta.*

L'église Ste-Marie occuperait en partie l'emplacement de l'ancienne cité romaine devenue sans doute dès le 4ᵉ s. siège de l'évêché de Nebbio.

C'est l'un des plus importants témoignages de l'architecture religieuse en Corse.

Postérieure à celle de la Canonica qui lui servit de modèle, cette ancienne cathédrale, représentative de la seconde période du roman pisan dans l'île *(p. 38)* fut probablement achevée vers 1140. Elle présente un appareillage soigné de moellons de marbre tarentin d'une belle finesse de grain. Elle s'élève, particulièrement mise en valeur, sur un large terre-plein bien dégagé.

St-Florent

Par ses dimensions et par l'ordonnance de son plan basilical à trois nefs, elle accuse sa filiation avec la cathédrale de la Canonica. Mais, en revanche, elle s'en distingue par une évolution manifeste vers une recherche décorative. Cette dernière apparaît à l'extérieur dans le double étage d'arcatures de la façade, dans les corniches ouvragées qui règnent à la base des toitures, dans les colonnettes engagées qui donnent de l'élévation et de la légèreté à l'abside semi-circulaire.

A l'intérieur, la même recherche s'observe dans l'alternance de piliers et de colonnes surmontées de chapiteaux sculptés, et dont l'alignement partage les trois nefs. Certains de ces chapiteaux sont ornés, outre de crochets et de coquilles, de curieuses sculptures d'animaux (serpents enroulés, quadrupèdes, béliers...). Une châsse vitrée abrite les reliques de saint Flor, soldat romain qui subit le martyre au 3ᵉ s.

Chapelle ST-THOMAS DE PASTORECCIA

San Tumasgiu di Pastureccia
Carte Michelin n° 90 pli 4 (16 km à l'Est de Ponte-Leccia) – Schéma p. 140

Accès au départ du Bocca a Serna, par la D 15 au Nord jusqu'à Castello-di-Rostino. Au carrefour (bouche d'incendie à droite) situé à la sortie du village après la plaque indicatrice, emprunter la route à gauche. A 500 m, un sentier se détache à droite vers la chapelle située dans le cimetière.

Élevée sur un promontoire au-dessus de la vallée du Golo, cette chapelle romane en schiste gris a été mutilée lors d'une restauration malheureuse, en 1930, qui eut pour résultat la démolition de la moitié de l'église et le détachement d'une partie de ses fresques.

★**Fresques** ⊙ – *Le visiteur pénètre par l'étroite porte latérale Sud.* De l'ensemble peint, subsistent : à l'abside, le Christ Pantocrator entouré d'anges et des symboles des évangélistes ; sur l'arc triomphal, l'Annonciation et saint Michel ; les scènes de la Passion décorent le mur Nord (à gauche), de belles figures de saints et le Jugement dernier (très abîmé) le mur Sud (à droite) *(voir l'illustration p. 269).*

L'effet de perspective donné par les lignes fuyantes du dallage et la présence de rinceaux décoratifs déjà Renaissance, avec à la base les têtes chauves des damnés mijotant dans des marmites, permettent d'attribuer ces fresques à la fin du 15ᵉ s. Cette période correspond d'ailleurs à un renouveau du décor peint (fresques surtout) qui touche particulièrement la Castagniccia, avec des compositions comme celles que l'on trouve à San Quilico de Cambia *(voir à ce nom)* ou à Ste-Christine de Valle-di-Campoloro *(voir à ce nom).*

STE-LUCIE-DE-TALLANO ★

Santa Lucia di Tallà – 424 habitants
Carte Michelin n° 90 pli 8

Dominant la vallée du Rizzanèse, ce gros village très typé groupe ses hameaux dans la verdure au milieu des arbres fruitiers et des vignobles. La région produit un excellent vin.

Place du monument aux Morts – Au cœur du bourg, face à l'église paroissiale, cette place agréablement ombragée constitue un beau point de vue plongeant : au premier plan, le hameau de Poggio ; un peu plus loin, sur un mamelon couronné d'un bois de chênes verts, émerge le toit de tuiles rouges de la superbe église romane St-Jean-Baptiste ; au fond, la vallée du Rizzanèse et Loreto-di-Tallano.

Le monument aux Morts, harmonieuse allégorie féminine, mérite une attention particulière pour le bel échantillon de **diorite orbiculaire** qui sert de socle à sa statue. Cette roche rarissime a rendu célèbre le village dans le monde des minéralogistes pour son filon longtemps exploité dans une carrière des environs. La diorite orbiculaire est une roche éruptive sombre de couleur gris-vert : la cristallisation particulière de ses composants dessine des figures concentriques. Se prêtant admirablement à la taille, elle fut utilisée comme pierre d'ornementation, notamment dans la chapelle des Médicis à Florence.

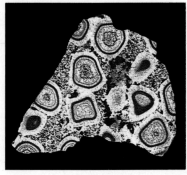

M. Clayel/JACANA

Diorite orbiculaire

Église paroissiale – L'intérieur révèle un édifice rénové dans la bonne tradition baroque du 17ᵉ s. : nef rectangulaire, avec six chapelles latérales. On remarquera au fond de l'église un bénitier de marbre aux armes des della Rocca (fin 15ᵉ s.). Adossé à un pilier de gauche, le bas-relief en marbre blanc a été offert en 1498 par le comte Rinuccio della Rocca qui y fit graver ses armoiries. Cette gracieuse Vierge portant l'Enfant sur ses genoux évoque l'art des sculpteurs florentins du 15ᵉ s.

Maison forte – Situé derrière l'église, cet étonnant bâtiment presque cubique servait autrefois de refuge à la population en cas de danger (d'où le nom corse « casatorre »). Huit bretèches plaquées sur les murs austères de cet édifice défensif permettaient d'en contrôler les abords. Sous chaque bretèche, une bouche à feu venait compléter ce dispositif.

Retable de la Crucifixion – *Actuellement en cours de restauration.*
Offert par Rinuccio della Rocca au couvent St-François, ce primitif du 16ᵉ s. dénote une influence espagnole dans l'expression des visages, la finesse des traits et les riches draperies, associée au goût flamand pour les détails réalistes. Il ne s'agit, malheureusement, que d'une copie de taille réduite ; l'original se trouve à Ajaccio et n'est pas visible.

Couvent St-François Ⓥ – *Situé à la sortie du village en direction de Levie, sur la droite.*
C'est sans doute à la dévotion d'un puissant seigneur de la région, le comte Rinuccio della Rocca, qu'il faut attribuer la fondation et la construction de ce couvent en 1492. Édifiés sur une plate-forme dominant le village de Ste-Lucie, non loin de la route de Levie, la haute et sobre église et ce qui reste du bâtiment conventuel ont encore de l'allure. On peut imaginer ce que fut le cloître puisque subsiste une partie de galerie avec cinq belles arcades, d'une nudité toute franciscaine.

ENVIRONS

★**Chapelle St-Jean-Baptiste** – *500 m jusqu'au hameau de Poggio-di-Tallano, puis 1 h AR à pied. A la sortie Nord du hameau, prendre le sentier qui part en biais sur la gauche, après la dernière maison.*
Cet ancien chemin muletier, encore enserré par endroits dans des murs de pierres sèches, serpente dans un sous-bois plein de fraîcheur. En plusieurs points, de belles vues se dégagent sur Ste-Lucie et la vallée du Rizzanèse. On passe à gué un ruisselet. La chapelle surgit dans son cadre sauvage et touffu de chênes-lièges et d'oliviers.
L'édifice, de dimensions relativement imposantes, est construit dans un bel appareil de dalles dorées. La sobriété des murs est rehaussée d'un décor d'arcatures supportant la corniche, appuyées sur des modillons dont certains représentent des masques humains, quelques-unes des têtes de bovidés. Le fronton occidental a également reçu un décor d'arcatures sous les rampants du toit.
A l'intérieur, il faut prendre le temps de s'habituer à la relative pénombre pour apprécier la pureté des volumes et la beauté du chœur semi-circulaire. Cette église, construite sans doute peu avant 1150, présente beaucoup de points communs avec l'église piévane de Carbini, une vingtaine de kilomètres plus à l'Est *(p. 116)* qui, selon toute vraisemblance, a dû lui servir de modèle.

Mela – *4 km à l'Est de Ste-Lucie sur la route de Levie.*
Ce minuscule village s'étire tout en longueur sur une arête, dominant un paysage verdoyant de cultures en terrasses et de chênaies. L'habitat présente une belle unité architecturale avec ses maisons en granite et le clocher carré de son église, coiffé d'un lanternon. On en a une belle vue depuis le premier virage de la D 268 après le couvent de Ste-Lucie.

Pianu de Levie – *Voir à ce nom.*

Source thermale de Caldane – *8 km par la D 268 vers Propriano, puis à gauche la D 148. Après avoir franchi le Fiumicicoli, continuer à gauche jusqu'au bar (propriétaire des bains).*
A proximité du torrent, dans un joli site champêtre, la piscine thermale, alimentée par une source sulfureuse chaude, est fréquentée par des malades atteints de rhumatismes et d'affections cutanées.

Les itinéraires de randonnées peuvent être modifiés à la suite des dégâts provoqués par les incendies ou les éboulements consécutifs aux orages.
Lorsqu'un itinéraire ne correspond pas à la description donnée, il est raisonnable de faire demi-tour et de se renseigner auprès des personnes habitant le secteur.

SAINTE-MARIE-SICCHÉ

355 habitants
Carte Michelin n° 90 pli 17

Ce village divisé en hameaux est le berceau de la famille d'Ornano.
En 1545, Sampiero Corso épousait vers l'âge de 50 ans **Vannina d'Ornano** âgée de 15 ans. Mariage qui anoblissait le colonel et le faisait entrer dans l'une des plus grandes familles de l'île. Mais, en 1563, il étrangla son épouse de ses propres mains : complicité de Vannina avec la République de Gênes, jalousie ou intérêt ? Cette justice expéditive n'offusqua guère la cour de France. Découvrant ses blessures devant Catherine de Médicis, il se serait exclamé : « Qu'importe au Roi et à la France que Sampiero ait vécu d'accord ou non avec sa femme ! »

Palazzo Sampiero – *Au hameau de Vico.*
Sa maison de Bastelica ayant été brûlée par les Génois, Sampiero fit bâtir, en 1554, cette maison forte en gros appareil de granit, aujourd'hui en ruine. Une inscription et un buste en marbre dans une niche évoquent le héros.

Tour Vannina d'Ornano – Dans le bas du vieux bourg, au lieudit Casabianca, tout près de la route de Grossetto, s'élève la demeure natale de Vannina, du 15ᵉ s. Le hameau de **Zigliara** est fréquenté pour son établissement thermal.

*Sur les **cartes routières Michelin** au 1/200 000, le nom des localités dotées d'un hôtel ou d'un restaurant sélectionné dans le **guide Rouge Michelin France** est souligné en rouge.*

Les Iles SANGUINAIRES★★

Carte Michelin n° 90 pli 17 – Schéma p. 66

Pour les passagers des navires et des avions arrivant à Ajaccio, les îles Sanguinaires marquent l'achèvement du voyage et composent comme l'illustration type évoquant la Corse. Ces îlots de porphyre d'un rouge sombre prolongent la pointe de la Parata et se disposent en sentinelles à l'entrée du golfe.

PROMENADE EN VEDETTE

Accès en vedette au départ du port d'Ajaccio, quai Napoléon, face à la place Maréchal-Foch – Durée de la promenade 3 h AR ⊙.

Cette promenade en vedette permet d'avoir une vue d'ensemble de la ville d'Ajaccio. Le bateau longe la côte Nord du golfe d'Ajaccio. Puis il passe au large de la pointe de la Parata couronnée d'une tour génoise pour accoster la **Grande Sanguinaire**, le plus éloigné du rivage et le plus important des quatre îlots qui constituent cet archipel situé à l'entrée du golfe. Sur la Grande Sanguinaire s'élèvent un phare à éclipses, un ancien sémaphore et une tour en ruine.
Alphonse Daudet, qui habita le phare des Sanguinaires en 1863, consacra à la grande île une des *Lettres de mon moulin* :
« Figurez-vous une île... d'aspect farouche : le phare à une pointe, à l'autre une vieille tour génoise où, de mon temps, logeait un aigle. En bas, au bord de l'eau, un lazaret en ruine envahi de partout par les herbes ; puis des ravins, des maquis, de

Îles Sanguinaires

grandes roches, quelques chèvres sauvages, de petits chevaux corses gambadant, la crinière au vent ; enfin, là-haut, tout en haut, dans un tourbillon d'oiseaux de mer, la maison du phare avec sa plate-forme en maçonnerie blanche... »

Cet îlot a conservé sa physionomie, mais on n'y voit plus d'aigle, de chèvres sauvages ni de petits chevaux. Il semble aussi qu'il n'y ait jamais eu de lépreux au lazaret des Sanguinaires, ceux-ci étant interdits en Corse. Le nom de l'archipel ne fait donc pas allusion au sang noir des malades (I Sangui Neri), mais proviendrait de Sagonarii, îles qui protègent l'entrée du golfe de Sagone.

La Grande Sanguinaire fut concédée par Gênes en 1503 à la famille ligure des Ponte « sous la condition qu'elle y plante 800 ceps de vigne et 600 arbres fruitiers ».

Dans l'île, il faut gagner l'extrémité de l'îlot en longeant le bord de mer ou monter au phare. De ces deux endroits, on découvre une **vue**★★ splendide sur le golfe d'Ajaccio.

SAN MICHELE DE MURATO ★★

Carte Michelin n° 90 pli 3 (1 km au Nord de Murato) – Schéma p. 177

L'église San Michele, séduisante image du tourisme et de l'archéologie en Corse, se dresse, isolée, à 475 m d'altitude sur un petit plateau qui domine le bassin du Bevinco. L'harmonie exceptionnelle de cet édifice est rehaussée par le cadre montagnard et sauvage d'une grande beauté dans lequel il se détache.

San Michele de Murato

Construite aux alentours de 1280, l'**église San Michele** ⊙ appartient à la fin de la période du roman pisan en Corse *(p. 38)*, caractérisée souvent par la polychromie de son appareil et par un certain développement de l'œuvre sculptée.

L'architecte a trouvé dans la vallée du Bevinco une serpentine vert sombre et un calcaire blanchâtre faciles à équarrir en moellons de dimensions fort diverses que le maçon s'est plu à agencer avec un art qui bannit toute monotonie de son parement. Il a en outre agrémenté son architecture d'une cordelière qui règne sous le rampant du toit au chevet et à la façade (où le 19e s. a malencontreusement restauré et surélevé la tour carrée).

La sculpture, parfois gauche, souvent naïve mais plus soignée que dans les autres églises de l'île, s'accorde discrètement à l'édifice.

On observe, à la façade Ouest, les consoles sculptées d'animaux ou de personnages grossièrement ébauchés ; aux appuis et aux encadrements des étroites fenêtres latérales, des rinceaux et des entrelacs ; au chevet, des consoles et des modillons ouvragés. L'intérieur couvert en charpente présente, à l'arc triomphal, des restes de fresques datant de 1370 et représentant l'Annonciation.

Chapelle SAN QUILICO DE CAMBIA ★

Carte Michelin n° 90 pli 4 – Schéma p. 140

Cette chapelle isolée dans une magnifique campagne à la végétation très dense, sur le flanc Sud-Ouest du Monte San Petrone, pourrait être d'origine seigneuriale. On ignore tout de sa fondation, comme d'ailleurs de celle de la chapelle toute proche, Santa Maria de Corsoli.

Accès : *20 mn à pied AR, depuis le hameau de San Quilico, commune de Cambia.*

Survivance romane, cet édifice paraît avoir été élevé au 13ᵉ s. dans un style et sur des canons déjà bien établis dans l'art roman pisan du 12ᵉ s. L'appareil des murs est fait de belles dalles de schiste ocré. Remarquer les corniches soulignées d'arcatures, en haut des murs de la nef et du chevet semi-circulaire.

La porte Ouest est surmontée d'un tympan sculpté d'une scène très vivante : la tentation d'Ève qui reçoit la pomme de la gueule d'un serpent enlacé autour d'un arbre, en présence d'Adam à droite de la scène. La porte Sud est ornée d'un tympan très expressif : sans doute faut-il voir dans ce personnage en robe en train de dominer un serpent crachant son venin, l'image du chrétien qui terrasse le mal en se ceignant du vêtement de la foi.

Intérieur ⊙ – Le chœur est décoré de fresques du 16ᵉ s., de facture naïve mais pleines de vie. Sur le cul-de-four le Père Éternel avec, entre ses genoux, le Christ en croix et au-dessus d'eux la lune, le soleil, une colombe ; quatre anges adorateurs et les quatre évangélistes les entourent. Dans l'écoinçon gauche, saint Michel. Dans une partition horizontale, à la base de la composition, Vierge à l'Enfant et les douze Apôtres. Saint Barnabé, l'apôtre élu pour remplacer Judas, est rajouté à l'extrême droite.

Le vocable San Quilico – semble-t-il appellation corse de Saint-Cyr – est assez fréquent en Corse. Saint-Cyr est un petit martyr de 7 ans qui se serait joint volontairement au martyre de sa mère, sainte Judith, en affirmant son baptême et sa foi.

SANTA-MARIA-FIGANIELLA

58 habitants
Carte Michelin n° 90 pli 18 – Schéma p. 225

C'est le principal village de la **Rocca**. Cette province dont les seigneurs furent puissants au Moyen Âge s'étendait jadis sur tout le Sud de la Corse, du col de Celaccia à l'Ouest, à Bonifacio au Sud et aux massifs de Bavella et de l'Incudine au Nord-Est. Aujourd'hui, la Rocca ne recouvre plus que la cuvette du Baracci.

Église Santa-Maria – De style roman pisan du 12ᵉ s., cette petite église présente un appareil très soigné en moellons de granit. Elle est intéressante par le bandeau d'arcatures qui la ceinture à la base du toit. Remarquer les dents d'engrenage sur lesquelles repose sa corniche.

Le chevet a conservé sa couverture d'origine.

SANT'ANTONINO ★

60 habitants
Carte Michelin n° 90 pli 13 (15 km au Sud de l'Ile-Rousse) – Schéma p. 81

Culminant à 500 m d'altitude, sur les dernières pentes de la Balagne, le village en nid d'aigle est curieux par son site de crête et son plan à peu près circulaire.

Ce fut l'un des fiefs de la famille des Savelli, comtes de Balagne qui abritaient, dans leur forteresse, la population lorsque les voiles barbaresques pointaient à l'horizon. La mer n'est qu'à 3 km à vol d'oiseau.

★★ Le village – Il domine un petit plateau herbeux sur lequel s'élève l'église isolée. Dans le dédale des ruelles étroites, tortueuses, pavées de galets, et des multiples passages sous voûtes, quelques hautes maisons de granit sombre ont été restaurées, de même que se sont installées des boutiques d'artisanat. Contourner le village dans le sens des aiguilles d'une montre pour admirer le remarquable **tour d'horizon★★** sur la vallée du Regino, la Balagne vallonnée de Belgodère à Lumio, les hautes montagnes enneigées, le bassin d'Algajola et la mer.

Vous recherchez un hôtel ou un restaurant dans les environs d'une grande ville.

Consultez les « cartes de voisinage » qui accompagnent la description des ressources de chacune de ces métropoles dans le guide Rouge Michelin France.

SARI-SOLENZARA

Sari-Sulinzara – 1 178 habitants
Carte Michelin n° 90 – pli 7

⌂ SOLENZARA

C'est une station balnéaire à l'embouchure de la Solenzara dont l'estuaire sépare la côte rocheuse des Nacres *(voir à ce nom)* au Sud, de la côte plate, au Nord. La station offre un port de plaisance à l'embouchure du fleuve côtier. Au Nord de la Solenzara s'étend une grande plage de sable fin bordée d'eucalyptus plantés sous le Second Empire pour assainir la région alors marécageuse.

SARI-DI-PORTO-VECCHIO

Ce village pittoresque, perdu dans le maquis, domine Solenzara. Il offre de belles vues sur la côte et sur les aiguilles de Bavella.
C'est là que naquit le **commandant Poli,** héros du Fiumorbo *(voir à ce nom).*

EXCURSION

★★★**Route de Bavella** – *Voir à Bavella.*

Les boules fibreuses, qui roulent sur le sable des plages ou s'accrochent aux végétations des dunes, sont en réalité des restes séchés d'herbiers de Posidonie. Ces plantes marines constituent de véritables prairies sous la mer et sont des producteurs primordiaux d'oxygène.

Le SARTENAIS ★

U Sartenesu
Carte Michelin n° 90 pli 18

La région décrite, englobée dans le Sartenais, forme un triangle entre la pointe de Roccapina au Sud, et le cap Tizzano à l'Ouest et Sartène au sommet.
Cette zone particulièrement riche en vestiges mégalithiques, représente un des grands foyers de la Préhistoire corse.
En dehors de l'aspect historique, la côte depuis la pointe de Campomoro jusqu'à Roccapina, essentiellement accessible par bateau, constitue un riche espace naturel préservé.

★ 1 LES MÉGALITHES DE CAURIA *Circuit de 50 km*

Quitter Sartène par la route de Bonifacio (N 196). A 2,5 km, à Bocca Albitrina prendre à droite la D 48 vers Tizzano.

La route descend la vallée du Loreto et traverse une zone de maquis peuplée de gros blocs de rochers. Le long de la route prospèrent des vignobles.

A 10 km obliquer à gauche par la route en montée et suivre la signalisation « Cauria ».

Après 4,5 km, on atteint le plateau de Cauria où un bel ensemble mégalithique se trouve dispersé.

Ph. Jambert

Cauria – Dolmen de Fontanaccia

A droite s'ouvre un chemin sablonneux mais carrossable (signalé : Dolmen et Menhirs) que l'on suit sur 1 km. Laisser la voiture sur une aire de stationnement à côté de l'alignement de Stantari.

Alignement de Stantari – *Panneau indicateur.* Une vingtaine de menhirs sont alignés dans un enclos. Plusieurs statues-menhirs représentent des hommes en armes de l'âge du bronze, avec leur grande épée verticale en relief.

Alignement de Renaggiu – *A 300 m. Panneau indicateur ; franchir deux haies de branchages et passer un portail.*
Au pied de la Punta Cauria, une quarantaine de menhirs, orientés Nord-Sud, sont disséminés sous un petit bois.

Revenir à l'alignement de Stantari et prendre à gauche la direction du dolmen.

Dolmen de Fontanaccia – *Panneau indicateur. Franchir une petite échelle entre deux chênes-lièges, puis 200 m plus loin, une autre au-dessus d'une haie de branchages située sur la gauche. Elle donne accès à un sentier à travers le maquis.*
Le dolmen, signalé en 1840 par Prosper Mérimée, est remarquablement conservé. Six piliers verticaux supportent l'entablement de granit. La chambre funéraire ainsi formée mesure 2,60 m de longueur sur 1,60 m de largeur pour une hauteur de 1,80 m.

★ ② ALIGNEMENT DE PALAGGIU ET FORT DE TIZZANO
Circuit de 25 km

Même itinéraire que pour Cauria. Poursuivre la D 48 vers Tizzano jusqu'au col de la Bocca di Capirossu qui forme une brèche. A la hauteur d'un bâtiment de dégustation de vin, prendre la route non revêtue qui s'engage à gauche de ce bâtiment vers un lotissement. Poursuivre jusqu'à une crête où la route est fermée par une barrière ; ouvrir celle-ci, faire pénétrer le véhicule sur le terrain et refermer la barrière derrière soi. Le propriétaire du site tolère le stationnement à droite après la clôture. Continuer à pied jusqu'à l'alignement situé en contrebas.

★**Alignement de Palaggiu** – Cet ensemble de 258 monolithes de granit dont certains sont sculptés, se présentent soit debout, soit inclinés ou renversés près d'une sépulture en coffre constitué de quatre dalles. Ces alignements sont orientés Nord-Sud, comme beaucoup de menhirs en Corse.

On remarque sur certains des gravures pouvant représenter des armes, figurant des guerriers de l'âge du bronze. Ce site constitue le plus important alignement mégalithique en nombre de la Méditerranée pour cette période.

Regagner la D 48 que l'on poursuit vers la droite.

Tizzano – Cette charmante petite « marine » s'abrite à l'entrée d'un goulet et offre une magnifique plage de sable ainsi que de nombreuses criques. C'est un lieu réputé pour la chasse et la plongée sous-marines.

Le fort – *7 km AR. Accès par un chemin de terre* carrossable qui débute au bout du hameau, contourne le goulet puis s'élève sur la colline. Il se dirige vers une plage : peu avant, bifurquer à gauche ; le fort est à 300 m sur la hauteur à gauche, émergeant du maquis.
Bien qu'en partie ruiné, ce fort demeure un intéressant témoin de l'architecture militaire des 16e et 17e s. Il gardait l'entrée du goulet de Tizzano, abri très sûr les jours de gros temps.
Son enceinte cantonnée de tours rondes enserre un donjon dont le sommet a volé en éclats (de plusieurs tonnes chacun) encore épars dans la cour intérieure du fort. Sans doute est-ce le résultat d'une explosion dans sa chambre haute.

Le retour à Sartène s'effectue par la D 48 puis la N 196.

③ SITE PRÉSERVÉ DE ROCCAPINA

24 km au Sud de Sartène par la N 196 en direction de Bonifacio

La route parcourt une région couverte de vignobles avant d'atteindre la côte Sud, rocheuse et déchiquetée.

Du col de Roccapina (Bocca di Roccapina), face au restaurant *l'Oasis du Lion*, une belle vue s'offre sur le golfe de Roccapina et le **rocher du Lion★**.

Le domaine de Roccapina – *L'accès au littoral (2,5 km) se fait depuis la piste fléchée « Camping de Roccapina » située à la droite du Restaurant Curali, au col de Curali (Bocca di Curali).* Le secteur s'étendant du cap de Roccapina jusqu'au promontoire au Sud enserrant la cala di Roccapina est un secteur naturel protégé, librement accessible mais doté d'une réglementation particulière pour les véhicules à moteur et le camping. Cette zone humide abrite un nombre important d'oiseaux aquatiques. Près de la plage, la dune, entièrement protégée, est en partie colonisée par des genévriers.

Sur un promontoire, près d'une tour génoise *(en restauration)*, une monumentale sculpture naturelle reproduisant la silhouette d'un lion couché se découpe entre ciel et mer : **le rocher du Lion★** *(il est vivement déconseillé d'en entreprendre l'escalade)*. Il s'agit d'un gigantesque tafonu, produit de l'érosion éolienne d'une roche granitique *(voir à Calanche)*. La vaste cavité formant la « gorge » du lion a été autrefois aménagée en deux pièces probablement utilisées comme dépôt de blé.

Du pied de la tour génoise, le **panorama★★** s'étend au Sud vers les îlots des Moines, à gauche, vers l'Est, sur les contreforts de la montagne de Cagna, et à droite sur la vallée de l'Ortolo et son marais à tamaris.

Le sentier qui part à proximité de l'auberge mène au bout de 3 km à la Cala di Roccapina, plage de sable fin très appréciée des estivants en saison.

Réserve naturelle des îles Bruzzi et des îlots des Moines – *Accès interdit du 1ᵉʳ novembre au 15 septembre.* A quelques centaines de mètres au Sud de la tour d'Olmeto, les îles granitiques Bruzzi, proches d'une prairie de posidonies *(voir la partie Introduction de ce guide)* sont fréquentées par une grande variété de poissons de roches (sars, rascasses et labres), tandis qu'araignées et cigales de mer viennent s'y reproduire. Ces îles sont le seul site de nidification du cormoran huppé sur la côte occidentale de la Corse.

Le naufrage du Tasmania

Face au Lion de Roccapina, les îlots des Moines furent le témoin le 17 avril 1887 d'un tragique naufrage. Parti de Bombay, le « Tasmania », trois-mâts arborant les couleurs de l'Empire britannique, cinglait de toutes ses voiles vers Londres pour permettre à ses 300 passagers d'assister au jubilé de la reine Victoria. Au cœur de ses cales, le somptueux trésor d'un maharajah, cadeau à sa souveraine, d'une valeur de 25 millions de francs-or, soit près de 8 fois le prix du navire. A trois milles du rivage, l'imposant voilier se brisa sur les récifs à la suite d'une fausse manœuvre de l'officier de quart. Malgré des pertes humaines, la plupart des passagers et l'équipage furent sauvés par les bergers de Roccapina, témoins du désastre.

L'impératrice des Indes témoigna sa reconnaissance aux sauveteurs en leur faisant parvenir des pièces d'or. *(Voir la partie Bibliographie en fin de guide.)*

SARTÈNE★★

Sartè – 3 525 habitants (les Sartenais)
Carte Michelin n° 90 pli 18 – Schémas p. 212 et 225

Sartène est bâtie en amphithéâtre au-dessus de la vallée du Rizzanèse, à 13 km de Propriano, son port naturel.

« La plus corse des villes corses », selon Prosper Mérimée, a conservé beaucoup de caractère avec ses vieilles demeures austères et ses traditions : la procession du Catenacciu est sans doute la cérémonie la plus ancienne de l'île.

UN PEU D'HISTOIRE

Sartène tient une place à part dans l'histoire de la Corse. Au Moyen Âge, elle fut le fief des puissants seigneurs de la Rocca. Plus tard, dirigée par une classe de grands propriétaires terriens, les **« Sgiò »**, elle manifesta longtemps son respect du pouvoir établi et son hostilité aux idées et influences venues de l'extérieur.

Giovanni della Grossa – Né à Grossa près de Sartène en 1388, notaire et historien, Giovanni entra au service du parti aragonais et prit part, aux côtés de Vincentello d'Istria, à la bataille de Biguglia en 1426. Dix ans plus tard, Gênes l'emportait dans sa rivalité avec l'Aragon ; il se plaça alors sous la protection de Simone da Mare *(voir à Rogliano)*.

En 1447 les Génois le nommèrent vicaire de la Cinarca. A la fin de sa vie, il se retira à Grossa où il écrivit ses précieuses chroniques qui restent les principales sources de l'histoire médiévale de l'île.

Les raids barbaresques – La côte, d'accès facile, fut longtemps fréquentée par les Barbaresques. En 1583, les pirates d'Alger prennent la ville d'assaut, la pillent et emmènent en esclavage près de 400 habitants. Les Barbaresques reviennent au 18e s. Leurs incursions ruinent les villages voisins.

Fidélité à Gênes – Durant les siècles de domination génoise, la ville fut, en 1565, assiégée par les partisans de Sampiero et tomba au pouvoir des insurgés qui massacrèrent la garnison ; au cours de la guerre d'Indépendance, le général Giafferi s'empara, le 17 mars 1732, de Sartène dont la population était favorable aux Génois, puis mit en déroute le corps expéditionnaire du colonel von Wachtendonck. La cité fut longue à reconnaître le gouvernement de Paoli *(voir à Morosaglia)*. Mais en 1763, la consulte de Sartène, présidée par Paoli lui-même, rallia les notables de la Rocca.

De sanglantes querelles – Au 19e s., quelques grands propriétaires régentaient la vie du Sartenais. Divisés en clans, ils se livraient de véritables guerres où la population se trouvait entraînée. L'honneur, les questions d'intérêt, les rivalités amoureuses, la politique nourrissaient les vendettas. De 1830 à 1834, deux quartiers de la ville, le Borgo et Santa Anna, vécurent sur pied de guerre. A chaque instant, des fusillades s'échangeaient d'une maison à l'autre. Un traité de paix, signé en 1834 dans l'église Ste-Marie, mit fin aux hostilités.

De hauts fonctionnaires – A la fin du 19e s., et en particulier sous le Second Empire, la famille sartenaise **Pietri** donna à la France des hommes politiques et de hauts fonctionnaires comme Pierre-Marie Pietri (1810-1884) et son frère Joseph-Marie (1820-1902), tous deux préfets de police sous le Second Empire ; puis Nicolas Pietri, administrateur et ami de Clemenceau.

✱✱LA PROCESSION DU CATENACCIU

Chaque année dans la nuit du Vendredi saint, cette cérémonie commémore la montée au calvaire et exprime la double tendance de la piété corse : s'identifier au Christ portant la croix et adorer le Christ au tombeau.

La procession part de l'église Ste-Marie à 21 h 30 et se déroule, trois heures durant, dans la ville illuminée de chandelles *(son itinéraire est indiqué en vert sur le plan de la ville)*. L'écrivain Lorenzi di Bradi s'est fait le chroniqueur de cette ferveur populaire.

Elle est conduite par le Grand Pénitent ou **Catenacciu** qui vient de passer en prières la nuit et la journée précédentes au couvent de St-Damien et a reçu en fardeau la croix et les chaînes exposées dans l'église Ste-Marie.

Le Catenacciu a sollicité, parfois depuis plusieurs années, du curé de Sartène, le secret honneur de cette pénitence anonyme et non renouvelable. Vêtu d'une robe rouge, pieds nus, la tête dissimulée sous une cagoule, il s'identifie au Christ. La lourde chaîne (14 kg) – « catena » d'où vient « catenacciu », l'enchaîné

P. Tétre/EXPLORER

Le Catenacciu

– fixée à la cheville, qui traîne sur les pavés et l'immense croix de chêne (31,5 kg) qu'il porte entravent sa marche le faisant trébucher par trois fois, comme le Christ, sur le chemin du Golgotha.

Le **Pénitent Blanc** l'aide, comme Simon de Cyrène aida le Christ. Suivent huit pénitents noirs portant, sur un linceul et sous un dais noir, la statue du Christ mort. Viennent ensuite le clergé et les fidèles. Le lent cheminement du cortège se déroule dans une atmosphère d'angoisse, d'excitation et de ferveur religieuse.

Le soir du Vendredi Saint, l'accès en véhicule à la vieille ville et le stationnement sont strictement réglementés.

★★LA VIEILLE VILLE *visite : 1 h 1/2*

Place de la Libération (Ancienne place Porta) — Ombragée de palmiers et d'ormes qui ont échappé à la maladie de la graphiose, elle est avec ses cafés et son marché, le centre le plus animé de la ville, lieu de rencontre des Sartenais. Le monument aux Morts s'élève sur la place dominée par l'hôtel de ville et l'imposante église Ste-Marie.

Église Ste-Marie — Construite en gros appareil de granit, elle présente un clocher à trois étages ajourés, surmonté d'une coupole.
A gauche de l'entrée principale sont accrochées au mur la croix et la chaîne portées par le pénitent rouge du Vendredi saint. Le chœur s'orne d'un de ces imposants maîtres-autels baroques en marbre polychrome importés au 17ᵉ s. de Ligurie et de Toscane. Beau Christ au-dessus de l'autel.

Hôtel de ville (H) ⊙ — C'est l'**ancien palais des gouverneurs génois** dont le passage voûté fait communiquer la place de la Libération avec celle du Maggiu dans la vieille ville.
La façade principale porte les armoiries sculptées de Sartène. L'escalier à gauche de l'église mène directement à la salle des mariages qui abrite quelques belles toiles anonymes des 17ᵉ et 18ᵉ s.

★**Quartier de Santa Anna** — En passant sous la voûte de l'hôtel de ville, on pénètre dans ce quartier qui a conservé son aspect moyenâgeux. Il offre un dédale de sombres venelles, dallées, reliées entre elles par des escaliers et des voûtes, bordées de maisons de granite gris, aux murs épais et aux persiennes closes.
Hautes et sévères comme des forteresses, ces demeures comportent à la fois un escalier intérieur très raide et un escalier extérieur accédant au premier, parfois au second étage.
Seules des fleurs aux fenêtres et des guirlandes de linge apportent une note de gaieté à ces rues austères.
A 100 m de l'hôtel de ville, en descendant la ruelle de gauche, on aperçoit sur la droite une échauguette (**B**) du 16ᵉ s., rare vestige des murailles qui enserraient jadis la ville.
Sur la petite place du Maggiu (**15**) s'ouvre le **passage de Bradi** (**2**), extrêmement étroit (2ᵉ rue à gauche à partir de la voûte de l'hôtel de ville), qui mène à la **place Angelo-Maria-Chiappe** d'où l'on découvre une vue étendue sur le golfe de Valinco.
La **rue des Frères-Bartoli** (**7**), en cul-de-sac, est également très curieuse avec ses passages étroits en escaliers qui s'ouvrent de part et d'autre.
La **rue Caramana** (**4**) qui descend jus-qu'à la place Chiappe, la petite **place Maggiore** (**13**), la charmante **impasse Carababa** (**3**), ainsi que la **rue des Voûtes** (**27**) donnant sur le cours Bonaparte séduiront les amateurs de pittoresque.

AUTRES CURIOSITÉS

Couvent de St-Damien — *A la sortie de Sartène sur la route de Bonifacio. Ne se visite pas.* Ce grand couvent franciscain du 19ᵉ s. domine la ville et la vallée du Rizzanèse. Le couvent abrite une communauté de moines belges qui ont restauré ses bâtiments.

Musée de préhistoire corse (M) ⊙ — Dominant la ville, ce musée est installé dans une ancienne prison (1843). Il abrite des objets provenant des fouilles de l'île (7000 avant J.-C. au 16ᵉ s.).
A l'étage, commencer la visite par l'enfilade de petites salles.

Sartène – Impasse Carababa

Salle 1 : néolithique ancien (6000 à 4000 avant J.-C.) — Industrie lithique : premières obsidiennes importées, silex, quartz servant à confectionner des outils. Poterie à incisions : décor cardial (de cardium «coquille») obtenu à l'aide du bord dentelé d'un coquillage, et impressions tracées avec un poinçon, quelquefois peints à l'ocre.

Salle 2, 3 et 4 : du néolithique récent à l'**âge du cuivre** (4000 à 2000 avant J.-C.) — Industrie de la pierre taillée (armes et outils, presque tous en obsidienne), vases en pierre polie caractéristiques de la culture «basienne», mobilier recueilli dans les

215

sépultures de l'époque **méga-lithique** (3000 à 1500 avant J.-C. : céramique noire et lustrée, petits poignards, bijoux d'or ou d'argent). Les céramiques à perforation sous le bord et les pointes de flèches en silex ou rhyolite appartiennent à l'âge du cuivre.

Salle 5 : La **culture des taffoni-hypogées** (2400 à 1800 avant J.-C.) se signale par l'association d'ossements humains déformés au feu et de grandes coupes à pied fenestré. Anneaux de serpentine et « perles ».

Grande salle – Les aspects généraux de la préhistoire et de la protohistoire en Corse sont évoqués par de nombreuses photos des sites archéologiques et une vitrine retraçant la succession des cultures dans l'île, identifiées chacune par des éléments de mobilier caractéristiques.

La **civilisation des torre** est représentée par une série de statues-menhirs (l'une d'elles possède une base colorée d'hématite) et du mobilier recueilli dans les complexes torréens de Ceccia, Argiusta, Alo Bisucce... La maquette du monument de Cucuruzzu complète la documentation sur cette période essentielle de l'histoire de l'île (voir p. 36 et 136).

L'**âge du fer** (à partir de 700 avant J.-C.) se signale par des céramiques à fibres d'amiante, des parures en pâte de verre, des colliers en perles « porcelainiques » et bien sûr des armes et outils

SARTÈNE

Bradi (Passage de)	2	Maggiu (Pl. du)	15
Carababa (Impasse)	3	Marché (R. du)	16
Caramana (R.)	4	Marchi (R. F.)	17
Croce (R. A.)	6	Purgatoire (R. du)	19
Frères Bartoli (R. des)	7	Scalella	
Giovanni		(Pont de la)	20
(Pl. Antoine de)	9	Tafanelli (R. J.)	22
Licciola (R.)	10	Valere-de-Peretti (R.)	24
Loi (R. A.)	12	Vargiola (Pl.)	26
Maggiore (Pl.)	13	Voûtes (R. des)	27

B Échauguette du 16e siècle
H Hôtel de ville
M Musée de la préhistoire corse

en fer. Le mobilier d'une sépulture à incinération, située à San Simione près d'Ajaccio, forme un ensemble particulièrement intéressant.

La période romaine est évoquée notamment par des monnaies de la fin du Bas-Empire, et le Moyen Âge par de beaux plats ou vases colorés, au décor profus.

ENVIRONS

★**Route du Monte Rosso jusqu'à Mola** – 8,5 km au Sud-Est par la D 50.
Serpentant dans un joli paysage de maquis, cette petite route procure de beaux **coups d'œil**★ sur Sartène et le golfe de Valinco. Après avoir passé le col de Suara, belle vue sur le minuscule village de **Mola** niché dans les oliviers et sur la montagne de Cagna (alt. 1 339 m), longue barrière rocheuse dominant la large vallée de l'Ortolo et principal massif du Sud de la Corse.
2 km après le village, à la hauteur d'un tombeau, on aperçoit sur la droite l'éminence rocheuse coiffée des ruines du **château de Baracci**, fief du Giudice de Cinarca au 13e s.

Spin'a Cavallu – 9 km au Nord par la D 69, puis à droite la D 268. Description p. 227.

Alo Bisucce – 9,5 km à l'Ouest par la N 196, la D 48 en direction de Tizzano, puis la D 21 vers Grossa. Pour visiter, s'adresser à la personne qui habite la bergerie isolée, à droite.

Cet éperon rocheux occupé dès le début de l'âge du bronze *(p. 136)*, habité également au Moyen Âge est connu sous le nom de Castello d'Alo. Fortifié par une double enceinte cyclopéenne, il présente à son sommet un **monument** de l'âge du bronze (1 700 avant J.-C.), de 8 m de diamètre. Quatre diverticules rayonnent de la cella centrale et présentent un plan en croix gammée facile à observer de la plate-forme.

Défilé de la SCALA DI SANTA REGINA★★

Carte Michelin n° 90 plis 4, 14

Le défilé de la Scala di Santa Regina est l'un des plus célèbres et des plus sauvages de l'île. Il parcourt le désert de pierres qui verrouille le Niolo *(voir à ce nom)* au Nord-Est. Le plissement alpin, en soulevant à l'ère tertiaire cette masse considérable de granite rouge, a obligé le Golo qui s'y était aménagé une vallée à «surcreuser» ses gorges dans la roche en place pour rattraper sur 21 km une différence d'altitude de 555 m.
La route tantôt chemine le long du torrent et tantôt, taillée dans la paroi rocheuse, domine les gorges.
Le paysage aride et tourmenté y offre une physionomie grandiose. Nulle verdure : la roche à nu, érodée par les vents et les eaux d'orages, lavée par la pluie, se découpe en aiguilles. Seules quelques touffes de végétation réussissent à s'agripper aux anfractuosités du roc. Sous le soleil le défilé s'embrase ; dans l'obscurité, il devient inquiétant.
Au printemps et en automne, de nos jours encore, les bergers niolins et leurs troupeaux transhument par la route de la Scala di Santa Regina.

Saint Martin et le diable – Tout comme les hautes murailles qui ferment le Niolo à l'amont (col de Stazzona, Capo Tafonato...), le massif de Santa Regina qui l'isole à l'aval fut le théâtre dans lequel, de temps immémorial, les Niolins ont situé les épisodes du combat entre les forces du Bien et celles du Mal. A l'aube du christianisme, c'est saint Martin et le diable qui s'y affrontent. Leurs prodiges ont nourri pendant des siècles une littérature orale et populaire particulièrement riche qu'ont recueillie plusieurs chercheurs.
Un jour où saint Martin labourait dans la région, il fut invectivé par le Malin qui lui arracha sa charrue et la lança vers le haut-Golo. Aussitôt les éléments se déchaînent, la montagne se disloque, des pans entiers de rochers roulent vers le fond de la vallée. Devant ce spectacle d'épouvante, le saint invoque la Vierge... les parois de granite se disposent alors de façon à endiguer le fleuve et à ouvrir un accès vers le bassin fermé du Niolo. Saint Martin donne à ce passage escarpé le nom de Scala di Santa Regina, l'escalier de la Sainte Reine.

DE CALACUCCIA A FRANCARDO (N 193)

21 km – Environ 1 h

Au départ de Calacuccia *(voir à ce nom)* la vue se révèle, à droite, sur le site du village.

Barrage de Calacuccia – *Voir à ce nom.*
La D 84, en descente, domine d'abord le torrent de près de 80 m, puis longe la retenue du petit barrage de Corscia.
4 km plus loin on atteint le pont de l'Accia.

Pont de l'Accia – Le pont enjambe un affluent rive gauche du Golo. De là, part l'ancien sentier, bien antérieur à la route ouverte seulement en 1889, qui reliait Calacuccia et les villages du Niolo à Corte et à la plaine orientale. Taillé en plein roc, contournant les aplombs, bravant les à-pics, c'était un véritable escalier s'élevant en gradins vers le haut pays, et bien éprouvant pour les muletiers. Son nom fut à la fin du 19ᵉ s. attribué à la nouvelle route.

Centrale électrique de Castirla – Alt. 350 m. Elle «turbine» les eaux retenues par les barrages de Calacuccia et de Corscia et produit l'énergie électrique distribuée dans toute l'île : quelque 100 MWh en année moyenne.
Franchir le pont de Castirla, puis aussitôt, prendre à gauche.

Le paysage change lorsque le Golo traverse les formations calcaires des alentours de Francardo, au Nord du sillon de Corte *(p. 21)*.

*Les **guides Verts Michelin***
Paysages
Monuments
Routes touristiques, Itinéraires de visite
Géographie
Histoire, Art
Lieux de séjour
Plans de villes et de monuments
Renseignements pratiques
Une collection de guides régionaux sur la France.

Réserve naturelle de SCANDOLA★★★

Carte Michelin n° 90 Ouest plis 14, 15 – Schéma p. 193

Entre la Punta Rossa au Sud et la Punta Nera au Nord, se dresse jusqu'à 560 m d'altitude la presqu'île de Scandola, façade maritime du Parc naturel régional de Corse. Créée en 1975, Scandola fut la première réserve naturelle française à double vocation : marine et terrestre. Sa superficie terrestre est de 919 ha et englobe plus de 1 000 ha de surface maritime. Elle est partie intégrante du Parc régional et figure sur la liste du Patrimoine mondial de l'UNESCO depuis 1983. Un projet en cours permettra d'accorder la qualité de Parc national marin au territoire de la réserve.

A terre, c'est un impressionnant massif d'origine volcanique caractérisé par une grande diversité géologique : rhyolites rouges, coulées ignimbritiques, basaltes, formations en prismes, en filons, en épanchements... Les sommets modelés par le vent et le sel des embruns ont été burinés par l'érosion qui procède, tout comme les taffoni par altération. L'érosion marine et la résistance différente des roches ont donné naissance à des paysages grandioses : alternances de grottes et de fissures ponctuées de murailles dressées vers le ciel, pitons acérés où balbuzards pêcheurs (aigles de mer) ont construit leurs aires. Sur les falaises rouges s'accroche la végétation : myrtes, lentisques, euphorbes et cistes.

A fleur d'eau se développe une algue calcaire qui s'agglomère au fil des ans pour former, dans certaines grottes, de véritables trottoirs. La transparence et la pureté de l'eau permet le foisonnement de la vie sous-marine. L'herbier de Posidonies, poumon de la Méditerranée, y prospère jusqu'à – 45 m.

Outre le domaine marin, la Réserve est également le lieu d'étude des populations d'oiseaux rares qui séjournent ou nichent à Scandola et en font un site d'intérêt exceptionnel : balbuzards pêcheurs, cormorans huppés, faucons pèlerins, puffins cendrés...

VISITE EN BATEAU

Visite exclusivement par bateau au départ de Porto ou de Calvi (voir à ces noms).

Au Nord du golfe de Girolata, le bateau s'approche de la pointe Muchillina (pointe Ouest de la Punta Rossa), longeant les indentations de la côte ; des coulées claires en diagonale tranchant sur la roche éruptive aux sommets aigus. Des aiguilles jaillissent vers le ciel, des îlots forment d'énormes blocs, des pointes s'avancent dans la mer, certaines couronnées d'une tour. Quelques plaques verdoyantes, au loin, étonnent le regard. L'îlot de Garganello accompagne l'île de Gargalo dont le phare marque la partie la plus occidentale de la Corse.

La Punta Palazzu, palais minéral hérissé de rochers et la Punta Nera encadrent le ravin d'Elbo au Nord de la réserve.

Le bateau pénètre dans une calanque étroite, burinée par les embruns, puis dans une grotte aux eaux exceptionnellement transparentes avant de virer de bord. La vie s'accroche sur les parois extrêmes : des arbustes et même des arbres s'y sont adaptés, et sur les pitons, embusqués dans leurs nids de branchages, guettant leurs proies, les balbuzards pêcheurs semblent être les sentinelles de cet univers sauvage.

E. Sailler

Scandola – Iles de Gargalo et de Garganello

Deux particularités de la Réserve naturelle de Scandola

Un gardien symbolique de Scandola, le balbuzard pêcheur – Cet aigle pêcheur (alpana en corse) nichant sur des pitons rocheux est devenu un emblème de la politique de protection de la faune du Parc régional. Il se nourrit de poissons pêchés à la surface même de la mer. Actuellement, la réserve de Scandola abrite une vingtaine de couples.

Le trottoir naturel de la punta Palazzu – Parmi l'étonnante richesse d'espèces d'algues présentes dans la réserve, l'une d'elles, nommée lythophyllum, offre une particularité unique. Cette algue calcaire forme des coussinets très durs et parvient à construire le long des rochers des «encorbellements» en forme de trottoir. Ainsi, à la punta Palazzu, a été édifié naturellement un trottoir de plus de 100 m de long sur une largeur de 2 m (le plus long connu de la Méditerranée). Les scientifiques ont déterminé son âge à près de 1 000 ans.

★★**Golfe de Girolata** – De nombreuses criques s'ouvrent sur des pentes couvertes de maquis. Des coulées vertes d'une courte végétation accusent les reliefs, contrastant puissamment avec la couleur rouge sang des porphyres. Le bateau, sur le chemin du retour, dépasse la Punta Scandola et pénètre dans le golfe de Girolata.

Dans un **site**★ reposant, le petit **village**★ solitaire, sur un promontoire dominé par un fortin génois à tour carrée *(chemin privé)*, vit de la pêche à la langouste et du tourisme. Il n'est accessible, par voie de terre, que par un chemin muletier.

Tour de SÉNÈQUE

Carte Michelin n° 90 pli 2 – Schéma p. 133

Dans un **site**★ sauvage, sur un pic de la montagne Ventiggiola, à 564 m d'altitude, se dresse une tour de guet à demi ruinée, datant du Moyen Âge, connue sous le nom de tour de Sénèque.

Accès – *Au départ du col de Ste-Lucie, 1 km par la route jusqu'à la Maison d'enfants de Luri (laisser la voiture dans la cour), puis 1 h 1/4 à pied AR par un sentier raide et glissant.* Le sentier, parmi les buissons de cistes, grimpe vers un amas rocheux où s'amorce un petit escalier naturel.

La tour – Des pans de mur, un réservoir, rappellent l'existence de la «torre» des Motti qui protégeait le château des Motti, 150 m plus bas. La **vue**★ par temps clair s'étend jusqu'aux îles d'Elbe et de Capraja et à la côte italienne.

Sénèque fut exilé en Corse à 39 ans, pour avoir séduit la nièce de l'empereur Claude. La légende a situé, en cet endroit retiré, l'exil que le futur précepteur de Néron a décrit : «Où trouver un lieu plus désolé, plus inaccessible de toutes parts, que ce rocher, plus dépourvu de ressources, hérissé d'aspérités plus menaçantes et sous un ciel plus funeste ?» Peut-être aussi Sénèque séjourna-t-il sur la côte orientale dans les colonies d'Aléria ou de Mariana où «on rencontre plus d'étrangers que de citoyens». Pendant huit ans, de 41 à 49, il put écrire son Traité de la Consolation.

SISCO

616 habitants
Carte Michelin n° 90 pli 2 – Schéma p. 133

La commune de Sisco comprend une modeste marine en bordure de la route côtière, et plusieurs hameaux d'altitude disséminés de part et d'autre d'une vallée très verdoyante, sans doute la plus riante du Cap Corse.

Les versants en pente douce portent encore de nombreuses terrasses abandonnées aux herbages et aux asphodèles printanières, qui contrastent avec le maquis environnant des hauteurs.

Au Moyen Âge, Sisco fut une des rares localités de Corse à posséder des ateliers de métallurgie. Des forgerons, armuriers et orfèvres fabriquaient des armes blanches, des cuirasses et des bijoux.

★**Chapelle St-Michel** ☉ – *1 h AR depuis l'église St-Martin, elle-même à 7 km de la marine de Sisco par la D 32. Schéma p. 114.*

La **chapelle St-Martin** est aisément identifiable, au bord de la D 32, au clocher accolé à son flanc Sud et à la place ombragée de six gros chênes verts qui lui tient lieu de parvis. De cette place, on peut apercevoir la chapelle St-Michel située au Nord-Ouest, à 900 m à vol d'oiseau, sur la pente assez raide du maquis.

S'engager sur l'étroite route goudronnée qui part à droite derrière l'église St-Martin, en laissant sur la gauche la route de Barrigione et Bussette. 700 m plus loin, prendre à gauche un chemin empierré d'exploitation de carrière. Le suivre sur 600 m environ : en comptant deux épingles à cheveux à gauche et une à droite. Lorsqu'on arrive sur une petite place où le chemin fait une fourche, laisser la voiture sous les châtaigniers et suivre le chemin de droite sur 250 m jusqu'à la première épingle à cheveux. Emprunter alors le sentier qui commence dans le virage, à droite d'un gros châtaignier. Au bout de 100 m environ, traverser un ruisselet (parfois à sec), puis monter tout droit à travers les châtaigniers, sur 100 m (éviter les premiers sentiers de chèvres, à droite, qui mènent à destination, mais sont abrupts). Arrivé au pied d'une petite falaise, prendre sur la droite le sentier qui conduit à la chapelle en 5 mn.

On admirera, au printemps, les cyclamens sauvages et les genévriers en fleur.

La chapelle St-Michel, ravissant édifice, apparaît comme une version montagnarde de San Parteo de Mariana *(voir la Canonica)*. Même équilibre dans les proportions, abside discrètement mise en valeur, ici par des bandes murales verticales reliées par des arcatures. Ce chef-d'œuvre du premier art roman en Corse montre la maîtrise acquise par les maîtres maçons toscans au 11e s. St-Michel de Sisco aurait été bâtie en 1030. Une fois l'an, le 29 septembre, fête de la Saint-Michel, les habitants des nombreux hameaux de la vallée se rendent en procession à ce sanctuaire.

La chapelle vaut autant par son architecture que par son site sauvage rempli du silence des hauteurs. La **vue★★** embrasse les marines de Sisco et de Pietracorbara, et un large secteur de la mer Tyrrhénienne et des îles toscanes. On voit assez bien l'Italie par beau temps.

Église Ste-Catherine – *(Propriété privée.) 2 km au Nord de la marine de Sisco par la D 80. La route d'accès à la chapelle, bien que goudronnée, est étroite, pentue, et se termine par une épingle à cheveux très serrée et sans garde-fou.*

Bâtie sur un promontoire dominant la côte, cette chapelle de style roman fut en fait édifiée au 15e s. Ayant perdu beaucoup de son cachet originel, elle vaut plus par l'histoire qui s'y rattache que par son architecture.

La tradition veut qu'au 13e s. des marins en danger aient fait le vœu de déposer dans la première église qu'ils apercevraient les reliques en leur possession. Le beau temps revenu, ils oublièrent leur serment ; mais la tempête sut le leur rappeler. Vivement, ils jetèrent l'ancre et déposèrent leur trésor dans un petit oratoire à l'emplacement de l'église actuelle. Alors seulement la mer s'apaisa.

SOLLACARO

Suddacaro – 324 habitants
Carte Michelin n° 90 Nord du pli 18 – Schéma p. 225

Sollacaro est assez éloignée du golfe de Valinco pour avoir autrefois servi d'abri aux fugitifs à l'annonce des raids exécutés par les Barbaresques.

Dans une clairière ouverte parmi les châtaigniers, elle domine la basse vallée du Taravo. Elle fut au Moyen Âge la résidence des seigneurs d'Istria dont un représentant, Vincentello, fit, au début du 15e s., lourdement peser son autorité sur le Sartenais.

L'ambassadeur anglais – En octobre 1765, l'écrivain écossais **James Boswell** arrivait à Sollacaro à la recherche de Paoli. Il fut durant plusieurs jours l'hôte du général, revêtit un costume corse, devint pour les patriotes «ambasciadore Inglese» et représenta à Paoli les avantages qu'offrirait l'alliance anglaise. Trois ans plus tard il publiait un essai sur l'«État de la Corse», «*Journal de voyage dans l'île*» et des «*Mémoires de Pascal Paoli*» dont l'écho en Angleterre fut d'autant plus grand que la Corse pouvait, avec Gibraltar, constituer un solide point d'appui en Méditerranée.

SPELONCATO★

Spiluncatu – 194 habitants
Carte Michelin n° 90 Sud du pli 13 – Schéma p. 81

Perché au-dessus du bassin du Regino sur un éperon détaché du Monte Tolo, ce village de Balagne doit peut-être son nom au tunnel naturel formant grotte (spelunca) distant de 2 km. A l'extrémité de l'éperon, une **vue★** s'étend sur la Balagne.

Speloncato offre un lacis de ruelles empierrées souvent en escaliers ou protégées de passages couverts sous de hautes demeures parfois fleuries.

Place de la Libération – De vieilles maisons de granit et l'église Ste-Marie bordent la place centrale. Dans l'axe de la rue en pente qui jouxte l'église sur la droite on aperçoit l'ouverture naturelle longue de 8 m de la **Pietra Tafonata** qui perce l'arête rocheuse d'en face et à travers laquelle filtrent les rayons du soleil.

Speloncato connaît chaque année, le 8 avril et le 8 septembre, un curieux phénomène d'éclipse. Après avoir disparu derrière la montagne vers 18 h, le soleil réapparaît un peu plus tard par l'ouverture de la Pietra Tafonata et ses rayons viennent à nouveau éclairer la place pendant quelques instants.

Église St-Michel – Située un peu au-dessus de la place centrale, cette église, romane à l'origine, a été pourvue d'un portail daté de 1509 et elle est devenue collégiale en 1749.

Gorges de SPELUNCA ★★

Carte Michelin n° 90 pli 15

Ce célèbre ravin a été creusé par le ruisseau d'Aitone et la rivière de Tavulella dont les eaux, grossies de celles de l'Onca, forment le Porto.

Gorges de Spelunca

D'ÉVISA A PORTO *27 km – 3 h*

Quitter Évisa par la D 84, en direction de Porto.

Cet itinéraire permet de découvrir le massif montagneux qui sert d'écrin au golfe de Porto. Les vues sur les gorges sont impressionnantes par l'ampleur des perspectives et l'intensité des couleurs, des roses en particulier, qui donnent son inimitable éclat à cette promenade.

Évisa – *voir à Forêt d'Aïtone*

La route commence à descendre, ombragée de châtaigniers, avec de vertigineux à-pics dominés par des surplombs rocheux rose orangé. Les gorges de la rivière Tavulella apparaissent avec des villages perchés et des cultures en terrasses.

Tombalo – De là, la **vue** ★★ s'étend sur le site montagneux où le Capo Casconi culmine à 1 091 m et plonge vers les gorges de Spelunca.

14 km après Évisa, prendre à droite la D 124 qui descend dans les gorges en direction d'Ota.

La route, étroite, descend rapidement parmi les arbres jusqu'aux deux **ponts d'Ota**, qui franchissent les ruisseaux d'Aitone et de l'Onca.

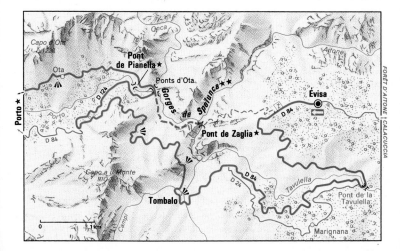

★**Pont génois de Zaglia** – *1 h 30 à pied AR. Emprunter, avant le premier pont, le sentier qui remonte le cours du torrent d'Aitone sur la rive gauche.*

Ce mauvais sentier muletier donne une idée précise de ce que pouvaient être les déplacements dans la Corse génoise. On saisit mieux, après l'avoir parcouru, la réalité des problèmes de communication dans la Corse montagneuse. Le chemin, bien balisé, pénètre profondément dans les gorges. Vues nombreuses sur les hauteurs roses qui dominent Porto. L'aspect très sauvage des gorges, les odeurs de maquis, la transparence des eaux vertes donnent beaucoup de charme à ce parcours, avant d'arriver au célèbre pont génois sur la Tavulella, juste avant son confluent avec l'Aitone.

Le chemin muletier continue en lacet au-delà du pont de Zaglia, vers le cimetière d'Évisa.

En s'élevant, des vues magnifiques embrassent le golfe de Porto et le village d'Ota. L'ascension est pénible.

★**Pont génois de Pianella** – *Environ 200 m en aval des deux ponts d'Ota, en contrebas de la route.*

Cet ouvrage d'art constitué d'une arche superbe, est l'un des très beaux ponts génois de l'île. Il faut traverser le pont et marcher quelques instants sur la rive opposée, vers l'amont, pour apprécier le pont dans son cadre superbe.

Reprendre la voiture.

La route monte vers Ota, village dominant la rivière de Porto et groupé sur les premières pentes du Capo d'Ota.

★**Porto** – *Voir à ce nom.*

Vallée de la TARTAGINE★

Carte Michelin n° 90 plis 13, 14

Isolée et très sauvage, la vallée de la Tartagine est parallèle à celle d'Asco *(voir ce nom)*. La Tartagine se jette dans le bas Golo au Nord de Ponte Leccia. Son bassin occupe un vaste cirque jalonné de crêtes élevées : Monte Padro (alt. 2 393 m), Monte Corona (alt. 2 143 m) au-dessus des sources de la Tartagine, et Capo a Dente (alt. 2 032 m).

C'est au Monte Corona que se détache de la grande arête faîtière qui partage les eaux de l'île l'important chaînon qui porte le Monte Padro et s'étend vers l'Est sur 17 km, séparant la vallée de Tartagine du val d'Asco au Sud.

LE GIUSSANI

Cette région montagneuse située entre la Haute Balagne et la vallée de l'Asco comprend une multitude de petits villages et les bourgades de Olmi-Capella, Poggiola et Mausoleo. L'intérêt touristique réside dans les vastes possibilités de randonnées offertes par les forêts de Tartagine et de Melaja ceinturées par le Mont Padru et le Monte Corona. Des sentiers, balisés en orange par le Parc Régional, permettent de partir à la découverte de ces villages parfois désertés, mais plein de charme.

SITES ET CURIOSITÉS

La D 963, qui se détache de la N 197 à l'Est de Belgodère, est la seule voie de pénétration dans la vallée. Elle en dessert les sites que nous y décrivons ou leurs accès.

Olmi-Cappella – Bâti sur une colline, au-dessus de la haute vallée, dans les chênes verts et les châtaigniers, ce bourg vit de l'élevage des ovins, des bovins et des chevaux, de sa production de miel et de l'exploitation forestière.

★**Gorges de la Tartagine** – Tracée dans les pins à mi-pente, la route grimpe au-dessus de gorges formées par la Tartagine et son affluent la Melaja. Aux grands escarpements s'accrochent des genévriers et de petits pins rabougris. Au fond des gorges, surgit la tache verte de la **forêt de Melaja** constituée de chênes verts, de châtaigniers et de pins. Avec l'altitude, les chênes verts cèdent la place aux pins laricio. La route franchit la Melaja dans un grand lacet avant de s'enfoncer dans la **forêt domaniale de Tartagine-Melaja** qui s'étend sur 2 643 ha, peuplée de magnifiques pins laricio, de pins maritimes et de quelques chênes verts. Elle suit le cours de la Tartagine jusqu'à la maison forestière (alt. 717 m).

Col de l'Ondella – Alt. 1 845 m. *6 h à pied AR au départ de la maison forestière.* Le sentier *(balisé de marques jaunes)* remonte le torrent de la Tartagine sur la rive droite. Au fond du cirque, prendre à gauche dans un vallon *(chemin balisé en vert)*.

Col de Tartagine – Alt. 1 852 m. *6 h à pied AR au départ de la maison forestière.* Le chemin *(balisé de marques jaunes)* remonte le torrent de Tartagine sur la rive droite *(pêche interdite)*.

Vallée du TAVIGNANO ★

Carte Michelin n° 90 pli 5

Le Tavignano, un des principaux fleuves de Corse, prend naissance au lac de Nino *(voir à ce nom)* à 1 743 m d'altitude dans les massifs cristallins du centre de l'île. Jusqu'à Corte c'est un torrent de montagne.

De Corte à Aléria, le Tavignano serpente au milieu du maquis, des châtaigniers et des chênes-lièges. Il creuse des gorges dans les schistes lustrés avant de s'étaler sur les terrains sédimentaires de la plaine orientale. Ses nombreux affluents descendus de la Castagniccia ont morcelé le relief de cette région de moyenne montagne.

Sur les versants Nord de la vallée, d'étroites routes sineuses se développent en corniche, desservant de vieux villages disséminés à flanc de montagne à 600 m ou 700 m au-dessus du fleuve.

★DE CORTE A ALÉRIA, par la vallée

60 km – Environ 1 h 1/2 – Schéma voir à Bozio

★**Corte** – *Voir à ce nom.*

Quitter Corte par la route d'Ajaccio (N 193) et, devant la gare, prendre à gauche la N 200.

La route longe la rive droite du fleuve; à 17 km de Corte, elle l'enjambe sur un beau **pont génois**★ à arche triple, construit à la fin du 17ᵉ s. et élargi par les ingénieurs français au 19ᵉ s.

Le tablier du pont, soutenu latéralement par des arcs d'applique sur corbeaux, a dû être aplani lors d'une restauration déjà ancienne. Le surhaussement de la chaussée, visible au-dessus des arches latérales, atténue le classique dos d'âne des ponts génois et empiète sur l'abside d'une **chapelle** romane élevée rive gauche, à la sortie du pont. Ce modeste édifice du 10ᵉ s., dédié à saint Jean-Baptiste, est appareillé avec des rangées de pierres monumentales alternées avec des lits de pierres plates, selon la technique mise en honneur par l'art roman pisan. La chapelle sert maintenant de bergerie.

Juste après la chapelle St-Jean, prendre à gauche la D 314 qui monte en lacet vers Altiani.

Altiani – Ses maisons s'accrochent sur un éperon au milieu de gros blocs de rochers, dans un sauvage paysage de montagne. On y exploitait autrefois le liège. D'Altiani, on jouit d'une bonne perspective sur la plaine d'Aléria, la chaîne centrale de l'île et le Monte d'Oro.

Pont génois d'Altiani

Au-delà d'Altiani vers l'Est, la route tracée en corniche (D 14) domine le Tavignano d'environ 600 m.

Piedicorte-di-Gaggio – Ce village s'élève sur un promontoire dominant la vallée du Tavignano d'où l'on découvre un vaste **panorama**★ sur la plaine d'Aléria et la mer Tyrrhénienne, tandis qu'à l'Ouest se détachent sur la chaîne centrale de l'île le Monte d'Oro et le Monte Rotondo.

L'église paroissiale présente une façade du 18e s. et un clocher massif à la base duquel est encastrée une archivolte romance du 12e s., décorée de quatre monstres ailés et surmontant un linteau orné d'entrelacs.

A l'entrée du village de **Pancheraccia**, vue sur la plaine orientale dont on peut apprécier l'étendue des terres mises en valeur, sur l'étang de Diane et la mer.

La route sinueuse s'abaisse vers la plaine orientale que traverse la N 200.

★**Aléria** – *Voir à ce nom.*

Col de TEGHIME★★

Carte Michelin n° 90 pli 3 – Schémas p. 133 et 177

A 536 m d'altitude, le col de Teghime est le seuil où s'abaisse et prend fin la grande arête dorsale qui partage les versants Est et Ouest du Cap Corse ; il est le point de contact entre cette région géographique et le «pays» de Nebbio *(voir à ce nom)*.
Le libeccio soufflant de l'Ouest s'y engouffre parfois avec violence.

Le col – Au col géographique, un monument commémoratif évoque un épisode déterminant de la libération de la Corse en 1943. Les 1er et 2 octobre les goumiers marocains, envoyés d'Alger par le général Giraud pour renforcer les résistants et soutenir leur action, parviennent à prendre le col aux Allemands et dès lors font peser une menace décisive sur le port de Bastia et les mouvements de navires ennemis.

Du col, le **panorama**★★ se développe sur le golfe de St-Florent, le Nebbio, Bastia et la plaine orientale.

Serra di Pigno – *4 km par la D 338 qui s'embranche peu avant le col de Teghime en montant de Bastia.* A 960 m d'altitude, le sommet de la Serra di Pigno porte un relais de télévision. Le **panorama**★★★ y est remarquablement étendu sur les deux versants du Cap Corse et sur toute la racine de cette grande presqu'île.

TORRE

Carte Michelin n° 90 pli 8 (8 km au Nord de Porto-Vecchio) – Schéma p. 193

Torre est le site qui a donné son nom aux Torréens *(voir p. 34 et 136)*, qui bâtirent au Sud de l'île des monuments circulaires appelés Torre.

Accès – *De Porto-Vecchio, suivre la N 198 vers Solenzara et prendre, 2 km après la Trinité, le 1er chemin revêtu sur la droite qui mène au hameau de Torre. Le monument «torréen» s'élève sur un piton rocheux au-dessus du hameau.*

Le monument préhistorique – Une construction semi-circulaire de forme tronconique subsiste, adossée à un rocher granitique de 10 m de long. Il s'agirait d'un des premiers monuments représentatifs de la culture torréenne caractéristique de l'âge du bronze insulaire. On a pu le considérer comme un monument cultuel utilisé pour des crémations d'hommes et d'animaux.

A l'intérieur, pas de «cella», mais un couloir à bifurcation terminale, prolongé par un conduit d'aération. A gauche s'ouvre un diverticule, à droite une niche. L'appareil de blocs d'apparence cyclopéenne présente en fait des pierres taillées.

Des restes de fortifications mêlés aux maisons du hameau se rencontrent sur le sentier d'accès et sur la plate-forme où s'élève une chapelle.

Golfe de VALINCO★

Carte Michelin n° 90 pli 18

Délimité au Nord par le Capo di Muro qui le sépare du golfe d'Ajaccio et au Sud par la pointe de Campomoro, le golfe de Valinco est le plus méridional des grands golfes de la côte Ouest. Il se resserre au niveau de la pointe de Porto-Pollo face à celle de Campomoro. Ces deux presqu'îles forment ainsi à l'intérieur de celui-ci un autre golfe très fermé dont l'ouverture atteint à peine 7 km.

Des rochers abrupts, des collines couvertes d'oliviers et de charmantes plages de sable fin bordent les rivages de ce véritable lac maritime.

Trois fleuves côtiers se jettent dans le golfe. Les deux principaux : le Tavaro au Nord et le Rizzanèse au Sud ont, au cours des millénaires, édifié de larges plaines alluviales. Tout au fond du golfe, le Baracci, plus modeste, est à l'origine de la vaste plage qui s'étire à l'entrée de Propriano.

★ ① CÔTE NORD DU GOLFE

De Propriano à Porto-Pollo *45 km – Environ 3 h*

♨♨ **Propriano** – *Voir à ce nom.*

Quitter Propriano par la N 196 en direction d'Olmeto. A 2 km, prendre à droite la route qui remonte la vallée du Baracci (D 557).

Anciennes sources thermales de Baracci – Sur la rive gauche, à 1 km de l'embranchement, jaillissent à 52° des sources sulfureuses et salines, déjà connues dans l'Antiquité. L'établissement thermal, qui les exploitait, est aujourd'hui en ruine *(propriété privée, on ne visite pas).*

Poursuivre la route qui franchit la rivière et prendre à gauche celle d'Olmeto.

Olmeto – Ce gros bourg, traversé par la N 196, groupe en étages ses belles maisons de granit sur la forte pente du versant méridional de la Punta di Buturettu (alt. 870 m). On y voit encore, face à la mairie, la maison où mourut à l'âge de 96 ans, Colomba Bartoli *(voir à Fozzano).*

Sur la colline isolée qui fait face au village à l'Est, se dressent les ruines du **Castello della Rocca** d'où partit la première grande révolte contre Gênes conduite par **Arrigo della Rocca**, l'arrière-petit-fils de Giudice de la Cinarca *(voir à la Cinarca).*

Fuyant le succès du parti populaire de Sambucuccio d'Alando *(p. 113)*, Arrigo s'était exilé en Espagne en 1362, mais il revint en 1376 et réussit à enlever l'île, ne laissant aux Génois que Calvi et Bonifacio. Proclamé comte de Corse à Biguglia, il gouverna pendant 12 ans en vassal du roi d'Aragon.

La descente vers Propriano par la N 196 révèle de beaux **coups d'œil** ★ sur le golfe de Valinco et sur la plaine de Baracci couverte d'oliviers.

Au premier embranchement, après un lacet à gauche, prendre à droite la D 157, sinueuse, quelque peu accidentée, tracée en corniche au-dessus du golfe. La route descend vers l'embouchure du Taravo.

A 4,5 km de l'embranchement de la D 157, prendre la petite route (D 157^A) qui monte sur la droite. La suivre sur 1,3 km ; arrivé sur un replat, tourner à gauche à angle droit et suivre le chemin de terre sur 200 m jusqu'à une petite aire.

★**Castello de Cuntorba** – *Ouvrir la barrière à l'entrée d'un champ sur la droite et la refermer soigneusement : le castello se voit à 50 m. Propriété privée, visite admise sous condition du respect des lieux.*

Érigé sur une butte, dans un cadre de chênes verts et d'oliviers, le castello de Cuntorba offre un exemple très lisible des monuments circulaires torréens *(voir p. 36 et 158)* élevés à l'âge du bronze dans le Sud de la Corse. On y distingue une partie centrale (dont la destination demeure obscure), dominant des vestiges d'habitat et une enceinte. L'ensemble est antérieur de 1 200 ans à notre ère.

Le granit brut du castello, la terre ocre-rosé alentour, l'environnement végétal verdoyant et fleuri se détachent dans un contraste saisissant sur le bleu intense du golfe de Valinco dont les lointains se perdent dans la brume.

Faire demi-tour en direction de la D 157.

★★**Filitosa** – *Voir à ce nom.*

La D 157 traverse le Taravo pour rejoindre la D 757 que l'on suit sur la droite pendant 1 km pour gagner Favallelo.

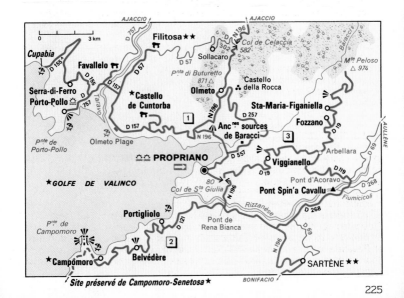

Serra di Ferro – Accueillant petit village perché au-dessus de la baie de Cupabia et du golfe de Valinco, où on peut acquérir de beaux couteaux de fabrication artisanale. Le sentier de randonnée **Mare e Monti Sud** *(signalé par des panneaux de bois et un balisage orange)* permet deux promenades agréables et faciles à travers le maquis bas : l'une, vers Porto Pollo *(AR 2 h)*, révèle la tour de Capannella avant de ménager des **vues★** étendues sur le golfe, le marécage de Tanchiccia et la plaine cultivée du Taravo; l'autre conduit à la grande plage de sable fin de Cupabia *(AR 1 h 15)*, site enchanteur jusqu'ici heureusement préservé, également accessible en voiture par la D 155ᴬ. La baie est parsemée de récifs et la plage, où se trouve une taverne, se double à l'Ouest d'une importante crique.

⌂ **Porto-Pollo** – Cette petite station balnéaire s'étire au pied de coteaux couverts d'oliviers et de figuiers, dans une baie ouverte sur le golfe de Valinco et abritée des vents d'Ouest par la pointe de Porto-Pollo.
De sa plage de sable, la vue s'étend sur Propriano et la côte Sud du golfe délimité par la pointe de Campomoro.

★ ② CÔTE SUD DU GOLFE

De Propriano à Campomoro
16 km – Environ 1 h 1/2 – Schéma p. 225

⌂⌂ **Propriano** – *Voir à ce nom.*

Quitter Propriano par la N 196 en direction de Sartène jusqu'au pont de Rena Bianca sur le Rizzanèse que l'on franchit pour prendre tout de suite à droite la D 121.

Portigliolo – Grande plage de sable à l'embouchure du Rizzanèse.

Belvédère – Ce village offre une belle **vue★** sur le golfe et son arrière-pays montagneux. En contrebas, la côte rocheuse avec ses eaux claires est propice à la plongée sous-marine.

★**Campomoro** – Un petit bois d'eucalyptus précède ce village attachant, situé au fond d'une anse bien abritée par la pointe de Campomoro. Une belle plage de sable, quelques barques de pêche et des voiles multicolores au large complètent ce décor. A droite de l'église, une maison blanche un peu austère fut la demeure de **Lorenzi di Bradi** (1869-1945). Une inscription sur la façade rappelle la mémoire de l'écrivain Corse qui chanta le maquis et consacra de belles descriptions à sa région natale, notamment dans les *Veillées corses* et dans *La Corse inconnue*, où il dépeint en termes lyriques le paysage qui s'offre à sa fenêtre.
A l'extrémité du village, au-delà de la plage, gagner le sommet de la pointe de Campomoro *(1/2 h à pied)* où se dresse la massive **tour génoise**. Construite au 16ᵉ s., elle est la plus imposante du rivage Corse, avec les murailles qui l'entourent. L'enceinte, munie de bouches à feu, est couronnée d'un chemin de ronde. Sa récente restauration a permis d'accueillir en saison des expositions du Conservatoire du littoral. Après avoir accédé au niveau de la porte principale par un escalier extérieur, on découvre successivement la salle de séjour avec ses réserves, puis le

panorama★ offert depuis la plate-forme supérieure sur le golfe de Valinco.
La superbe plage de sable fin en contrebas est un lieu propice d'observation sous-marine de la faune.

Corail rouge

★**Site préservé de Campomoro-Senetosa** – La côte sauvage s'étendant de la Punta di Campomoro jusqu'au phare du Capu di Senetosa alterne, sur près de 20 km, criques et promontoires rocheux à l'écart des axes de communications. Elle constitue un des sites préservés les plus vastes de l'île avec celui des Agriates en Haute-Corse.
Les plaisanciers y trouvent des anses bien abritées, parfois très étroites comme celle d'Aguglia, qui possèdent généralement à leur extrémité une minuscule plage de sable.
Des possibilités de randonnées, de la durée d'une journée, existent le long du littoral : de la pointe de Campomoro à l'anse d'Aguglia, ou bien du phare de Senetosa jusqu'à la pointe d'Eccica. Outre l'équipement nécessaire à une réelle autonomie pendant la randonnée, il est fortement conseillé de se munir d'une provision suffisante d'eau.

③ VALLÉES DU RIZZANÈSE ET DU BARACCI
Circuit de 43 km – Environ 1 h 1/2 – Schéma p. 225

⚜⚜ **Propriano** – *Voir à ce nom.*

Quitter Propriano par la route de Sartène (N 196). Après le pont sur le Rizzanèse, prendre à gauche la D 268 route d'Aullène, en direction de Levie. A 4,5 km à gauche se dresse un des plus célèbres pont génois. Stationner sur l'emplacement à droite face au pont.

Spin'a Cavallu (ou **Cavaddu**) – C'est sans doute le plus connu de ces fameux ponts génois construits à partir du 14ᵉ s. et pour certains dès l'époque pisane. Ils sont caractérisés par une arche unique et la brisure accentuée de l'étroite chaussée pavée de grosses dalles. Après les graves intempéries de l'automne 1993, les parapets du pont et la culée de la rive droite ont dû être profondément restaurés. Le nivelage provoqué par la crue a décapé le paysage alentour, qui a beaucoup perdu de son charme bucolique. Une aire de pique-nique a été aménagée à proximité.
Le Spin'a Cavallu *(dos de cheval)* enjambe le Rizzanèse dont les eaux claires courent sur les galets. Il constituait le trait d'union entre les « pièves » du Vighjanu et de Sartène.

Franchir le Fiumicicoli, puis le Rizzanèse sur le pont d'Acoravo et prendre sur la gauche la D 119.

La route s'élève dans les chênes-lièges au-dessus du Rizzanèse, offrant un joli coup d'œil sur le village perché d'Arbellara.

Fozzano – *Voir à ce nom.*

Santa-Maria-Figaniella – *Voir à ce nom.*

Au Nord de Santa-Maria, la route offre de belles **vues**★ sur la vallée du Baracci et le golfe de Valinco.

Faire demi-tour pour regagner Arbellara et prendre à droite la D 19.

Viggianello – Ce village offre une belle **vue**★ d'ensemble sur le golfe de Valinco.

La descente sur Propriano procure de nombreux **coups d'œil** sur cette station.

⚜⚜ **Propriano** – *Voir à ce nom.*

Parmi les principaux ponts dits génois en Corse, d'autres constructions remarquables méritent d'être citées :
- *Asco (à la sortie Ouest du village)*
- *Pianella (près d'Ota)*
- *Zaglia (près d'Évisa)*
- *ponte di a Trinità (sur le Taravo, près de Zevaco)*
- *Zipitoli (à la sortie de Bastelica)*
- *enfin le pont d'Altiani, à trois arches, du début du 18ᵉ s, (sur la route d'Aléria à la sortie de Corte)*

VALLE-D'ALESANI
Valli d'Aliggiani – 142 habitants
Carte Michelin n° 90 Sud du pli 4 (16 km à l'Ouest de Cervione) – Schéma p. 140

Cette commune aux hameaux disséminés au cœur de la Castagniccia abrite, dans un vallon accessible par une route difficile, le **couvent d'Alesani**. Ce dernier fut le théâtre d'un des événements les plus surprenants de l'histoire de la Corse.

Théodore Iᵉʳ, roi de Corse – Né en 1694 à Cologne, Théodore de Neuhoff, baron westphalien, grandit à la cour de la princesse palatine dont il devint le page avant de proposer ses services auprès de plusieurs cours européennes. En Italie, à Livourne, il fait la connaissance d'exilés corses qui lui dépeignent le pitoyable état de leur île. L'aventurier promet son aide si on le nomme roi et, le 12 mars 1736, il débarque sur la plage d'Aléria avec un chargement d'armes et de munitions acheté à Tunis. Le 15 avril, une consulte se réunit au couvent d'Alesani où le baron est couronné roi de Corse sous le nom de Théodore Iᵉʳ, tandis qu'une nouvelle constitution est adoptée. Une diète assiste le roi. Agostino Giafferi *(voir à Bastia)* et Hyacinthe Paoli sont nommés ministres.
Au grand étonnement des chancelleries européennes, le royaume s'organise. Le régime bat monnaie et proclame la liberté de conscience afin d'attirer les commerçants juifs du continent pour relancer l'activité économique de l'île.
Mais la résistance génoise, la méfiance des généraux corses et le manque de ressources obligent le roi à rembarquer à Solenzara, le 11 novembre 1736. Il erre alors à travers l'Europe en quête de nouvelles entreprises. Ses tentatives pour reconquérir son royaume échouent. Finalement, il se fixe à Londres où il mène une vie misérable qui prend fin dans une arrière-boutique de fripier, à Soho, le 5 décembre 1756.

Les bonnes «histoires» de Grosso-Minuto – Cette pittoresque figure *(1)* de la Castagniccia est née en 1715 à Parelli-d'Alesani. Pauvre marchand ambulant, affligé d'une constitution chétive, Minuto se venge des quolibets par ses reparties restées célèbres. Vers la cinquantaine, son embonpoint lui attire, en plus de nouvelles railleries, le surnom de Grosso, mais sa force de caractère lui permet toujours de rire de ses malheurs. Rallié à Paoli dont il fut le compagnon et le bouffon, il meurt à 86 ans.

L'âne et sa famille – Un jour l'âne de Minuto avait décidé de ne point se presser. Rien n'y faisait : ni les coups de fouet ni les cris de son maître...
- On ne traite pas ainsi un pauvre animal, espèce de brute ! lui cria avec insolence un homme qui venait de le croiser.
- Excusez-moi, mon cher, de malmener ainsi mon âne, répliqua Minuto. J'ignorais qu'il avait des parents dans la région !

Le borgne – Un commerçant bastiais, sarcastique et borgne, lança un beau matin, de son balcon, au vieux Grosso-Minuto que les ans avaient rendu bossu :
- Où allez-vous donc de si bonne heure, un sac sur le dos ? faisant ainsi allusion à sa bosse.
- J'allais chez toi, et je suis heureux que tu m'aies reconnu alors que tu n'as encore ouvert qu'un volet de ta fenêtre, répliqua Minuto qui connaissait l'infirmité du plaisantin... »

LE COUVENT

6 km par la route de Piazzali (D 217), puis celle de Perelli (D 17) qui s'ouvre à droite, à la sortie du village, sur la D 71 en direction de Cervione. Peu avant l'arrivée au couvent, rampe à 15 %.

Le couvent d'Alesani s'élève sur la droite peu avant le hameau. Sa fondation remonte aux premiers temps de l'ordre franciscain en Corse, puisqu'il est cité en 1258 par le chapitre général de l'ordre, réuni à Narbonne. Mais les bâtiments actuels, désaffectés et en mauvais état, sont d'époque beaucoup plus récente.

Église conventuelle – Décorée de peintures vives, elle conserve une copie d'un beau primitif de l'école de Sienne, la **Vierge à la cerise★**, attribué au peintre siennois Sano di Pietro et datant de 1450. La chaire repose sur une élégante colonne torsadée. Le clocher, écroulé en 1943, a été reconstruit en 1994 et les deux cloches Marie Gabriel et Marie François remises en place.

F. Jalain/EXPLORER

La Vierge à la cerise

VENACO

Venacu – 614 habitants
Carte Michelin n° 90 pli 5 – Schéma p. 113

Adossé au Monte Cardo dans un paysage où prédomine le châtaignier, ce bourg au cœur de la Corse, sur l'itinéraire Ajaccio-Bastia, est une agréable station climatique d'été (alt. 600 m). De la terrasse de son église baroque, la vue s'étend sur la vallée du Tavignano, perpendiculaire à celle du Vecchio et sur les monts du Bozio *(voir à ce nom)*.
Dans les environs se pratiquent la chasse et la pêche à la truite dans le Venaco, le Vecchio et le Verghello.
On fabrique dans la région un fromage de brebis crémeux fort réputé, le Venaco. Chaque année, fin mai, une foire aux fromages *(voir le chapitre Manifestations dans la partie Renseignements pratiques)* rassemble la production du Venacais.

Col de Bellagranajo – *2,5 km par la N 193 qui s'élève en lacet vers Corte et un chemin carrossable derrière le calvaire qui se dresse à droite de la route.*
Du promontoire, à 500 m de la route, parmi les cistes et les framboisiers se révèle un **panorama★★** sur Venaco accroché aux premières pentes du Monte Cardo, à gauche sur le hameau de Poggio, en face sur la vallée du Vecchio au premier plan et, au loin, sur les montagnes et les villages perchés de la rive gauche du Tavignano.

---

(1) Pour plus de détails, lire : «Grosso-Minuto, l'esprit et les reparties d'un Corse de légende.» Traduit par J.-B. Nicolaï. Éditions Baconnier.

Col de VERGIO

Bocca di Verghju

Carte Michelin n° 90 pli 15 – Schémas p. 182

La route de Porto à Calacuccia emprunte ce col routier qui, à 1 477 m d'altitude, s'ouvre dans la grande ligne de crêtes (Punta Minuta, Paglia Orba, Monte Tozzo, Monte Rotondo) qui partage les eaux courantes entre le littoral Est et Ouest de la Corse. Le col sépare les futaies d'Aitone et de Valdu-Niellu. De la mi-novembre à la mi-avril, il peut être fermé sous 1,50 m de neige.

★★Point de vue – Du col même de Vergio, la vue porte au Nord sur la Punta Licciola et à l'Est sur la haute vallée du Golo. Mais elle se dégage à 200 m environ en aval du col, sur la route de Calacuccia, à hauteur des premiers bouleaux. On distingue alors nettement devant soi la percée naturelle du Capu Tafonato (alt. 2 343 m), ainsi que l'arête rocheuse de la Paglia Orba (alt. 2 525 m) en arrière de la Punta Licciola, la vallée du Golo en enfilade avec le lac de Calacuccia et, derrière soi, le Monte Tozzo et la Punta Artica.

Trouée du Tafonato – Cette gigantesque ouverture large de 53 m et haute de 12 m, à travers laquelle filtre la lumière, aurait été forée, selon la légende, par la percussion du soc de la charrue du diable. Pour faire pièce, comme laboureur, au zèle apostolique de saint Martin, berger dans le Niolo, Satan s'était forgé au col de Stazzona une charrue à toute épreuve ; il creusait dans la montagne des tranchées larges comme des vallées. Mais voilà que saint Martin ironise sur la rectitude de ses sillons. Piqué, le malin aiguillonne son attelage de bœufs géants... et brise sa charrue sur un rocher. La fureur de l'humiliation exacerbe alors sa force et il projette vers la mer le soc détérioré qui sur sa trajectoire rencontre l'échine du Tafonato ; tandis que ses bœufs sont pétrifiés sur place par saint Martin. Les géologues qui ont étudié les propriétés de la rhyolithe (porphyre granitique) et les formes d'érosion qui la caractérisent, comme les taffoni, émettent quelques réserves sur une telle origine...

L'accès à cette brèche, réservé aux randonneurs aguerris et non sujets au vertige, s'effectue depuis le **refuge de Ciottoli ai Mori**, établi au pied du Capu Tafunato sur le GR 20.

Des rochers de porphyre du Capu Tafunato, jaillit la source du Golo, le plus puissant fleuve corse. *(Voir également la forêt de Valdu-Niellu au Niolo).*

STATION DE VERGIO (alt. 1 404 m)

A 1,5 km en contrebas du col et à la lisière de la forêt de Valdu-Niellu, ce petit centre de sports d'hiver, pourvu d'un hôtel, de six téléskis, de quelques chalets et baraquements de location de matériel de ski, accueille, de novembre à avril, jusqu'à 2 000 skieurs pendant les week-ends. La route peut être coupée en hiver par la neige entre Évisa et la station.

★RANDONNÉE AUX BERGERIES ET CASCADE DE GRADULE

Deux possibilités s'offrent au randonneur désireux de « tâter » du GR 20 sans subir les exigences d'un bon entraînement à la haute-montagne.

– 2 km en contrebas de l'hôtel de Vergio, dans un large virage en épingle à cheveu, dénommé « Fer à cheval », emprunter sur la gauche le sentier balisé en orange « cascades de Gradule » (environ 2 h AR).

– 500 m au-dessus de l'hôtel de Vergio, en direction du col, un grand panneau en bois signale l'amorce du GR 20, jalonné de marques rouge et blanche, qui s'enfonce dans le sous-bois à droite (environ 1 h pour rejoindre les bergeries).

Juste avant la sortie du sous-bois, les deux itinéraires se rejoignent.

Le sentier s'engage à travers les pins laricio et les bouleaux, descend légèrement pour passer quelques ruisselets puis remonte, toujours en sous-bois, pour franchir une petite crête (ancienne moraine) que domine un vaste cirque boisé fermant le Niolo à l'Ouest. De là on aperçoit, en face, parmi les arbres, la cascade de Gradule.

Le GR 20 contourne sur la gauche ce cirque encombré de dépôts morainiques pour atteindre *(1/4 h)* les **bergeries de Gradule** (alt. 1 370 m) dans un **site★** remarquable. *(En juillet et août, possibilité d'acheter du fromage auprès du berger.)*

Du haut des rochers, s'offre une vue sur le cirque. Des bergeries, on descend à la cascade de Gradule (alt. 1 350 m) située au débouché d'un pittoresque défilé. Cet itinéraire emprunte en partie la piste de transhumance traditionnelle qui, par les cols de Guagnerola et de Capronale, reliait le Niolo au Filosorma et demeure encore utilisé par les muletiers ravitaillant les refuges situés sur le GR 20.

Baignade possible en plein été dans les vasques naturelles creusées par le Golo qui prend sa source à proximité de la Paglia Orba.

Au-delà de la rive opposée, le GR 20 amorce une montée sévère au travers de pierriers qui la réserve aux randonneurs chevronnés.

VESCOVATO ★

U Viscuvatu – 2 329 habitants
Carte Michelin n° 90 pli 4 – Schéma p. 137

Située au débouché d'une gorge profonde, cette « capitale » de la Casinca, ancienne place forte, apparaît brusquement à un détour de la route lorsqu'on y monte depuis la N 198.

Un centre historique – Vescovato (« évêché » en corse) fut, après la destruction de Mariana *(voir à Canonica)*, le siège d'un évêché de 1269 jusqu'en 1570, date de son transfert à Bastia. L'évêque y établit sa résidence à partir de 1440 jusqu'à 1570, ce qui donna à Vescovato une certaine importance, à l'époque où même Corte n'était encore qu'un gros bourg. Elle conserve aujourd'hui un aspect de petit centre urbain au cœur d'une région rurale et montagneuse. Également haut lieu politique, c'est à la consulte de Vescovato que le représentant du roi de France Henri II, Giordano Orsini, déclara la Corse « incorporée à la couronne de France ».

Le berceau d'hommes illustres – Vescovato peut s'enorgueillir de compter parmi ses fils :
– les chroniqueurs Marc-Antoine Ceccaldi et son contemporain Anton Pietro Filippini (16ᵉ s.) dont la maison porte encore les armes et une inscription ;
– le patriote Andrea **Colonna Ceccaldi** qui prit une part active dans la révolution corse contre Gênes au 18ᵉ s. ; ce grand propriétaire terrien de Vescovato fut élu général des insurgés de la Castagniccia avec Giafferi, en décembre 1730, et, avec lui, chargé de diriger les opérations militaires. Son engagement dans l'insurrection scella l'adhésion de l'opulente Casinca agricole à la révolte des montagnards de la Castagniccia. Il fut fait prisonnier par Gênes en 1732 ;
– l'officier de marine, Luc-Julien-Joseph **Casabianca**, né à Vescovato en 1762, porte le nom d'un bourg du Nord de la Castagniccia dont sa famille est originaire. Lieutenant de vaisseau en 1786, il fut élu député de la Corse à la Convention en 1792. Capitaine de vaisseau en 1793, il siégea à la Montagne et au Comité de la Marine. Sous le Directoire, il s'attacha à la réorganisation de la Marine. Il fut tué à 36 ans, le 1ᵉʳ août 1798, à la bataille d'Aboukir lors de l'expédition d'Égypte. Son vaisseau, l'Orient, qui portait à bord son jeune fils de 11 ans, fut coulé par Nelson. Depuis, la marine française honore sa mémoire en donnant régulièrement son nom à l'un de ses bâtiments. Le sous-marin Casabianca qui s'illustra en Corse en 1943 compte au nombre de ces derniers. Actuellement, ce nom est porté par un sous-marin nucléaire.

★ LE BOURG

Le charme de cette petite ville de la Corse du Nord-Est réside dans ses hautes maisons de schiste sombre serrées autour de la place centrale, ornée d'une fontaine surmontée d'un aigle, et le dédale de ses vieilles ruelles en escaliers qui montent à l'église San Martino.

Église San Martino ⊘ – Ancienne chapelle St-Martin, cette église fut agrandie au 15ᵉ s. par les évêques de Mariana qui ornèrent son maître-autel d'un beau tabernacle en marbre blanc, sculpté d'une Résurrection, œuvre génoise de 1441.
A droite en entrant, à l'autel St-Jean-Baptiste, statues naïves du baptême du Christ.
A gauche du chœur, autel de la Miséricorde, au fronton blanc et or.
Un tunnel sous l'église ramène à la grande place en passant par une placette ombragée d'un platane en son centre et par une suite d'escaliers.

VICO

Vicu – 921 habitants (les Vicolais)
Carte Michelin n° 90 Sud du pli 15

A 15 km du golfe de Sagone, ce gros bourg aux maisons serrées est la capitale d'une région de moyenne montagne aux multiples itinéraires touristiques, le **Liamone**. On a peine à croire qu'il fut au 16ᵉ s. la résidence des évêques de Sagone *(voir à ce nom)* et une éphémère sous-préfecture du département du Liamone, à l'époque révolutionnaire. La romancière corse **Marie Susini**, née en 1916 à Renno, village au Nord de Vico, a été amenée par Albert Camus à relater son enfance corse haute en couleur. De 1953 à 1955, elle publie sa trilogie corse *Plein soleil, La Fiera, Corvara*. Par la suite, elle collabore à un album illustré sur son île, *La renfermée, la Corse*. Décédée en août 1993, elle repose au cimetière de Vico.

La Sposata – A l'Est de Vico, au-delà du Liamone, la montagne de la Sposata (la mariée) perpétue le souvenir légendaire d'une jeune et pauvre bergère de la région qu'un seigneur de la Cinarca, séduit par sa beauté, avait choisie pour épouse. Perdue par cette promotion sociale inespérée, la jeune orgueilleuse quitta la maison maternelle en dépouillant sa mère, la réduisant au dénuement jusqu'à lui ravir le racloir du pétrin... La mère, désespérée de cette ingratitude, jeta sa malédiction sur sa fille qui fut aussitôt pétrifiée, elle et sa monture, sur l'arête de la montagne. On y voit encore sa silhouette.

Le « nettoyage » du maquis en 1931

En novembre 1931, débarquent à Ajaccio près de 600 gardes mobiles, une dizaine d'automitrailleuses, des chiens policiers et un imposant matériel de campagne. Les forces de l'ordre, dirigées par un général d'armée, bouclent immédiatement un secteur compris entre Vico, Guagno et Sainte-Marie-Sicché. Il s'agit « d'épurer le maquis », selon les instructions du gouvernement dirigé par Pierre Laval, faisant fonction de ministre de l'Intérieur.

La presse parisienne envoie des « correspondants de guerre », parle de « corps expéditionnaire », au grand dam des confrères corses. Cependant, la plupart des célèbres hors-la-loi tels Romanetti en Cinarca, Castelli à Orezza ou Bartoli, avaient déjà été abattus plusieurs années auparavant ; seul Spada, le « roi du palais-vert », persistait à plastronner. Il sera le dernier des poursuivis à être jugé et exécuté en 1935. La mission consistant à désarmer les habitants des villages occupés laissera beaucoup d'amertume dans les vallées, mais sonnera le glas des « bandits du maquis corse ».

Couvent St-François ⊘ – *1 km à l'Est par la route d'Arbori. Visite : 1/2 h.*
Bâti dans les châtaigniers sur un ressaut de la montagne au-dessus de la vallée du Liamone, le couvent fut édifié en 1481 par le comte Gian Paolo de Leca. Après le départ des franciscains en 1793, les oblats de Marie Immaculée s'y installèrent en 1836.

L'église conventuelle date du 17ᵉ s. Elle abrite un grand **Christ en bois★** sculpté à la manière du 15ᵉ s. et dont la tradition fait le plus ancien de Corse. Observer l'expression du visage aux yeux clos, la bouche entrouverte, et le dessin des côtes très marquées. Sous le Christ, tombeau du père D. Albini, missionnaire de la Corse au 19ᵉ s. Voir également le tabernacle en marbre polychrome (1698) du maître-autel et le meuble de la sacristie en châtaignier (1664).

★GORGES DU LIAMONE

8 km par la D 1 jusqu'à Arbori.

La D 1 longe en corniche, dans les châtaigniers et les arbousiers, la haute vallée encaissée du Liamone. Sur les grands escarpements de la rive opposée se découpe la silhouette de la Sposata. **Arbori**, entouré d'oliviers et de vignobles, domine la vallée du Liamone, face à la Sposata.

COL DE SEVI : de Vico à Évisa

22 km par les D 23 et 70.

A la sortie du bourg, la D 70 offre une vue d'ensemble sur le bassin de Vico, le couvent St-François et la vallée du Liamone dominée par la Sposata. Puis elle s'élève en lacet parmi les châtaigniers et les chênes verts au-dessus de la Catena, affluent du Liamone.

A 2 km de la chapelle St-Roch, prendre à droite la route de Renno.

Renno – Ce village disperse ses hameaux à 950 m d'altitude dans une châtaigneraie centenaire. Noyers, chênes verts et vergers ombragent sa campagne riante. Ses pommes reinettes sont réputées. Renno pratique l'élevage des porcs, des ovins et des caprins. La grande foire de St-Roch se déroule les 16, 17 et 18 août.

Regagner la D 70.

Col de Sevi – Alt. 1 101 m. Il fait communiquer le bassin du Liamone avec celui du Porto. Le tracé de la route de Sevi remonte à l'époque génoise. Elle servait à transporter les fûts d'Aitone vers le petit port de Sagone. L'abbé de Germanès écrit, en 1774, dans son Histoire de la Corse : « Les Génois, qui avaient un grand besoin de bois pour la marine, ont dépensé cent mille écus pour aplanir sur la croupe des montagnes un chemin qui, de la forêt, va jusqu'au bord de la mer... »

Au-delà du col, la **vue★** se dégage sur Cristinacce.

Cristinacce – De ce village bâti en terrasse dans une châtaigneraie, au-dessus de la vallée du Porto, on découvre au loin, par l'échancrure de la vallée, les grandes murailles rouges hérissées d'aiguilles qui dominent le golfe de Porto : Capo d'Orto et Capo d'Ota.

Après Cristinacce, la route procure de très belles **vues★★** sur le golfe de Porto et sur Évisa, enfouie dans les châtaigniers au pied des immenses parois rocheuses du Capo Ferolata.

Évisa – *Page 49.*

★LAC DE CRENO

18 km à l'Est par la D 23, puis 3 h à pied AR. Voir à ce nom.

VIVARIO ★

493 habitants
Carte Michelin n° 90 pli 5

Ce bourg entouré de châtaigniers et de prairies domine de 200 m les gorges du Vecchio. Son altitude 650 m en fait une station climatique très fréquentée en été, un foyer de ski de fond en hiver (12 km de pistes de faible dénivellation).

Dans les environs se pratiquent la pêche à la truite dans le Vecchio et, la saison venue, la chasse au sanglier, aux bécasses et aux pigeons ramiers.

De longs contacts avec Aléria – On connaît mal les origines de Vivario. A l'époque romaine, ce bourg a probablement été un gîte d'étape pour les légions romaines qui, débarquées à Aléria, remontaient la vallée du Tavignano et pénétraient au cœur du pays. Au confluent du Vecchio, une partie de l'armée en suivit le cours jusqu'à Vivario dont l'importance stratégique laisse supposer qu'un village indigène existait déjà à cet emplacement.

Avec la prospérité des cités romaines de la côte orientale, Vivario perdit de son importance : bon nombre de ses habitants émigrèrent vers Aléria pour participer au bien-être de la colonie ; du moins jusqu'aux invasions vandales (5ᵉ s.) et aux incursions sarrasines (du 8ᵉ au 11ᵉ s.).

Aussi, les habitants de Vivario restèrent-ils longtemps en contact étroit avec Aléria et la plaine. Un grand nombre d'entre eux cultivaient des terres et menaient paître en hiver leurs troupeaux aux environs de l'ancienne cité, tandis qu'en été, pour échapper aux fortes chaleurs et aux miasmes de la plaine orientale, les habitants d'Aghione, la plus proche commune d'Aléria, émigraient à Vivario.

Fontaine – Sur la place centrale, au bord de la route, une fontaine surmontée d'une Diane se dresse au-dessus de la vallée du Vecchio, face au cirque montagneux dominé par le Monte Cardo sur lequel elle offre une belle vue. Le village fait face, au Sud-Ouest, au Monte d'Oro.

FORT DE PASCIOLO

20 mn AR à pied. 1 km au Sud de Vivario, en direction du col de la Serra par la N 193. Laisser la voiture sur l'aire de repos aménagée dans le grand virage et prendre le chemin de terre qui conduit au fort.

Les ruines du fort de Pasciolo valent surtout par l'histoire qui leur est attachée et la beauté sauvage du site. Dominant les gorges très encaissées du Vecchio, les ruines sont dressées comme une vigie, face à un immense cirque montagneux. Bâti vers 1770 par les Français, ce fort confortait la position de celui de Vizzavona. Sous le Consulat, il acquit une sinistre réputation du fait de sa transformation en prison par le général Morand, à qui avait été confiée l'administration de la région. Les rebelles du Fiumorbo y furent un temps enfermés *(voir à Fiumorbo)*.

Aux deux-tiers du chemin menant au fort s'élève, sur la gauche, un promontoire rocheux formant belvédère naturel *(à-pic dangereux à l'ouest)*.

On a, de cet endroit, une **vue**★ grandiose sur les gorges au fond desquelles coule le torrent.

On aperçoit une sorte de goulet, appelé **« pont du sauvage »**, que sautait un homme sauvage au début du 19ᵉ s., après avoir pillé les jardins du village.

★DOUBLE PONT DU VECCHIO

4,5 km au Nord par la N 193.

Le pont routier fut construit entre juin 1825 et octobre 1827 sur la grand-route Ajaccio-Bastia. Lancé sur le Vecchio en une seule arche de pierre, il est dominé par les hautes piles du viaduc métallique du chemin de fer construit par **Gustave Eiffel** vers 1888. L'ingénieur français (1832-1923) qui s'était imposé lors de la construction de l'audacieux viaduc de Garabit (122 m de haut) dans le Cantal en 1882-1884, appliqua ici les perfectionnements techniques qu'il avait apportés au lancement des tabliers de ponts en porte-à-faux. La ligne Ajaccio-Bastia fut entièrement terminée et ouverte au trafic en 1894. Cet intéressant ouvrage d'art enjambe le Vecchio à 96 m de hauteur.

La **vue**★ sur les deux ponts, les gorges profondes et mouvementées du torrent, le cadre montagneux dépassant 2 000 m, et facilement enneigé, mérite un arrêt. En moyenne, 8 autorails passent chaque jour sur ce pont.

★FORÊT DE ROSPA-SORBA

Circuit de 59 km – Environ 2 h 1/2.

Quitter Vivario par la route de Vezzani (D 343).

Muracciole – Ce village occupe un site d'éperon, dans un vallon d'un petit affluent du Vecchio, sur un replat cultivé en terrasses, au milieu des châtaigniers.

Après le village, le regard s'étend, en arrière, sur la vallée du Vecchio et la grande ligne de crête centrale de l'île.

Col de Morello – Alt. : 824 m. **Vue★★** étendue sur la vallée du Vecchio, le Monte Cardo à l'Ouest et les montagnes du Cortenais.

L'Occhio-Vario – *25 mn AR depuis le col de Morello, par un sentier de chèvres qui suit la crête au Nord du col. Stationner au col.*

Le promeneur attentif pourra en avril-mai découvrir quelques orchidées sauvages (protégées) ; silencieux, il pourra apercevoir des oiseaux variés qui nichent volontiers parmi les arbousiers, la bruyère et les chardons. Le sommet de la crête est matérialisé par une petite borne géodésique de granit blanc (866 m) et porte localement le nom d'Occhio Vario (œil varié) : de ce **point de vue★★**, on peut voir en effet par temps clair une bonne quinzaine de villages, dont Castiglione niché dans les rochers. A L'Ouest, on aperçoit dans le lointain le pont Eiffel enjambant le Vecchio. A l'Est, les monts sauvages s'étendent à perte de vue. Le silence de ce point de vue est impressionnant.

La route s'engage ensuite dans le massif forestier de Rospa-Sorba comprenant les forêts de Rospa-Sorba, Noceta, Rospigliani et Vezzani ; il fut touché par un incendie, en août 1985 (forêt en voie de repeuplement). A ses superbes pins larício se mêlent quelques châtaigniers.

Après le pont de Catarello, la **fontaine de Padula** sourd dans un beau site au milieu des pins. La descente du col d'Erbajo s'effectue à travers les pins larício.

Vezzani – Ce gros bourg, situé à 800 m d'altitude et à la lisière de la forêt, s'était fait autrefois une spécialité de l'exploitation des cônes de pin (pommes de pin) larício. Ces derniers, cueillis en automne, étaient envoyés à Vivario où ils étaient mis à sécher pendant 12 jours sur un plafond à claire-voie ; un feu doux et continu provoquait alors leur éclatement et la dessiccation des graines. Ces dernières étaient alors recueillies, tamisées et débarrassées de leur impuretés.

Jusqu'à ces dernières années, plusieurs tonnes de graines de pin larício étaient ainsi expédiées en France continentale et dans divers pays d'Europe. Ces semences sélectionnées pour le reboisement étaient très recherchées pour leur qualité germinative exceptionnelle. Actuellement, les quelques cônes encore exploités sont traités à la sècherie de Muracciole. L'église paroissiale a une plaisante façade baroque en moellons de schiste.

Une mine de cuivre fut exploitée à la sortie Sud du bourg, de 1897 à 1910. On en a extrait 6 000 t de minerai brut, d'une teneur en cuivre de 10 %. On a pu se demander si le minerai de Vezzani n'aurait pas alimenté l'activité de fonderie attestée dans l'Antiquité à Aléria, proche de 30 km à l'Est.

Après Vezzani, la route, en bordure de la forêt, domine au Nord la vallée de la Tagnone.

A Pinzalone, prendre à droite vers Ghisoni.

★**Défilé de l'Inzecca** – Il a été creusé dans un verrou rocheux par le Fium'Orbo qui conserve là son caractère de torrent montagnard impétueux. En amont, le bassin de Sampolo est planté d'oliviers et de châtaigniers.

Défilé de Strette – Gorge étroite et sinueuse creusée par le Fium'Orbo.

Ghisoni – *Voir à ce nom.*

Au Nord-Ouest de Ghisoni, la route remonte la vallée du Regolo qui sépare les grands massifs forestiers de Vizzavona et de Rospa-Sorba.

Col de Sorba – Alt. 1 311 m. C'est l'un des plus hauts cols routiers de l'île. Par temps clair la **vue★** y est grandiose sur la vallée du Vecchio et le Monte d'Oro à l'Ouest, sur les défilés des Strette et de l'Inzecca à l'Est.

La route descend ensuite à travers de beaux peuplements de pins larício.

Forêt de VIZZAVONA★★

Carte Michelin n° 90 plis 5, 6

La forêt de Vizzavona qui s'étend entre le Monte d'Oro (2 389 m) et le col de Palmente constitue l'une des plus belles forêts de Corse où se mêlent les pins laricio et les hêtres. C'est aussi la plus fréquentée, traversée qu'elle est par la route nationale Ajaccio-Bastia et desservie par le chemin de fer au village de Vizzavona.

La forêt couvre 1 526 ha et s'étage de 800 à 1 650 m d'altitude. Pour l'essentiel elle est composée de pins laricio (48 % de sa superficie), et de hêtres (38 %).

Elle bénéficie d'une température moyenne de 10° et reçoit 2 236 mm d'eau répartis sur 115 jours par an, surtout en hiver.

Elle offre comme distractions principales 43 km de sentiers et de routes forestières au promeneur ; les truites de l'Agnone, du Fulminato, de l'Ominima, du Speloncello et du Vecchio aux amateurs de pêche ; le domaine skiable de Muratello (entre 1 500 m et 2 000 m d'altitude) enneigé de mi-décembre à fin avril aux fervents de sports d'hiver ; les pentes du Monte d'Oro (2 389 m d'altitude) aux alpinistes.

Forêt de Vizzavona

La Cicogne/PIX

LE PIN LARICIO

Différent du pin de Corte, il constitue les magnifiques futaies d'Aïtone, de Valdu-Niellu, de Vizzavona et du centre de l'île. C'est l'un des plus grands arbres d'Europe. Son fût parfaitement rectiligne dépasse souvent 40 m de hauteur et atteint parfois 2 m de diamètre. Très robuste, il peut vivre 600 ans.

Ce résineux, qui réclame une certaine humidité, croît sur les sols granitiques entre 700 m d'altitude sur les versants exposés au midi et 1 500 m sur certains versants d'exposition Nord. Il est fréquemment associé au hêtre à partir de 900 m ; au pin maritime entre 700 et 1 000 m ; au sapin et au bouleau aux altitudes supérieures.

Ses branches, peu nombreuses et assez courtes, sont régulièrement étagées et groupées surtout au faîte de l'arbre. Dans les endroits ventés comme au col de Bavella, elles prennent une curieuse allure tourmentée. Chez les sujets âgés, la cime apparaît courte, aplatie et étalée. Les cônes ou « pommes de pin », longs de 6 à 8 cm, sont disposés presque horizontalement sur les branches.

Le laricio, imputrescible, constitue un excellent bois de charpente et de menuiserie. A l'époque de la marine à voile, ses fûts étaient utilisés à la fabrication des mâts. Plus tard, l'Angleterre l'importa pour fabriquer ses traverses de chemin de fer. Il contribue à maintenir, grâce à ses racines puissantes, un équilibre biologique en altitude par sa capacité de croître sur des crêtes ou de fortes pentes aux sols très maigres, voire dans les cailloux et les rochers. Moins vulnérable au feu que le pin maritime, il peut se régénérer après un incendie, ou être replanté avec succès.

LES ABORDS DU COL DE VIZZAVONA

★**Vizzavona** – Située au cœur de la forêt et dominée par la silhouette massive du Monte d'Oro, c'est une agréable station climatique qui offre aux estivants, en plus du calme, un grand choix de promenades en forêt et de courses en montagne. Composée essentiellement de chalets, hôtels et villas groupés autour de la chapelle et de la gare, elle comprend en outre le hameau de la Foce situé à 3,5 km sur la N 193 près du col de Vizzavona.

Dans la **gare de Vizzavona** (alt. 910 m) le célèbre bandit Antoine Bellacoscia, à l'âge de 75 ans, se rendit en grande cérémonie à la justice ; 20 ans plus tard il mourait chez lui, dans un hameau de Bocognano. La voie ferrée passe sous un tunnel rectiligne de 4 km.

Col de Vizzavona – A 1 163 m d'altitude, le col de Vizzavona permet à la grande route d'Ajaccio-Bastia de passer du bassin de la Gravona, tributaire du golfe d'Ajaccio, dans celui du Tavignano qui irrigue la plaine orientale d'Aléria.

La N 193 le franchit avant de pénétrer dans la forêt de Vizzavona qu'elle traverse sur 8 km jusqu'à Tattone.

Le col offre des aires de stationnement ombragées de tilleuls, avec tables et bancs rustiques, dans une vaste clairière semée de blocs granitiques. Pour admirer la **vue**★ sur la vallée de la Gravona, le château démantelé surgissant de la forêt et se détachant sur la masse imposante du Monte d'Oro, emprunter la route qui s'élève au Sud, dans les hêtres, vers un relais hertzien *(1/4 h à pied AR)*.

RANDONNÉES PÉDESTRES

★★★**Monte d'Oro** – *Accès par les cascades des Anglais (voir ci-après ; suite de l'itinéraire et description à ce nom.*

★**La Madonuccia** – *1 h 1/2 à pied AR au départ du col de Vizzavona.* Suivre la route vers le relais hertzien, puis le chemin vers les bergeries des Pozzi *(abri bivouac)*. De là, on peut grimper sur la crête, constituée d'un amas de rochers, visible de la route et qui évoque une statue de la Vierge : vue sur la vallée de la Gravona et le Monte d'Oro.

★**Cascades des Anglais** – *1 h 1/2 à pied AR. Au départ de la Foce, prendre, à gauche de la N 193 en descendant vers Corte, le chemin qui conduit à l'Agnone où l'on rejoint le GR 20 que l'on suit tout droit.* Longer la rive droite du torrent jusqu'à une série de cascatelles qui ont creusé des piscines dans la roche. Dans cette gorge sauvage dominée sur la droite par le Monte d'Oro, il est possible de remonter le cours du torrent sur un assez long parcours.

Col de Palmente – *4 h à pied AR au départ de la N 193, à 200 m au-dessous de la maison forestière de Vizzavona, en direction de Bastia et à proximité d'une maison isolée.* Le GR 20 *(balisé de marques rouges et blanches)* monte en lacet dans les pins de la forêt de Vizzavona, offrant une belle vue sur le Monte d'Oro. Ce tronçon constitue, avec celui du col de Vergio, les deux sections du GR 20 praticables aisément par tout promeneur.

Après avoir franchi une crête boisée, le sentier pénètre dans le vallon de Cimoni *(1 h 1/2)*, puis grimpe en lacet dans une forêt de hêtres. Au bout de 1/2 h de marche, on rejoint un sentier venant du hameau de la Foce. Peu après, le GR 20 sort de la forêt et s'élève vers la crête. Laisser, à gauche, le sentier qui monte au col de Foce Scorrosa. On atteint *(1/2 h)* le col de Palmente (alt. 1 645 m) d'où l'on jouit d'une **vue**★ étendue sur le Monte d'Oro et le Monte Renoso. Ce col, entre la forêt de Vizzavona et le versant oriental du Massif du Renoso, était autrefois la voie empruntée par les bergers pour se rendre à Ghisoni.

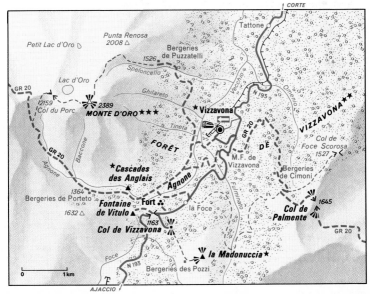

Fontaine de Vitulo – *1/4 h à pied AR au départ du col de Vizzavona*. Cette fontaine donne naissance au ruisseau de Foce, affluent de la Gravona.

Fort de Vizzavona – *3/4 h à pied au départ du col de Vizzavona par un chemin à droite gravissant le plateau et un sentier à travers bois.* Les **ruines** de cette forteresse d'origine génoise qui protégeait le col sont impressionnantes et le donjon éventré révèle les fragments de son escalier en colimaçon. Le paysage sur la moraine glaciaire envahie par le maquis et cernée par la forêt est saisissant. Le **site** de ces ruines atteste de l'ancienneté de cette voie de passage et de son importance stratégique.

Torrent de l'Agnone – *1 h à pied au départ de la Foce pour gagner, à travers la forêt, le village de Vizzavona.* Emprunter le même chemin que pour les cascades des Anglais, mais tourner à droite dans le GR 20 qui traverse l'Agnone sur un pont de bois. Descendre ensuite sur la rive gauche du torrent jusqu'au niveau de Vizzavona où l'on traverse à nouveau l'Agnone, puis le Fulminato avant d'arriver en vue des premières maisons.

Promeneurs, campeurs, fumeurs.
soyez prudents !
Le feu est le plus terrible ennemi de la forêt.

ZICAVO

345 habitants
Carte Michelin n° 90 pli 7 – Schéma p. 166

C'est un gros bourg étendu, à mi-chemin entre les cols de Verde et de la Vaccia. Sa position au centre de l'île en fait un bon point de départ d'excursions.
Zicavo est le berceau de la famille Abbatucci qui donna à la France plusieurs députés, un ministre et trois généraux dont **Charles Abbatucci** (1771-1797), général à 25 ans, tué à 26 ans au siège de Huningue (Haut-Rhin).
En 1739, à l'appel de son curé, le village soutient la cause du baron Frédéric, neveu du roi Théodore, qui relance l'idée de l'indépendance. L'échec des chefs de l'insurrection comme Giafferi et Ornano ne désarme pas les Zicavais : alors que les femmes et les enfants se réfugient sur le plateau du Coscione, les hommes affrontent en un mois d'escarmouches les régiments du marquis de Maillebois. Mais ils doivent se résoudre à éviter le pire pour leur village en partie déserté et déposent les armes. Et le baron Frédéric, après des semaines de vie montagnarde, s'embarque pour Livourne muni d'un sauf-conduit.

EXCURSIONS

★★★ **Monte Incudine** – *Accès et description, voir à ce nom.*

Bains-de-Guitera – *7 km à l'Ouest par la D 757ᴬ.* Cette petite station thermale est située sur la rive droite du Taravo. Ses eaux sulfureuses sont utilisées dans le traitement des rhumatismes et des affections cutanées.

ZONZA

1 503 habitants
Carte Michelin n° 90 Sud du pli 7

Ce gros bourg est bâti en terrasses (alt. 784 m) au-dessus de la vallée de l'Asinao au milieu des châtaigniers, des pins et des chênes verts, à la croisée d'itinéraires touristiques réputés : au Nord, la route de Quenza et Aullène, et celle de Bavella ; au Sud, la route de l'Alta-Rocca riche en préhistoire, et celle du Massif de l'Ospédale.

LE VILLAGE

La place centrale est ombragée de tilleuls. L'église Sainte-Marie, bâtie au siècle dernier en style néogothique étonne par son importance ; son clocher est orné d'un bel appareil en blocs de granit taillé.
Durant l'été, des touristes et les Corses revenus au pays y entretiennent une joyeuse animation. En septembre, au moment de la fête du village, pétards, feux, d'artifice, concours de pétanque, tournois de cartes. En été, l'hippodrome de Viséo accueille des courses de chevaux et des manifestations de jumping qui attirent de nombreux turfistes et spectateurs. Aux environs de Zonza se pratiquent la pêche à la truite et, la saison venue, la chasse au sanglier, aux bécasses et aux palombes. Un réseau dense de sentiers balisés rayonnant autour du village permet d'établir Zonza comme centre de villégiature et de randonnées pédestres, équestres, et de vélo tout terrain.

Les aiguilles de Bavella et Zonza

A sa sortie (route de Bavella) se trouvent une « Casa di l'Alta Rocca » *(bureau d'informations)* du Parc naturel régional et une « Casa di l'Artigiani ».
Sur une colline, en face du village, se dresse la chapelle de Ste-Barbe qui rassemble les jours de pèlerinage les habitants des villages alentour.

EXCURSIONS

Chaos de Paccionitoli – *Circuit de 20 km. Suivre la D 268 vers Levie. A San-Gavino-di-Carbini, tourner à gauche vers Paccionitoli. Description.*

★★★**Col de Bavella** – *9 km au Nord-Est. Quitter Zonza par la D 268 vers Bavella et Solenzara. Voir à ce nom.*

Les fonds sous-marins en Corse

Renseignements pratiques

La traversée

AVEC SA VOITURE

Les réservations au départ de la France continentale peuvent s'effectuer dans les agences de la S.N.C.M. *(liste ci-dessous)*, les gares principales et bureaux de tourisme de la S.N.C.F., les agences de voyages. Si la traversée doit avoir lieu en haute saison, nous recommandons d'arrêter une première option assez longtemps à l'avance (généralement acceptée dès la mi-février) et de la confirmer avant sa date de péremption.

Services maritimes passant les autos :	FRANCE CONTINENTALE (1)			ITALIE CONTINENTALE (2)						SARDAIGNE (3)		
⛴ toute l'année ⛴ en saison CORSE	Marseille	Nice	Toulon	La Spezia	Genova	Livourno	Napoli	Piombino	Porto Ste Stefano	La Maddalena	Santa Teresa-Gallura	Porto Torres
Ajaccio	⛴	⛴	⛴	–	–	–	–	–	–	–	–	–
Bastia	⛴	⛴	⛴	–	–	–	⛴	–	–	–	–	–
Bonifacio	–	–	–	–	–	–	–	–	–	⛴	⛴	–
Calvi	⛴	⛴	⛴	–	–	–	–	–	–	–	–	–
L'Île-Rousse	⛴	⛴	⛴	–	–	–	–	–	–	–	–	–
Porto-Vecchio	⛴	–	⛴	–	–	–	–	–	–	–	–	–
Propriano	⛴	–	⛴	–	–	–	–	–	–	–	–	⛴

Depuis avril 1996, des navires à grande vitesse (NGV) assurent, uniquement pendant l'été, la liaison entre Nice et Calvi ou L'Île-Rousse (2 h 45) et entre Nice et Bastia (3 h 30) aux mêmes tarifs que les car-ferries. Réservations auprès des agences de la SNCM et de Corsica Ferries.

(1) – par les car-ferries de la S.N.C.M. (Sté nationale maritime Corse-Méditerranée) 61, bd des Dames, 13002 Marseille ☎ 08 36 67 95 00 ou 3615 SNCM ; autres agences dans les principaux ports et villes de Corse et à Paris 12, rue Godot-de-Mauroy, 75009 ☎ 01 49 24 24 24.
– les cars-ferries de la C.M.N. (Compagnie Méridionale de Navigation), 15, boulevard Sampiero - Port de Commerce, 20000 Ajaccio ☎ 04 95 21 20 34 et Bastia ☎ 04 95 31 63 38.

(2) – par – Corsica Marittima 15, bd Général-de-Gaulle 20200 Bastia ☎ 04 95 32 69 04
– Corsica Ferries 5, bd Chanoine-Leschi 20200 Bastia ☎ 04 95 32 95 95.
– Moby Lines, à Bastia, 4, rue du Cdt-Luce-de-Casabianca ☎ 04 95 34 84 94.

(3) – par la Moby Lines (voir ci-dessus à Bastia et à Bonifacio ☎ 04 95 73 00 29) et la Saremar ☎ 04 95 73 00 96 à Bonifacio.

Depuis juillet 1993, l'Assemblée Territoriale de Corse a institué une taxe à acquitter au moment de l'achat du billet (de bateau ou d'avion) par toute personne arrivant et sortant de Corse. Les réservations en direction de l'Italie continentale, la Sardaigne et l'île d'Elbe peuvent se faire dans les mêmes conditions que ci-dessus auprès des agences de voyages françaises, de la Compagnie Italienne de Tourisme (C.I.T.) 3, bd des Capucines, 75002 Paris, ☎ 01 44 51 39 51, et auprès des représentations en Corse des compagnies assurant ces liaisons.

Les NGV rapprochent la Corse

En 1830, la première liaison maritime commerciale régulière entre le continent et la Corse mettait le port d'Ajaccio à près de 30 h de Toulon. Dès le début de ce « pont maritime », dans lequel l'État allait constamment s'impliquer au nom de la continuité territoriale, l'adaptation des navires à l'évolution des techniques devint une règle.
A la fin du siècle dernier, les paquebots-courriers de la Cie Freyssinet relient Marseille à Ajaccio en 16 h et Nice à Bastia en 11 h, à la vitesse de 14 nœuds. Ce délai demeurera longtemps la moyenne pour rejoindre l'Île de Beauté par la mer.
Mars 1996 constitue la dernière étape de ces avancées technologiques avec le baptême du navire à grande vitesse « NGV ASCO », de la SNCM, qui rapproche la Corse à 2 h 45 de Nice (au départ de Calvi) et parcourt les 233 km de Bastia à Nice en 3 h 30. Construit dans des chantiers navals bretons, ce monocoque en aluminium, aux lignes futuristes (sa longueur est de 102 m), atteint une vitesse de croisière de 38 nœuds grâce à quatre moteurs à hydrojet développant 24 000 kW. Conçu pour le transport de

NGV Asco

500 passagers et d'une centaine de véhicules légers sur de courtes distances par temps calme (il ne peut naviguer lorsque la mer affiche une force 5), il double en été les liaisons traditionnelles en car-ferries entre la Corse et le Continent. Au cours de la traversée, un affichage sur des écrans du positionnement par satellite du navire permet d'apprécier en temps réel la rapide progression du NGV.

Deux autres navires aux caractéristiques identiques ont été mis en service sur les mêmes lignes au cours de l'été 1996 : « Corsica Express II » (reconnaissable à sa livrée jaune), de la compagnie Corsica Ferries et « NGV Aliso », de la SNCM. Enfin, le lancement en octobre 1996 du « Corsica Express III », dernier né de cette génération, a confirmé le succès de cette formule.

Quelques conseils avant de prendre le volant

Les routes de montagne, étroites et extrêmement sinueuses, souvent peu protégées du côté du ravin, exigent du conducteur une grande vigilance, surtout en période de mauvaise visibilité (brouillard d'automne sur le versant oriental, ou changement brusque de visibilité à proximité du col de Teghime) ; et jusqu'au 15 mai, voire début juin, lorsque l'enneigement ajoute aux difficultés de la chaussée. Les emplacements de stationnement sont rares et certains hameaux perchés au bout d'une route en cul-de-sac, peuvent constituer des épreuves redoutables au moment crucial du demi-tour. Sur les routes peu fréquentées, attention au bétail divagant ; utiliser fréquemment l'avertisseur sonore pour éviter des rencontres inopinées dommageables pour le véhicule. A l'exception de la route du littoral Est, la vitesse réduite reste le meilleur moyen de maîtriser toute situation inattendue et... de mieux apprécier le paysage traversé. Enfin il est impératif de faire le plein avant un long trajet dans certaines régions où les postes d'essence sont rares, comme le tour du Cap Corse, la Castagniccia, les Agriates.

PAR AVION

La Corse dispose de quatre aéroports assurant des relations avec le continent, l'Italie et une partie de l'Europe :

Ajaccio (Campo dell'Oro) ☎ 04 95 21 07 07   Calvi (Sta Catarina) ☎ 04 95 65 03 54
Bastia (Poretta) ☎ 04 95 54 54 54   Figari - Sud Corse ☎ 04 95 71 00 22

Les compagnies Air France – Air Inter proposent des liaisons aériennes régulières. A Ajaccio ☎ 04 95 29 45 45 et à Bastia ☎ 04 95 54 54 95.

La compagnie T.A.T. assure la liaison régulière entre Figari et Paris, Marseille et Nice. En saison, elle relie plusieurs grandes villes comme Bordeaux, Lille, Lyon, Metz-Nancy, Nantes, et Toulouse. Se renseigner sur les fréquences auprès des représentations de cette compagnie et en Corse, TAT à Figari ☎ 04 95 71 01 20 ou encore consulter sur minitel 3615 TAT.

La Compagnie aérienne Corse-Méditerranée (C.C.M.) relie Ajaccio, Bastia et Calvi à Marseille, Nice et quelques grandes villes d'Europe. Ajaccio ☎ 04 95 29 05 00.

La compagnie Kyrnair assure la liaison entre Ajaccio, Bastia et Toulon et Montpellier (en haute saison). Ajaccio ☎ 04 95 23 56 85.

Voitures de location

Les principales sociétés de location sont représentées dans l'île et mettent des voitures à la disposition dans les ports et aéroports. Les compagnies aériennes desservant la Corse proposent également des forfaits avion-auto. Se renseigner auprès de ces compagnies.

Si vous voulez découvrir la collection complète des **Cartes et Guides Michelin,** *la* **Boutique Michelin,** *32, avenue de l'Opéra, 75002 Paris (métro Opéra), ☎ 01 42 68 05 20, est ouverte le lundi de 12 h à 19 h et du mardi au samedi de 10 h à 19 h.*

Bloc-notes

Agence du Tourisme de la Corse – 17, bd Roi-Jérôme, BP 19, 20176 Ajaccio
☎ 04 95 21 77 77.

Fédération régionale des offices de tourisme – 1, place Foch, BP 21, 20181 Ajaccio
Cedex 01 ☎ 04 95 51 53 03.

Parc naturel régional de Corse – 2, rue Major-Lambroschini, BP 417, 20184 Ajaccio
Cedex, ☎ 04 95 51 79 10. Bureau d'information : 2, rue Sergent-Casalonga à Ajaccio.
Des maisons d'information du Parc sont ouvertes tous les jours de mi-juin à mi-septembre :
Calvi ☎ 04 95 65 16 67   Evisa ☎ 04 95 26 23 62   Zonza ☎ 04 95 78 66 58
Corte ☎ 04 95 46 27 44   Porto-Vecchio ☎ 04 95 70 50 78   Porto ☎ 04 95 26 15 14

Météo

Bulletin enregistré pour la Corse ☎ 08 36 68 02 20 – Météo marine ☎ 08 36 68 08 20.
Sur Minitel le 3615 METEO indique les prévisions générales, celles pour la montagne et la
météo marine pour l'ensemble de l'île.

Minitel

Avant de prendre la route, consultez le **3615 MICHELIN** pour
évaluer la durée du parcours, décider du choix de l'hôtel,
camping et connaître les propositions de visites touristiques.
Les informations touristiques régionales (transports,
calendrier des manifestations, adresses d'associations)
sont disponibles sur le serveur 3615 CORSEINFO.

Radios locales

Elles constituent une source de choix pour l'actualité des manifestations, foires, événements concernant la vie régionale. A côté des grandes radios nationales qui disposent
d'une fréquence locale, des stations régionales diffusent dans toute l'île sur plusieurs
fréquences en FM :
– Radio Corse International (Ajaccio 93.0 ; Bastia 91.4 ; Corte 97.7 ; Calvi 91.7)
– Radio Corse-Frequenza Mora (Ajaccio 100.5 ; Bastia 101.7 ; Bonifacio 98.2 ; Calvi
  99.2 ; Corte 100.0) ; Porto-Vecchio 95.0
– Alta Frequenza (Ajaccio 103.2 ; Bastia 98.9 ; Corte 104.0)

Tourisme handicapés

Un certain nombre de curiosités décrites dans ce guide sont accessibles aux personnes
handicapées. Elles sont signalées par le symbole ♿ dans le chapitre des Conditions de
Visite.
Pour de plus amples renseignements au sujet de l'accessibilité des musées aux personnes atteintes de handicaps moteurs ou sensoriels, contacter la Direction des Musées
de France, service Accueil des Publics Spécifiques, 6, rue des Pyramides, 75041 Paris
Cedex 01 ☎ 01 40 15 35 88.
Les **Guides Michelin France et Camping Caravaning France**, révisés chaque année, indiquent
respectivement les chambres accessibles aux handicapés physiques et les installations
sanitaires aménagées.
3614 Handitel, service télématique du Comité National Français de Liaison pour la Réa-
daptation des Handicapés, 236 bis, rue de Tolbiac, 75013 Paris ☎ 01 53 80 66 66,
assure un programme d'information au sujet des transports et des vacances.
Le Guide Rousseau H... comme handicaps. Association France-Handicaps, 9, rue Luce-de-
Lancival, 77340 Pontault-Combault ☎ 01 60 28 50 12, donne de précieux renseignements sur la pratique du tourisme et des loisirs.

Michelin sur Internet

Accès : www.michelin-travel.com.
Produits tourisme Michelin, déclinés selon 4 rubriques :
  - *le calcul d'itinéraires*
  - *les ressources touristiques (avec hôtels et restaurants)*
  - *le catalogue des produits Michelin*
  - *la messagerie Michelin*

Hébergement

L'**Agence du Tourisme de la Corse** à Ajaccio fournit des listes très complètes des divers types d'hébergements proposés dans l'île.

Guide Rouge Michelin France (hôtels et restaurants) et **guide Camping Caravaning France** – Chaque année, ils présentent un choix d'hôtels, de restaurants, de terrains, établi après visites et enquêtes sur place. Hôtels et terrains de camping sont classés suivant la nature et le confort de leurs aménagements. Ceux d'entre eux qui sortent de l'ordinaire par l'agrément de leur situation et de leur cadre, par leur tranquillité, leur accueil, sont mis en évidence. Dans le **guide rouge Michelin France,** vous trouverez également l'adresse et le numéro de téléphone des bureaux de tourisme ou syndicats d'initiative.

Le guide **«Gîtes Refuges»** par Annick et Serge Mouraret, édition La Cadole, 78140 Vélizy, fournit d'appréciables renseignements sur les possibilités d'accueil en montagne. Ces informations sont mises à jour sur Minitel par le service 3615 CADOLE.

Hébergement rural et gîtes – Les adresses des comités locaux des gîtes sont disponibles auprès de la Maison des Gîtes de France, 59, rue St-Lazare, 75009 Paris ☎ 01 49 70 75 75 et sur minitel 3615 code GITES DE FRANCE. On peut s'y procurer des guides sur les formules les plus variées : gîtes ruraux, gîtes de neige, etc. Le relais régional des gîtes ruraux en Corse fournit sur demande la liste des gîtes dans l'île. 6, avenue Pascal-Paoli 20000 Ajaccio ☎ 04 95 20 51 54.

Loisirs Accueil – Région Corse (délégation régionale des gîtes et camping à la ferme). – 6, avenue Pascal-Paoli 20000 Ajaccio ☎ 04 95 22 70 79. Cette association édite un guide annuel et fournit des informations mises à jour en consultant le minitel 3615 code SLA.

En outre, le **Guide corse de la Corse,** édité chaque année et diffusé dans l'île, fournit des adresses pratiques et d'hébergement en dehors des circuits traditionnels.

Le groupement des auberges corses **«Casa Toia»** propose un ensemble d'étapes dans un cadre rural. Casa Toia, 20259 Poggiola ☎ 04 95 61 90 48.

Le Parc Régional diffuse une liste des refuges et gîtes à l'usage des promeneurs empruntant les circuits balisés par le parc.

La chambre d'agriculture regroupe les informations sur les accueils et hébergements dans les **fermes auberges**. S'adresser à la Maison de l'Agriculture, 19, avenue Noël-Franchini, 20178 Ajaccio Cedex ☎ 04 95 29 42 31.

D'autre part, des **auberges de jeunesse** sont installées à Propriano et à Calvi.

L'hébergement en couvent – Quelques couvents proposent l'hébergement : Bastia (couvent St-Antoine), en Balagne : couvent de Corbara, couvent de Marcasso (commune de Cateri), dans le Cap-Corse à Erbalunga (couvent des Bénédictins), et à Vico (couvent de Sainte Marie). Se renseigner sur place ou à l'avance auprès des mairies.

Thermalisme

La richesse thermale de la Corse est peu connue. Elle fit l'objet d'aménagements nombreux déjà du temps des Romains, notamment à Baracci, Speluncato et Pietrapola. Plus près de nous, Gustave Flaubert, sur le conseil de son père médecin, vint conforter sa santé en Corse et fit le tour des stations thermales.

Aujourd'hui, la Corse dispose d'un ensemble de petites stations thermales dont la modernisation témoigne de l'effort accompli pour relancer le thermalisme dans l'île.

Les stations les plus connues sont **Guagno-les-Bains** (traite les affections liées aux rhumatismes), **Pietrapola** (pour les rhumatismes et la rééducation) et les Bains d'Urbalacone à **Zigliara** (pour les affections des voies respiratoires et les dermatoses).

L'île dispose par ailleurs de plusieurs sources minérales (Caldaniccia, Guitera et Caldanelle) qu'elle embouteille et commercialise. La plus connue de toutes, pétillante et pleine de saveur, est l'eau d'Orezza.

Thalassothérapie – Un établissement propose des cures marines à Porticcio, Thalassa Porticcio Sofitel, ☎ 04 95 29 40 40.

De nombreux terrains de camping offrent des commodités (magasins, bars, restaurants, laveries) et des distractions (salle de jeux, tennis, golf miniature, jeux pour enfants, piscine, location de bungalows...)
Consultez le guide Michelin Camping Caravaning France de l'année.

Le parc naturel régional de Corse

Le parc naturel régional de Corse s'étend sur environ 330 000 ha soit plus du tiers de l'île, et concerne le territoire de 138 communes. Il englobe le cœur montagneux de l'île : massifs du Monte Cinto, Monte Rotondo, Monte d'Oro, Monte Renoso, Monte Incudine. A l'Ouest, sa façade maritime longue de 80 km est centrée sur les remarquables golfes de Porto et de Girolata et la presqu'île de Scandola (elle-même classée en Réserve naturelle). Ce parc réunit les principales forêts du centre (Aitone, Valdo-Niello, Vizzavona, Bavella, l'Ospédale...) et les plus beaux sites de l'île (Calanche de Piana, gorges de Spelunca et de la Restonica, col de Bavella, lacs d'altitude, lac de Nino...). Il a été créé en 1972 avec la double mission de favoriser une meilleure connaissance et une vraie protection de la nature d'une part, de participer à une rénovation de l'économie rurale de l'intérieur de l'île, d'autre part.

Protection de la nature – Elle concerne essentiellement la préservation de la flore et de la faune : le parc abrite un grand nombre d'espèces rares, dont certaines endémiques. La flore insulaire comportent des espèces très rares, protégées et interdites de cueillette. D'autres formations végétales naturelles particulièrement fragiles, comme les pozzines du lac de Nino sont protégées par le Parc régional.

La faune est représentée par de nombreuses espèces en danger de disparition *(voir l'Introduction de ce guide)* dont le Parc Régional s'emploie activement à assurer la protection, la subsistance en période hivernale comme le mouflon corse à Asco *(voir à Asco)* et anime des projets en cours de réintroduction d'espèce disparue tel le cerf corse.

Lutte contre le feu – Le parc s'emploie à prévenir les incendies de forêts et de maquis. Les facteurs favorisant ce fléau sont à la fois le climat méditerranéen à longue saison sèche avec des coups de vent fréquents (maestrale, libeccio, sirocco), la végétation riche en essences très inflammables. Les forêts gardent la mémoire des sécheresses successives sur une dizaine d'années ; celles-ci provoquent l'accumulation de matières végétales non décomposées. Les causes peuvent être la chaleur excessive, la foudre et, trop fréquemment, l'imprudence ou l'insouciance des hommes, voire le déséquilibre mental de pyromanes. La pratique millénaire de l'écobuage par les bergers consiste à provoquer des incendies pour dévorer un couvert végétal dense du type maquis et permettre ainsi le dégagement d'un terrain de pâture pour le bétail. Mais avec la disparition de la société rurale et le développement de certains élevages, la technique du contre-feu s'est perdue et l'écobuage est devenu un fléau.

Pour lutter contre les incendies, le parc a incité à la mise en place d'agents pastoralistes apportant un soutien technique aux éleveurs pour la création de pâturages et la mise en place de plans de débroussaillement (smacchjaggia). De même, l'activité des sapeurs-forestiers, agissant dans les forêts communales, a permis des résultats encourageants dans la prévention des incendies.

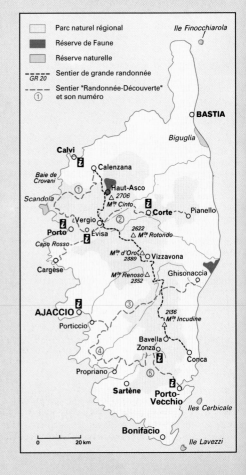

244

Protection des sites – Elle se manifeste par le classement de certains d'entre eux, par la sauvegarde des constructions traditionnelles (bergeries, moulins, vieilles maisons), par la restauration et la mise en valeur des monuments (chapelles...) ou des vestiges archéologiques (Pianu de Levie).

Rénovation rurale – Pour rendre vie aux villages de l'intérieur, le parc tente de relancer l'élevage ovin et porcin par la réhabilitation de la châtaigneraie et de développer le tourisme en montagne par l'aménagement de domaines skiables, parcours d'escalade, circuits équestres.

De même, différents itinéraires pédestres de découverte de la montagne, de la mer et des villages, ont été créés et entretenus : le **GR 20**, les **Sentiers entre Mer et Montagne, Mare e Monti** entre Calenzana et Cargèse et Propriano à Porticcio, trois sentiers **Mare a Mare, 7 sentiers de pays.** Tout au long de ces voies de pénétration de la Corse intérieure, un réseau de relais, gîtes d'étapes et refuges se met progressivement en place.

Deux projets de parc novateurs

Afin d'assurer la préservation du patrimoine naturel, de maîtriser les activités touristiques et favoriser le maintien des activités professionnelles de pêche, deux secteurs maritimes de l'île font l'objet de projets de création de parc national ou international :

– le **Parc National Marin de Corse** sera implanté autour de l'actuelle réserve de Scandola, qu'il englobera. Il s'étendra de la pointe de Revellata, au Nord, jusqu'au Capu Rossu, au Sud. La réserve « Man and Biosphere » du delta du Fangu fera également partie du futur parc.

– le **Parc International Marin des Bouches de Bonifacio** développe un concept original pour assurer la préservation d'un site terrestre et maritime exceptionnel, partagé entre deux états. Les réserves actuelles des îles Laezzi et Cerbicale seront incorporées au périmètre, de même que l'archipel italien protégé de la Maddalena. Premier parc au monde disposant d'une direction binationale, il permettra une meilleure réglementation des accès aux Bouches, une sensibilisation à la préservation des espèces végétales et marines existantes et des espèces animales y transitant. L'aménagement de sentiers de découverte, sur les parties des falaises acquises par le Conservatoire du Littoral et gérées par le parc international, assurera une meilleure maîtrise de la fréquentation touristique.

Au bord de mer

NAVIGATION DE PLAISANCE

Les plaisanciers choisiront de rayonner à partir d'un port de base ou de naviguer de port en port. Les principaux mouillages et les particularités de la navigation corse sont signalés sur la carte ci-contre.

La situation météorologique évoluant avec rapidité, il importe, avant de partir en mer, de consulter le bulletin météo diffusé par les principales stations de radio et affiché dans la plupart des ports et clubs de voile. Attention aux annonces de brusques coups de mistral.

Renseignements pour la Haute-Corse, à l'Union des ports de plaisance, port de Taverna, 20221 Sta-Maria-Poggio.

Pour la Corse du Sud, à l'Union des ports de plaisance de la Corse-du-Sud, Hôtel consulaire BP 253 20179 Ajaccio ☎ 04 95 51 55 55.

La côte Ouest – De St-Florent à Propriano, elle offre de larges golfes dentelés et ourlés de plages de sable ou de galets : Calvi, Porto, Sagone, Ajaccio, Valineo, mais ils sont mal abrités des vents dominants. Seuls quelques ports ou mouillages comme Centuri, St-Florent, l'Île-Rousse, Sant'Ambroggio, Calvi, Girolata, Ajaccio, Campomoro et Propriano, constituent des abris sûrs.

La côte Sud – De Propriano à Solenzara, les ports sont peu nombreux (Propriano, Bonifacio, Porto-Vecchio, Solenzara), mais cette côte sauvage compte une multitude de criques où les bateaux de croisière ne peuvent accéder que par très beau temps. Le mouillage dans les sites classés comme les îles Lavezzi est limité à 24 h.

Éviter de s'engager dans les Bouches de Bonifacio, lorsque le mistral ou le libeccio sont annoncés.

- Ports de plaisance
- Principaux mouillages

Barcaggio
Centuri-Port
MACINAGGIO
Porticiolo
Sisco
Erbalunga
Golfe de St-Florent
ST-FLORENT
BASTIA
L'ILE-ROUSSE
Algajola
SANT'AMBROGGIO
CALVI
Galéria
Girolata
Golfe de Porto
Porto
CAMPOLORO-TAVERNA
CARGÈSE
SAGONE
Golfe de Sagone
AJACCIO
Porticcio
Golfe d'Ajaccio
Isollela
SOLENZARA
Favone
Porto-Pollo
PROPRIANO
Golfe de Valinco
Campomoro
Tizzano
Pinarello
Golfe de Porto-Vecchio
PORTO-VECCHIO
Santa Giulia
Rondinara
Golfe de Sᵗᵃ Manza
Figari
Sᵗᵉ Manza
BONIFACIO

0   20 km

La côte Est – De Solenzara à Bastia, les seuls vents dangereux sont les vents d'Est (exceptionnels en été). Trois bons abris : Bastia, Campoloro, Solenzara (ce dernier, d'accès très difficile par vent d'Est).

Le Cap Corse – Nombreux mouillages mais difficiles d'accès par libeccio (Macinaggio est un véritable port de plaisance). Nombreuses criques de galets roulés.

La rose des vents

Vents dominants – La frange littorale de l'île est soumise en été aux brises de mer durant le jour et de terre durant la nuit dont les effets perturbent ou renforcent ceux des vents dominants.

Le **Libeccio**, venant de Gibraltar, souffle sur toute l'île (85 jours par an à Ajaccio, 37 à Bastia, 174 au Cap Corse, 192 à Bonifacio). Sec et chaud en été, il devient frais en hiver et déverse de copieuses ondées sur le versant occidental.

Le **Ponente** est un vent d'Ouest.

Le **Maestrale**, issu du mistral de Provence, se manifeste surtout sur l'Ouest de l'île (36 jours à Ajaccio, 11 jours dans le Cap, 17 jours à Bonifacio). Sec et violent en été, il souffle en courtes rafales et soulève alors une mer très forte entre Galéria et l'extrémité du Cap. En hiver, il apporte la pluie.

La **Tramontane**, grand vent froid et provenant de la plaine du Pô, sévit surtout en hiver mais sa fréquence est faible (57 jours à Ajaccio, 10 jours au Cap).

Le **Grecale**, souffle sur tout le versant tyrrhénien ; il apporte la pluie dans le Nord de l'île mais demeure sec dans le Sud.

Le **Levant** est un vent d'Est.

Le **Sirocco**, venant d'Afrique du Nord, sec et brûlant, chargé de grains de sable, affecte seulement la côte orientale (105 jours à Bastia, 54 jours au Cap).

Vents locaux – Sur la frange littorale, le contraste des températures entre la mer et le rivage provoque, l'été, des brises dont les effets viennent s'ajouter à ceux des vents dominants.

Le matin, le sol de l'île s'échauffe plus vite que la masse d'eau maritime ; aussi, vers 9 h se lève une brise de mer appelée localement **mezzogiorno** (maximum vers 13 h). C'était jadis vers midi que les voiliers rentraient au port. Dans l'après-midi, cette brise se calme pour disparaître vers 19 h.

Une brise de terre ou **terrane** lui succède au coucher du soleil et prend fin au matin. Jadis, avant le lever du jour les voiliers prenaient la mer.

PÊCHE EN MER

La pêche se pratique depuis le rivage, ou d'une embarcation, à la pangrote, au lancer (pour les dentis et les bars) ou au vif (pour les loups). L'amateur de pêche en surface n'a que l'embarras du choix face à la richesse de la faune marine du littoral : poissons de roches (rascasses, bars...) et de sable (rougets, daurades) propres à alimenter une savoureuse bouillabaisse.

Il pourra satisfaire sa passion le long des côtes du Cap Corse, de la Balagne, au Sud du golfe de Valinco et au Nord de Porto-Vecchio.

La pêche aux oursins est interdite du 1ᵉʳ avril au 30 novembre. Dans le périmètre des réserves naturelles, toute forme de pêche est sévèrement réglementée. Se conformer aux indications sur place.

Retour de pêche à la dorade

PROMENADES EN MER

Pour apprécier pleinement l'aspect préservé de la nature en Corse, la promenade en mer reste un moyen peu exigeant en effort et procurant un grand dépaysement.

PORT D'EMBARQUEMENT	DESTINATIONS
Ajaccio	Les îles Sanguinaires – La réserve de Scandola et Bonifacio (Cie des promenades en mer ☎ 04 95 51 31 31)
Bonifacio	Les îles Lavezzi et Cerbicale (plusieurs compagnies) – Archipel italien de la Maddalena (Starimar)
Calvi	Calanche de Piana et réserve de Scandola (Colombo Lines ☎ 04 95 65 32 10)
Porto	Calanche de Piana et réserve de Scandola
Propriano	Tour du golfe de Valinco
Porto-Vecchio	Les îles Cerbicales et Lavezzi
St-Florent	Navettes vers les Agriates (plage du Loto)
	ESCAPADE EN ITALIE
Île d'Elbe	Au départ de Bastia avec la Cie Moby Lines sur deux jours minimum en voiture – traversée Bastia-Piombino, puis Piombino-Porto-Ferrraio ; renseignements auprès de la Moby Lines à Bastia)
Sardaigne	Se reporter aux informations pratiques de Bonifacio

SPORTS SOUS-MARINS

Les plus beaux paysages sous-marins

Les rivages corses sont réputés pour la richesse et la diversité de leurs panoramas sous-marins et de la faune les peuplant, ayant parfois élu domicile dans l'épave d'un navire ou d'un avion de combat.

Les sites répertoriés ci-après permettent, par temps calme et avec une eau claire, aux plongeurs, même occasionnels, de bénéficier de superbes vues jusqu'à une profondeur maximale de 15 m, et cela même depuis la surface, avec un équipement minimum. L'ensemble du golfe de Valinco comblera l'amateur. Le secteur de Tizzano, plus au Sud, constitue un centre de plongée réputé. La baie de Figari et les îles Bruzzi jusqu'à Porto-Vecchio offrent de multiples occasions de découvertes à des profondeurs inférieures à 15 m. La face Ouest du Cap Corse, notamment le secteur de Centuri, présente un intérêt pour des plongées à faible profondeur. Les fonds du golfe de Porto se laissent surtout découvrir dans le cadre de plongées avec bouteilles. Le golfe de Pero (au Nord de Cargèse) et la pointe d'Omigna recèlent une végétation sous-marine d'une étonnante richesse.

Quelques sites de faible profondeur sont indiqués pour examiner des épaves ou du moins contempler l'évolution des poissons. Au Sud de Porticcio, face à la pointe di Castagna, un navire de combat gît à une dizaine de mètres de la surface. Au large de la pointe de Zivia (au Sud de Tizano), une épave d'avion repose par 10 m de fond. A l'entrée du golfe de Porto-Vecchio, à moins de 10 m de profondeur, un chalutier est visible depuis la surface. D'autres épaves nécessitent un équipement plus perfectionné : forteresses volantes à Calvi et à Campoloro.

Baptême de plongée à « Mérouville »

Au large du littoral entre Porto-Vecchio et Bonifacio, des fonds inférieurs à 10 m offrent de superbes opportunités pour découvrir la faune méditerranéenne. Le périmètre des réserves des îles Cerbicale et Lavezzi, en particulier, recèle une densité insoupçonnée de poissons ; à Lavezzi, un site particulièrement apprécié des plongeurs a été surnommé « Mérouville ».

Le baptême se déroule habituellement aux heures les moins torrides de la journée. Après une brève présentation des moniteurs et de l'équipage, on rallie le site de plongée à bord d'une embarcation qui peut être un gros pneumatique ou un élégant petit caboteur. La première demie-heure est consacrée aux démonstrations du fonctionnement de l'équipement de base, à l'enseignement des principes de la plongée avec bouteilles, des signes de communication entre plongeurs et des gestes et attitudes au cours de cette initiation. Après avoir revêtu la combinaison et vérifié l'ajustage de son équipement, l'apprenti-plongeur se met à l'eau et endosse le gilet solidaire de la bouteille. Chaque néophyte est obligatoirement accompagné par un moniteur. Par un signe convenu, et si nécessaire l'encourageant en lui donnant la main, celui-ci l'invite à partir à la rencontre des habitants des profondeurs. Lors d'un baptême, la profondeur ne peut excéder 5 m et le « baptisé » n'a pas le droit d'utiliser seul les éléments essentiels de son équipement. Malgré cette absence relative d'autonomie, le plongeur même s'il a déjà pratiqué l'apnée, découvrira un nouvel espace et éprouvera des sensations inconnues. La durée moyenne de la plongée est de 30 mn.

S. De Wilde/JACANA

Mérou brun de Méditerranée

Cette initiation pourra inciter le néophyte à poursuivre par une formation comportant 3 niveaux. Le premier niveau, permettant d'acquérir une pleine autonomie au sein d'une palanquée (groupe de plongeurs), est maîtrisé au bout de 15 jours. L'ensemble du littoral corse offre les meilleures conditions pour gravir ces degrés de la découverte du milieu sous-marin. Cependant, les stations de St-Florent, Calvi, Porto, Ajaccio, et l'extrême Sud (de Porto-Vecchio à Bonifacio) apparaissent les mieux placées pour accéder aux sites les plus remarquables. Les clubs de plongée sont indiqués dans la documentation fournie par l'Agence touristique pour la Corse à Ajaccio. Les informations pratiques, contenues dans la description des principales villes au sein de ce guide, mentionnent les clubs locaux.

Le Centre océanographique de la pointe de Revellata, animé par des scientifiques, propose à la fois des stages de perfectionnement à la plongée et une initiation à l'environnement sous-marin et à sa protection. Stareso, ☎ 04 95 06 18. La découverte des fonds sous-marins de Balagne est proposée par Sub-Corsica Club, Marine de Sant'Ambroggio, ☎ 04 95 60 75 38.

Pour tous renseignements sur la législation locale, s'adresser au comité corse de la Fédération française de sports sous-marins : Mme Level, chemin d'Erbajolo, 20090, Ajaccio, ☎ 04 95 23 10 85.

Avant toute sortie en mer et toute plongée sous-marine, il est recommandé de communiquer son programme et l'heure estimée du retour à des tiers.

Chasse sous-marine

Les meilleures conditions sont réunies pour pratiquer ce sport : douceur de la température, limpidité exceptionnelle de l'eau et abondance des poissons de roche. Les endroits les plus favorables se situent aux abords des îlots, au large de Galéria et de Calvi, dans la baie d'Ajaccio, le long de la côte entre Propriano et Bonifacio, dans le golfe de Porto-Vecchio et les criques du Cap Corse.

La chasse sous-marine est interdite dans certains secteurs. Il convient donc auparavant de s'informer auprès des autorités locales. Pour tous renseignements à ce sujet, s'adresser à la direction des Affaires maritimes 4, bd du Roi-Jérôme, BP 312, 20176 Ajaccio, ☎ 04 95 51 75 10, ou à Bastia quai nord du vieux port, ☎ 04 95 32 84 60.

Nous rappelons que pour pratiquer ce sport, il faut être âgé de 16 ans au moins, avoir souscrit une assurance, avoir fait une déclaration auprès des Affaires maritimes ou posséder une licence de la fédération française des sports sous-marins et respecter la réglementation nationale et régionale qui interdit :
– de chasser avec un appareil permettant de respirer en plongée ;
– la vente des prises ;
– d'approcher à moins de 150 m des embarcations ou filets de pêche signalés par des balises ;
– la chasse de nuit avec l'utilisation d'un foyer lumineux ;
– chasse interdite dans 8 cantonnements : secteur de Revellata à Calvi, de Miomo à Bastia, Ile Rousse, Nonza, au large des îles Cerbicale à Porto-Vecchio, à Piana-Porto, de Campomoro à Propriano, sur l'ensemble des bouches de Bonifacio, les deux réserves naturelles de Scandola et Lavezzi et les deux réserves de biotopes (îles Bruzzi et îles des Moines).

En Corse, la pêche des espèces suivantes est interdite :

– *tous crustacés (araignées de mer, cigales de mer, homards), tous les types de mérous ainsi que les mollusques (grandes nacres et dattes de mer) ;*
– *la pêche des oursins du 1er avril au 30 novembre ;*
– *la pêche à la langouste est interdite du 1er octobre au 1er mars ;*
– *la pêche et la cueillette du corail sont interdites sur tout le littoral corse (pêche réservée aux professionnels disposant d'une licence)*

La sécurité en milieu sous-marin – L'engouement croissant pour la découverte des superbes paysages sous marins que propose la Corse ne doit cependant pas faire oublier le respect par le plongeur occasionnel des règles élémentaires de sécurité qui éviteront des accidents aux conséquences souvent graves :
– ne jamais plonger seul, ni après un repas copieux ou arrosé, ou après avoir pris des boissons gazeuses, et en état de fatigue ;
– éviter les chenaux de passage des embarcations et les lieux d'évolution des véliplanchistes ;
– signaler aux secours à terre la nature de l'accident afin qu'ils préparent des soins en milieu hyperbare, seul remède aux accidents de décompression même minime.

Sports de montagne

LA SÉCURITÉ EN MONTAGNE

La montagne a ses dangers, redoutables pour le néophyte, toujours présents à l'esprit de ses adeptes les plus expérimentés. Avalanches, dévissages, chutes de pierres, brusque mauvais temps, brouillard, traîtrises du sol, eau glaciale des lacs d'altitude ou des torrents, désorientation, appréciation défectueuse des distances peuvent surprendre l'alpiniste, le skieur et le randonneur.

Les conditions de la montagne corse à partir de 2 000 m d'altitude se rapprochent nettement de celles que l'on rencontre dans les Alpes ou les Pyrénées à 3 000 m. Brouillard et violents orages sont imprévisibles, et peuvent survenir même en plein été. En altitude, l'enneigement persiste jusqu'au début de juillet et des plaques de névé obstruent parfois des passages à l'ubac.

En toute circonstance, il est recommandé de ne jamais partir seul, ou sans avoir communiqué son programme et l'heure estimée du retour à des tiers.

La foudre

Les coups de vent violents sont annonciateurs d'orage et exposent l'alpiniste et le randonneur à la foudre. Éviter de descendre le long des arêtes faîtières, de s'abriter sous des rochers en surplomb, des arbres isolés sur des espaces découverts, à l'entrée de grottes ou de toute anfractuosité rocheuse, ainsi qu'à proximité de clôtures métalliques ou sous des couvertures à âme métallique. Ne pas conserver sur soi de grands objets métalliques : piolets et crampons. Si possible, se placer à plus de 15 m de tout point élevé (rocher ou arbre) et prendre une position accroupie, genoux relevés, en évitant que les mains ou une partie du corps ne touchent la paroi rocheuse. Souvent efficients en secteur rocheux, les coups de foudre sont précédés d'électrisation de l'atmosphère (et des cheveux) et annoncés par des « bruits d'abeilles », bourdonnements caractéristiques bien connus des montagnards. Enfin, se souvenir qu'une voiture reste un bon abri en cas d'orage, car elle constitue une excellente cage de Faraday.

RANDONNÉES PÉDESTRES

Nous décrivons dans ce guide de nombreuses promenades et excursions à effectuer à pied, pour atteindre les grands sommets, remonter les hautes vallées, parcourir un massif forestier ou gagner des lacs de haute montagne.

Seules les excursions d'une heure ou deux, à basse altitude (moins de 1000 m) s'apparentent à de la promenade touristique. La plupart des excursions pédestres exigent du randonneur un sens éprouvé de l'orientation, un équipement de moyenne montagne et une bonne condition physique. Le relief très accusé, l'éloignement des points de ravitaillement et de secours, les forts contrastes de températures, surtout en hiver et en automne, accentuent le caractère alpin de la montagne corse.

Les itinéraires de randonnées peuvent être modifiés à la suite des dégâts provoqués par les incendies ou les éboulements consécutifs aux orages. Lorsqu'un itinéraire ne correspond pas à la description donnée, il est raisonnable de faire demi-tour et de se renseigner auprès des personnes habitant le secteur.

Le GR 20, roi de la montagne

Long de 220 km, il traverse dans sa longueur le Parc Régional, de Calenzana à Conca. Suivant régulièrement la ligne de partage des eaux, il dépasse souvent les 2 000 m d'altitude, ce qui ne le rend accessible dans sa totalité que du 15 juin à fin octobre. Il reste un modèle de difficulté pour l'ensemble des sentiers de randonnée en France. En effet, seulement le quart des randonneurs qui l'empruntent effectue la totalité du trajet. La description minutieuse et le balisage de ce parcours très sportif sont l'œuvre d'un précurseur de la randonnée en montagne : **Michel Fabrikant** (*voir également la partie Bibliographie*).

Le topoguide consacré au GR 20 prévoit 16 étapes que les bons marcheurs, bien équipés et bénéficiant d'une excellente forme physique, peuvent accomplir en 15 jours environ. Les changements brutaux de conditions climatiques constituent un risque réel et permanent. La partie Nord, la plus dure, reste réalisable par les sportifs de haut niveau.

Les **refuges du parc** sont ouverts toute l'année et gardés de mi-juin à début septembre. Le tarif d'une nuitée est généralement de 50 F (en 1997). L'aménagement du refuge

Ph. Jambert

Le GR 20 à Spasimata

comprend, outre une cuisine approvisionnée en eau courante potable, un dortoir composé de bat-flanc sans couvertures, des sanitaires et une douche chaude ainsi qu'un incinérateur à ordures. Les aires de bivouac ne sont aménagées et le bivouac autorisé qu'à la périphérie des refuges ; un droit doit être acquitté auprès du gardien.

Aucune vente de boisson ou nourriture n'est permise dans les refuges du parc.

Deux tronçons du GR 20 peuvent être aisément praticables par tout promeneur : celui du col de Vergio et celui du col de Palmente (*décrit à Vizzavona*).

Les sentiers « Randonnées - Découvertes »

Cinq grands itinéraires aménagés sont proposés par le Parc Régional de Corse. *Pour leur localisation, se reporter à la carte du Parc Régional. Les guides correspondants sont en vente au « Service Randonnée » du Parc Régional à Ajaccio.*

« Mare e Monti » Nord : de Cargèse à Calenzana, le plus fréquenté, se développe entre mer et montagne. Il est conseillé plutôt au printemps et à l'automne. L'itinéraire (balisé en orange) s'effectue en 10 étapes de 4 à 7 h offrant une vue panoramique alternative sur la mer et la montagne. L'hébergement se fait en gîtes d'étape situés dans les villages. Ce parcours, sportif mais sans difficulté notable, nécessite une bonne condition physique.

« Mare e Monti » Sud : de Porticcio à Propriano en 5 étapes de 4 à 6 h praticable toute l'année (*décrit à Golfe de Valinco*).

Les itinéraires « Mare a Mare » (balisés en orange) relient les deux côtes et présentent trois variantes. Ils sont également jalonnés de gîtes d'étape mentionnés dans le topoguide correspondant :

« **Mare a Mare Nord** », de Pianello à Cargèse via Corte en 10 étapes de 4 à 6 h, est praticable de mi-mai à octobre.

« **Mare a Mare Centre** », de Porticcio à Ghisonaccia en 7 étapes de 4 à 6 h, est fréquentable de mai à novembre.

« **Mare a Mare Sud** », de Porto-Vecchio à Propriano en 6 étapes de 4 à 5 heures peut être réalisé toute l'année.

Les sentiers de pays

Accessibles par tous et d'une durée maximale de 6 h, la plupart sont balisés de marques orange par le Parc Régional de Corse qui diffuse des brochures sur chacun d'eux. Ils sont regroupés par région, ou pays :

Alta-Rocca – Dominée à l'Est par le massif des aiguilles de Bavella, cette région bien vivante offre 5 circuits à la journée au départ de Quenza, Zonza et San Gavino.

Bozio – S'étendant à l'Est de Corte, cette région austère est riche en chapelles ornées de fresques. Elle reste réputée pour la qualité de ses chants « paghjella ». Au départ de Sermano, 4 sentiers, rayonnant en boucles, (durée environ 5 h chaque) permettent de dénicher des chapelles blotties dans des vallons ou perchées sur une crête.

Fiumorbu – Ce pays de collines, difficilement pénétrable, offre une vue dominante du littoral oriental. Depuis les villages d'Ania et de Chisa, cinq circuits d'une journée sont proposés.

Giussani – Ce pays *(décrit page 222)* établit la liaison entre la Haute-Balagne et la vallée de l'Asco. À l'écart des grands secteurs touristiques, 7 itinéraires rayonnent au départ d'Olmi-Capella.

Niolo – Cette région, paradis des alpinistes et amateurs de haute montagne, regroupe autour de Calacuccia et Albertacce 5 sentiers de pays permettant en 5 à 6 h de parcourir de profondes forêts de pins laricio et de franchir les torrents sur de vénérables ponts génois.

Taravu – Cette vallée ombragée, au Sud d'Ajaccio, dispose de nombreux sentiers sous couvert, à parcourir dans la journée au départ de Guitera de Cozzano.

Venachese – 5 itinéraires (de 4 à 5 h) sont réalisables au départ de Venaco et St-Pierre-de-Venaco.

Quelques suggestions d'itinéraires de randonnées

AU DÉPART DE BONIFACIO

Capo di Feno – Sans difficulté – 2 h AR – Départ depuis la Bocca d'Arbia RN 196, près de Bonifacio.

L'Uomo d'Ovace – Difficulté moyenne – 4 h AR – départ de Gianuccio près de l'**Uomo di Cagna**. *Ce dernier est décrit à son nom.*

AU DÉPART DE ZONZA

Cascade de Piscia di Gallo – Sans difficulté – *Décrit au Massif de l'Ospedale.*

Refuge de Paliri par le GR 20 – Difficulté moyenne – 4 h AR – 200 m de dénivelé – Départ depuis l'auberge du col de Bavella.

Trou de la Bombe – Sans difficulté – *Décrit à Bavella.*

AU DÉPART DE CORTE

Lacs de Melo et de Capitello – Difficulté moyenne – *Décrit aux Gorges de la Restonica.*

AU DÉPART DE CALVI

Refuge de Spasimata (depuis l'auberge de Bonifatu) – Difficulté moyenne – 5 h AR – L'accès au refuge de Carozzu permet la descente vers le torrent de Spasimata, que l'on traverse sur la célèbre passerelle qui procure des frissons dignes de films d'aventure. L'itinéraire du GR 20 l'emprunte d'ailleurs. *Début de l'itinéraire décrit au cirque de Bonifato.*

Randonnées avec accompagnateurs de moyenne montagne

Les accompagnateurs de moyenne montagne proposent leurs services généralement par le biais de prestataires. Ceux-ci commercialisent des programmes de randonnées, habituellement sur plusieurs jours, empruntant les itinéraires de découverte des massifs de l'île et comprenant, si le niveau des participants le permet, l'ascension de sommets remarquables sans moyen technique particulier. Ces circuits peuvent s'effectuer avec portage et ravitaillement sur les refuges :

« Muntagnoli corsi », 20122 Quenza, ☎ 04 95 78 61 91 ;
« Muntagne corse in libertà », 2, av. de la Grande-Armée, Ajaccio, ☎ 04 95 20 53 14 ;
« Corsica Loisirs Aventures », 3, rue N.-D.-de-Lourdes, Bastia, ☎ 04 95 32 54 34 ;
« Move », 20214 Cassano, ☎ 04 95 62 70 83 ;
« Cap-Rando » (sur le Cap Corse), ☎ 04 95 35 26 73 ;
« Association A.P.A.R.T. », 20117 Tolla, ☎ 04 95 27 03 31.

Syndicat des accompagnateurs en montagne – M. Georges Damianos, 20233 Pietracorbara, ☎ 04 95 35 22 01.

Le service « Randonnées » du Parc régional, à Ajaccio, fournit également les coordonnées de l'ensemble des prestataires de ces services.

Visites accompagnées en forêt domaniale

L'Office National des Forêts organise pendant l'été des visites thématiques payantes axées sur les singularités de certaines forêts domaniales de l'île. La réservation se fait

Ph. Miguel, Paris

Randonnée dans le cirque de Bonifato

directement sur place le jour de la visite pour les visiteurs individuels, ou auprès du service des visites de l'ONF à Bastia, ☎ 04 95 32 81 90.

Ces visites concernent les forêts de Marmano (tous les mardis pairs), du Fangu (les lundis), de Valdu-Niellu (les mercredis), de l'Ospedale (les jeudis), de San Antone (les mardis impairs). Les Offices du tourisme des localités limitrophes peuvent fournir des renseignements sur les lieux de rendez-vous (généralement la Maison forestière principale).

Le parc régional organise en saison dans la **forêt d'Aitone** des randonnées thématiques à la journée, encadrées par des agents du parc. Renseignements à la Maison du Parc. Paesolu d'Aitone (route du col de Vergio), 20126 Evisa, ☎ 04 95 26 23 62.

SPORTS D'HIVER

L'important enneigement des montagnes permet la pratique du ski en hiver et même au printemps.

Pour le **ski alpin,** les stations aménagées, souvent dénommées stades de neige, sont :
– Ghisoni (1580 m - 1960 m)   – Col de Vergio (1400 m - 1600 m)
– Bastelica (1600 m - 1950 m)

Foyers de ski de fond à Albertacce, Bastelica, Évisa, Quenza, Soccia et Zicavo.

La **haute route à ski** (l'**Alta Strada**) offre aux skieurs bien entraînés un parcours de randonnée d'un haut niveau sportif. Empruntant une partie de l'itinéraire du GR 20, elle relie la vallée d'Asco à Bastelica. Un topoguide est disponible au Parc Régional.

ALPINISME ET ESCALADE

Le relief de la Corse permet une ample pratique de l'alpinisme dans toute sa gamme de difficulté depuis les sommets surplombant la vallée de l'Asco jusqu'à la forêt de l'Ospedale au Sud. Les centres les plus fréquentés sont les aiguilles de Bavella et les secteurs du Cinto et des aiguilles de Popolasca. D'autres sites à l'équipement beaucoup plus restreint offrent aussi d'intéressantes possibilités.

L'escalade offre un large éventail de possibilités dans toute l'île, des falaises calcaires de Ponte Leccia, ou de Patrimonio jusqu'aux parois de granite des gorges de la Restonica et de celles de la vallée du Vecchio.

Des prestataires peuvent proposer des courses en haute montagne avec un encadrement qualifié : « Muntagnoli corsi » à Quenza et « Muntagna corsa in Libertà » à Ajaccio

Guides de Haute-Montagne, section corse : Isula di Corsica – J.-P. Quilici, Quenza ☎ 04 95 78 64 33.

Fédération française de Montagne et d'Escalade – 8, quai de Marne 75019 Paris ☎ 01 40 18 75 50.

Autres loisirs sportifs

CYCLOTOURISME ET V.T.T.

Le relief tourmenté de la Corse, à l'exception de la plaine orientale, dirige la pratique du cyclisme vers le V.T.T. De nombreux organismes et associations proposent la location de ce type de vélo ainsi que des circuits balisés ou aménagés.

La fédération française de cyclotourisme propose en outre pour les pratiquants aguerris un itinéraire de 1 148 km à parcourir en 12 à 15 jours.

Fédération française de cyclotourisme – 8, rue Jean-Marie-Jégo 75013 Paris ☎ 01 45 80 30 21.

Vivre la Corse à vélo – Résidence Napoléon, 23, cours Général-Leclerc 20176 Ajaccio ☎ 04 95 21 96 94. Également, l'association « I muntagnoli corsi », voir à « *Randonnées pédestres* ».

SPORTS AÉRIENS

Circuits aériens et parachutisme

De multiples possibilités sont offertes de la promenade locale au circuit de découverte régionale, jusqu'au tour de Corse. Des vols à la carte permettent de passer la journée en Sardaigne, à l'île d'Elbe ou sur la Côte d'Azur.

Le parachutisme se pratique à Ajaccio, Bastia et Calvi.

Parapente

C'est l'activité sportive aérienne la plus développée. Le relief tourmenté et les espaces dégagés du littoral offrent de superbes terrains d'évolution pour ses adeptes et plus particulièrement dans le Cap Corse, la Balagne et le Nebbio ; les falaises de Bonifacio conservent leurs adeptes bien qu'elles soient plus exposées aux risques. Dans le Cap Corse et le Nebbio, « Altore », à St-Florent *(voir à Canyoning pour les coordonnées)*, s'est fait une spécialité de l'initiation au parapente et de l'approfondissement des techniques aérologiques.

D'autres organismes privés proposent des stages d'initiation et des séjours pour pratiquants autonomes : l'**Agence du Tourisme de la Corse** à Ajaccio fournit une liste complète des divers prestataires.

LA CHASSE

La chasse au fusil est très appréciée dans l'île en raison de son caractère sportif et de l'abondance du gibier, de nombreuses espèces d'oiseaux migrateurs venant y passer l'hiver. La plupart des villages organisent dans le maquis, chaque semaine, des battues au sanglier qui tiennent une grande place dans la tradition cynégétique corse, et auxquelles les touristes sont parfois admis. S'adresser pour cela aux mairies concernées ou à la fédération départementale. La chasse est ouverte, pour tous gibiers, généralement du 1er dimanche de septembre au 1er dimanche de janvier.

Se renseigner pour toutes confirmations auprès de la Fédération départementale des chasseurs, avenue du Mont-Thabor, 20090 Ajaccio ☎ 04 95 23 16 91.

LA PÊCHE EN RIVIÈRE ET LAC

La plupart des rivières de montagnes sont peuplées d'anguilles et de truites fario. Les cours d'eau suivants sont propices à de belles prises que l'on effectue au lancer ou au vif : Asco, Golo, Fango, Restonica, Vecchio, Tavignano, Fium'Orbo, Prunelli, Gravone, Rizzanese.

Les lacs de montagne (Nino, Melo, Bastiani) sont régulièrement alevinés en petites truites et en saumon de fontaine. Des lacs-réservoirs sont peuplés en sandres. Les étangs du littoral oriental sont la plupart des plans d'eau privés.

Pour tous renseignements sur les modifications de la législation en vigueur, s'adresser aux Fédérations interdépartementales de pêche et de pisciculture, 7, bd Paoli, Bastia, ☎ 04 95 31 47 31 et 19, av. Noël-Franchini, Ajaccio ☎ 04 95 23 13 32.

Pêcheurs, respectez la réglementation nationale concernant la taille minimum des prises.

Rejetez à l'eau les poissons dont les longueurs sont inférieures à 40 cm pour le brochet, 23 cm pour la truite.

SPORTS D'EAUX VIVES

Canoë – Kayak

Plusieurs des nombreux cours d'eau corses peuvent être descendus en toutes saisons, mais la période optimale s'étale de fin mars à fin mai. Les rivières, s'apparentant plus à des torrents de montagne, qui offrent les parcours les plus attrayants sont surtout le Taravo et le Rizzanese ; l'Asco, le Liamone, le Golo, le Vecchio et le Tavignano ont des itinéraires également réputés. Le niveau sportif généralement affirmé des parcours exige une bonne forme physique, un matériel robuste et un équipement de sécurité de qualité. Il faut se méfier des crues subites.

La maison du Parc Régional à Zonza fournit des informations et adresses pour ce secteur.

Comité régional corse de kayak – Suaralta vecchia, 20 129 Bastelicaccia ☎ 95 23 80 00.

Canyoning

La technique du canyoning emprunte à la fois à la spéléologie, à la plongée et à l'escalade. Il s'agit de descendre, en rappel ou en saut, depuis des parois abruptes jusqu'au lit de torrents dont on suivra le cours au fil de gorges étroites (clues) et cascades. La variété des reliefs traversés : gorge profonde à l'abri de la lumière, cascade irisée, dalles de schiste chauffées au soleil et invitant à la halte, fond de bief tapissé d'une végétation dense, combinée à la symphonie de couleurs des roches, font toute la magie d'une initiation au canyoning.

La période de pratique est généralement l'été, mais l'état de la météo reste déterminant pour une sortie. En tout cas un départ matinal s'impose, afin de pouvoir mieux gérer les incidents de parcours même mineurs qui peuvent prendre une importance capitale dans l'environnement particulier d'un canyon.

Deux techniques de déplacement sont particulièrement utilisées : le **toboggan** (allongé sur le dos, bras croisés) et le **saut** (hauteur moyenne 8 à 10 m), plus délicat, où l'élan du départ conditionne la bonne réception dans la vasque. Il est impératif qu'un participant se « sacrifie » et descende effectuer un sondage de l'état et de la profondeur du plan d'eau avant tout saut. C'est le manquement à cette règle élémentaire qui constitue le cas le plus fréquent d'accident dans ce sport.

L'initiation débute par des parcours n'excédant pas 2 km, avec un encadrement de moniteurs. Ensuite, il demeure indispensable d'effectuer les sorties avec un moniteur sachant « lire » le cours d'eau emprunté et connaissant les particularités de la météo locale. Le respect de l'environnement traversé reste le garant d'une activité pleinement acceptée par les riverains des torrents empruntés.

Dans la région décrite par ce guide, les cours d'eau de montagne conservent en été un débit suffisant pour offrir de multiples occasions de descendre en rappel et de sauter dans les « pozze » limpides qui agrémentent les parcours. Les principaux secteurs de référence sont, dans le centre et le Nord la clue de la Richiusa, le défilé de la Spelunca, le ravin du Dardo, la Haute-Gravona, le Cap-Corse et dans l'extrême Sud de l'île, le canyon de Baraci et les gorges de la Solenzara.

Les principaux organismes proposant des activités de canyoning : Cors'Aventure, Suaralta Vecchia 20129 Bastellicaccia, ☎ 04 95 23 88 00 ; Altore, 20127 St Florent, ☎ 04 95 37 19 30 ; Corsica Loisirs Aventure, rue N.-D. de Lourdes 20200 Bastia, ☎ 04 95 32 54 34.

Kayak de mer

La pratique du kayak de mer ne nécessite qu'une courte initiation, mais exige un effort soutenu lors des sorties qui s'effectuent généralement en groupe. Pour un premier contact avec cette activité, il est recommandé de choisir un prestataire offrant une gamme évolutive de sorties. Les secteurs du Cap Corse et du Sartenais sont parmi les plus favorables au maniement des frêles esquifs. Sur la face Ouest du Cap Corse, une succession d'anfractuosités et de grottes, seulement accessibles par mer, offrent les plus belles opportunités pour convertir les néophytes à une pratique plus régulière du kayak de mer, incluant des randonnées de plusieurs jours avec bivouac.

Dans le Cap Corse, deux prestataires offrent un large choix de sorties en mer : « Azimut », Marine de Giottani, ☎ 04 95 35 11 05, et « Altore », St Florent, ☎ 04 95 37 19 30.

Dans le Sud, près d'Ajaccio, « Cors'Aventure », Suaralta Vecchia, Bastelicacia, ☎ 04 95 23 80 00.

TOURISME ÉQUESTRE

La Corse fournit un terrain de prédilection à cette activité qui allie la découverte des sites difficilement accessibles aux véhicules à la préservation de la nature. On dénombre plus de 1 000 km de pistes qui sont souvent d'anciens chemins muletiers, très fréquentés jusqu'au début de ce siècle et qui restent encore les meilleurs et plus rapides moyens de liaison entre deux vallées ou deux villages. Des vallées presque inaccessibles deviennent le but d'agréables randonnées d'une journée. La Castagniccia, par son relief complexe, offre un terrain de choix à ce type d'excursions qui bénéficie

par ailleurs dans toute l'île d'un grand développement. Le littoral du Cap Corse constitue une base de superbes balades (centre équestre de Brando) et la vallée de l'Ostriconi au départ de Lama permet d'atteindre la Balagne par les chemins de transhumances. Des associations privées et des centres de tourisme équestre proposent ce type de tourisme :
– Caura (les cavaliers du Morgone ☎ 04 95 25 04 78) ;
– Lama (Ferme équestre de l'Ostriconi ☎ 04 95 48 22 99) ;
– Corte (Ferme équestre l'Albadu ☎ 04 95 46 24 55) ;
– Propriano (Centre équestre de Baracci, ☎ 04 95 76 08 02) ;
– Venaco (Équiloisirs, Poggio di Venaco, ☎ 04 95 47 65 25) ;
– San Nicolao (Les gîtes de Bravone, ☎ 04 95 38 80 64) ;
– Ajaccio (Randonnées équestres St-Georges, ☎ 04 95 25 34 83).
Association régionale du tourisme équestre – Chambre départementale d'Agriculture, 20178 Ajaccio, ☎ 04 95 20 60 86.
L'A.N.T.E. (Association nationale du tourisme équestre) diffuse un documentation sur l'ensemble des centres agréés, 30, avenue d'Iéna, 75116 Paris, ☎ 01 53 67 44 44.

Artisanat et dégustation

L'ARTISANAT

Que rapporter de Corse ? Le touriste que n'attirent pas les « souvenirs » de série généralement fabriqués hors de l'île (et dont l'exemple type est le couteau effilé baptisé « vendetta »), pourra cependant profiter d'une production locale de qualité. A côté d'un artisanat traditionnel en régression, un artisanat moderne s'est développé en Corse, animé par la fédération d'artisans d'art, dont l'objectif est de promouvoir le renouveau des techniques traditionnelles et d'apporter une animation et une activité aux villages dépeuplés de l'intérieur.

Les artisans commercialisent eux-mêmes leur production sélectionnée dans les maisons d'artisanat **« case di l'artigiani »** et les magasins et ateliers à l'enseigne **« Corsicada »**.

L'artisanat traditionnel a laissé quelques témoignages encore visibles dans certaines régions de l'île (notamment en Castagniccia pour le travail du bois) où il était jadis l'œuvre des bergers.

Au gré des circuits, le visiteur pourra être séduit par les multiples aspects de l'artisanat : l'ébénisterie à Cuttoli Cortichiato, le travail des instruments de musique à Pigna (« arte di a musica »). En Castagniccia, Orezzo propose de superbes pipes en bruyère, Piedicroce, des objets usuels et décoratifs en bois d'aulne, d'olivier et de châtaignier.

Certains villages de Balagne, tel Lumio, ont réussi à conserver vivaces les techniques de la coutellerie : le **temperinu**, petit couteau, reste un ustensile authentique de la vie traditionnelle corse. A Sollacaro, un atelier de coutellerie reçoit également les visites. A Pigna, la « casa de l'Artigiani » propose un large éventail de la production artisanale corse.

Des ateliers de céramiques d'art diffusent leur production auprès de l'association Corsicada, mais aussi sur le lieu de production, notamment à Saliceto (atelier de laine).

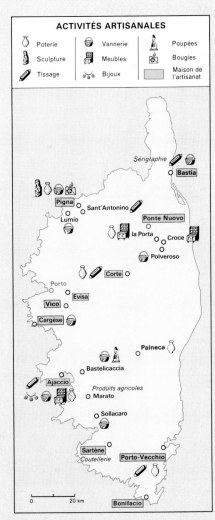

ACTIVITÉS ARTISANALES

Poterie — Vannerie — Poupées
Sculpture — Meubles — Bougies
Tissage — Bijoux — Maison de l'artisanat

Sérigraphie — Bastia
Pigna — Sant'Antonino
Lumio
Ponte Nuovo
la Porta — Croce
Polveroso
Corte
Porto
Evisa
Vico
Cargèse
Palneca
Bastelicaccia
Ajaccio
Produits agricoles — Marato
Sollacaro
Sartène
Coutellerie — Porto-Vecchio
Bonifacio

0   20 km

Vannerie

Stages et activités

Des stages d'initiation à l'artisanat peuvent être entrepris dans de nombreux villages et lieux de séjour. Les associations sont répertoriées à l'Agence du Tourisme de la Corse.

LA CORSE GOURMANDE

Les « maisons » à caractère artisanal offrent des spécialités gastronomiques issues d'une production locale de qualité : miel, nougat, confiture à la myrte ou au cédrat.

Le cédrat – Cet étonnant fruit, peu comestible à l'état naturel, devient un confit succulent après un assez long passage plongé dans des fûts remplis d'eau de mer. A Cervione, un confiseur propose des créations et dégustations à base de cédrat. La **cédratine**, obtenue par distillation, représente une liqueur authentiquement corse.

Les apéritifs – Issus des cépages du Cap Corse : le **Cap Corse**, à base de vin, dont les qualités stimulantes ont fait la renommée, et le **Rappu**, mélange de moût de vin rouge et d'eau-de-vie. La myrte entre dans la composition de certaines boissons à base de vin. Une autre boisson originale typiquement insulaire est la bière à la châtaigne « Pietra ».

Les miels – La grande diversité des milieux se traduit par des flores très variées qui donnent des miels typés. L'appellation A.O.C. « mele di Corsica » concerne six catégories différentes de miels : de printemps (très clair), fleurs du maquis (couleur ambré, produit pendant l'été), miellat du maquis (très foncé, à la saveur prononcée), de châtaigneraie (récolté en juillet et août), d'été (couleur dorée, produit à la fin de l'été en montagne)

Le brocciu, roi des fromages corses

Le brocciu entre dans une multitude de préparations culinaires depuis l'omelette jusqu'à la tarte au flan *(fiadone)*. Sa préparation exige un savoir-faire délicat. Le berger sépare le petit-lait du lait de brebis et place le caillé dans un moule à fromage, la *fattoghje*, fait de jonc tressé. Salé, le petit-lait est mis à chauffer dans un grand chaudron, puis, lorsqu'il atteint 70 °C, on y ajoute 1/5ᵉ de lait entier. Le berger recueille le précipité mousseux obtenu avec une louche pour le déposer dans la fattoghje. Il pourra être consommé immédiatement, frais, ou salé et conservé quelque temps. Le meilleur brocciu est obtenu après affinage dans les caves en haute montagne. De juin à début octobre, il n'y a pas de brocciu frais, on ne pourra pas trouver dans les menus les préparations l'incorporant habituellement.

Depuis 1983, le roi des fromages corses bénéficie d'une A.O.C.

Fabrication de brocciu

---

et d'automne-hiver (clair, récolté en hiver, au goût légèrement amer). Des localités comme Quenza, Belgodère, Bastelica et Moltifao conservent une forte tradition apicole. Le Parc naturel régional de Corse diffuse des listes de producteurs de fromage, charcuterie, miel, farine de châtaignes et confiserie. Les principaux se situent à Corte, Venaco, Albertacce, Morosaglia, Zevaco, Calenzana et Soveria.

Le syndicat régional des producteurs de châtaignes assure la conformité des produits diffusés sous leur label. La liste des producteurs est disponible auprès de la Maison de l'Agriculture, Ajaccio, ☎ 04 95 29 42 00.

Les routes des vins – La réputation des cépages corses a été confirmée par 8 appellations contrôlées. De nombreux producteurs proposent la vente directe à leur cave : Lecci de Porto-Vecchio, Muro (en Balagne) etc.

Les associations de producteurs fournissent les adresses des caves ouvertes aux visites et dégustations : Uva Corsa Domaine de Toraccia, 20137 Lecci de Porto-Vecchio (☎ 04 95 71 43 50), Givic auprès de la Chambre d'agriculture de Bastia.

Chemin de fer de la Corse

U Trinichellu (*« le tremblotin »*)

Le premier coup de pioche annonçant l'introduction du chemin de fer en Corse fut donné en 1878 et dès 1888 un train relie Bastia à Corte. La ligne fut prolongée ensuite jusqu'à Ajaccio, puis vers Calvi par Ponte-Leccia. Les 230 km à voie unique et métrique actuellement en service constituent à plus d'un titre la liaison ferroviaire « la plus pittoresque d'Europe ». Il est certainement le moyen le plus original de découvrir des sites naturels de l'île difficilement accessibles par la route et des panoramas sous un angle unique, même en hiver, puisque le tronçon principal est constamment déneigé.

Ph. Jambert

A son développement maximum en 1935, le réseau couvrait 360 km avec la mise en service du tronçon Bastia-Porto-Vecchio. La ligne de la côte orientale, gravement endommagée lors de la Seconde Guerre Mondiale, a été abandonnée.

Le parcours montagnard Bastia-Ajaccio via Corte compte parmi les plus beaux d'Europe. Partant du niveau de la mer, la voie franchit la chaîne centrale pour culminer à Vizzavona à 906 m, puis redescend au niveau de la mer. L'ensemble du réseau ne comprend pas moins de 38 tunnels dont le plus remarquable, celui de Vizzavona, en forte pente est en ligne droite rigoureuse sur 4 km : dès l'entrée on en voit la sortie, minuscule point de lumière.

La voie emprunte sur l'ensemble du réseau 12 ponts et 34 viaducs dont le plus célèbre est le pont du Vecchio. Le fleuron des C.F.C. est sans doute le superbe parcours « aérien » Bocognano-Corte. L'autre originalité de ce réseau est la desserte en saison du littoral de Calvi à l'Île-Rousse sur un trajet épousant au plus près les plages le long desquelles les nombreux haltes-arrêts sont autant de possibilités de découvertes.

Direction des Chemins de fer de la Corse – BP 237, 20294 Bastia Cedex ☎ 04 95 32 80 57.

Quelques livres

Ouvrages généraux - Tourisme - Gastronomie

Corse – par A. et F. Rother *(Paris, Arthaud – 1990)*.

Guide pratique de la Corse par Olivier Jehasse *(Éd. La Marge, Ajaccio)*.

La Bonne cuisine corse par Christiane Schapira *(Éd. Solar – 1994)*.

L'inventaire du patrimoine culinaire de la France, Corse – *(Éd. Albin Michel/CNAC – 1996)*.

Randonnée pédestre - Montagne - Plaisance

Paysages de Corse (excursions-pique-niques) par Rochford *(Éd. Sunflowers Book)*.

Montagnes de Corse par J.-P. Quilici *(Éd. Milan-1994)* répertorie tous les sommets de l'île.

Escalade et randonnées dans le massif de Bavella par A. Lucchesi et J.-P. Quilici *(Édisud)*.

Guides des montagnes corses par Michel Fabrikant *(Éd. Didier Richard, Grenoble)*.

Topoguide du sentier GR 20 de Calenzana à Conca *(Féd. fr. de la randonnée pédestre – Comité nat. des sentiers de Grande Randonnée – 1992)*.

Guide des raids à skis : Alpes, Corse par Pierre Merlin *(Édition Denoël)*.

Randonnée découverte en Corse « Entre Mer et Montagne ; 2 Mare è monti, 3 Mare a mare » *(Coédition Parc naturel régional – FFRP – 1993)*.

Corse, les plus beaux sentiers par J.-F. Devaud *(Éd. Glénat « Montagne et randonnée »)*.

Le Guide du plaisancier 1994 Méditerranée - Corse *(Éd. France Yachting Services)*.

Petra di Luna par J-P Quilici et F. Thibaudeau – Les sites d'escalade de Bavella – *(Éd. La Marge – 1996)*.

Géographie - Nature

La Corse – Collection Guides naturalistes des côtes de France *(Éd. Delachaux et Niestlé, 1990)*.

Plantes et fleurs rencontrées par Marcelle Conrad *(Parc naturel régional)*.

Roches et paysages de la Corse, par A. Gauthier *(Parc naturel régional et B.R.G.M.)*.

Savoirs populaires sur les plantes corses *(Parc naturel régional)*.

Terres de Corse par G.-X. Culioli et E. Saïller *(Édition La Marge, Ajaccio)*.

7 promenades en forêts, Découvrir la forêt corse par Puydarieux et Rivière *(Éd. O.N.F. 1996)*.

Histoire - Archéologie - Art

La Corse avant l'histoire par R. Grosjean *(Paris, Klincksieck)*.

Guide des sites torréens de l'âge du bronze corse par F.-L. Virili et J. Grosjean.

Torre et Torréens, âge du bronze de l'île de Corse *(coll. Promenades archéologiques)*.

Histoire de Corse par Michel Vergé-Francheschi *(Éd. Du Félin – 1996)*.

M. de Buonaparte ou le livre inachevé, première biographie du père de Napoléon par X. Versini *(Paris, Albatros)*.

Pasqual Paoli père de la patrie Corse par M. Bartoli *(Paris, Albatros)*.

Préhistoire d'une île par G. Camps *(Errance, Paris – 1988)*.

Arts traditionnels de la Corse par Loviconi *(Éd. Édisud)*.

La Vie quotidienne en Corse au temps de Mérimée par X. Versini *(Hachette, Paris)*.

Chroniques historiques corses par É. Papadacci *(Albatros, Paris)*.

La Corsophonie, un idiome à la mer par P. Marchetti *(Albatros, Paris – 1989)*.

Le naufrage du Tasmania par C. Finidori *(Éd. Piazzola, Ajaccio)*.

Littérature

Anthologie de la littérature corse par Ceccaldi *(Paris, Klincksieck – 1973)*.

Colomba par Prosper Mérimée *(Paris, Livre de Poche)*.

Les Agriates par Pierre Benoit *(Paris, Albin Michel)*.

Matteo Falcone par Prosper Mérimée *(Larousse – Nouveaux classiques, Paris)*.

Contes et légendes de la Corse *(Nathan, Paris)*.

La Corse par Dorothy Carrington *(Arthaud – 1987)*.

Les romans de Marie Susini, à caractère autobiographique, ont pour cadre la Corse.

Le Miroir de la mer par Joseph Conrad *(Hachette, Paris)*.

Les Frères corses par Alexandre Dumas *(Édition la Marge, Ajaccio)*.

La vraie Colomba par Lorenzo di Bradi *(Éd. La Marge, Ajaccio – 1990)*.

QUELQUES RÉFÉRENCES AUDIOVISUELLES

Vidéo

Des reportages et présentations historiques sont disponibles sur cassettes vidéo : *Corse, mare nostru* Spécial épaves, par M. Reboul-PSV Vidéo Nice.
Plusieurs cassettes éditées par France 3-Corse *(Lacs de montagne, la transhumance, la Castagniccia)* disponibles auprès de France 3-Corse, av. Noël-Franchini à Ajaccio.
Pascal Paoli de Naples à Ponte-Nuovo, Médiascope Ajaccio. *La Corse, U Viaghju* n° 40, Éd. VidéoVisite.
Les grandes compétitions sportives font aussi l'objet d'enregistrements commercialisés : « le Tour de Corse (automobile) » et l'épreuve majeure, « Corsica Raid aventure ».
Pour associer l'image forte des groupes de chanteurs à l'harmonie de leur voix, des cassettes vidéo sont disponibles dont *I Muvrini à Bercy* et, sur le Chjama è rispondi, *U Furcatu*, diffusés par le Parc régional.

Musique

L'engouement pour les chants polyphoniques a désormais largement dépassé un public simplement fidèle à sa culture. Les enregistrements sont disponibles sur cassettes et CD souvent produits par des sociétés corses. La principale, « Studio Ricordu », à Bastelicaccia, assure la diffusion de la plupart des vedettes corses. Canta U populu corsu, Chjami Agh-jalesi, Donninsulanna, A Filetta, I Muvrini, Les Nouvelles Polyphonies Corses (qui ont inter-prété l'ouverture des Jeux olympiques d'Albertville, E dui Patrizie sont parmi les princi-paux interprètes. Plus récents, les groupes I Surghjenti, Diana di L'Alba et Cinque Sù confirment la vitalité de l'expression musicale corse. Pendant la période estivale, nombre de ces groupes proposent des récitals dans des tournées de villages.
D'autres chanteurs comme Antoine Ciosi et le compositeur Henri Tomasi maintiennent le dynamisme de la chanson traditionnelle et folklorique.
Deux compilations de chansons corses offrent un éventail représentatif des voix insulaires : *Les plus belles voix corses* et *Canta Corsica*. Pour apprécier les chants en paghjella ; *Messa corsa in Rusio* (Éd. Adès n° 111622) et *Chants polyphoniques traditionnels*.

LA CORSE ET LE CINÉMA

Depuis la naissance du 7e art, la Corse est vite devenue une terre de prédilection pour les tournages d'extérieurs.
Le premier film parlant français fut tourné en Corse en 1920 : *Les Trois Masques* d'André Hugon. Les premières scènes du *Napoléon* d'Abel Gance (1927) furent réali-sées en Corse. Les années vingt virent également la présence de réalisateurs russes réfugiés tel A. Volkoff avec *Les Ombres passent*.
Ensuite de nombreuses réalisations eurent pour cadre les paysages de Corse, même si parfois l'intrigue se situe hors de l'Île de Beauté. Parmi les principales, on peut citer :
Napoléon, empereur des Français de J. Tedesco, 1951 (filmé sur les lieux où vécut Napoléon)
Cela s'appelle l'Aurore de L. Buñuel, 1956 (dans la région de Bastia)
L'Œil du monocle de G. Lautner, 1962, avec P. Meurisse (recherche d'un trésor de guerre à Bonifacio)
Casabianca de G. Péclet, 1951 (dans la région d'Ajaccio)
Le Jour le plus long de D. Zanuck, 1962 (le débarquement se situe dans les Agriates, voir à ce nom)
Rosebud de Otto Preminger, 1974, avec I. Huppert (à L'Île Rousse et Bastia)
Nous deux de H. Graziani, 1992, avec P. Noiret (à Pietracorbara et Sisco)
Les Randonneurs de P. Harel, 1996 (aventures sur le GR 20).

D'autres films traitent de la Corse et ses coutumes sans avoir été tournés en Corse :
Ademaï, bandit d'honneur de G. Grangier, 1943, avec Noël-Noël
L'Île d'amour de M. Cam, 1944, avec Tino Rossi (la romance d'un pêcheur).

Les cinéphiles pourront assister aux projections organisées par la **Cinémathèque régionale de Corse** à Porto-Vecchio (route de Bastia, BP 50 ☎ 04 95 70 35 02) et au Festival Cinémaffiche qui s'y déroule en juillet, au cours duquel sont diffusés des films corses peu connus et restaurés par la Cinémathèque.

Vous avez apprécié votre séjour dans la région.
Retrouvez le charme de celle-ci, son atmosphère,
ses couleurs,
en feuilletant l'album « France »,
ouvrage abondamment illustré, édité par
les Services de Tourisme Michelin.

Principales manifestations

7 au 10 septembre

Casamaccioli . . . .   Fête de la « Santa » di Niolo. Procession de la Granitola.

8 septembre

Lavasina . . . .   Procession aux flambeaux et messe de minuit.

Bonifacio . . . .   Procession à l'ermitage de la Trinité.

3ᵉ semaine de septembre

Calvi . . . .   Rencontres polyphoniques de Calvi ☏ 04 95 65 23 57.

Dernière semaine d'octobre

Calvi . . . .   Festiventu (le vent sous toutes ses formes) ☏ 04 95 65
80 65.

1ʳᵉ semaine de décembre

Bastia . . . .   Les musicales de Bastia (festival de musique et danse).

Quelques manifestations sportives

Outre le célèbre **Tour de Corse automobile**, temps fort du Championnat du monde des rallyes, qui se déroule chaque année courant mai avec près de 500 km d'épreuves spéciales, d'autres événements sportifs rassemblent les amateurs et les curieux :

avril . . . .   Tour de Corse en canoë-kayak

1ʳᵉ semaine de mai . . . .   Départ et arrivée du Tour de Corse automobile à Ajaccio

juin . . . .   Corsica Raid Aventure

juillet . . . .   Mediterranean Trophy (compétition voile Corse-
Sardaigne)

septembre . . . .   Les 6 jours cyclistes de l'île de Beauté
La Jet Sept Corsica Raid

Fontaine de galets

FOIRES ARTISANALES ET RURALES

10 et 11 juillet............... **Sollarcaro**	10 août............................ **Nonza**
22 juillet .... **St Florent**	11 août .... **St Florent**
24 juillet.............. **Sta Lucia di Tallano**	24 août........................... **Ajaccio**
27 juillet........................ **Ajaccio**	8 septembre .... **Casamaccioli**
5 août.......................... **Sartène**	18 et 19 septembre .... **Porto-Vecchio**

FOIRES THÉMATIQUES

1re quinzaine de février	**Renno**.............	« A Tumbera » (foire aux cochons)
Mai..................	**Renno**.............	La rencontre des bergers (foire du Brocciu)
1er week-end de juillet ..	**Luri**	Foire du Vin
Mi-juillet.............	**Montegrosso** (Balagne)	« l'Alivu » (foire à l'huile d'olive) *(Renseignements : Office de tourisme de Calvi).*
	Venaco	Foire aux fromages
Week-end après le 14 juillet	**Cassano**	Foire de l'olivier
11 et 12 décembre	**Bocognano**	Foire à la châtaigne (avec concours de plats et desserts à base de farine de châtaigne).

On peut se renseigner pour toutes précisions de dates auprès de l'organisateur : Comité régional corse des foires ☎ 04 95 62 72 08.

LES MESSES CHANTÉES EN PAGHJELLA ET LES CHANTS TRADITIONNELS

Les chants polyphoniques à trois voix *(voir aussi le chant et l'expression musicale en Introduction de ce guide)* trouvent leurs plus belles expressions dans les messes chantées en paghjella. En Castagniccia, la tradition reste bien vivante, notamment à **Rusio**. Les messes y sont chantées pour le jour de l'an, la St Joseph, le jour de Pâques, la St Antoine, le 15 août, la Nativité de la Vierge, la Toussaint et le jour de Noël.

A **Sermano**, petit village sur les hauteurs de Corte reconnu pour la qualité de ses chants traditionnels, on peut assister lors de fêtes religieuses (les 15, 16 et 28 août), à des messes chantées.

A l'occasion des foires traditionnelles (Castagniccia et Niolo), des récitals de chants polyphoniques sont organisés, parfois spontanément. A **Casamaccioli** (foire de la Santa du Niolo, les 8 et 9 septembre), on assiste à des joutes de **Chjama e rispondi** *(voir aussi l'Expression musicale en Introduction de ce guide).*

A **Pigna** (Balagne), la **Casa musicale** (☎ 04 95 61 77 31) propose de juin à septembre, tous les mardis soir, des soirées polyphoniques.

Gourde à eau-de-vie « zucca »

Musée de Cervione – P. Tétrel/EXPLORER

Conditions de visite

Les renseignements énoncés ci-dessous s'appliquent à des touristes voyageant isolément et ne bénéficiant pas de réduction. Pour les groupes constitués, il est généralement possible d'obtenir des conditions particulières concernant les horaires ou les tarifs. Ces données ne peuvent être fournies qu'à titre indicatif en raison de l'évolution du coût de la vie et de modifications fréquentes dans les horaires d'ouverture de nombreuses curiosités. Lorsqu'il nous a été impossible d'obtenir des informations à jour, les éléments figurant dans l'édition précédente ont été reconduits. Dans ce cas ils apparaissent en italique.

*Les **édifices religieux** ne se visitent pas pendant les offices. Certaines églises et la plupart des chapelles sont souvent fermées. Les conditions de visite en sont précisées si l'intérieur présente un intérêt particulier ; dans le cas où la visite ne peut se faire qu'accompagnée par la personne qui détient la clé, une rétribution ou une offrande est à prévoir.*

*Dans certaines villes, des **visites guidées** de la localité dans son ensemble ou limitées aux quartiers historiques sont régulièrement organisées en saison touristique. Cette possibilité est mentionnée en tête des conditions de visite, pour chaque ville concernée. Dans les Villes d'Art et d'Histoire et les Villes d'Art , les visites sont conduites par des guides-conférenciers agréés par la Caisse Nationale des Monuments Historiques et des Sites.*

Lorsque les curiosités décrites bénéficient de facilités concernant l'accès pour les handicapés, le symbole &. figure à la suite de leur nom.

A

Les AGRIATES

Plage du Loto – Des navettes de bateaux relient la plage du Loto au port de St-Florent plusieurs fois par jour de mi-juin à début septembre. 55 F. A-R. Se renseigner au Syndicat d'initiative de St Florent, ☎ 04 95 37 06 04.

Plage de Saleccia – Le point d'information de Saleccia et le lieu d'exposition sont ouverts de 17 h à 20 h de mi-juin à mi-septembre.

Gîtes de Ghignu – Pour la réservation des gîtes non équipés, s'adresser au Syndicat d'initiative de St-Florent, ☎ 04 95 37 06 04.

AJACCIO (Aiacciu)
☒ place Foch – 20176 – ☎ 04 95 51 53 03

Musée du Capitellu – Visite tous les jours (sauf le dimanche après-midi et le 15 août) de 10 h à 12 h et de 14 h à 18 h du 15 mars au 15 octobre. Fermé le dimanche après-midi et le 15 août. 25 F. ☎ 04 95 21 50 57.

Église St-Érasme – Visite en s'adressant au vicaire de la cathédrale. ☎ 04 95 21 07 67.

Cathédrale – Fermée le dimanche après-midi. ☎ 04 95 21 07 67.

Maison Bonaparte – Visite du 1er mai au 30 septembre tous les jours de 9 h à 12 h et de 14 h à 18 h. Le reste de l'année de 10 h à 12 h et de 14 h à 17 h. Fermée le dimanche après-midi et le lundi matin ainsi que le 1er mai. 22 F. ☎ 04 95 21 43 89.

Musée Napoléonien – Visite toute l'année de 9 h à 11 h 45 et de 14 h à 16 h 45. Fermé les samedi, dimanche et jours fériés. Le Grand Salon peut être fermé lors de certaines manifestations officielles à la mairie. 5 F. ☎ 04 95 21 48 17.

Chapelle impériale – Mêmes horaires de visite que le musée Fesch. L'achat du billet se fait au musée Fesch. 10 F.

Musée Fesch – &. Visite de mi-juin à mi-septembre tous les jours de 10 h à 17 h 30 ; en juillet et août, ouverture supplémentaire le vendredi de 21 h 30 à 24 h. Fermé le mardi. Le reste de l'année de 9 h 15 à 12 h et de 14 h 15 à 17 h 15. Fermés les dimanche et lundi en période d'hiver ainsi que les 1er janvier, 18 mars, Pâques et lundi de Pâques, Ascension, Pentecôte, 14 juillet, 15 août, 1er novembre et 25 décembre. 25 F. ☎ 04 95 21 48 17.

Bibliothèque du palais Fesch – Ouverte tous les jours (sauf les samedi et dimanche) de 13 h 30 à 18 h. Fermé les jours fériés. ☎ 04 95 51 13 03.

Musée A Bandera – Visite de 10 h à 12 h et de 15 h à 19 h de début juillet à fin septembre. Le reste de l'année, de 9 h à 12 h et de 14 h à 18 h. Fermé le dimanche et le 1er mai ainsi que le samedi hors saison. 20 F. ☎ 04 95 51 07 34.

Promenades en mer – Excursion à la réserve de Scandola et à Girolata (durée la journée) d'avril à octobre. Départ journalier (arrêt de 2 h à Girolata avec possibilité de repas). 240 F (haute saison), 220 F (basse saison).
Pour les Sanguinaires, se reporter à ce nom.
Excursion aux falaises de Bonifacio, une fois par semaine (durée la journée). 250 F. Réservation et renseignements à Ajaccio. ☎ 04 95 23 23 38.

AJACCIO

Les Milelli :

Ancienne maison Bonaparte – *Provisoirement fermée pour réaménagement.*

ALBERTACCE

Musée archéologique Licninoi – &. Visite de 15 h à 18 h du 1er juillet au 30 août. Fermé le 14 juillet et le 15 août. 10 F. ☎ 04 95 48 05 22 (mairie).

ALÉRIA

Musée Jérôme Carcopino – Visite de 8 h à 12 h et de 14 h à 19 h du 16 mai au 30 septembre ; le reste de l'année, fermeture à 17 h (les visiteurs ne sont plus admis 1/2 h avant la fermeture). Fermé le dimanche d'octobre au 15 mai et les 1er janvier, 1er mai, 1er et 11 novembre et 25 décembre. 10 F. ☎ 04 95 57 00 92.

Fouilles – Mêmes horaires et tarif que pour le musée ; billet jumelé avec la visite du musée.

Église St-Marcel – En cas de fermeture, s'adresser à Mme Martine Fraticelli, au hameau du Fort d'Aléria.

ALGAJOLA

Église St-Georges – *Visite accompagnée tous les jours ; s'adresser à Madame veuve Pinelli, rue de la marine.*

Vallée d'ASCO

Réserve de faune d'Asco – Pour des observations plus approfondies ou des informations complémentaires, se renseigner auprès de la délégation de l'Office National de la Chasse, B.P. 6074, 34030 Montpellier cedex 01 ☎ 04 67 54 23 49.

AULLÈNE

Église paroissiale – *En cas de fermeture, demander la clef place de l'église.*

B

BASTIA
🛈 place St-Nicolas – 20200 – ☎ 04 95 31 02 04

Visite guidée de la ville – S'adresser à l'Office municipal du tourisme ou à l'Association U GIRU ☎ 04 95 31 13 23.

Église St-Jean-Baptiste – Fermée le dimanche après-midi.

Oratoire de l'Immaculée Conception-musée d'art sacré et sacristie – Fermé le dimanche après-midi.

Musée d'ethnographie corse – Visite de 9 h à 12 h et de 14 h à 18 h ; hors saison de 10 h à 12 h et de 14 h à 17 h. Fermé les 1er janvier, 1er mai et 25 décembre. 10 F. ☎ 04 95 31 09 12.

Chapelle Ste-Croix – Fermée de 12 h à 14 h 30.

Église St-Charles – Fermée le mercredi.

BELGODÈRE

Église St-Thomas – *Ouverte seulement le dimanche, en milieu d'après-midi, lors des offices.*

BONIFACIO (Bunifaziu)
🛈 place de l'Europe – 20169 – ☎ 04 95 73 11 88

Visite guidée de la ville – S'adresser à l'Office de tourisme.

Aquarium – Visite de 10 h à 20 h du 1er avril au 31 octobre ; fermeture à minuit en juillet et août. 20 F. ☎ 04 95 73 03 69.

Petit train – Fonctionne de début avril à fin septembre. 30 F. ☎ 04 95 73 15 07.

Église St-Dominique – Visite accompagnée (30 mn) du 1er juillet au 31 août. 10 F. En dehors de la période d'ouverture, s'adresser à l'Office de tourisme.

Bastion de l'Étendard – Visite de Pâques à fin septembre (le jardin des Vestiges fait partie de la visite des bastions). 10 F (comprenant la visite du mémorial).

Mémorial du bastion – Visite de 9 h à 20 h du 1er juillet au 31 août ; de 11 h à 17 h 30 h du 1er avril à fin juin et du 1er septembre au 15 octobre (sauf le dimanche). 10 F. ☎ 04 95 73 11 88.

Église Ste-Marie-Majeure – Habituellement ouverte ; en cas de fermeture, s'adresser à la mairie. ☎ 04 95 48 66 84.

Palazzu Pubblicu - Art et histoire – Visite de 11 h à 13 h et de 16 h à 19 h 30 en juillet et août. 10 F. ☎ 04 95 73 11 88.

Escalier du Roi d'Aragon – Ouvert tous les jours de juin à septembre. 10 F. Peut être fermé par mauvais temps ou vent trop violent. En cas de fermeture temporaire, s'adresser à l'Office de tourisme.

Gouvernail de la Corse – Visite de 9 h 30 à 19 h 30 du 1er juin à fin septembre. 10 F. ☎ 04 95 73 16 90.

Les Grottes marines et la côte – Promenade en mer « Grottes et Falaises » (1 h environ). 50 F. Pour les excursions à Lavezzi, se reporter à ce nom. Départs fréquents par beau temps seulement. Plusieurs compagnies proposent ces promenades, s'adresser à l'Office de tourisme pour les coordonnées.

BUSTANICO

Église paroissiale – *Visite tous les jours de 10 h à 11 h et de 15 h à 16 h. Téléphoner un jour avant à Mme Taddei Teresa ☎ 04 95 48 69 34.*

C

CALACUCCIA

Musée des traditions populaires du Niolo – Visite accompagnée (1/2 h) tous les jours, sauf le dimanche. 10 F. ☎ 04 95 48 00 11.

Église paroissiale – *Pour visiter, s'adresser à Mr Lamperti, maison à côté de la mairie.*

CALENZANA

Église Ste-Restitude – Pour visiter, s'adresser au bureau de tabac, place de l'église ; dépôt d'une pièce d'identité exigé. ☎ 04 95 62 70 24.

CALVI

🛈 port de plaisance – 20260 – ☎ 04 95 65 16 67
🛈 citadelle (en saison) – ☎ 04 95 65 36 74

Visite guidée – S'adresser en saison à l'Office de tourisme.

Église St-Jean-Baptiste – Pour les visites accompagnées, s'adresser à l'Office de tourisme.

Oratoire de la confrérie St-Antoine – Visite accompagnée (1 h 30) du lundi au vendredi sur réservation 48 h à l'avance auprès de l'Office de tourisme. 45 F.

Hôtel de ville - Salle du conseil – Visite de la salle du conseil de 9 h à 12 h du lundi au vendredi. ☎ 04 95 65 82 00.

Excursion en bateau au départ de Calvi – Excursion de la journée départ quotidien d'avril à octobre à 9 h, retour vers 16 h (avec déjeuner ou pique-nique auprès des restaurateurs à Girolata). 220 F. Excursion de la demi-journée sans arrêt, départ vers 14 h. 200 F. Colombo Line ☎ 04 95 65 03 40.

Girolata : promenade en mer au départ de Calvi – Excursion de la journée départ quotidien, d'avril à mi-octobre, à 9 h et retour vers 16 h (avec déjeuner ou pique-nique auprès des restaurateurs à Girolata). 220 F. Excursion de la demi-journée : départ vers 14 h. 200 F. Colombo Line. ☎ 04 95 65 03 40 à Calvi. Cette promenade permet de voir la presqu'île de Scandola.

Domaine de la punta de Revellata – Pour les inscriptions aux stages de plongée du centre océanographique « Stareso » de La Revellata, prendre contact au préalable au 04 95 65 06 18.

CAMPANA

Église – Pour visiter, s'adresser à Mlle Pauline Serra (maison en face de l'église), qui accompagne.

CANARI

Église St-François – Visite sur demande faite sur place auprès des commerçants ou du bureau de poste. ☎ 04 95 37 80 59.

La CANONICA

Champs de fouilles – L'aménagement du terrain est en cours ; visite libre.

Cathédrale romane – Travaux de restauration en cours. Visite accompagnée possible d'avril à septembre en semaine de 9 h à 11 h et de 16 h à 18 h. S'adresser à Mme Maryse Muscatelli ☎ 04 95 36 05 84.

La CANONICA

Église San Parteo – Provisoirement fermée. S'adresser à la mairie de Lucciana (au Sud de Borgo), ☎ 04 95 36 00 47 ou à Madame Muscatelli Maryse, ☎ 04 95 36 05 84.

CAP CORSE

Maison du Cap Corse – Renseignements et documentation sur le Cap Corse auprès de l'Office de tourisme du Cap Corse, Maison du Cap Corse, 20200 Ville-de-Pietrabugno ☎ 04 95 32 01 00.

CARCHETO-BRUSTICO

Église – *Pour la visite s'adresser à la mairie.* ☎ *04 95 35 83 60 ou 04 95 35 84 08.*

CASAGLIONE

Église – Pour visiter, demander la clé à Mme Marie-Antoinette Fabiani, à côté de l'église.

CERVIONE   🛈 20230 – ☎ 04 95 38 10 28

Chapelle Ste-Christine – En cas de fermeture, s'adresser à la mairie de Valle-di-Campoloro, ☎ 04 95 38 11 40, ou au bar des Platanes.

Musée ethnographique – Visite tous les jours (sauf les dimanche et jours fériés) de 10 h à 12 h et de 14 h 30 à 18 h. 10 F. ☎ 04 95 38 12 83.

CORBARA

Église de l' Annonciation – *Pour visiter, s'adresser à M. le curé au presbytère.*

Cloître et église du couvent St-Dominique – Visite accompagnée du cloître tous les jours (sauf les dimanche et lundi) de 16 h à 18 h. Entrée : au centre de la façade principale. ☎ 04 95 60 06 73.

CORTE (Corti)   🛈 place des Quatre-canons – 20250 – ☎ 04 95 46 26 70
🛈 Citadelle – 20250 – ☎ 04 95 46 24 70

La Citadelle – Visite de début mai à fin septembre, de 9 h à 19 h. Tarif non communiqué. Des visites guidées (3/4 h) sont organisées de juin à fin septembre, toutes les heures. Pour visiter en hiver, s'adresser au Bureau municipal du tourisme.

Corte – Bas-relief de la statue du général Gaffori

Musée de la Corse – La phonothèque et l'iconothèque, dans le nid d'aigle, sont ouvertes aux mêmes heures que la citadelle (voir à ce nom).
Le musée est ouvert de 9 h à 19 h 30 du 15 juin au 15 septembre. Le reste de l'année, de 9 h 15 à 12 h et de 14 h à 17 h 45 ; fermé les dimanche et lundi. 20 F (35 F en période d'exposition). ☎ 04 95 45 25 45.

Église de l'Annonciation – Fermée pour restauration complète. Réouverture partielle prévue fin 1997.

Hôtel de ville : Salle des mariages – La salle des mariages se visite aux heures d'ouverture des bureaux de 9 h à 18 h du lundi au vendredi. Fermée les samedi et dimanche. ☎ 04 95 46 09 87.

Castellu de CUCURUZZU

Visite audio-guidée (2 h) d'avril à fin octobre de 9 h à 18 h. En juillet et août, fermeture à 20 h. Se présenter au moins 2 h avant l'heure de fermeture indiquée. 25 F. Le prêt du baladeur n'est possible qu'avec le plein tarif. Fermeture annuelle du 1er novembre à Pâques. ☎ 04 95 78 48 21.

E

ERBALUNGA

Église St-Érasme – Visite de 9 h à 12 h le dimanche.

ERSA

Église Ste-Marie – Pour visiter, s'adresser à M. le curé, à côté de l'église. ☎04 95 35 12 42.

F

FAVALLELO

Chapelle Santa Maria Assunta – Pour la visite, demander la clé à la mairie.

FELCE

Église – En cas de fermeture, s'adresser à la mairie de Felce. ☎ 04 95 35 93 92.

Station préhistorique de FILITOSA

Station préhistorique et musée – Visite toute l'année de 9 h à 1 h avant le coucher de soleil sans interruption. 22 F. Visite de préférence au milieu de la journée, l'éclairage étant plus favorable à l'examen des détails des sculptures et des gravures. ☎ 04 95 74 00 91.

G – I

GAVIGNANO

Chapelle San Pantaleon – Pour visiter s'adresser à Mr Barthelemy Santori, hameau de Pieditermini, Gavignano.

L'ÎLE-ROUSSE (Isula)   🛈 1, place Paoli – 20220 – ☎ 04 95 60 04 35

Musée océanographique – Visite accompagnée (environ 1 h 45) et projection de film (25 mn) à 11 h, 15 h et 17 h du 1er mai au 15 septembre ; à 11 h et 15 h du 10 au 30 avril. 39 F (enfants : 27 F). ☎ 04 95 60 27 81.

Église paroissiale – En cas de fermeture, s'adresser au presbytère. ☎ 04 95 60 09 43.

L

Île LAVEZZI

Plusieurs départs par jour du port de Bonifacio de juin à septembre ; possibilité de rester la journée sur l'île (se renseigner sur la réglementation concernant l'introduction des animaux domestiques et prévoir un en-cas et des boissons). 100 F. Renseignements au port auprès des compagnies assurant les promenades en mer (voir à Bonifacio).

LEVIE (Livia)   🛈 20170 – ☎ 04 95 78 41 95

Musée de l'Alta Rocca – Visite tous les jours de 10 h à 18 h sans interruption de juillet à fin septembre ; tous les jours (sauf les dimanche et lundi) de 10 h à 12 h et de 14 h à 16 h 30, le reste de l'année. Fermé les 1er janvier, 1er mai, 1er et 11 novembre et 25 décembre. 15 F. ☎ 04 95 78 47 98.

LUMIO

Chapelle St-Pierre – Visite accompagnée. S'adresser à M. le curé de Lumio.

LURI

Église St-Pierre – Pour visiter, s'adresser à la mairie aux heures d'ouverture. ☎ 04 95 35 00 15.

M

MACINAGGIO

Chapelle Santa Maria – Actuellement, visites suspendues.

Couvent de MARCASSO

Église conventuelle – Visite libre de la chapelle. Visite accompagnée du couvent de 9 h à 11 h et de 15 h à 18 h.

Forêt de MARMANO

Maison forestière – Visite de l'exposition de 10 h à 19 h en juillet et août les samedi, dimanche et jours fériés. Entrée gratuite. Visite accompagnée (1 h) de la forêt domaniale de Marmano le mardi impair à la même période.

MOLTIFAO

Village des Tortues – Ouvert tous les jours (sauf le dimanche) de 9 h à 12 h et de 14 h à 18 h 30 d'avril à septembre. Possibilités de visite accompagnée. 20 F. ☎ 04 95 47 85 03.

MONSERRATO

Oratoire – Fermé de 12 h à 14 h 30 et les samedi et dimanche.

MONTEMAGGIORE

Chapelle St-Rainier – S'adresser à la mairie de Montemaggiore.

MOROSAGLIA

Maison natale de Pascal Paoli – Visite tous le sjours (sauf le mardi) de 9 h à 12 h et de 14 h 30 à 19 h 30 en été ; le reste de l'année, de 9 h à 12 h et de 13 h à 17 h. Fermée en février et les 1er janvier et 25 décembre. 10 F. ☎ 04 95 61 04 97.

Église Santa Reparata – Pour visiter, s'adresser à la mairie. ☎ 04 95 61 10 21.

MURATO

Église – Pour visiter, s'adresser à la mairie de Murato du lundi au samedi de 9 h à 12 h et de 14 h à 17 h. ☎ 04 95 37 60 10.

OLMETA-DI-CAPOCORSO

Église – Ouverte le dimanche.

OMESSA

Chapelle de l'Annonciade – *S'adresser à Mme Jouvenceau.* ☎ *04 95 47 40 35.*

Église de St-André – Ouverte en juillet et août de 10 h à 17 h.

P

PALASCA

Église – Visite accompagnée possible en semaine ; s'adresser à la mairie. ☎ 04 95 61 33 02.

PATRIMONIO

Église St-Martin – Ouverte le dimanche de 10 h à 12 h. ☎ 04 95 37 00 86.

PIGNA

Casa di l'artigiani – Ouverte de mai à fin août. ☎ 04 95 61 77 07.

PINO

Chapelle de l'ancien couvent – Pour visiter emprunter la clef au presbytère.

PORTO (Marina di Portu) 🛈 place de la Mairie à Ota – 20150 – ☎ 04 95 26 10 55

Tour génoise – Ouvert de juin à fin août de 10 h à 20 h. 10 F.

Golfe de PORTO

Les Calanche – Promenades en mer (3 h ou 5 h avec escale à Girolata) au départ de Porto ; 2 départs par jour d'avril à octobre. 180 F (basse saison : 170 F). ☎ 04 95 26 15 16 ou 04 95 23 23 38.

Côte Sud et Nord du Golfe – Promenade en mer (durée la demi-journée) au départ de Porto ; tous les jours en juillet, août et septembre (2 départs par jour) ; un jour sur deux en mai et juin. 70 F. ☎ 04 95 26 17 10 à Porto.

PORTO-VECCHIO (Portivecchju)   🛈 place de l'hôtel-de-ville – 20137 – ☎ 04 95 70 09 58

Maison d'information du Parc Régional – Ouverte de 9 h à 12 h et de 16 h à 19 h du 15 juin 15 septembre. Fermée le dimanche et les jours fériés. ☎ 04 95 70 50 78.

Q – R

QUENZA

Chapelle Santa Maria Assunta – Habituellement ouverte tous les jours ; en cas de fermeture, s'adresser à la mairie.

Église – Pour visiter s'adresser à madame Balesi Pauline, place de l'église.

ROGLIANO

Église St-Agnel – Temporairement fermée.

S

ST-FLORENT (San Fiurenzu)   🛈 centre administratif – 20217 – ☎ 04 95 37 06 04

Église Santa Maria Assunta (ancienne cathédrale du Nebbio) – Ouverte aux visites tous les jours de 17 h à 20 h en juillet et août. Le reste de l'année, s'adresser au Syndicat d'initiative.

Chapelle ST-THOMAS DE PASTORECCIA

En cas de fermeture s'adresser à Mr Favone ou au Café sur la place du village.

STE-LUCIE-DE-TALLANO

Église paroissiale – En cas de fermeture, s'adresser au bar-tabac Ortoli, place de l'église.

Couvent St-François – S'adresser au bar-tabac Ortoli, place de l'église.

Îles SANGUINAIRES

Accès en vedette – Durée 3 h (avec arrêt sur l'île). Départ du port d'Ajaccio (quai Napoléon, face à la place Maréchal-Foch) : à 8 h 30 et 14 h 30, de début avril à fin octobre. 120 F en saison (prix réduit pour les jeunes enfants).

SAN-MARTINO-DI-LOTA

Église – Ouverte aux visites tous les dimanches, seulement le matin en été et un dimanche sur deux le reste de l'année.

SAN-NICOLAO

Église – Visite de 16 h à 18 h du lundi au vendredi. S'adresser à M. J.-Joseph Giorgi. ☎ 04 95 38 51 24.

St-Thomas de Pastoreccia
Fresque du Christ Pantocrator

E. Baret

Chapelle de SAN QUILICO DE CAMBIA

Pour visiter l'intérieur, s'adresser le mardi et le samedi à la mairie ☎ 04 95 48 42 48.

Chapelle SANTA-MARIA-ASSUNTA

Ouverte le dimanche matin.

Chapelle SANTA MARIA DE CORSOLI

Mêmes conditions de visite que la chapelle San Quilico de Cambia.

SANTA-REPARATA-DI-BALAGNA

Église – Ouverte le dimanche. S'adresser à Mademoiselle Rezzi Julia, Sta Reparata di Balagna, ☎ 04 95 60 11 79.

SANTO-PIETRO-DI-TENDA

Église St-Jean-l'Évangéliste – Ouverte tous les jours en été. En cas de fermeture, s'adresser à la mairie de Murato. ☎ 04 95 37 70 70.

SARTÈNE (Sartè)

🏛 6, rue Borgo – 20100 – ☎ 04 95 77 15 40

Hôtel de ville – Ouvert du lundi au vendredi de 8 h 30 à 12 h et de 14 h à 18 h.
☎ 04 95 77 05 11.

Musée de préhistoire corse – Visite tous le sjours (sauf le dimanche) de 10 h à 12 h et
de 14 h à 18 h de mi-juin à mi-septembre. Le reste de l'année, tous les jours sauf les
samedi et dimanche, de 10 h à 12 h et de 14 h à 17 h. 15 F. ☎ 04 95 77 01 09.

Réserve naturelle de SCANDOLA

La visite de la réserve ne peut se faire que par mer au départ de Porto, de Calvi ou
d'Ajaccio. Se reporter à ces noms pour les horaires d'excursions.

SERMANO

Chapelle San Nicolao – Pour visiter, s'adresser au Gîte « A Sulana », Sermano. Pour bien
apprécier les fresques, choisir un jour de bonne luminosité. ☎ 04 95 48 67 97.

SISCO

Chapelle St-Michel – Visite accompagnée (1 h) en semaine seulement. Prendre rendez-
vous à la mairie de Sisco. ☎ 04 95 35 20 01.

SOTTA

Chapelle San Quilico – *Ouverte en permanence pendant la restauration.*

V

VESCOVATO

Église San Martino – Pour visiter s'adresser à la mairie. ☎ 04 95 36 70 19.

VICO

Couvent St-François – Visite accompagnée (1/2 h) de 14 h 30 à 17 h 30 du 1er juillet au
30 septembre. Fermé le dimanche. Le reste de l'année, sur rendez-vous.
☎ 04 95 26 60 55.

Au pied de la falaise de Bonifacio

Index

Porto (Golfe) *Corse-du-Sud* . . . .   Villes, sites, curiosités et régions touristiques.

Sampiero Corso . . . .   Noms historiques et termes faisant l'objet d'une explication.

Les curiosités isolées (châteaux, cascades, forts, parcs, rochers...) sont répertoriées à leur nom propre.

H - I - J - K

S

T

U - V

W - Z

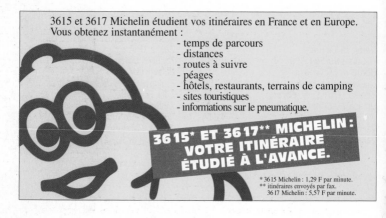
MANUFACTURE FRANÇAISE DES PNEUMATIQUES MICHELIN
Société en commandite par actions au capital de 2 000 000 000 de francs
Place des Carmes-Déchaux - 63 Clermont-Ferrand (France)
R.C.S. Clermont-Fd B 855 200 507

© Michelin et Cie, Propriétaires-Éditeurs 1997
Dépôt légal mars 1997 – ISBN 2-06-031903-X – ISSN 0293-9436

Printed in the EU 08-98/3
Photocomposition : A.P.S./Chromostyle, Tours
Impression et brochage : CASTERMAN, Tournai (Belgique)

Illustration de la couverture par Gérard RADEGONDE